Gerhard Bosch · Sirikit Krone · Dirk Langer (Hrsg.)

Das Berufsbildungssystem in Deutschland

AF166239

Gerhard Bosch · Sirikit Krone
Dirk Langer (Hrsg.)

# Das Berufsbildungs-
# system in Deutschland

Aktuelle Entwicklungen
und Standpunkte

VS VERLAG

Bibliografische Information der Deutschen Nationalbibliothek
Die Deutsche Nationalbibliothek verzeichnet diese Publikation in der
Deutschen Nationalbibliografie; detaillierte bibliografische Daten sind im Internet über
<http://dnb.d-nb.de> abrufbar.

1. Auflage 2010

Alle Rechte vorbehalten
© VS Verlag für Sozialwissenschaften | Springer Fachmedien Wiesbaden GmbH 2010

Lektorat: Stefanie Laux

VS Verlag für Sozialwissenschaften ist eine Marke von Springer Fachmedien.
Springer Fachmedien ist Teil der Fachverlagsgruppe Springer Science+Business Media.
www.vs-verlag.de

Umschlaggestaltung: KünkelLopka Medienentwicklung, Heidelberg
Gedruckt auf säurefreiem und chlorfrei gebleichtem Papier

ISBN 978-3-531-17322-1

# Inhalt

*Berthold Beitz*
Geleitwort .................................................................................... 11

*Gerhard Bosch, Sirikit Krone, Dirk Langer*
Vorwort der Herausgeber ............................................................ 13

*Sirikit Krone*
Aktuelle Problemfelder der Berufsbildung in Deutschland ............ 19

1    Mangelnde Versorgung mit Ausbildungsplätzen ...................... 19

2    Das Übergangssystem .............................................................. 23

3    Fachkräftemangel ..................................................................... 27

4    Durchlässigkeit der Bildungssysteme ....................................... 31

5    Europäisierung der Berufsbildung ............................................ 33

6    Schlussbemerkung .................................................................... 35

*Gerhard Bosch*
Zur Zukunft der dualen Berufsausbildung in Deutschland ............ 37

1    Einleitung ................................................................................. 37

2    Die Schnittstelle zur Schule ..................................................... 38

3    Die Schnittstellen zum Übergangssystem und zu
     Parallelstrukturen .................................................................... 41

4    Die innere Entwicklung des dualen Systems .......................... 45

5    Die Schnittstelle zur Weiterbildung ...................................... 48

6    Die Schnittstelle zur Hochschulbildung ................................ 50

7    Die Verbindung zum Arbeitsmarkt ........................................ 55

8    Herausforderungen und Reformvorhaben ............................. 57


*Felix Rauner*
**Berufsbildung in Deutschland: Krise, Kontinuität, neue Konzepte** ............ 63

1    Berufliche Bildung: Übergänge und Übergangsproblematik
     von der Schule in die Arbeitswelt .......................................... 63

2    Berufliche Identität und berufliches Engagement ................... 72

3    Fazit und Handlungsempfehlungen ....................................... 85


*Eckart Severing*
**Berufsausbildung in Deutschland – Zu wenige Fachkräfte für die
Wirtschaft und zu viele Jugendliche ohne Ausbildungsperspektive** .......... 91

1    Der Beginn eines Dissens ..................................................... 92

2    „Ausbildungsreife" ist ein Ergebnis von Angebot und Nachfrage ....... 95

3    Die Integrationskraft des dualen Systems sinkt ..................... 96

4    Mangelnde Durchlässigkeit zwischen betrieblicher und
     vollzeitschulischer Ausbildung............................................. 96

5    Zusammenfassende Thesen................................................. 97

6

*Rolf Dobischat*
Schulische Berufsbildung im Gesamtsystem der beruflichen Bildung.
Herausforderungen an der Übergangspassage von der Schule in den
Beruf ...................................................................................................... 101

1    Problemstellung ............................................................................... 101

2    Schulische Berufsbildung – Konturierung im Gesamtsystem
     der Berufsbildung ............................................................................ 102

3    Schulische Berufsbildung – begriffliche Einordnung des
     Schulberufssystems ......................................................................... 107

4    Ausgewählte Strukturdaten zu den Schulberufen ...................... 114

4.1  *Regionale Verteilung* ........................................................................ 114

5    Gleichwertigkeit schulischer und dualer Berufsausbildung ....... 120

6    Fazit und Schlussfolgerungen ........................................................ 125


*Verena Eberhard, Joachim Gerd Ulrich*
Übergänge zwischen Schule und Berufsausbildung ............................ 133

1    Einleitende Bemerkungen zu den institutionellen Rahmen-
     Bedingungen des Übergangs von der Schule in Berufsaus-
     bildung ............................................................................................... 133

2    Aktuelle Deutungen zum Übergangsgeschehen, welche die
     bestehenden Institutionen legitimieren ........................................ 137

2.1  *Erstes Beispiel: Das Argument der „fehlenden Ausbildungsreife"*
     *und seine Funktion für die Rechtfertigung des Selektionsprozesses*
     *beim Übergang in Berufsausbildung* ............................................... 138

2.2  *Zweites Beispiel: Das Argument der „eingeschränkten Ausbildungs-*
     *Nachfrage" und seine Auswirkungen auf die Bereitstellung von*
     *vollqualifizierenden Ausbildungsplatzangeboten* ........................... 142

3    Gegenwärtige „Sortierlogiken" bei der Versorgung von
     Ausbildungsstellenbewerbern ............................................................ 149

3.1  *Untersuchungsaufbau der BA/BIBB-Bewerberbefragung 2008* ............... 149

3.2  *Ergebnisse* ........................................................................................ 150

4    Diskussion ......................................................................................... 157

*Tilly Lex, Boris Geier*
**Übergangssystem in der beruflichen Bildung: Wahrnehmung einer
zweiten Chance oder Risiken des Ausstiegs?** ....................................... 165

1    Ausbildungsnot und Jugendarbeitslosigkeit: Zur Entwicklung
     und Definition des Übergangssystems ............................................... 166

2    Das Übergangssystem in der Kritik ................................................... 168

3    Forschungsstand und Fragestellung .................................................. 169

4    Datenlage und Beschreibung der Stichprobe .................................... 170

5    Ergebnisse .......................................................................................... 171

5.1  *Plan und Realität* .............................................................................. 171

5.2  *Plan oder Notlösung* ......................................................................... 173

5.3  *Welche Schulen?* ............................................................................... 175

5.4  *Einflussfaktoren auf die Wege, die die Jugendlichen gehen* ................... 176

5.5  *Berufsvorbereitung – wirksamer Zwischenschritt oder Sackgasse* .......... 179

6    Fazit .................................................................................................... 183

*Dieter Münk*
**Fest gemauert in der Erden?**
**Der europäische Integrationsprozess und die berufliche Bildung in der**
**Bundesrepublik Deutschland** ................................................................. 189

1 **Das Bedrohungsszenario der „Europäisierung der Berufsbildung** .... 189

*1.1 Berufsgesellschaft in der Krise? – Eine theoretische Kontroverse*
*und ihre praktischen Folgen* ................................................................. 192

*1.2 Krisen, Brüche und Strukturprobleme der bundesdeutschen*
*Berufsbildung* ........................................................................................ 194

2 **Etappen der europäischen Reformpolitik** ......................................... 196

3 **Europäische Berufsbildungspolitik und die Systemlogik der**
**bundesdeutschen Berufsbildung: Konstruktionswidersprüche (?)** .... 199

*3.1 Beruflichkeit und Employability als strukturprägende Konzepte*
*von Arbeit und Qualifizierung* .............................................................. 200

*3.2 Modularisierung als ordnungspolitisches und didaktisch-*
*curriculares Konstruktionsprinzip* ....................................................... 202

*3.3 Kompetenzkonzept und Outcomeorientierung von Lernprozessen* ......... 203

*3.4 Kompetenzbasierung und Outcomeorientierung: EQR und ECVET*
*als europäischer Metarahmen* ............................................................... 205

4 **Die europäische Herausforderung: Systemgrenzen, Chancen**
**und Perspektiven für das bundesdeutsche Berufsbildungssystem** ..... 210

*Dirk Langer*
**Die Entwicklung der Bildungsbeteiligung und des Ausbildungsmarktes**
**im Ruhrgebiet** ........................................................................................ 221

1 **Die demografische Entwicklung der Schulabsolventen** ................... 222

2 **Die Entwicklung der Schulabschlüsse im Ruhrgebiet** ..................... 224

*2.1 Die Schulabschlüsse in den Kommunen und Landkreisen des*
*Ruhrgebiets* ............................................................................................ 229

9

3    Die Ausbildungs- und Arbeitsmarktchancen im Ruhrgebiet............. 233

3.1  Das Angebot an dualen Ausbildungsplätzen................................... 233

3.2  Die Nachfrage nach dualen Ausbildungsplätzen............................. 235

3.3  Das ungleiche Risiko der Jugendarbeitslosigkeit bzw.
     Gesamtarbeitslosigkeit............................................................. 238

4    Fazit und Ausblick............................................................... 240

Monique Ratermann
**Das Förderprogramm der Alfried Krupp von Bohlen und
Halbach-Stiftung „Bekämpfung der Jugendarbeitslosigkeit" –
zwei „Beispiele guter Praxis"**............................................. 247

1    Entwicklungen, Ziele und Umsetzung des Programms..................... 247

2    Zwei Beispielprojekte des Förderprogramms............................. 252

2.1  Das Projekt „Verbesserung der Startchancen für jugendliche
     Migranten und Spätaussiedler zur Vermeidung der Jugend-
     arbeitslosigkeit"................................................................... 252

2.2  Das Projekt „Gladbecker Anstoß"........................................... 257

3    Fazit.............................................................................. 260

# Geleitwort

Im Februar 1998 hat die Alfried Krupp von Bohlen und Halbach-Stiftung aus Anlass ihres 30-jährigen Bestehens das Förderprogramm „Bekämpfung der Jugendarbeitslosigkeit" eingerichtet. Das Kuratorium beschloss, hierfür 30 Mio. DM (15,3 Mio. EUR) zur Verfügung zu stellen.

Trotz der beachtlichen Höhe des Betrages war den Kuratoren bewusst, dass die bereitgestellten Mittel angesichts der Größe des Problems der Jugendarbeitslosigkeit begrenzt waren. Daher konzentrierte sich die Stiftung bei der Auswahl von Projekten regional auf die Stadt Essen und das Ruhrgebiet. Das Ziel war und ist es, gute Ideen rasch aufzugreifen und ihre Realisierung unbürokratisch zu ermöglichen; dort Unterstützung zu gewähren, wo ein Vorhaben den Jugendlichen konkrete Hilfe verspricht; beispielhafte, nachahmenswerte Projekte zu fördern und neuen, noch nicht erprobten Ansätzen zur Bekämpfung der Jugendarbeitslosigkeit eine Chance einzuräumen. Einen besonderen Schwerpunkt bilden solche Vorhaben, die jungen Menschen helfen sollen, den Übergang von der Schule in den Beruf erfolgreich zu bewältigen.

Die Stiftung hat daher nach zehnjähriger Laufzeit ihres Programms das Institut Arbeit und Qualifikation an der Universität Duisburg-Essen gebeten, eine wissenschaftliche Tagung zu diesem Thema durchzuführen. Über das große Interesse habe ich mich sehr gefreut, belegt es doch die anhaltende Aktualität des Problems. Einzelne von der Stiftung geförderte Maßnahmen zur Prävention von Jugendarbeitslosigkeit wurden vorgestellt und in einen Zusammenhang mit den Entwicklungen im Berufsbildungssystem in Deutschland gestellt.

Ich hoffe, dass die Publikationsbeiträge aus Wissenschaft, Politik und Praxis Impulse für weitere erfolgreiche Wege aus der Jugendarbeitslosigkeit geben werden.

*Berthold Beitz*
*Vorsitzender des Kuratoriums der*
*Alfried Krupp von Bohlen und Halbach-Stiftung*

# Vorwort der Herausgeber

Der Bedarf an Ausbildungsplätzen im dualen System der Berufsausbildung übersteigt nach wie vor das Angebot, weshalb eine wachsende Anzahl Jugendlicher zunächst im Übergangssystem aufgefangen werden muss. Welches sind die geeigneten Mittel und Wege, um aus den Warteschleifen im Übergangssystem für diese jungen Menschen echte Brücken zu bauen? Die Umsetzung europäischer Standards auf nationale Gegebenheiten erfordert mittelfristig eine Überprüfung des spezifischen deutschen Weges. Ist ein relativ schwach ausgebauter tertiärer Sektor zukünftig nachteilig und sollte hier gegengesteuert werden? Oder gilt es, gerade den qualitativ hochwertigen und nach wie vor quantitativ bestimmenden Sektor der dualen Ausbildung als spezifische Stärke zu erhalten? Inwiefern kann im Zuge dessen die Modernisierung der Berufsbilder den Entwicklungen am Arbeitsmarkt adäquat vorangetrieben werden?

Die Entwicklung und die sich daraus ergebenden Notwendigkeiten und Umsteuerungen im System der beruflichen Bildung in Deutschland werden kontrovers bewertet.

Die aktuelle politische wie wissenschaftliche Relevanz der Thematik hat die Herausgeber dieses Bandes dazu veranlasst, die Beiträge eines wissenschaftlichen Symposiums, welches am 25./26. Juni 2009 in der Universität Duisburg-Essen zum Thema ‚Die Entwicklung der Berufsbildung in Deutschland – neue Formen des Übergangs Schule – Beruf' stattfand, zusammenzutragen und damit einer breiteren Öffentlichkeit zugänglich zu machen.

In einem einführenden Beitrag benennt *Sirikit Krone* fünf zentrale Problemfelder, welche die aktuelle Debatte bestimmen und deren Lösung kurz- bis mittelfristig im deutschen Berufsbildungssystem anstehen. Neben der nach wie vor mangelnden Versorgung mit Ausbildungsplätzen, die vielen Jugendlichen den Zugang zu ihrer ersten Ausbildungspräferenz im System der dualen Berufsbildung versperrt, benennt sie als wachsenden Problembereich das Übergangssystem. Hier finden sich neben den unversorgten jungen Menschen des jeweils aktuellen Schulabschlussjahrgangs auch eine steigende Zahl von Altbewerberinnen/Altbewerbern. Demgegenüber scheinbar widersprüchlich entsteht in immer mehr Branchen eine Lücke an Facharbeitskräften, zu deren Schließung die Berufsbildung beitragen muss. Hierbei ist eine zunehmende Durchlässigkeit der verschiedenen Systeme der Berufsbildung unabdingbar, eine Entwicklung, die sich zudem aus dem Prozess der Europäisierung in der Berufsbildung ergibt. Einheitliche Standards und Bewertungskriterien für national durchaus weiterhin verschiedene Bildungswege müssen entwickelt werden, um das Ziel eines offenen, europäischen Berufsbildungsraumes zu erreichen.

*Gerhard Bosch* analysiert die Entwicklungen der dualen Ausbildung als wesentliches Element der deutschen Berufsbildung unter Berücksichtigung der Schnittstellen zu angrenzenden Teilbereichen des Bildungssystems sowie zum Arbeitsmarkt. An der Schnittstelle zur Schule zeigt er auf, wie sich die Aufhebung der – im Schulsystem weiterhin bestehenden – Segmentation im Wettbewerb um Ausbildungsstellen zu Ungunsten der Hauptschülerinnen/Hauptschüler auswirken und damit die Ausdifferenzierung des dualen Systems befördert. Parallelstrukturen wie die überbetriebliche Ausbildung und vollzeitschulische Ausbildung sowie ein massiv ausgebautes Übergangssystems flankieren das duale System mit dem Ziel, unversorgte Jugendliche aufzufangen und ihnen eine Perspektive zu bieten. Innerhalb des dualen Systems diagnostiziert er einen Modernisierungsschub in Richtung breiter auf moderne Formen der Arbeitsorganisation ausgerichtete Berufe, der in der Öffentlichkeit allerdings kaum wahrgenommen wird. In Bezug auf die Schnittstelle zur Weiterbildung sieht Bosch über die geregelten Aufstiegsfortbildungen zu Meistern und Fachwirten eine enge Verknüpfung der Berufsbildung mit Karrieren ins mittlere Management. Er bedauert, dass die Arbeitsmarktpolitik trotz nachgewiesener guter Integrationserfolge kaum noch abschlussbezogene Berufsausbildungen fördert. Dem von vielen Bildungspolitikern in Deutschland angestrebten Ausbau des tertiären Sektors auf das Durchschnittsniveau der OECD stimmt Bosch nicht zu, da eine echte Kompetenzlücke aus seiner Sicht nicht besteht. Das hohe Qualifikationsniveau der beruflichen Bildung in Deutschland verknüpft mit einer entwickelten Kultur der Weiter- und Aufstiegsfortbildung erreicht häufig das Niveau der akademischen Bildungsgänge in anderen OECD-Ländern, was in entsprechenden internationalen Kompetenzvergleichen wie dem EQR und seiner nationalen Umsetzung im DQR Anerkennung finden sollte.

*Felix Rauner* und *Eckart Severing* vertreten unterschiedliche Standpunkte zur Frage, wie zukünftig die duale Ausbildung als ‚Herzstück' der deutschen Berufsbildung sowie das in den vergangenen Jahren rasant angewachsene Übergangssystem zu organisieren sein werden. Ihre Beiträge beruhen auf einem Streitgespräch, welches im Rahmen der oben genannten Tagung stattfand. Felix Rauner vertritt die These, dass auch in einer modernen Wissensgesellschaft die berufliche Bildung einen zentralen Stellenwert hat und spricht sich damit explizit gegen eine ‚College-for-all-Politik' aus. Er beklagt die mangelhafte Berufsvorbereitung und -orientierung in Deutschland und mahnt eine koordinierte Steuerung des Berufsbildungssystems an, um dem wachsenden Übergangssystem zu begegnen. Anhand aktueller empirischer Befunde zeigt er die Abhängigkeit der Entwicklung beruflicher Identität und beruflichen Engagements von der Einbindung der Auszubildenden in betriebliche Arbeitsprozesse auf. Seine Schlussfolgerung daraus ist die Notwendigkeit zur Steigerung der Attraktivität der dualen

Berufsausbildung. Eckart Severing kritisiert die enge Auswahl der Berufe als empirische Grundlage der Analyse Felix Rauners und sieht die hohe Integrationswirkung der dualen Ausbildungsgänge mit dem Anwachsen des Übergangssystems als nicht mehr gegeben an. Er kritisiert die fehlenden Standards des Übergangssystems sowie die mangelnde Kompatibilität der Maßnahmen in diesem System zur dualen Ausbildung. Stattdessen plädiert er für eine Strukturreform der beruflichen Ausbildung. Hierzu gehören für ihn eine Zertifizierung der Berufsausbildungsvorbereitung sowie informell erworbener Kompetenzen in Modulen mit Anerkennung auf eine spätere Berufsausbildung.

Die verschiedenen Bildungsgänge des Schulberufssystems, ihre Organisation, Entwicklung sowie ihr Stellenwert im Gesamtsystem der beruflichen Bildung stehen im Mittelpunkt des Beitrags von *Rolf Dobischat*. Er sieht die schulische Berufsbildung als eines der drei Teilsysteme der Berufsbildung in Deutschland in der aktuellen Debatte unterbewertet. Diese Feststellung stützt er mit Daten zur quantitativen Entwicklung in verschiedenen Schularten des Schulberufssystems, welche durchweg einen Zuwachs erfahren haben, verbunden mit einer Ausweitung des Berufsspektrums. Anhand zentraler Ergebnisse empirischer Studien der letzten Jahre zu unterschiedlichen Fragekomplexen der Schulberufsbildung geht er der Frage nach der Gleichwertigkeit derselben zur dualen Berufsbildung nach. Seine Analyse führt ihn zu dem Fazit, dass die schulische Berufsbildung sich in einigen Sektoren etabliert hat und eine entsprechende Arbeitsmarktakzeptanz besitzt. Insofern sieht er in der schulischen Berufsbildung ein großes Potenzial zur Ergänzung der dualen Ausbildung, ohne lediglich ein Auffangbecken für diejenigen zu bieten, denen der Zugang zum dualen System verwehrt geblieben ist.

*Verena Eberhard* und *Joachim Gerd Ulrich* beleuchten den Übergangsprozess zwischen Schule und Berufsausbildung und sehen dabei die bestehenden Zugangsregelungen zur Berufsausbildung in Deutschland in einer Legitimationskrise. Besonders problematisch erweisen sich die Berufsbiografien der Jugendlichen, denen der Zutritt zu einer Ausbildung verwehrt bleibt. Eberhard und Ulrich zeigen auf, dass die gängigen Deutungsmuster, die auf eine Individualisierung der Ursachen für Ausbildungslosigkeit abzielen, empirisch nicht eindeutig belegbar sind. Konkret zeichnen sie dies nach an zwei Argumentationsmustern, zum einen bezüglich eines angeblichen Mangels an Ausbildungsreife und zum anderen bezüglich einer beschränkten Ausbildungsnachfrage. Anhand zentraler Ergebnisse der BA/BiBB-Bewerberbefragung 2008 zeigen sie die förderlichen und hemmenden Faktoren auf, welche die Versorgung von Ausbildungsstellenbewerbern bestimmen. und geben damit Antworten auf Fragen nach den Chancen benachteiligter Jugendlicher am Ausbildungsmarkt sowie den Bedingungen im in den letzten Jahren rasant gewachsenen Übergangssystem.

*Tilly Lex* und *Boris Geier* geben in ihrem Beitrag auf der Grundlage aktueller empirischer Analysen Antworten auf Fragen nach den Chancen benachteiligter Jugendlicher am Ausbildungsmarkt sowie den Bedingungen im in den letzten Jahren rasant gewachsenen Übergangssystem. In ihren Analysen auf Datenbasis des DJI-Übergangspanels, einer bundesweiten Längsschnittuntersuchung, zeichnen sie die erfolgreiche bzw. gescheiterte Umsetzung der Planung des beruflichen Einstiegs der befragten Jugendlichen nach. Hierbei zeigt sich, dass zunächst der Verbleib im Übergangssystem, insbesondere der weitere Schulbesuch mit dem Ziel einer Höherqualifizierung, für die Mehrzahl der Schulabgänger, denen zunächst der Einstieg in eine Ausbildung nicht gelungen ist, durchaus die Chancen auf einen erfolgreichen Einstieg in den Beruf erhöht. Berufsvorbereitende Maßnahmen müssen demnach keine Sackgasse und damit Notlösung darstellen, sondern gerade junge Menschen mit einem niedrigen oder gar keinem Schulabschluss verbinden mit ihnen die begründete Hoffnung, ihre schulischen Defizite auszugleichen und hierdurch den Übertritt in eine Berufsausbildung zu erleichtern.

Die Entwicklungen im europäischen Kontext und ihre Bedeutung für das deutsche System beleuchtet *Dieter Münk* in seinem Beitrag. Er stellt dabei die realen und vermeintlichen Widersprüche zwischen der Systemlogik bundesdeutscher Berufsbildung und der europäischen Berufsbildungspolitik in den Fokus seiner Betrachtung. Er hinterfragt, ob das typisch deutsche duale System im Zuge der Europäisierung der Berufsbildung inhaltlich gewinnen wird oder in seiner Existenz gefährdet ist. Münk selbst sieht eine Reihe sinnvoller Reformoptionen für das deutsche Berufsbildungssystem, die sich aus den Anforderungen auf europäischer Ebene ergeben, trotz starker Orientierung an der beruflich verfassten Arbeit in Deutschland. Er plädiert dafür, die Debatte um neue Konzepte nicht in der polarisierenden Art und Weise wie bisher zu führen, sondern vielmehr – aus seiner Sicht – zukunftsweisende Elemente, wie den Kompetenzansatz und eine Outcomeorientierung, zu integrieren.

Die Entwicklungen der allgemeinbildenden schulischen Voraussetzungen und die Situation des Ausbildungsmarktes im Ruhrgebiet thematisiert in seinem Beitrag *Dirk Langer*. Hier wird mit dem Ruhrgebiet insbesondere die Region bildungssoziologisch beleuchtet, auf die das Förderprogramm zur „Bekämpfung der Jugendarbeitslosigkeit" der Alfried Krupp von Bohlen und Halbach-Stiftung zielt.

Im Rahmen des oben genannten Symposiums wurden zwei ,Beispiele guter Praxis' aus dem Förderprogramm ,Die Bekämpfung der Jugendarbeitslosigkeit' der Alfried Krupp von Bohlen und Halbach-Stiftung, Essen, vorgestellt und diskutiert. *Monique Ratermann* skizziert in ihrem abschließenden Beitrag zunächst Ziele und Umsetzung des Förderprogramms der Stiftung anhand aktueller

16

Zahlen und dokumentiert dann die Präsentation der geförderten Projekte. Hierbei handelt es sich um zwei präventive Ansätze, die bereits während der Schulzeit Hilfestellung und Orientierung für die berufliche Entwicklung der Schülerinnen und Schüler geben. Unterschiede in den Konzepten zeigen sich bezüglich der Zielgruppen, der Methoden sowie der institutionellen Verankerung.

Die Initiative für das dieser Veröffentlichung zugrunde liegende Symposium ging von der Alfried Krupp von Bohlen und Halbach-Stiftung mit Sitz in Essen aus. Die Stiftung hat die Tagung jedoch nicht nur initiiert, sondern auch großzügig gefördert, wofür wir uns an dieser Stelle ausdrücklich bedanken möchten.

Gerhard Bosch
Sirikit Krone
Dirk Langer

Duisburg, im März 2010

# Aktuelle Problemfelder der Berufsbildung in Deutschland

*Sirikit Krone*

Das Berufsbildungssystem in Deutschland befindet sich in einem umfassenden Wandel; neue Entwicklungen und Anforderungen kennzeichnen die aktuelle Lage. Die zentralen Problemfelder der beruflichen Bildung sollen in diesem Beitrag dargelegt werden.

## 1 Mangelnde Versorgung mit Ausbildungsplätzen

Allen voran und in der tagespolitischen Debatte immer wieder thematisiert ist das seit Jahren bestehende Defizit an Ausbildungsplätzen zur Versorgung aller Jugendlichen, die eine Ausbildung im dualen System anstreben. Auch wenn sich die Lage im Jahr 2008 etwas entspannt hat, bleibt eine Unterversorgung bestehen. Zudem ist davon auszugehen, dass diese Erholung lediglich temporär ist und die aktuelle Wirtschaftskrise sich ähnlich negativ wie im Beschäftigungssystem insgesamt, zeitverzögert ebenfalls auf den Ausbildungsmarkt auswirken wird und mit einem Rückgang des Ausbildungsplatzangebots ab 2009 zu rechnen ist (vgl. BMBF 2009; Seibert/Kleinert 2009).

Im Ausbildungsjahr 2008 wurden bis zum 30. September bundesweit 616.259 neue Ausbildungsverträge abgeschlossen (vgl. diese und die folgenden Zahlen aus: BMBF 2009). Dies bedeutet zwar im Vergleich zum Vorjahr einen Rückgang von 1,5 %, allerdings setzt sich damit trotzdem der seit 2006 anhaltende positive Trend bei der Versorgung der ausbildungsinteressierten Jugendlichen fort. Grund dafür ist der im vergangenen Jahr erstmals deutliche Rückgang der Anzahl junger Menschen, die einen Ausbildungsplatz nachfragten. Demografie bedingt ist die Gruppe der Schulabgängerinnen/Schulabgänger kleiner geworden und damit der rein rechnerische Ausgleich zwischen Angebot und Nachfrage zum ersten Mal seit Jahren hergestellt (vgl. Abb. 1).

Abbildung 1:   Gemeldete Bewerberinnen/Bewerber und neu abgeschlossene
               Ausbildungsverträge

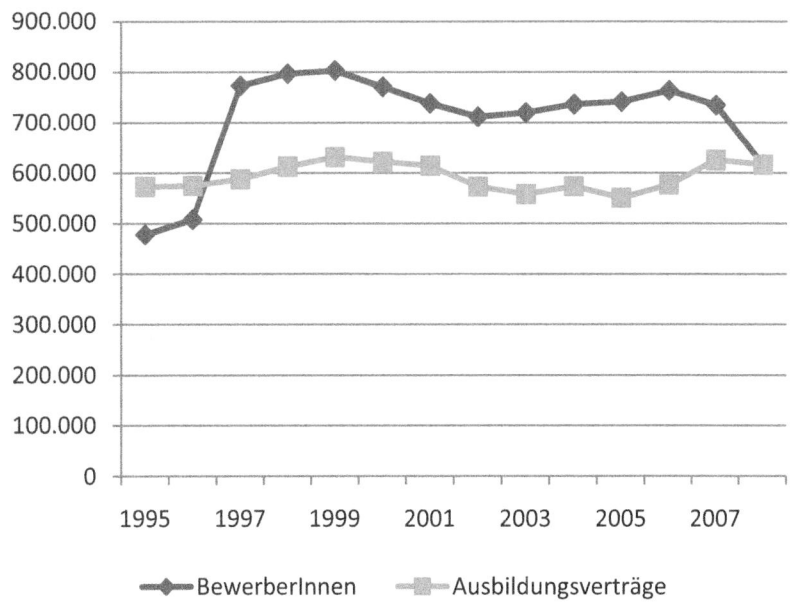

Quelle: BIBB 2009

Trotz dieses positiven Trends kann noch lange keine Entwarnung am Ausbildungsmarkt gegeben werden. Zunächst geben die Daten insofern ein verzerrtes Bild der Realität wieder, als bei den Ausbildungsplatznachfragern nur diejenigen gezählt werden, die sich bei der Bundesagentur für Arbeit suchend gemeldet haben und von dieser auch als ausbildungsreif eingestuft wurden. Insofern ist davon auszugehen, dass die Gruppe der Jugendlichen, die eine Ausbildung im dualen System beginnen möchten, deutlich größer ist. Nicht alle Schulabgängerinnen/Schulabgänger versuchen den Einstieg in die Ausbildung mit Einschaltung der Bundesagentur für Arbeit. Hinzu kommen die Jugendlichen, die zunächst in Maßnahmen eingegliedert werden, um eine mangelhaft erscheinende Ausbildungsreife nachträglich herzustellen. Rechnet man diese Jugendlichen, deren Einstieg in eine Ausbildung gescheitert ist, die jedoch ihren Wunsch aufrechterhalten, obwohl sie zunächst in die angebotene Maßnahme der Bundesagentur für Arbeit einsteigen, so zeigt sich ein Ausbildungsplatzdefizit zwischen

2005 und 2007 von konstant etwa 13 % (Autorengruppe Bildungsberichterstattung 2008; 101) Vergleicht man die beruflichen Pläne der Schulabgängerinnen/Schulabgänger im Frühling eines Jahres mit den im Herbst desselben Jahres realisierten Bildungs- und Berufswegen, so wird auch hier der signifikante Mangel an Ausbildungsplätzen im dualen Ausbildungssystem deutlich.

Abbildung 2:   Geplante versus realisierte Ausbildungen im dualen System

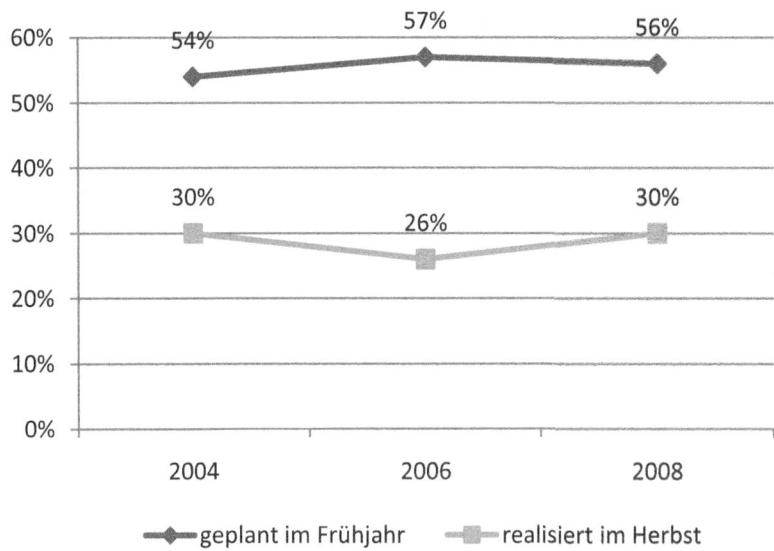

Quelle: BIBB 2009

Betrachten wir das Jahr 2008, in welchem der Ausbildungsmarkt als rechnerisch ausgeglichen galt, zeigt sich, dass mit 56 % mehr als die Hälfte der Schulabgängerinnen/Schulabgänger im Frühjahr eine betriebliche Ausbildung im dualen System favorisierte. Realisieren konnten diese Pläne lediglich 30 % aller Schulabgängerinnen/Schulabgänger, d.h. nur gut die Hälfte derjenigen, deren Ziel es ursprünglich war. Die anderen sind gezwungen, (zunächst) in Alternativen, wie z.B. Maßnahmen der beruflichen Grundbildung, auszuweichen. Befragungsergebnisse unter Vollzeitschülerinnen/Vollzeitschülern an Berufskollegs zeigen, dass insbesondere Teilnehmerinnen/Teilnehmer der ein- und zweijährigen Ausbildungen an Berufsfachschulen sowie des Berufsgrundschuljahres vor ihrem Bildungsgangbeginn erfolglos auf Ausbildungsplatzsuche waren. (Harney/ Hartkopf 2008; 16 f.)

Die (ausreichende) Versorgung mit Ausbildungsplätzen ist regional höchst ungleich verteilt. Ein ausgeglichenes Nachfrage-Angebots-Verhältnis ist am ehesten in großstädtischen Zentren Westdeutschlands mit günstiger Arbeitsmarktlage und hoher Dynamik anzutreffen. Am anderen Ende der Skala finden sich ebenfalls großstädtisch geprägte Regionen in Westdeutschland, allerdings solche mit einer hohen Arbeitslosigkeit, sowie alle Regionen Ostdeutschlands. Gerade in den neuen Ländern ist die Situation für die Jugendlichen eher kritisch, was zu vielen Abwanderungen insbesondere der jungen Menschen mit einem qualifizierten Schulabschluss führt.

Profitieren von der oben skizzierten positiven Entwicklung des Ausbildungsstellenmarktes können insbesondere Mädchen, die verstärkt im prosperierenden tertiären Sektor suchen, Jugendliche ohne Migrationshintergrund sowie solche mit einem qualifizierten Schulabschluss. Daraus folgt umgekehrt, dass hier der größte Handlungsbedarf liegt: Die Anzahl derjenigen Jugendlichen, welche die Schule ohne Abschluss verlassen, muss dringend gesenkt werden, um ihnen eine realistische Chance am Ausbildungsmarkt zu eröffnen. Der Übergang in ein Ausbildungsverhältnis gelingt immerhin 30 % derjenigen, die mindestens einen Hauptschulabschluss haben, mit einem mittleren bzw. höheren Abschluss liegt die Übergangsquote bei 50 % (BIBB 2009, 91). Inwiefern der Demografie bedingte zukünftige Mangel an Fachkräften sich zugunsten der benachteiligten Gruppen bei der Ausbildungsplatzsuche auswirken wird, ist offen und von einer Reihe an Faktoren abhängig, wie weiter unten noch zu zeigen sein wird.

Das jahrelange Missverhältnis von Angebot und Nachfrage am Ausbildungsmarkt zu Ungunsten der ausbildungsplatzsuchenden Jugendlichen hat dazu geführt, dass die Zahl der so genannten Altbewerberinnen/Altbewerber kontinuierlich angewachsen ist. Im Jahr 2008 stellte diese Gruppe bereits 52,4 % aller registrierten Bewerberinnen/Bewerber (BMBF 2009, 19). Diese jungen Menschen werden zunächst in alternativen Ausbildungs- und Qualifizierungswegen versorgt, halten jedoch an ihrem eigentlichen Wunsch einer betrieblichen Ausbildung fest und bewerben sich immer wieder.

Damit reicht es nicht, die Zahl der Schulabgängerinnen/Schulabgänger zu errechnen, wenn es darum geht, den zukünftigen Bedarf an Ausbildungsplätzen zu prognostizieren. Vielmehr muss davon ausgegangen werden, dass es noch einige Jahre dauern wird, bis die „Bugwelle" der Altbewerberinnen/Altbewerber abgearbeitet sein wird. Hierzu bedarf es, neben den Maßnahmen, die staatlicherseits ergriffen wurden[1], auch einer deutlichen Zunahme der zur Verfügung gestellten Ausbildungsplätze.

---

[1] Vgl. z.B. die Einführung des Ausbildungsbonus zur Schaffung zusätzlicher Ausbildungsplätze für Altbewerberinnen und Altbewerber.

Inwieweit die Unternehmen angesichts der aktuellen Wirtschaftskrise diesem Bedarf gerecht werden, ist schwierig zu prognostizieren. Schätzungen des Bundesinstituts für Berufsbildung (BIBB) gingen für das Ausbildungsjahr 2009/10 davon aus, dass das Angebot an Ausbildungsstellen zwischen 580.000 und 600.000 liegen würde. Diese Prognosen haben sich jedoch nicht bestätigt: Bis August 2009 wurden 436.200 Ausbildungsplätze gemeldet, das sind 6,5 % weniger als im Vorjahr. Von den bis zum gleichen Zeitpunkt ca. 515.000 Bewerberinnen/Bewerbern waren noch knapp 100.000 nicht versorgt. Sicher ist das Ausbildungsverhalten der Betriebe auch davon abhängig, inwieweit sich der Fachkräftemangel für die Unternehmen bereits abzeichnet und entscheidungsrelevant wird. Dieser Zusammenhang wird weiter unten noch ausgeführt.

## 2 Das Übergangssystem

Wie bereits oben angesprochen, stellt bei den Bewerberinnen/Bewerbern um einen Ausbildungsplatz die Gruppe der so genannten Altbewerberinnen/Altbewerber bereits gut die Hälfte. Es gelingt vielen der Übergang in ein Ausbildungsverhältnis nicht beim ersten Anlauf und so tauchen sie mindestens ein zweites Mal, oft sogar mehrere Jahre hintereinander wieder in der Gruppe derjenigen auf, die zum neuen Ausbildungsjahr einen Ausbildungsplatz nachfragen. Da es der erklärte politische Wille ist, allen Jugendlichen trotzdem ein Angebot zu machen und sie zunächst anderweitig zu versorgen, hat sich in den vergangenen Jahren ein auf hohem quantitativen Niveau stetig wachsendes, so genanntes „Übergangssystem" entwickelt.

Was der Name zunächst vermuten lässt, nämlich dass es sich um ein System mit strukturierten Wegen für Schulabgängerinnen/Schulabgänger in den Ausbildungsmarkt handelt, ist nicht der Fall. Vielmehr sammeln sich hier eine Vielzahl an schulischen Bildungswegen und Maßnahmen, die bezüglich der Voraussetzungen, der Inhalte sowie der Abschlüsse sehr unterschiedlich angelegt sind. Gemeinsam ist ihnen eigentlich nur der Tatbestand, dass sie alle nicht zu einem anerkannten beruflichen Abschluss führen. Neben berufsfachschulischen Bildungsgängen gibt es eine Vielzahl an kompensatorischen ganztägigen berufsvorbereitenden Bildungsangeboten, und Berufsschulen erhalten damit immer mehr an der Schnittstelle des Übergangs von der allgemeinbildenden Schule in die Berufsbildung eine „Weichen- und Orientierungsfunktion".

Allerdings nutzt ein großer Anteil der Schülerinnen/Schüler, die das Schulberufssystem als Übergang besuchen, das für sie häufig intransparente Bildungsangebot dort nicht für eine gezielte Berufs- und Karriereplanung. Im Vordergrund stehen vielmehr die allgemeinen Erwartungen der Jugendlichen und ihrer

Familien, durch den Besuch der unterschiedlichen Bildungsgänge grundsätzlich die eigenen Ausbildungs- bzw. Studienchancen zu verbessern.

Die Zahl der Schulabgänger, die ein schulisches Berufsvorbereitungs- oder Berufsgrundbildungsjahr beginnen, sich zum Besuch einer teilqualifizierenden Berufsfachschule entschließen oder in berufsvorbereitende Maßnahmen bzw. eine Einstiegsqualifizierung einmünden, hat sich in den vergangenen 15 Jahren etwa verdoppelt.

Abbildung 3:    Eintritte in Bildungsgänge/Maßnahmen

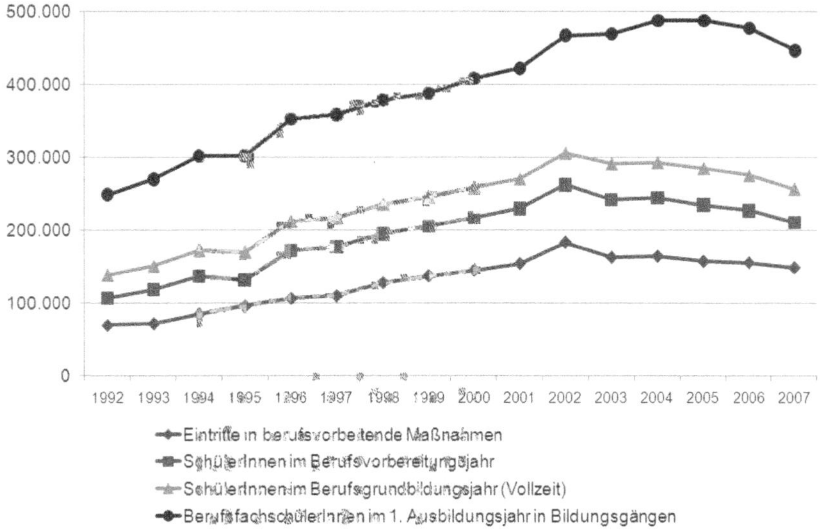

Quelle: BIBB 2009

Die Zahl der Eintritte in Bildungsgänge, die eine berufliche Grundbildung vermitteln, ist in besonderem Maße gestiegen. So ist die Zahl der Schülerinnen/Schüler im Berufsvorbereitungsjahr von 1992 bis zum Jahr 2007 um nahezu 70 % gestiegen. Die Zahl der Schülerinnen/Schüler im Berufsgrundschuljahr ist im gleichen Zeitraum um knapp 47 % angestiegen. Die Zahl der Schülerinnen/Schüler im ersten Schuljahr in Bildungsgängen, die eine berufliche Grundbildung vermitteln, hat sich zwischen 1992 und 2007 sogar um über 70 % erhöht. Ziel dieser Bildungsgänge sowie auch der Einstiegsqualifizierung, welche seit 2004 angeboten wird, ist die Verbesserung der individuellen Kompetenzen der Jugendlichen, um ihre Chancen zu erweitern, eine berufliche Ausbildung oder eine Berufstätigkeit aufzunehmen. Hierzu zählen Elemente der Allgemeinbildung, wie z.b. nach Nachholen von Schulabschlüssen, Maßnahmen zur Berufsvorbereitung und beruflichen Orientierung sowie allgemein zur Steigerung der Motivation.

Die Vielfalt der angebotenen Maßnahmen sowie der Träger und Bildungseinrichtungen, welche diese anbieten, ist jedoch durchaus kritisch zu beurteilen. Gerade für markt- und bildungsbenachteiligte Jugendliche als zentrale Zielgruppe schafft diese Vielfalt häufig eher Verwirrung denn Orientierung. Zudem fehlen strukturierte Wege aus dem Übergangssystem wieder hinaus, was aus dem zunächst angedachten Übergang für viele Betroffene zu langen Warteschleifen führt.

Daraus resultieren nicht nur Nachteile und Risiken für die individuellen Lebensläufe der Betroffenen, sondern auch hohe gesellschaftliche Kosten (vgl. Bertelsmann Stiftung 2009). Menschen ohne schulische bzw. berufliche Abschlüsse sind häufiger von Arbeitslosigkeit bedroht und erhalten demnach häufiger staatliche Transferleistungen. Spätere Interventionen in Form von Nachqualifizierungen und öffentlich geförderten Programmen, sofern sie überhaupt wahrgenommen werden, sind in der Regel teuer und relativ wirkungsarm.

Das Übergangssystem ist deshalb in den vergangenen Jahren verstärkt in die Kritik geraten[2], wobei nicht die eigentliche Existenz eines solchen Systems kritisch zu beurteilen ist, wenn es dazu dient, wirklich Übergänge zu schaffen. Das Gegenteil ist jedoch häufig der Fall, da dieses System mit der Aufnahme eines großen Teils gering qualifizierter Schulabgänger auf Dauer überfordert ist. Tatsächlich höhere Übergangsraten in eine qualifizierende Berufsausbildung, wie z.B. bei der 2004 eingeführten Einstiegsqualifizierung[3], gehen darüber hinaus zu Lasten der neuen Schulabgänger, da das Ausbildungsangebot bereits seit Jahren unter der Nachfrage der Jugendlichen liegt und damit Teile des neuen Schulabgängerjahrgangs wiederum in das Übergangssystem abgedrängt werden.

Mangelnde Transparenz und Übersichtlichkeit der Maßnahmen im Übergangssystem behindern zudem eine entsprechende Beurteilung der Lernprozesse, die in ihnen ablaufen. Insofern bleiben lediglich outputorientierte Kennzahlen zur Bewertung und eine kritische inhaltliche Analyse, die zu einer höheren Effektivität im arbeitsmarktpolitischen Interesse sowie dem der Teilnehmerinnen/Teilnehmer führen könnte, ist so kaum möglich. Diese Kennzahlen des Outputs lassen jedoch einen positiven Effekt der Maßnahmen des Übergangssystems vermuten. Befinden sich im dritten Monat nach Schulende 24 % im Übergangssystem und demgegenüber 51 % in einer voll qualifizierenden Berufsausbildung

---

[2] Vgl. z.B. Euler/Severing 2006; Baethge, M. et al. 2007
[3] In 2004, dem Jahr der Einführung von Einstiegsqualifizierungen, wurden 7.200 Jugendliche gefördert. Nach einem vorläufigen Höhepunkt im Jahr 2006 mit 18.924 Förderfällen, lag der aktuelle Wert in 2009 bei 16.300 (vgl. www.arbeitsagentur.de).

(einschließlich Studium), so ist die Gruppe derjenigen in Berufsausbildung nach einem Jahr auf 69 % und nach zwei Jahren auf 73 % angestiegen. Der Anteil derjenigen, die im Übergangssystem verbleiben, sinkt im gleichen Zeitraum auf 13 % bzw. 7 % (vgl. Beicht et al. 2008, 136 ff.)

Abbildung 4: Verteilung der Jugendlichen nach Beendigung der allgemeinbildenden Schule (ausgewählte Bereiche)

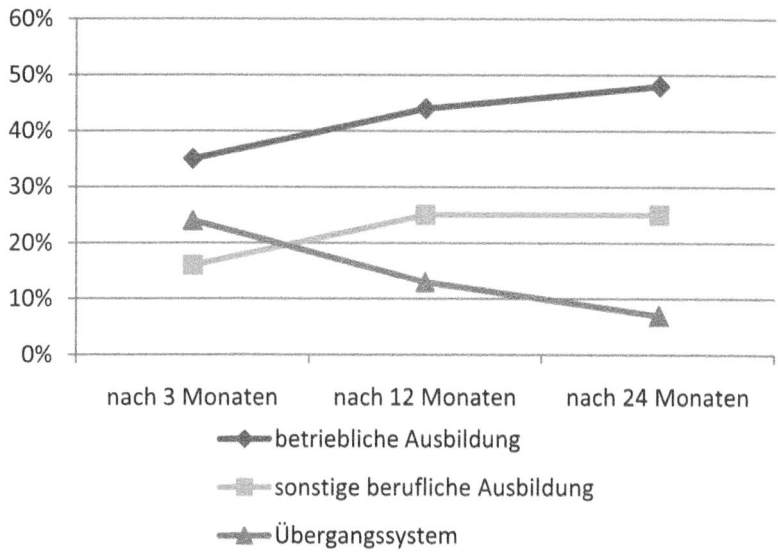

Quelle: Beicht et al. 2008: 136 ff.

Diese Vermutung wird bestätigt durch Aussagen der Jugendlichen, die an Maßnahmen teilgenommen haben: Laut der in 2008 veröffentlichten BIBB-Übergangsstudie gab die überwiegende Mehrheit der befragten Jugendlichen eine positive Bewertung der Übergangsmaßnahmen bezüglich des fachlichen Nutzens, der Freude an der Teilnahme sowie des Nutzens für die persönliche Entwicklung und des weiteren beruflichen Werdegangs (vgl. Beicht et al. 2008, 283). Vergleicht man den Erfolg anhand der Output-Kriterien zum weiteren Verbleib der Jugendlichen, so zeigt sich, dass etwa der Hälfte der Absolventen des Übergangssystems der Einstieg in eine betriebliche oder sonstige Berufsausbildung (inklusive Studium) gelingt, dies bereits innerhalb von drei Monaten nach Beendigung der Maßnahme. Im weiteren Verlauf steigt dieser Anteil nur minimal, das heißt,. dass der Übergang möglichst reibungslos und ohne großen

Zeitverlust realisiert werden muss, da die Chancen kontinuierlich sinken. (vgl. Autorengruppe Bildungsberichterstattung 2008, 167).

Um das Übergangssystem insgesamt effektiver zu gestalten, den Verbleib möglichst kurz und den Übergang in eine Berufsausbildung für alle Jugendlichen, die dies anstreben, zu realisieren, sind neben den oben bereits angesprochenen quantitativen Problemen (zu wenig Ausbildungsplätze) auch eine Reihe struktureller Probleme zu lösen. Die Vielfalt der Träger sowie die daraus resultierende Vielfalt der Inhalte sind zu reduzieren und auf die Ausbildungsinhalte der betrieblichen bzw. vollzeitschulischen Ausbildung zu beziehen.

Die damit hergestellte Transparenz schafft zum einen die nötige Orientierung für die Teilnehmerinnen/Teilnehmer der Maßnahmen zur sinnvollen Planung ihrer beruflichen Zukunft. Zum anderen ermöglicht die Systematisierung des Angebots eine effektivere Gestaltung der Übergänge zwischen Maßnahmen und Ausbildung, um die vielfach geforderten Brücken zwischen den Systemen wirklich zu bauen. Zentral sind die effiziente Gestaltung der Schnittstellen sowie die Vermeidung von Warteschleifen und Verdoppelungen von Zwischenschritten auf dem Weg in das berufliche Ausbildungssystem. Inwieweit hierbei die Zertifizierung von Teilqualifikationen, ihre Anrechenbarkeit auf eine voll qualifizierende Ausbildung zielführend wäre, ist bisher empirisch nicht hinreichend geklärt.

## 3 Fachkräftemangel

Im scheinbaren Widerspruch zum oben dargelegten Mangel an Ausbildungsplätzen für junge Menschen und damit verbunden einer Vielzahl an Ausweichstrategien im Übergangssystem steht ein in Deutschland zunehmender Fachkräftemangel in einer Reihe von Branchen. Dieser drohende oder bereits manifeste Mangel an qualifiziertem Personal zeichnet sich bereits seit mehreren Jahren ab. Damit ist die Frage nach dem gesamtgesellschaftlichen sowie branchenspezifischen Fachkräftemangel immer mehr in den Fokus der aktuellen wirtschafts- und arbeitsmarktpolitischen Debatte Deutschlands gerückt. In Verbindung mit der hier relevanten Thematik der Entwicklung des Berufsbildungssystems ist von besonderem Interesse, in welchem Zusammenhang der Ausbildungsmarkt und das Fachkräftepotenzial stehen und inwiefern der Ausbau des Ausbildungssystems dazu beitragen kann, dem Fachkräftemangel entgegenzuwirken bzw. diesem im Vorfeld bereits zu begegnen.

Eine wesentliche Ursache des Fachkräftemangels liegt sicherlich im demografischen Wandel. So ist die Zahl der sozialversicherungspflichtig Beschäftigten im Jahr 2009 nach Berechnungen des Statistischen Bundesamtes um 213.000

im Vergleich zum Vorjahr gesunken (Bundesagentur für Arbeit, 2010). Um das aktuelle Verhältnis zwischen Erwerbstätigen und Gesamtbevölkerung auch im Jahre 2050 zu halten, müsste eine Erwerbstätigenquote von 90 % erreicht werden, was sicherlich unrealistisch ist. Insofern sind vielmehr Bedingungen herzustellen, unter denen eine deutlich höhere Wertschöpfung erzielt wird mit in Zukunft besser ausgebildeten Erwerbstätigen. Mittelfristige Prognosen sagen einen Rückgang des Erwerbspersonenpotenzials bis zum Jahr 2020 voraus, trotz angenommener Zuwanderung aus dem Ausland von 100.000 Erwerbspersonen jährlich, um ca. 6 % innerhalb von 15 Jahren (Fuchs/Söhnlein 2007).

Der aus Mangel an Fachkräften resultierende Wertschöpfungsverlust betrug nach einer Studie im Auftrag des Bundesministeriums für Wirtschaft und Technologie allein im Jahr 2006 ca. 18,5 Milliarden €; nach Berechnungen der DIHK im Jahr 2007 ca. 23 Milliarden € (vgl. BMWi Pressemitteilung vom 29.04.2008).

Zunehmend mangelt es an qualifizierten Arbeitskräften insbesondere in den naturwissenschaftlichen und technischen Bereichen, nach einer aktuellen Studie im Auftrag des Vereins Deutscher Ingenieure lag der durchschnittliche Ingenieurbedarf im Jahre 2008 bei 87.500 (vgl. Verein Deutscher Ingenieure /Institut der deutschen Wirtschaft (Hrsg.) 2009). Das Institut der deutschen Wirtschaft beziffert die so genannte MINT-Fachkräftelücke (Differenz zwischen Fachkräfteangebot und -nachfrage in den vier MINT-Berufen Ingenieure, Techniker, Naturwissenschaftler und Datenverarbeitungsfachleuten) bundesweit für das Jahr 2008 auf 144.000 Personen, im Juni 2009 nach Einsetzen der Wirtschaftkrise immerhin noch auf 61.000 Personen (vgl. Institut der deutschen Wirtschaft 2009).

Die Schwerpunkte der Arbeitskräftenachfrage sowie deren Entwicklung in den letzten Jahren zeigen die Zahlen der Bundesagentur für Arbeit zu den bei ihnen bekannten Stellen bzw. zu den über sie gesuchten Arbeitskräften. Ein hoher Fachkräftebedarf mit zunehmender Tendenz ist insbesondere im Gesundheits- und Sozialwesen zu verzeichnen. 14 % der im August 2009 bei der Bundesagentur für Arbeit gemeldeten, ungeförderten Stellen fielen in dieses Branchensegment (TOP TEN August 2009).[4] Wie die Zahlen zeigen, droht der Fachkräftemangel nicht nur für Berufe in der IT-Branche oder in den neuen Medien. Dies gilt vielmehr für Berufsbilder in einer Vielzahl an Branchen. Die Mehrzahl der Unternehmen, insbesondere kleine und mittelständische sind nicht entsprechend darauf vorbereitet. Eine eher kurzfristige Personalplanung schiebt diese Problematik zunächst auf bzw. produziert sie teilweise selbst. So zeigt sich in einer Reihe von industriellen Berufen ein deutlicher Zusammenhang zwischen

---

[4] http://www.pub.arbeitsagentur.de/hst/services/statistik/interim/arbeitsmarktberichte/berichtebroschueren/stellenangebot/index.shtml

einem reduzierten Angebot an Ausbildungsplätzen und einer steigenden Nachfrage an gut qualifiziertem Fachpersonal (vgl. Baethge u.a. 2007). Verbunden
mit dem demografisch bedingten Rückgang des Angebots an ausgebildeten
Fachkräften produzieren die Betriebe so ihren Fachkräftemangel auch selbst.

Abbildung 5:    Entwicklung von bei der BA gemeldeten Stellen

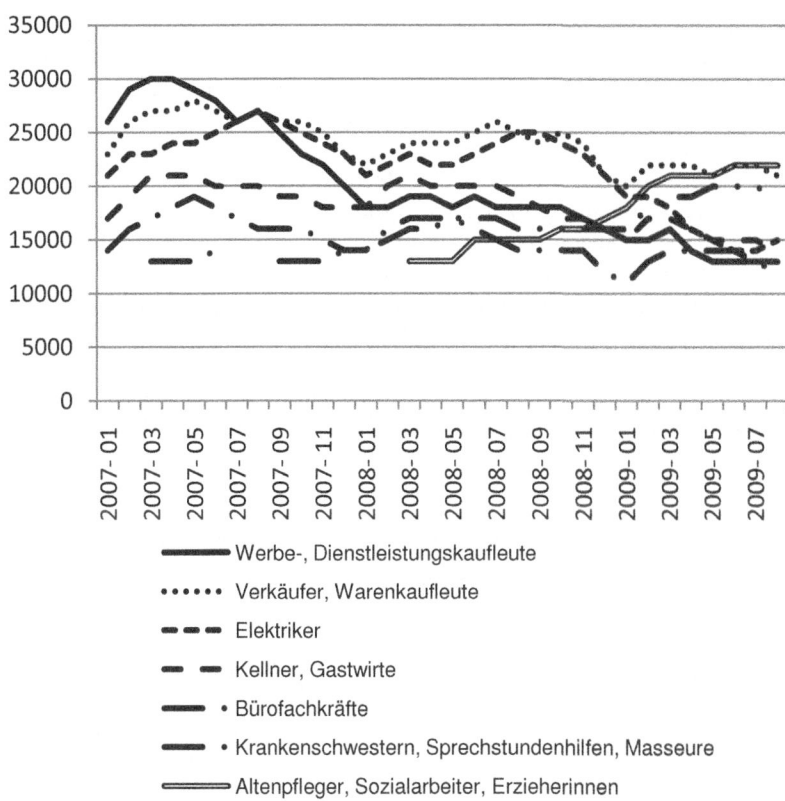

Quelle: Statistik der Bundesagentur für Arbeit 2009

Allerdings ist die Problematik des drohenden Mangels an qualifiziertem Nach-
wuchs in vielen Betrieben durchaus präsent: So bezeichneten in einer Befragung
von KMU im Jahre 2007 die Mehrzahl mit 79 % den Stellenwert des Fachkräftemangels im Bereich der KMU als ‚wichtig' bzw. sogar ‚sehr wichtig' (vgl. Huf
2008). In mehreren Bereichen wurden Probleme bei Neueinstellungen benannt,

insbesondere in der Fertigung und Produktion (36 %) sowie in Forschung und Entwicklung (24 %). In derselben Befragung antworteten die Unternehmensvertreter auf die Frage nach Nichteinstellung von Bewerbern, dass diese nicht über ausreichende inhaltliche Kompetenzen verfügen (73 %) bzw. die formalen Anforderungen nicht erfüllen (64 %).

Der Wandel im Beschäftigungssystem hat in den vergangenen Jahren zu einer deutlichen qualitativen Zunahme der Qualifikationsprofile geführt. Diese gestiegenen Anforderungen führen nicht nur zu Vakanzen im Beschäftigungssystem sondern bereits zu Nichtbesetzungen von Ausbildungsplätzen. Viele Unternehmen klagen über die mangelnde Qualifikation der Schulabgänger und lassen ihre Ausbildungsplätze lieber unbesetzt bzw. fahren die Ausbildungskapazitäten zurück. Der Trend zur Höherqualifizierung wird sich in den nächsten Jahren noch fortsetzen, sowohl der Bedarf an Hochschulabsolventen als auch an gut ausgebildeten Absolventen im dualen Berufsbildungssystem wird dementsprechend steigen. Veränderungen in den Branchen- und Unternehmensstrukturen mit einem steigenden Anteil wissensintensiver Dienstleistungen in den Bereichen Forschung und Innovation, Beratung und Lehre erzeugen einen zunehmenden Bedarf an gut qualifizierten Fachleuten (vgl. Autorengruppe Bildungsberichterstattung 2008).

Die vermeintlich mangelnden Qualifikationen der Schulabgänger stellen jedoch nicht alle relevanten Probleme dar, die eine adäquate Besetzung der Ausbildungsplätze in den Betrieben verhindern. Nach einer aktuellen Studie des Bundesinstituts für Berufsbildung zeigen sich in der Einstellungspraxis der Unternehmen einige Defizite, die ebenfalls als Ursachen für erfolglose Vermittlungsprozesse zwischen Ausbildungsplatzanbietern und Stellensuchenden wirken. Genannt werden in diesem Kontext vier systemische Ungleichgewichte: Qualifikationsmismatch, beruflicher Mismatch, Informationsmismatch und regionaler Mismatch (vgl. Gericke u.a. 2009).

Laut einer Studie des Instituts für Arbeits- und Berufsforschung (IAB) aus dem Jahre 2004 blieben insgesamt etwa 10 % der angebotenen Ausbildungsstellen unbesetzt (Bellmann u.a. 2005), insbesondere in kleineren Betrieben und Unternehmen. In einer vom BIBB durchgeführten Betriebsbefragung aus dem Jahr 2008 gaben sogar 14,7 % (2007) bzw. 14,8 % (2008) der ausbildungswilligen Betriebe an, dass sie ihre Ausbildungsplätze nicht besetzen konnten (Bundesinstitut für Berufsbildung 2008), davon waren insbesondere mittlere Betriebe betroffen.

Die beschriebenen Problemfelder zeigen implizit bereits die Handlungsfelder auf, zukünftigen Fachkräftebedarf zu decken und einem drohenden Mangel an qualifizierten Arbeitskräften vorzubeugen. Zentrale Handlungsträger werden hierbei sicher die Betriebe sein. Ihre Personalpolitik muss längerfristig angelegt sein und den Fachkräftebedarf auch in der Ausbildungspolitik berücksichtigen. Dabei reicht es nicht, die Zahl der Ausbildungsplätze zu erhöhen, auch die Besetzungspraxis muss die impliziten Matching-Probleme berücksichtigen und ihnen entgegenwirken. Öffentliche Förderprogramme wie Potenzial-, Demografie- und Ausbildungsförderungsprogramme können in diesem Kontext sehr hilfreich sein.

## 4 Durchlässigkeit der Bildungssysteme

Um dem prognostizierten Fachkräftemangel zu begegnen und sich den Anforderungen eines globalisierten Wettbewerbs erfolgreich stellen zu können, hat sich Deutschland das bildungspolitische Ziel einer Studienanfängerquote von 40 % gesetzt. Eine Reihe von Initiativen des Bundesministeriums für Bildung und Forschung (BMBF), wie zum Beispiel die Aufstiegsstipendien, das nationale Leistungspunktesystem DECVET oder der Hochschulpakt 2020 aus dem Jahr 2007 unterstützen diese Entwicklung.

Die Frage ist jedoch, ob Deutschland wirklich eine höhere Studierendenquote benötigt, was der direkte Vergleich mit dem Ausland durchaus nahe legt. Dieser Vergleich vernachlässigt allerdings, dass in Deutschland das System der dualen Berufsausbildung, welche den Jugendlichen eine qualifizierte Berufsausbildung auf hohem Niveau mit einer intensiven Anbindung an den Arbeitsmarkt und einer hohen Betriebsnähe bietet, eine traditionelle Säule der beruflichen Bildung darstellt, in der jährlich rd. 50 % der Jugendlichen eines Altersjahrgangs nach dem Abschluss ihrer Schullaufbahn einmünden (vgl. BMBF 2009, 9). Die Dualität, welche die Kooperation der Lernorte Schule und Betrieb bzw. überbetriebliche Ausbildungsstätte umfasst, garantiert neben der fachtheoretischen Ausbildung einen berufspraktischen Schwerpunkt mit einer hohen Anwendungsnähe im Betrieb, die die Integrationskosten junger Menschen in die Arbeits- und Berufswelt erheblich reduzieren. Hinzu kommt, dass viele der rd. 350 Berufsbilder des dualen Systems im Ausland im Rahmen eines Studiums vermittelt werden. Dieses gilt umso mehr für auf der dualen Berufsausbildung aufbauende Weiterbildungsqualifikationen zum Techniker, Meister bzw. Fach- oder Betriebswirt.

Drohender Fachkräftemangel und steigender Bedarf an Hochqualifizierten sind also nicht nur eine Frage akademischer, sondern auch einer qualifizierten beruflichen Bildung. Allerdings sind die Teilsysteme der beruflichen Bildung bisher sehr stark voneinander getrennt und in der aktuellen Debatte zum Berufsbildungssystem in Deutschland wird immer wieder die Forderung nach mehr Durchlässigkeit zwischen den einzelnen Säulen der Berufsbildung gestellt.

Übergänge sollten offener und flexibler gestaltet sein, zwischen unterschiedlichen dualen Ausbildungsgängen, zwischen schulischer und dualer Berufsausbildung und vor allem zwischen dualer und Hochschulausbildung. Diese mangelnde Durchlässigkeit zeigt sich bereits in der allgemeinbildenden Schule, frühe Bildungsungleichheiten, welche das dreigliedrige Schulsystem produziert, werden selten und nur partiell nachträglich ausgeglichen. Häufiger bedeutet Durchlässigkeit zwischen den Schulformen lediglich einen Abstieg in eine niedrigere Schulform (Solga/Dombrowski 2009, 19) Zur Kompensation wenig erfolglos abgeschlossener Schullaufbahnen wurden verschiedene Maßnahmen und Bildungswege eingerichtet, in welchen der Hauptschulabschluss nachgeholt werden kann, um den Jugendlichen im Ausbildungsmarkt überhaupt eine reale Chance zu ermöglichen.

Zentral ist die Frage der Durchlässigkeit zwischen den Bildungssektoren der beruflichen und akademischen Bildung. Die Anerkennung beruflicher Abschlüsse als Zugangsvoraussetzung zum Hochschulstudium ist zwar zwischenzeitlich vollzogen, allerdings wird sie wenig genutzt. Lediglich 1,9 % der Studienanfänger an Fachhochschulen kommen über die Qualifikation eines Meister- oder Technikerabschlusses an die Hochschule, ihr Anteil an Universitäten liegt sogar lediglich bei 0,6 % (Autorengruppe Bildungsberichterstattung 2008, 194) Diese Übergänge und Bildungspfade zwischen den Sektoren des Bildungssystems sind weiter auszubauen. Anstatt berufliche Bildung zu akademisieren, gilt es, den Übergang von dualer Ausbildung über Fortbildung und Anerkennung beruflicher Qualifikationen auf ein (Fach)Hochschulstudium zu unterstützen.

Hierzu sind aktuell einige Maßnahmen und Programme in der Berufsbildungspolitik auf den Weg gebracht worden.[5] Im Rahmen der Förderinitiative „Anrechnung beruflicher Kompetenzen auf Hochschulstudiengänge" (ANKOM) wird in elf regionalen Entwicklungsprojekten das Ziel verfolgt, den Hochschulzugang für erfolgreiche Absolventen des beruflichen Bildungssystems attraktiver sowie den Wechsel zwischen verschiedenen Bildungsbereichen transparenter und effektiver zu gestalten. An dem Modellvorhaben beteiligte Hochschulen haben Verfahren der Anrechnung beruflicher Kompetenzen eingeführt, wobei es sich dabei um sowohl innerhalb als auch außerhalb der Bildungsinstitutionen erworbene formale abschlussbezogene als auch nonformale, nicht zertifizierte Lernergebnisse handeln kann. Zugleich wurden in der Zusammenarbeit der beteiligten Akteure die Kommunikation und der Austausch zwischen den Teilbereichen des Bildungssystems gefördert.

Einen Ausbau der Begabungsförderung in der beruflichen Bildung erfolgte mit dem Programm „Aufstiegsstipendien". Hierdurch erhalten Menschen eine

---

[5] Vgl. ausführlich zu den Initiativen des BMBF: Berufsbildungsbericht 2009, 37 ff.

finanzielle Förderung ihres Hochschulstudiums, die sich in Ausbildung und Beruf als besonders talentiert erwiesen haben. Zum Wintersemester 2008/09 eingeführt fand das Programm eine sehr rege Nachfrage, so dass die Förderzahlen in den nächsten Runden aufgestockt wurden. Die Aufstiegsstipendien sind für diejenigen Studierenden gedacht, welche die Möglichkeit des Hochschulzugangs ohne Abitur und stattdessen durch Ausbildung, Fortbildung und Berufspraxis nutzen. Das Studium kann in Vollzeit oder berufsbegleitend absolviert werden, eine Altersbegrenzung gibt es nicht. Damit wird eine sehr breite Gruppe erfolgreicher und bildungswilliger Arbeitnehmerinnen/Arbeitnehmer angesprochen und dabei unterstützt, ein Studium aufzunehmen.

Im Kontext der Europäisierung des Bildungssystems[6] wird auch in Deutschland die Entwicklung eines nationalen Leistungspunktesystems für die berufliche Bildung (DECVET), orientiert am Europäischen Leistungspunktesystem (ECVET), diskutiert und es wurde hierzu eine Pilotinitiative im Jahre 2007 gestartet. In zehn Pilotprojekten werden Verfahren zur Erfassung, Anrechnung und Anerkennung von Lernergebnissen und Kompetenzen entwickelt. Ziel ist es, die Übergänge an den zahlreichen Schnittstellen des deutschen Berufsbildungssystems zu ermöglichen bzw. zu erleichtern. Damit sollen einmal erworbene Kenntnisse und Fähigkeiten in einen anderen Bildungsgang übernommen werden und die Durchlässigkeit und Mobilität an folgenden als zentral definierten vier Schnittstellen erhöht werden: zwischen Berufsausbildungsvorbereitung und dualer Ausbildung, zwischen unterschiedlichen Ausbildungsgängen, zwischen dualer und vollzeitschulischer Berufsausbildung sowie zwischen dualer Berufsausbildung und beruflicher Bildung.

Die kurz skizzierten Programme und Initiativen geben Anhaltspunkte dafür, wie die Teilsysteme der beruflichen und akademischen Bildung durchlässiger gestaltet und Übergänge transparenter und effektiver gestaltet werden können. Mittelfristiges Ziel muss es jedoch sein, systematisch und flächendeckend eine Durchlässigkeit des deutschen Berufsbildungssystems zu entwickeln und in die Praxis umzusetzen.

## 5  Europäisierung der Berufsbildung

Die benannten neuen Anforderungen an eine erhöhte Durchlässigkeit verschiedener Bildungssysteme gehen maßgeblich auf Entwicklungen und neue Konzepte europäischer Bildungspolitik zurück. Es bilden sich neue Qualifizierungswege und Lernortkooperationen, welche ehemals getrennte Segmente miteinander

---

[6] Vgl. ausführlich hierzu die Ausführungen im nächsten Abschnitt.

verbindet. Im Zuge des Kopenhagenprozesses werden u.a. die Steigerung der Humankapitalinvestitionen, die Reduzierung des Anteils junger Menschen ohne weiterführende Schul- oder Berufsausbildung sowie die Verbesserung der Mobilität und Transparenz der Befähigungsnachweise angestrebt.

Von besonderer Bedeutung sind in diesem Prozess zwei der Instrumente für Zusammenarbeit und Vereinheitlichung der europäischen Berufsbildung: Das Europäische Kreditsystem für die berufliche Bildung ECVET und der Europäische Referenzrahmen für die Qualifikationsniveaus EQF, welche jeweils auf nationaler Ebene in allen Ländern konkretisiert wurden bzw. noch werden soll.[7] Drei zentrale Funktionen werden mit den Instrumenten ECVET und EQF verfolgt. Erstens geht es um Transparenz der jeweils in den beteiligten Ländern produzierten Qualifikationen, um diese vergleichbar zu machen. Diese Lernergebnisse, welche auch lediglich Teile einer umfassenderen Qualifikation beinhalten können, sollen transferierbar sein. Dieser Transfer, als zweite Funktion, findet zwischen verschiedenen Bildungssegmenten statt oder entsprechend erworbene Kreditpunkte sind in einem anderen Mitgliedstaat auf dem weiteren Qualifikationsweg anrechenbar. Die Möglichkeiten, Teile der Ausbildung auch im Ausland zu absolvieren, ohne Unterbrechung oder Verluste, sollen damit optimiert werden. Drittens ist die Akkumulationsfunktion zu benennen. Ziel ist der Ausbau individualisierter Bildungsprozesse und Ausbildungswege in formellen wie informellen Lernkontexten. Das erworbene Wissen wird zeitlich und räumlich unabhängig und über einen nahezu beliebigen Zeitraum akkumuliert und zu zertifizierbaren Abschlüssen verwertet. Ausbildungs- und Weiterbildungsmodule, welche im europäischen Ausland erworben wurden, sollen so mühelos integriert werden und eine Vielzahl an unterschiedlichen Qualifikationsprofilen schrittweise erworben werden.

Für deutsche Qualifikationsabschlüsse könnte die Nutzung des EQR sowie seine Umsetzung in einen Nationalen Qualifikationsrahmen zu grundlegenden Veränderungen im Berufsbildungssystem, insbesondere in Bezug auf die duale Ausbildung führen. Zur Herstellung der angestrebten Transparenz und insbesondere des Transfers von Lernergebnissen und um Qualifikationen innerhalb von individuell gestalteten Bildungsverläufen akkumulieren und auch länderübergreifend anerkennen zu können, ist eine Zergliederung der Berufsqualifikationen notwendige Voraussetzung. Diese Entwicklung wird sehr kontrovers diskutiert und von berufener Seite grundlegend kritisiert. Diese Kritiker sehen die prognostizierte Modularisierung der Ausbildung im Widerspruch zu dem in Deutschland auf dem Berufsprinzip basierenden dualen System, welches mittelfristig in Frage gestellt würde (vgl. z.B. Drexel 2008).

---

[7] Die Umsetzung in Deutschland ist bisher noch nicht abgeschlossen.

Wie oben angesprochen, erweist sich jedoch gerade die duale Ausbildung als erfolgreicher Ausbildungspfad bezüglich der Übergänge in den Arbeitsmarkt aufgrund einer hohen Betriebsnähe und Beruflichkeit. Das Potenzial des deutschen Berufsbildungssystems kann im internationalen Bildungsmarkt ausgebaut und gleichzeitig international anschlussfähig gemacht werden, wenn es sich auf seine Stärken besinnt. Die positiven Aspekte der Dualität in der Berufsbildung sollten weiter ausgebaut werden und auch auf den tertiären Bildungssektor übertragen werden. Der Ausbau des Angebots dualer Studiengänge weist da sicher in die richtige Richtung. Das in den letzten Jahren bundesweit rasant gestiegene Angebot (vgl. www.ausbildungsplus.de) stößt sowohl bei den Studienbewerberinnen/Studienbewerbern als auch bei kooperierenden Betrieben auf reges Interesse und eine hohe Nachfrage.


## 6 Schlussbemerkung

Die benannten Problemfelder zeigen den künftigen Handlungsbedarf für alle am Ausbildungsmarkt sowie in der Berufsbildung tätigen Akteure auf. Verbunden mit den Folgen des demografischen Wandels sowie den gestiegenen Anforderungen in einer Wissensgesellschaft wie der unsrigen wird der Bedarf an Unterstützungs- und Orientierungsmaßnahmen im System der Berufsbildung zunehmen. Nicht nur, dass die Zahl der Jugendlichen zukünftig abnehmen wird, auch die Voraussetzungen, welche diese aufgrund ihres sozialen, familiären und schulischen Hintergrundes mitbringen, werden sich weiter verändern und den direkten Zugang zum Ausbildungsmarkt und einer erfolgreichen Berufslaufbahn erschweren. Darauf wird sich eine zukunftsweisende Berufsbildungspolitik einzustellen haben und die Übergänge an der ersten und zweiten Schwelle entsprechend den Bedarfen der jungen Menschen zu gestalten haben.

# Literatur

Bundesinstitut für Berufsbildung (2008): Ausbildungsstellenmarkt zwischen ungenutzten Ausbildungskapazitäten und steigendem Fachkräftebedarf. Kurzbericht zum BIBB-Ausbildungsmonitor I/2008 des Bundesinstituts für Berufsbildung in Kooperation mit TNS Infratest (Forschungsprojekt 2.1.202). Bonn.

Autorengruppe Bildungsberichterstattung (Hrsg.) (2008): Bildung in Deutschland. Bielefeld.

Baethge, M.; Solga, H.; Wieck, M. (2007): Berufsbildung im Umbruch. Studie im Auftrag der Friedrich-Ebert-Stiftung. Berlin.

Beicht, U.; Friedrich, M.; Ulrich, J. G. (Hrsg.) (2008): Ausbildungschancen und Verbleib von Schulabsolventen. Bielefeld.

BIBB (Hrsg.) (2009): Datenreport zum Berufsbildungsbericht 2009. Bonn.

Bertelsmann Stiftung (Hrsg.) (2009): Berufsausbildung 2015 – Ein Leitbild. Bielefeld.

Bellmann, L.; Hartung, S. (2005): Betriebliche Ausbildung – Zu wenig Stellen und doch sind nicht alle besetzt. IAB-Kurzbericht Nr. 27/2005. Nürnberg.

BMBF (Hrsg.) (2009): Berufsbildungsbericht 2009. Bonn.

Bundesagentur für Arbeit (2010): Der Arbeits- und Ausbildungsmarkt in Deutschland – Monatsbericht Dezember und Jahr 2009. Nürnberg.

Drexel, I. (2008): Berufsprinzip oder Modulprinzip? Zur künftigen Struktur beruflicher Bildung in Deutschland.. In: Verband für Lehrerinnen und Lehrer an Berufskollegs (Hrsg.): Berufskollegs stärken heißt die berufliche Bildung zu stärken. Krefeld.

Euler, D.; Severing, E. (2006): Flexible Ausbildungswege in der Berufsausbildung. Bielefeld.

Fuchs, J.; Söhnlein, D. (2007): Einflussfaktoren auf das Erwerbspersonenpotenzial. IAB-Discussion Paper No. 12/ 2007. Nürnberg.

Gericke, N.; Krupp, T.; Troltsch, K. (2009): Unbesetzte Ausbildungsplätze – warum Betriebe erfolglos bleiben. BIBB-Report 10/2009. Bonn.

Harney, K.; Hartkopf, E. (2008): Gruppierungsmerkmale und Einflussgrößen der Segmentation im beruflichen Schulsystem. FIAB-Arbeitspapier 12. Recklinghausen.

Hug, M. (2008): Fachkräftemangel im Mittelstand. Haufe-Studienreihe. Freiburg.

Institut der deutschen Wirtschaft (Hrsg.) (2009): MINT-Meter – Mint-Lücke in Deutschland und Indikatoren im internationalen Vergleich. Köln.

Seibert, H.; Kleinert, C. (2009): Ungelöste Probleme trotz Entspannung. IAB-Kurzbericht 10/2009. Nürnberg.

Solga, H.; Dombrowski, R. (2009): Soziale Ungleichheiten in schulischer und außerschulischer Bildung. HBS-Arbeitspapier 171. Düsseldorf.

Statistik der Bundesagentur für Arbeit (2009): TOP TEN der gemeldeten Stellen nach Branchen und Berufen. www.arbeitsagentur.de

Verein Deutscher Ingenieure; Institut der deutschen Wirtschaft (Hrsg.) (2009): Ingenieurarbeitsmarkt 2008/09 – Fachkräftelücke, Demografie und Ingenieure 50Plus. Köln. www.ausbildungplus.de

# Zur Zukunft der dualen Berufsausbildung in Deutschland

*Gerhard Bosch*

## 1 Einleitung

Während in den meisten entwickelten OECD-Ländern die betriebliche Berufsausbildung in den letzten Jahrzehnten an Bedeutung verlor und die tertiäre Bildung (Bildung in Fachhochschulen und Universitäten) rasch expandierte (OECD
2009), stieg in Deutschland bis in die 90er-Jahre der Anteil der Jugendlichen in
einer betrieblichen Berufsausbildung. Gleichzeitig sind die Wachstumsraten in
der tertiären Bildung vergleichsweise gering. Der wichtigste Grund für die geringen Wachstumsraten der tertiären Bildung liegt in der weiterhin hohen Attraktivität beruflicher Bildung, die auf der engen Verknüpfung von Ausbildung mit
dem Beschäftigungssystem beruht. Eltern und Jugendliche sehen in einer Berufsbildung einen guten Zugang zu einer Beschäftigung mit Aufstiegsmöglichkeiten; Unternehmen schätzen die Vorteile einer betriebsnahen Ausbildung, die
ihnen die Kosten einer mühsamen Integration von Schulabsolventen erspart.
Berufliche Bildung hat also nicht das Stigma eines Bildungsbereichs für lernschwache Jugendliche bekommen, das es mittlerweile in vielen anderen Ländern
hat.

Anders als Unternehmen, Industrie-Gewerkschaften, Eltern und Jugendliche
beurteilen die meisten Bildungsexperten aus dem In- und Ausland das deutsche
Bildungssystem heute kritischer als früher. Die OECD kritisiert das deutsche
Bildungssystem nicht nur wegen der schlechten PISA-Ergebnisse, sondern hält
es auch nicht für zukunftssicher wegen der geringen Studentenzahlen. In
Deutschland wird seit Jahren über die Krise des dualen Berufsbildungssystems
diskutiert. Als Krisensymptome werden die nachlassende Ausbildungsbereit-
schaft der Unternehmen, die Konzentration der Ausbildung auf das verarbeiten-
de Gewerbe, die unzureichende Integration gering Qualifizierter und junger Migranten, die mangelnden Schulleistungen oder das Verschwinden beruflicher
Arbeitsmärkte genannt. Auffällig ist, dass dem dualen System dabei oft Ver-
säumnisse anderer Politikbereiche, etwa der Schul-, Familien- oder Zuwande-
rungspolitik, angelastet werden, die man durch Reformen im Berufsbildungssystem nur begrenzt beheben kann. Die Kritiker beachten zudem kaum, dass das
berufliche Bildungssystem im Unterschied zum Schulsystem in den letzten Jahren grundlegend modernisiert wurde. Die verantwortlichen Akteure in diesem
System reagierten auf Veränderungen in den Unternehmen und auf dem Ar-

beitsmarkt erheblich schneller als die Akteure in rein staatlichen Bildungsstrukturen, da sich die Unternehmen sonst sehr rasch aus der Ausbildung zurückziehen würden.

Die offene Frage ist, ob der deutsche Sonderweg mit einem starken System betrieblicher Berufsausbildung und einem vergleichsweise gering dimensionierten tertiären Bildungssektor Bestand haben wird. Sinnvolle Aussagen auf diese Frage sind nur unter Berücksichtigung der Veränderungen in der Gesamtarchitektur des Bildungssystems und seiner Beziehungen zum Arbeitsmarkt möglich. Dies gilt ganz besonders für die berufliche Bildung, die sich im Bildungssystem und auf dem Arbeitsmarkt in einer Sandwich-Position zwischen akademischer Bildung und Anlerntätigkeiten ohne Berufsabschluss befindet. Neben Strukturproblemen innerhalb der Berufsbildung sind ständig neue Grenzziehungen zur akademischen Bildung und zu Kurzqualifikationen für angelernte Tätigkeiten Gründe für die Dynamik im System der beruflichen Bildung.

Im Folgenden sollen die Entwicklungen in der dualen Berufsausbildung unter Berücksichtigung der unterschiedlichen Schnittstellen analysiert werden. Dabei geht es um die Schnittstellen nach unten, also zum Schulsystem (Abschnitt 2) sowie zum Übergangssystem und den Parallelstrukturen der schulischen Berufsausbildung (Abschnitt 3), um die internen Probleme der dualen Ausbildung (Abschnitt 4) und schließlich um die Schnittstellen zur Weiterbildung (Abschnitt 5), zur Hochschulbildung (Abschnitt 6) und zum Arbeitsmarkt (Abschnitt 7).

## 2   Die Schnittstelle zur Schule

In den 50er- und 60er-Jahren gab es klar strukturierte Verknüpfungen zwischen Schulen und beruflicher Bildung. Anfang der 50er-Jahre gingen fast 80 % der Jugendlichen auf die damalige 8-jährige Volksschule, 13 % auf ein Gymnasium und 6 % auf eine Realschule (der Rest besuchte Sonderschulen). Mit den schulischen Abschlüssen war damals der berufliche Weg weitgehend vorgezeichnet. Die Auszubildenden kamen überwiegend aus der Volksschule; nur für die kaufmännischen Berufe wurden damals auch Realschüler rekrutiert. Die meisten Gymnasiasten studierten oder bewarben sich für besondere Abiturientenlaufbahnen in Unternehmen.

Kennzeichnend für die damalige Situation war nicht nur die Undurchlässigkeit zwischen den Schultypen – es gab nur wenige Übergangsmöglichkeiten, sondern auch die Segmentation der Ausbildungswege nach der Schule. Mit der Wahl der Schule waren auch die künftigen Berufswege weitgehend vorgezeichnet, so dass die Abgänger der unterschiedlichen Schultypen kaum miteinander konkurrierten. Wegen der frühen Zuordnung zu unterschiedlichen Bildungswegen und der auf besondere Berufsfelder orientierten Berufsausbildung galt das deutsche Bildungssystem als Musterbeispiel für ein stratifiziertes, soziale Unterschiede verfestigendes System mit hoher Spezifität, das durch die Verknüpfung mit bestimmten Berufsbildern Übergänge in den Arbeitsmarkt erleichterte und damit ein Sicherheitsnetz (safety-net) bereitstellte (Shavit/Müller 2000).

Das traditionelle dreigliedrige Schulsystem, in dem Kinder schon im Alter von 10 Jahren auf unterschiedliche Schultypen aufgeteilt werden, hat sich in Deutschland hartnäckig gehalten. Andere Länder mit dreigliedrigen Schulsystemen, wie etwa die skandinavischen Länder, hatten diese wegen ihrer hohen sozialen Selektivität schon in den 60er-Jahren abgeschafft und Gesamtschulen eingeführt. In den 70er-Jahren versuchten sozialdemokratische Kultusminister in mehreren Bundesländern dem skandinavischen Beispiel zu folgen. Der Ausbau von Gesamtschulen wurde dann jedoch abgebrochen. In den damaligen „Schulkriegen" gelang es den bürgerlichen Parteien die Ängste der Mittelklassen vor einem sozialem Abstieg ihrer Kinder mit Hinweisen auf die Einheitsschule in der DDR und Gleichmacherei so erfolgreich zu mobilisieren, dass sich fast 40 Jahre keine politische Partei mehr traute, Reformen der Schulstrukturen vorzuschlagen.

Mit der Bildungsexpansion wurde die Aufrechterhaltung des stratifizierten Schulsystems für die Berufsausbildung immer mehr zum Problem, da sich die schulischen Ausgangsqualifikationen der Ausbildungsplatzbewerber immer mehr auseinander entwickelten. Im Jahre 2004 kamen nur noch 33 % der Schulabgänger eines Jahrgangs aus den Hauptschulen, davon 8,3 % ohne Hauptschulabschluss. Weitere 24 % hatten die Hochschulreife, davon 1,2 % über eine Berufsschule, und der Rest einen Realschulabschluss erworben (Abbildung 1). Die meisten Realschulabsolventen und rund ein Viertel der Absolventen eines Gymnasiums (BMBF 2007, 59) streben heute eine Berufsausbildung an.

Eines der wichtigsten Ziele der Bildungsexpansion war die Erhöhung der Durchlässigkeit des Bildungssystems und die Verringerung der sozialen Selektivität. In der beruflichen Bildung wurde genau das Gegenteil erreicht. Während die Segmentation zwischen den Schultypen aufrechterhalten wurde, ist sie beim Wettbewerb um Ausbildungsstellen aufgehoben worden. Heute konkurrieren Jugendliche mit unterschiedlicher Schulausbildung zum Teil um die gleichen Ausbildungsstellen. In diesem ungleichen Rennen sind die Hauptschüler die Verlierer. Sie können in der Konkurrenz mit Realschülern und Gymnasiasten eigentlich nur noch wenige Pluspunkte vorweisen, wie höheres Interesse an praktischen Tätigkeiten, realistische Erwartungen an Bezahlung und Karriere sowie geringere Neigungen, nach der Ausbildung das Unternehmen zu verlassen und zu studieren. Die meisten Unternehmen bevorzugen die Absolventen mit höherer

Schulbildung wegen ihrer besseren Ausgangsqualifikationen, so dass sich die Zusammensetzung der Auszubildenden im dualen System deutlich verändert hat. Während 1970 noch fast 80 % der Auszubildenden im dualen System aus der Hauptschule kamen, waren es 2005 nur noch 37,5 %, der Rest verteilte sich auf Realschulabsolventen und Abiturienten.

Abbildung 1:   Qualifikationsstrukturen in Deutschland, Berufsbildung und Allgemeinbildung 2005

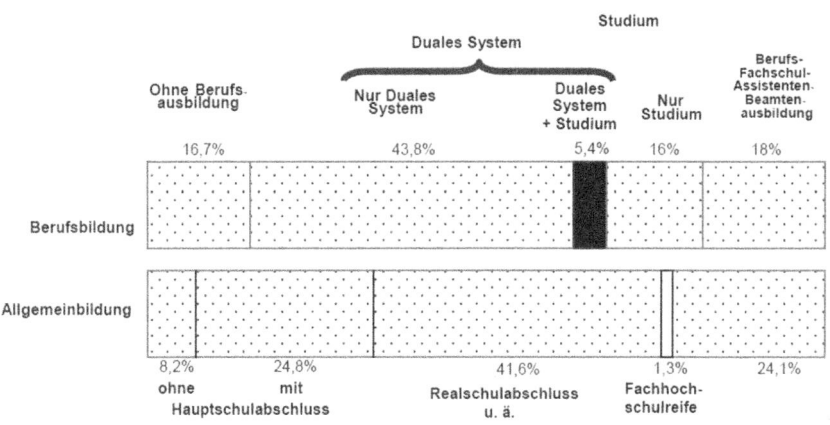

Quelle Bundesinstitut für Berufsbildung (2008), Schaubilder zur Berufsausbildung 2008, URL: http://www.bibb.de/de/10274.htm (Stand 23.10.08)

Diese Entwicklung beschleunigte zum einen eine Ausdifferenzierung des dualen Systems in Berufsausbildungen mit höheren und geringeren theoretischen Anforderungen. Zum anderen gefährdet sie Lernmotivationen von Hauptschülern, da sie selbst bei guten Schulleistungen kaum Chancen auf dem Ausbildungsmarkt haben. Durch diese zunehmende Entkoppelung der Hauptschulabschlüsse vom Ausbildungsmarkt geht einer der traditionellen Pluspunkte des deutschen Bildungssystems, die hohe Lernmotivation auch in der Volks- und Hauptschule, verloren. Finegold/Soskice (1988) sahen in der durch die Hoffnung auf einen Ausbildungsplatz getriebenen hohen Motivation der Hauptschüler einen wichtigen Baustein des deutschen „high-skill-equilibriums", während sie im britischen „low-skill-equilibrium" deutlich mehr Schulmüdigkeit diagnostizierten.

    Der Reputationsverfall der Hauptschule vor allem in den Großstädten mit hohen Migrantenanteilen und starker räumlicher Segregation der Bevölkerung ist so dramatisch, dass mittlerweile parteiübergreifend die Zusammenlegung von Haupt- und Realschulen diskutiert und teilweise schon beschlossen worden ist.

40

## 3 Die Schnittstellen zum Übergangssystem und zu Parallelstrukturen

Durch das Aufeinandertreffen von starken Geburtenkohorten mit einem rückläufigen Angebot an Ausbildungsplätzen in einer Wirtschaftskrise kam es wiederholt zu hohen Nachfrageüberhängen, die sich überdies in den letzten Jahren strukturell verfestigt haben. Die Zahl der abgeschlossenen Ausbildungsverträge schwankte in Westdeutschland zwischen 1975 und 1995 um mehr als 250 000. Mitte der 80er-Jahre wurden fast 700 000 neue Ausbildungsverträge abgeschlossen, während es 1995 nur noch 450 000 waren. Im vereinigten Deutschland variierte die Zahl der neu abgeschlossenen Ausbildungsverträge zwischen 631 000 im Jahr 1999 und 550 000 im Jahr 2005.

Diese Nachfrageüberhänge sind in Deutschland im Unterschied zu anderen Ländern ohne starke duale Ausbildungssysteme ein erstrangiges Politikum. Anders als in Ländern mit rein schulischen Systemen der Berufsausbildung kann der Staat nicht geräuschlos die Jugendlichen ins berufliche Bildungssystem aufnehmen, sondern muss die Wirtschaft drängen, eine ausreichende Zahl an Ausbildungsplätzen anzubieten. Die Wirtschaft selbst sieht die Berufsausbildung als ihre eigene Verantwortung an, der sie auch nachkommen muss, wenn sie nicht staatliche Eingriffe, wie eine Umlagefinanzierung riskieren will. Der jährlich wiederkehrende Statistikstreit zwischen Gewerkschaften und Arbeitgeberverbänden über die Zahl der unversorgten Jugendlichen spiegelt die kontroversen Ansichten über die Wahrnehmung dieser Verantwortung. In den zahlreichen Ausbildungspakten der letzten Jahrzehnte versprachen die Unternehmerverbände zusätzliche Ausbildungsplätze und der Staat Subventionen für betriebliche und schulische Ausbildungsplätze. In den letzten drei Jahrzehnten sind die Zusagen in den Ausbildungspakten immer unverbindlicher geworden. Dies hat sicherlich strukturelle Ursachen. Die Unternehmerverbände und Gewerkschaften haben Mitglieder verloren und können damit die Betriebe immer weniger auf gemeinsame Ziele verpflichten. Zudem haben der wachsende Kostendruck und die zunehmende Orientierung an kurzfristigen Zielen viele Unternehmen veranlasst, weniger auszubilden (Bosch 2004).

Die Auswirkungen der Ausbildungspakte von den 80er-Jahren bis heute kann man an den Ausbildungsquoten ablesen. 1985 wurde eine Ausbildungsquote von 8,8 % der Beschäftigten erreicht. Diese Quote fiel in den 90er-Jahren auf etwas über 6 % und stagniert seither auf diesem Niveau (BiBB 2009a, 339). Ohne die Ausbildungspakte wären die Ausbildungsquoten in der Wirtschaftskrise 2002 bis 2005 vermutlich unter diese Marke gefallen. Auch das Überleben des dualen Ausbildungssystems in Ostdeutschland nach dem Strukturbruch – wenn auch nur mit erheblichen Subventionen – ist ohne Ausbildungspakte nicht zu erklären. In den anderen osteuropäischen Ländern mit vergleichbaren Strukturbrüchen wie in Ostdeutschland ist die betriebliche Berufsausbildung nach 1990 auf ein Minimum reduziert worden: Die großen Staatsunternehmen waren aufgelöst und die kleinen neu gegründeten Unternehmen hatten noch nicht die Ressourcen für Ausbildung.

Während es der Politik mit dem Ausbildungsversprechen von Helmut Kohl Anfang der 80er-Jahre noch gelang, den Erwartungsdruck der Bevölkerung weitgehend an die Unternehmen weiterzuleiten, ist mittlerweile der Staat immer mehr in die Bresche gesprungen. Er finanziert zum einen über die Bundesagentur für Arbeit und zusätzlich über Länderprogramme überbetriebliche Ausbildungen, die unterschiedlich eng mit Betrieben verknüpft sind. Zum anderen gab die Reform des Berufsbildungsgesetzes den Bundesländern die Möglichkeit, auch in dualen Berufen schulische Ausbildungen anzubieten. Solche Parallelstrukturen werden vor allem von Befürwortern des dualen Systems nur zögernd aufgebaut (2006/07 begannen rund 41 000 Jugendliche eine Berufsausbildung in Berufen nach dem BBiG/HwO in schulischen Angeboten; siehe BMBF 2008, 127), da sie fürchten, dass Schritt für Schritt die Unternehmen die finanzielle Verantwortung für die Berufsausbildung auf die öffentliche Hand abwälzen. Teilweise wird versucht, systemkonforme Lösungen zu finden, indem nur die Ausbildung benachteiligter Jugendlicher gefördert wird und vor der Bereitstellung schulischer Angebote die mögliche Konkurrenz zu betrieblicher Ausbildung geprüft wird.

Der starke Fokus der Politik auf die unversorgten Jugendlichen hat in der öffentlichen Debatte und vor allem bei den Arbeits- und Sozialministern von Bund und Ländern eine einseitige Sicht auf das duale System gefördert. Die meisten politischen Debatten über Berufsausbildung enden unweigerlich mit der Frage: Was machen wir mit den unversorgten und den schwächeren Jugendlichen? Für Fragen nach der Qualität der Ausbildung für die Mehrheit oder nach dem Beitrag der Berufsausbildung zu Innovation und Produktivität bleibt bei diesem sozialpolitischen Blick dann in der öffentlichen Debatte oft kein Platz mehr. In den Unternehmen geht es hingegen um ganz andere Themen. Dort diskutiert man vor allem, wie man den Fachkräftenachwuchs für eine moderne Wirtschaft ausbilden kann.

Da dem Ausbau von Parallelstrukturen Grenzen gesetzt sind, wenn man die Eigenverantwortung der Unternehmen nicht in Frage stellen will, ist die Politik auf den Ausbau eines Übergangssystems berufsvorbereitender Maßnahmen ausgewichen. Die berufsvorbereitenden Maßnahmen waren ursprünglich gedacht, Jugendliche mit unzureichenden schulischen Leistungen auf eine Berufsausbildung vorzubereiten. Die Zahl solcher Maßnahmen nahm mit der Auslagerung berufsvorbereitender Ausbildungsteile aus den Unternehmen[8], steigenden Mindestanforderungen an die Allgemeinbildung und auch abnehmenden schulischen Leistungen wegen des beschriebenen Motivationsverlustes in den Hauptschulen und einer unzureichenden Integration der zweiten und dritten Generation der Zuwanderer zu. Mittlerweile wurde die Berufsvorbereitung aber zum Auffangbecken aller Jugendlichen, die keinen Ausbildungsplatz gefunden haben. Schätzungsweise die Hälfte der Jugendlichen im Übergangssystem sind sogenannte 'Marktbenachteiligte', das heißt ausbildungsreife Jugendliche, denen nichts fehlt als ein Ausbildungsplatz.

2004 mündeten fast 40 % der Neuzugänge in die berufliche Bildung zunächst einmal in diesem Übergangssystem (Konsortium Bildungsberichterstattung 2006, 80). Wenn davon ausgegangen wird, dass die Hälfte 'Marktbenachteiligte' sind und zusätzlich, dass viele Altbewerber aus Resignation keinen Ausbildungsplatz mehr suchen, kann davon ausgegangen werden, dass wir gegenwärtig rund einen Jahrgang unversorgter Jugendlicher vor uns herschieben. Von einem Übergangs,system' kann übrigens keinesfalls gesprochen werden. Es handelt sich eher um eine Vielzahl unübersichtlicher Maßnahmen mit ganz unterschiedlichen Finanziers, die schlecht aufeinander abgestimmt sind. Zum Teil holen Jugendliche die fehlende Allgemeinbildung nach, zum Teil werden sie auf unterschiedliche Berufsfelder vorbereitet oder auch nur in Warteschleifen geparkt. Seit mehreren Jahrzehnten wird darüber diskutiert, wie die Berufsvorbereitung besser mit der Berufsausbildung verknüpft werden kann.

Auf der Basis des neuen Berufsbildungsgesetzes werden inzwischen für viele vor allem handwerkliche Berufe Qualifikationsbausteine entwickelt, die Ausbildungsanteile aus dem ersten Ausbildungsjahr zusammenfassen. Trotz dieser Reformen ist es nicht gelungen, der Berufsvorbereitung das Stigma zu nehmen. In Dänemark war man erfolgreicher. Die Berufsvorbereitung zielt dort nicht allein auf die Benachteiligten, um den diskriminierenden Effekt einer Berufsvorbereitung zu vermeiden.

Alle Jugendlichen, die eine Ausbildung anstreben, durchlaufen eine Berufsvorbereitung, die allerdings je nach Ausgangsvoraussetzung zwischen 4 und 60 Wochen für die gewerblichen und 72 Wochen für die kaufmännischen Berufe betragen kann (Wiborg/Cort 2010).

In Abbildung 1 sind die oft mühevollen Umwege über Warteschleifen nicht abgebildet. Insgesamt haben die direkten Übergänge zwischen Schulen und Berufsausbildung abgenommen. Der Berufswunsch ist allerdings bei vielen Jugendlichen so stark, dass sie lange Wartezeiten in Kauf nehmen und dabei auch oft für ihr Durchhaltevermögen belohnt werden. Dies gilt sogar für Hauptschulab-

---

[8] In den 60er-Jahren haben viele Unternehmen wegen der Bewerberknappheit auch schulisch schwächere Jugendliche eingestellt und die fehlende Allgemeinbildung vermittelt.

solventen, die allerdings deutlich länger als etwa Realschulabsolventen in Warteschleifen verweilen müssen. Abbildung 2 belegt sehr deutlich, dass man den Erfolg oder Misserfolg des dualen Systems nicht an den direkten Übergangsquoten in eine Ausbildung nach der Schule bemessen kann, sondern von längeren Übergangszeiträumen ausgehen muss.

Abbildung 2:    Kumulierte Einmündung in eine Berufsausbildung bei nichtstudienberechtigten Schulentlassenen, die bereits bei Schulende nach einem Ausbildungsplatz suchten

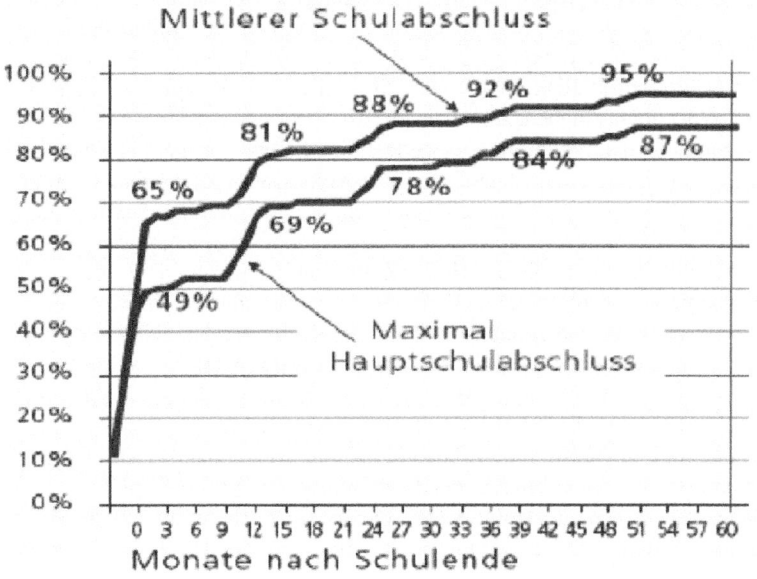

Quelle: BIBB 2008, 83

Man kann davon ausgehen, dass sich mit Eintritt der geburtenschwachen Kohorten die Übergänge von der Schule in eine Berufsausbildung wieder beschleunigen werden. Allerdings kann die Politik nicht alleine darauf vertrauen, dass das Übergangssystem durch die demographische Entwicklung automatisch ausgetrocknet wird. Das wird nur durch eine gleichzeitige Verbesserung der Ausbildungsreife durch Reformen in der schulischen und vorschulischen Bildung gelingen können.

# 4 Die innere Entwicklung des dualen Systems

Ein beruflich orientiertes Ausbildungssystem muss ein höheres Reformtempo aufweisen als ein allgemeines Bildungssystem, da seine Inhalte auf spezifische Berufsfelder ausgerichtet sind. Diese entwickeln sich aufgrund neuer Technologien sowie neuer Formen der Arbeitsorganisation und zwischenbetrieblicher Vernetzung ständig weiter, während sich die Inhalte der Allgemeinbildung nur langsam wandeln. Eine breite berufliche Grundausbildung kann den Auszubildenden das nötige Basiswissen sowie die Fertigkeiten und Methoden vermitteln, die Veränderungen in ihrem Berufsfeld zu verstehen und die eigenen Kompetenzen weiterzuentwickeln. Bei raschem Wandel werden Berufe zukunftsfester, wenn die berufliche Grundausbildung verbreitert wird.

Anfang der 70er-Jahre wurde nach Ausbildungsordnungen ausgebildet, die noch bis in die 30er-Jahre zurückreichten und weitgehend überholt waren. Die Berufe waren teilweise hochspezialisiert und bereiteten nur auf eine eng begrenzte Anzahl von Tätigkeiten vor, die im Zuge der Reorganisation von Unternehmen wegfielen oder mit anderen Tätigkeiten zusammengefasst wurden. In einer ersten Reformwelle wurden bis in die 90er-Jahre viele verwandte Berufe zusammengefasst und auf eine breitere Grundlage gestellt. Die Zahl der Berufe, die 1950 noch bei 901 lag, verringerte sich bis auf 349 im Jahre 2008 (BiBB 2009a, 101). Für mehrere große Gruppen von Berufen, zum Beispiel die Metall- oder Bauberufe, wurde für die ersten Jahre eine gemeinsame Grundausbildung eingeführt, auf der dann die Spezialisierung aufbaute. 1987 wurden 45 Metallberufe zu 16 Berufen zusammengefasst. Alle aktuellen Themen, wie Teamarbeit, neue Technologien, neue Lernmethoden sowie selbständiges Handeln, waren schon damals Maßstab für die Reform der Berufe. Die hohe Spezifität der Berufsausbildung musste also zugunsten einer mittleren, die auf breite Berufsfelder gerichtet ist, zurückgenommen werden.

Die Modernisierung der Berufsbilder nahm sehr viel Zeit in Anspruch. So dauerte die Reform der Metallberufe ungefähr sieben Jahre. Als Ende der 80er- und Anfang der 90er-Jahre die deutschen Unternehmen durch Einführung der ‚lean-production' völlig reorganisiert wurden, einigten sich die Sozialpartner 1995 auf eine Beschleunigung der Neuordnungsverfahren, die bei alten Berufen nicht mehr als ein Jahr und bei neuen Berufen nicht mehr als zwei Jahre dauern sollte. Damit gelang es, das Modernisierungstempo deutlich zu erhöhen. Zwischen 1998 und 2006 wurden 62 neue Berufe geschaffen und 162 bestehende grundlegend modernisiert.

Durch die neuen IT-(Informationstechnik-)Berufe gelang es, die Berufsausbildung auch in neuen Anwendungsfeldern zu etablieren. Nicht alle neuen Berufe sind allerdings eine Erfolgsgeschichte. In einer Modewelle, in der jeder neue

Beruf unabhängig von seinem Inhalt als Reformschritt galt, wurden auch enge Spezialberufe geschaffen, die nicht den Kriterien eines zukunftsträchtigen Grundberufs entsprechen. Unübersehbar ist auch, dass Spezialinteressen der Sozialpartner, zumeist auf der Arbeitgeberseite, die Zusammenführung der Berufe verhindert. So überschneiden sich die über 50 Büroberufe in großen Teilen und könnten zu wenigen Grundberufen mit Möglichkeiten einer Spezialisierung zusammengefasst werden. Dagegen stehen aber starke Interessen aus vielen Teilbranchen.

Für die Beibehaltung von Branchenberufen gibt es nur ein überzeugendes Argument. Wenn eine Branche 'ihren' Beruf hat, sieht sie ihn möglicherweise als ihr eigenes Produkt an und ist dann auch bereit, in diesem Beruf auszubilden. Wenn es schon nicht gelingt, Berufe so wie in Dänemark zusammenzuführen[9], dann bietet es sich allerdings als Alternative an, in Berufsfamilien die Grundinhalte zu vereinheitlichen, so dass bei Beibehaltung der unterschiedlichen Namen eine gemeinsame Grundausbildung gesichert wird.

Ebenso wichtig wie die Neufassung der Ausbildungsinhalte war die Veränderung der Lernmethoden. Die Auszubildenden lernen zunehmend in Geschäftsprozessen, die auch den Kontakt zu den internen und externen Kunden beinhalten. Ganzheitliches Lernen im Team mit Auszubildenden in anderen Berufen und mit starker Kunden- und Serviceorientierung hat an Bedeutung gewonnen. Die Berufsausbildung sozialisiert die Auszubildenden heute immer weniger auf hierarchische und funktionale Formen der Arbeitsorganisation mit traditionellem Zuständigkeitsdenken, sondern immer mehr auf die Selbstorganisation in flexiblen Formen der Arbeitsorganisation.

Zu den wichtigsten Veränderungen gehört die interne Differenzierung des Systems, die teilweise curricular geplant ist und sich teilweise dezentral vor allem in Folge der unterschiedlichen Schulabschlüsse der Auszubildenden entwickelt hat. Auszubildende ohne Hauptschulabschluss konzentrieren sich in wenigen gewerblichen und landwirtschaftlichen Berufen. Jugendliche mit Hauptschulabschluss gehen hauptsächlich in handwerkliche Berufe oder werden Verkäufer, Realschulabsolventen finden sich besonders in kaufmännischen, Gesundheits- und auch einigen anspruchsvollen gewerblichen Berufen. Abiturienten haben hohe Anteile in den Bank- und Versicherungs- sowie den IT-Berufen (BMBF 2007: S. 106-108). Die theoretischen Anteile in der Berufsausbildung haben sich in der Folge auch auseinanderentwickelt. Bei den Abiturien-

---

[9] In Dänemark wurde die Zahl der Berufe auf unter 100 verringert (Wiborg/Cort 2010). Diese Reform war allerdings leichter als in Deutschland durchzusetzen, da sich in diesem wesentlich kleineren Land mit überwiegend Klein- und Mittelbetrieben nicht so viele starke Branchenverbände wie in Deutschland herausgebildet haben.

tenberufen können sie sicherlich mit den eher beruflich orientierten Bachelor-Studiengängen in vielen anderen Ländern mithalten. Gleichzeitig differenziert sich die Ausbildungszeit zunehmend aus. 21 % der Auszubildenden haben eine verkürzte Ausbildungszeit. Es handelt sich um Jugendliche mit guten Schulabschlüssen, die in betriebliche Ausbildungsgänge mit verkürzter Zeit münden, aber auch Jugendliche, die wegen ihrer guten Leistung vorzeitig zur Prüfung zugelassen werden (BMBF 2007, 133). In einzelnen Berufen (z.b. den Laborberufen) sind Zusatzmodule entwickelt worden, die entweder in der Ausbildung oder später in der Weiterbildung absolviert werden können. Hinzu kommt, dass für schwächere Jugendliche z.t. auf Länderebene neue zweijährige Kurzausbildungen eingerichtet wurden. Ein Beispiel ist der Kraftfahrzeug-Servicemechaniker in NRW, der den Jugendlichen allerdings die Option auf das dritte Lehrjahr zu einer vollwertigen Ausbildung offen hält. Da mehr Unternehmen als in der Vergangenheit zweijährige Ausbildungen anbieten, ist der Anteil der Kurzausbildungen von zwei Jahren in den letzten Jahren gestiegen (BMBF 2008: Schaubild 5).

Insgesamt reagiert das duale System erheblich flexibler auf unterschiedliche individuelle Voraussetzungen als das öffentliche Bildungssystem. Dies gilt im Übrigen auch für die Anerkennung erworbener Kompetenzen. Personen mit einschlägiger Berufserfahrung, die in der Regel das Eineinhalbfache der Ausbildungszeit beträgt, können bei den Kammern die Prüfung ablegen. 2005 wurden etwa 30 000 solcher Externenprüfungen durchgeführt. Ihr Anteil an allen Prüfungen lag bei 7,4 % (BMBF 2007, 131).

Die interne Differenzierung des dualen Systems schafft vor allem Probleme an den Berufsschulen. An diesen Schulen werden die Schüler, die man im Alter von 10 Jahren getrennt hat, wieder zusammengeführt. Die Berufsschule steht vor der kaum zu lösenden Aufgabe, Jugendliche mit unterschiedlichen schulischen Voraussetzungen und unterschiedlichen Alters (von 16 bis über 25 Jahre) zu unterrichten. Am besten gelingt dies noch in den Berufen mit homogenen Einstellungsvoraussetzungen. Es ist zu vermuten, dass die Unternehmen für bestimmte Berufe auch nur Abiturienten nehmen, damit sie sicher gehen können, dass diese in homogenen Lerngruppen in der Berufsschule etwas lernen und sich nicht zu Tode langweilen. Das differenzierte Schulsystem fördert somit auch die interne Differenzierung der Berufsausbildung. Ein weiterer Grund ist allerdings auch die starke Expansion des deutschen Berufsbildungssystems. Der Anteil der beruflich Qualifizierten (Fachhochschule[10], Meister, berufliche Ausbildung) ist in Deutschland so stark wie in kaum einem anderen Land von 29 % 1964/65 auf

---

[10] Da Fachhochschulen früher zur beruflichen Bildung zählten, sind sie hier mit Meistern und beruflich Ausgebildeten zusammengefasst.

70 % im Jahre 2000 gestiegen. (Geißler 2002, 339). Damit wurden in Deutschland Tätigkeiten verberuflicht, die in vielen anderen Ländern entweder Anlerntätigkeiten sind oder eine akademische Ausbildung voraussetzen.

## 5    Die Schnittstelle zur Weiterbildung

Für alle Berufe des dualen Systems gibt es anerkannte und auch von den Sozialpartnern geregelte Aufstiegsfortbildungen. Nach einer festgelegten Dauer beruflicher Praxis – meistens fünf Jahre – kann eine Fortbildung zum Meister, Techniker oder Fachwirt in den Dienstleistungsberufen begonnen werden. Diese Aufstiegsfortbildungen sind unterschiedlich lang und werden in Vollzeitausbildung oder berufsbegleitend in Bildungseinrichtungen der Kammern oder privater Träger absolviert. Eine Meisterausbildung dauert von einem Jahr (Vollzeit) bis zu drei Jahren (Teilzeit), eine Technikerausbildung zwischen zwei (Vollzeit-) und vier (Teilzeit-)Jahren. Darauf aufbauend wurden weitere Fortbildungsgänge, wie etwa der zum Betriebswirt im Handwerk, entwickelt. Für die Teilnahme an einer Aufstiegsfortbildung kann eine Beihilfe nach dem Bundesausbildungsförderungsgesetz (BAföG) beantragt werden. Das stark genutzte ‚MeisterBAföG' zeigt ebenso wie das ‚LehrlingsBAföG' das Interesse der Politik, berufliche und allgemeine Bildung gleichzustellen.

Diese Aufstiegsfortbildungen führen die Beruflichkeit bis in die mittleren Führungsfunktionen fort, die traditionell in Deutschland 'von unten' rekrutiert werden. Die über Aufstiegsfortbildungen rekrutierten Führungskräfte verbinden praktische Erfahrungen mit anwendungsorientiertem Wissen. Sie gelten als eine entscheidende Schnittstelle zur akademischen Ebene, die bei der Umsetzung von Innovationen im Betrieb über sachkundige Kooperationspartner auf Augenhöhe verfügt. Diese Kooperation ermöglicht die gemeinsame Planung und Verbesserung der betrieblichen Ausführung, was sich positiv auf Qualität und Kundenzufriedenheit auswirkt. Die innovativsten Unternehmen stärken diese Kombination von praktischen und theoretischen Kompetenzen. Bei der Auto 5000 GmbH in Wolfsburg hat VW die Hierarchiestufen von sieben auf drei verringert und die Meister zu Betriebsingenieuren aufgewertet (Schumann u.a. 2006).

Die deutschen Fortbildungsabschlüsse entsprechen in ihrem Niveau der tertiären Ausbildung in vielen anderen Ländern, werden im deutschen System aber deutlich niedriger eingestuft. In der Vergangenheit berechtigten selbst diese Fortbildungsabschlüsse nur mit Zusatzprüfungen zum Studium, was die hohen Statusunterschiede und Barrieren zwischen Hochschulen und beruflicher Bildung kennzeichnet. Die Fortbildungsstatistik zeigt, dass die Anzahl dieser Aufstiegsfortbildungen gegenüber den frühen 90er-Jahren abgenommen hat (BMBF 2008,

Übersicht 94). Es ist nicht ganz klar, worauf diese Entwicklung zurückzuführen ist. Möglicherweise hat die starke Ausdünnung der mittleren Führungsebene in den Unternehmen ihre Spuren hinterlassen. Es ist auch denkbar, dass die Aufstiegswilligen zunehmend ihre Erwerbstätigkeit unterbrechen und studieren, da sie heute nur so auf die gehobenen Positionen (z.b. Betriebsleiter) gelangen. Die breitere schulische Basis der Auszubildenden hat die Optionen erweitert. In Zukunft werden die mittleren Führungskräfte in den größeren Unternehmen der Industrie und des Dienstleistungsbereichs wahrscheinlich zunehmend aus dem Kreis der Absolventen eines dualen Studiums rekrutiert werden.

Für Umschulungen und Fortbildungen in der Arbeitsmarktpolitik hatten die Berufsbilder des dualen Systems jahrzehntelang eine unentbehrliche Orientierungsfunktion. Arbeitslose Fachkräfte konnten in Fortbildungskursen auf den aktuellen Stand der modernisierten Ausbildungsordnungen gebracht werden. Falls eine Vermittlung in ihrem alten Beruf nicht mehr möglich war, konnten sie umgeschult werden. Arbeitslose ohne Berufsausbildung hatten die Chance, einen Abschluss zu erwerben. Da die Berufsbilder auf dem Arbeitsmarkt anerkannt waren und breite Einsatzmöglichkeiten boten, konnte die Arbeitsmarktpolitik ohne zu großes Risiko auf Vorrat ausbilden.

Mit den ‚Hartz-Gesetzen' ist die Verbindung der Berufsbildung zur Arbeitsmarktpolitik weitgehend gekappt worden. Die Bundesagentur für Arbeit agiert heute in betriebswirtschaftlicher Logik nur noch in einem Zeithorizont von einem Jahr. Umschulungen, die in der Regel zwei Jahre dauern, werden für Kurzzeitarbeitslose daher nur noch in Ausnahmefällen gefördert. Für eine Teilnahme an einer Umschulung muss man erst langzeitarbeitslos werden. Während in den frühen 90er-Jahren jährlich mehr als 200 000 Arbeitslose in einen anerkannten Beruf umgeschult wurden, ist die Zahl der Eintritte in eine Umschulung bis 2006 auf etwas mehr als 20 000 gefallen (BiBB 2009a, 256). Diese Kappung der längerfristigen abschlussbezogenen Weiterbildungsmaßnahmen erfolgte unter Hinweis auf die teilweise negativen Ergebnisse der Evaluation der Weiterbildung vor allem in Ostdeutschland nach der Wiedervereinigung. Neuere Evaluationen, die mittel- und längerfristige Integrations- und Einkommenseffekte untersuchen, kommen hingegen zu positiven Ergebnissen (Bosch 2009).

Fitzenberger (2008) stellt sich mit Blick auf seine positiven Evaluationsergebnisse die Frage, ob die starke Reduktion von beruflicher Fort- und Weiterbildung nicht ein Fehler gewesen sein könnte. Diese Frage stellt sich mit der Heraufsetzung des Rentenalters auf 67 Jahre umso dringender, da die Sicherung der Beschäftigungsfähigkeit in einem längeren Erwerbsleben nur in Verbindung mit einer zweiten Chance des beruflichen Um- und Weiterlernens gesichert werden kann.

## 6  Die Schnittstelle zur Hochschulbildung

Im Unterschied zu den meisten anderen OECD-Ländern ist die betriebliche Berufsausbildung in Deutschland bislang nicht in der Sandwich-Position zwischen akademischer Ausbildung und Anlernqualifikationen marginalisiert worden. Dass sie bis in die 90er-Jahre sogar noch an Attraktivität gewonnen hat, ist der Grund für das vergleichsweise geringe Wachstum der tertiären Bildung in Deutschland. 2007 lag die Abschlussquote im Tertiärbereich A in Deutschland bei 23 % gegenüber 37 % in den USA, 39 % in Großbritannien, 39 % im OECD-Durchschnitt. Zwar nahm die Abschlussquote in Deutschland zwischen 1995 und 2007 auf Kosten der beruflichen Ausbildung um 8 % zu, da diese Quote aber in anderen OECD-Ländern erheblich stärker wuchs, erhöhte sich der Abstand zum OECD-Durchschnitt von 6 % 1995 auf 16 % in 2007 (OECD 2009, 81, Table A 3.2). Österreich und die Schweiz, also zwei Länder mit ebenso starken Berufsbildungssystemen, haben ähnlich geringe Akademikerquoten wie Deutschland. Wenn man die Abschlüsse des Tertiärbereichs B einbezieht, die praktischer orientiert sind und z.B. Meister und Techniker umfassen, dann schrumpft der Abstand zum OECD-Durchschnitt, bleibt aber weiterhin bestehen (Müller 2009).

Die Frage, wie dies zu bewerten ist, wird sehr kontrovers beantwortet. Die einen – darunter die OECD und mittlerweile die meisten Bildungspolitiker in Deutschland – sehen die deutsche Wettbewerbsfähigkeit grundlegend gefährdet, wenn Deutschland nicht mindestens den OECD-Durchschnitt bei den Hochschulabsolventen erreicht. Andere sehen aus folgenden Gründen keine Nachteile:

- Erstens liegt in allen entwickelten OECD-Ländern der Anteil der Beschäftigungsverhältnisse mit hochqualifizierten Tätigkeiten zwischen 15 und maximal 25 % (Abbildung 3). In Deutschland wird der Anteil hochqualifizierter Tätigkeiten, für die üblicherweise ein Hochschulabschluss verlangt wird, von 18,3 % 2003 auf 23,6 % im Jahre 2020 (Bonin u.a. 2007) wachsen. Entwicklungen am Arbeitsmarkt erfordern damit nur einen leichten Ausbau der Hochschulbildung.

Abbildung 3: Beschäftigungsverhältnisse mit hohem Anforderungsprofil (ISCO 1-3) und tertiäre Bildungsabschlüsse in der Bevölkerung zwischen 25 und 64

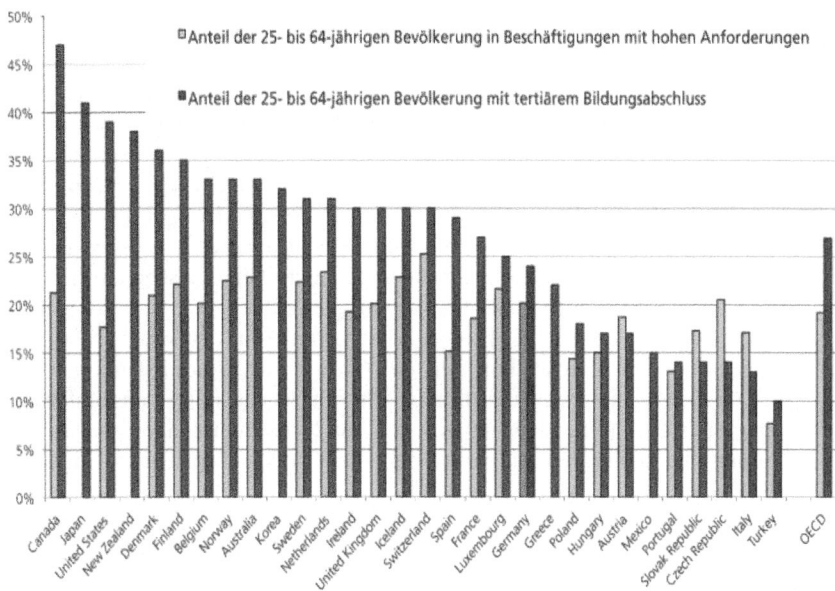

Quelle: OECD (2008: Grafik A1.1, S. 28)

- Zweitens kommt der Druck zum Ausbau der Hochschulen in den meisten Ländern von den Jugendlichen und ihren Eltern. Berufliche Ausbildung gilt als Auffangbecken für Schulversager und der Zugang zu interessanten und gutbezahlten Tätigkeiten erfolgt fast ausschließlich über eine akademische Ausbildung. Durch den Mangel an attraktiven beruflichen Ausbildungswegen kommt es zu künstlich aufgeblähten Akademikerzahlen.
- Drittens ist eine Entkoppelung der Hochschulausbildung vom Arbeitsmarkt mit erheblichen Risiken verbunden. In Ländern mit hohen Akademikerquoten steigt das Risiko von Dequalifikation und unterwertiger Beschäftigung (z.b. Anderson 2009). Gleichzeitig gehen viele Hochschulen dazu über, selbst klassische Berufsausbildungen anzubieten (Bosch 2010). So findet man in den angelsächsischen Ländern z.b. den Koch und andere duale Berufe mit Bachelorausbildung.
- Viertens folgt aus unterdurchschnittlichen Akademikeranteilen keine Kompetenzlücke. Ein Vergleich des Kompetenzniveaus Erwachsener zwischen

25 und 64 Jahren in den USA und in Deutschland auf der Basis der Ergebnisse des International Adult Literacy Survey (IALS) zeigt, dass die Kompetenzniveaus der beruflich qualifizierten Deutschen im Durchschnitt nahe an das der Akademiker in den USA reichen und dass der Anteil der Personen mit hohen Kompetenzen in beiden Ländern in etwa gleich ist (Anger/Plünnecke 2009).

- Fünftens wurde beim Kompetenzvergleich noch nicht berücksichtigt, dass die IALS nur Kenntnisse misst, nicht aber berufliche Handlungsfähigkeit, was ja als die zentrale Stärke dualer Berufsausbildung gilt. Es spricht einiges dafür, dass in der engen Kooperation von akademisch qualifizierten Entwicklern und Führungskräften mit qualifizierten Machern das Geheimnis der deutschen Wettbewerbsfähigkeit liegt. In mehreren leider schon etwas älteren vergleichenden Untersuchungen zwischen deutschen, britischen und US-amerikanischen Unternehmen mit gleichen Produkten und Technologien wurden erhebliche Produktivitätsvorteile in deutschen Betrieben festgestellt (z.B. Wagner/Finegold 1997). In den Vergleichsländern USA und Großbritannien wird die mittlere Führungsebene mit Hochschulabsolventen besetzt, die für diese Funktionen durch ihre breite theoretische Ausbildung überqualifiziert und ihren Mangel an praktischem Umsetzungswissen gleichzeitig unterqualifiziert sind.

Die Akademikerlücke scheint mehr eine gefühlte als eine echte Kompetenzlücke zu sein. Gleichwohl stellt sich die Frage nach der Gleichwertigkeit von allgemeiner und beruflicher Bildung. Die Barrieren zwischen dem Hochschulsystem und der beruflichen Bildung waren im deutschen System mit seiner oben erwähnten hohen Stratifizierung und beruflichen Spezifität schwer überwindbar. Für die Fachkräfte ohne Abitur war der Zugang zur Hochschule zwar möglich, aber zeitaufwändig, da die allgemeinbildenden Abschlüsse nachgeholt werden mussten und erworbene Qualifikationen nicht aufs Studium angerechnet wurden. Der übliche Weg der Gleichstellung, der in Ländern mit schulischer Berufsausbildung gegangen wurde, war kein Vorbild. Denn wenn die allgemeinbildenden Teile der Berufsausbildung so stark ausgebaut werden, dass man mit jedem Abschluss auch die Berechtigung zum Besuch weiterführender Schulen erwirbt (Bivalenz beruflicher Abschlüsse), verringert sich die Spezifität der Berufsausbildung so weit, dass ihre Akzeptanz in der Wirtschaft und auch das Hauptziel, die Handlungsfähigkeit in einem praktischen Beruf herzustellen, gefährdet sind (Bosch 2010). Der Zielkonflikt zwischen beruflicher Spezifität und Allgemeingültigkeit der Zertifikate ist nicht ohne Qualitätseinbußen in der beruflichen Bildung aufzulösen.

Einzelne Bundesländer haben bereits in der Vergangenheit die Hochschulen für Meister und Fachwirte geöffnet. Erst vor kurzem sind die anderen Bundesländer nachgezogen. Allerdings werden weiterhin beruflich erworbene Kompetenzen kaum auf das Studium angerechnet, so dass es zu einer zeitaufwändigen Addition der verschiedenen Ausbildungsgänge kommt. Hinzu kommt die Intransparenz des Gesamtsystems. Zuständig für Hochschul- und Schulpolitik sind die Bundesländer. Die 16 Bundesländer haben für die Übergänge zwischen Berufsausbildung und Hochschulen unterschiedliche Regeln aufgestellt, die es selbst Experten schwer machen, den Überblick zu behalten.

Nicht zu vernachlässigen sind unterschiedliche Lernkulturen. Die deutschen Hochschulen sind weitgehend jugendorientiert und bieten keine Weiterbildung für Berufspraktiker an. Für viele ambitionierte Meister oder Fachwirte sind daher berufliche Aufbaukurse der Kammern, wie etwa zum Betriebswirt mit einem Kammerabschluss in homogenen Lerngruppen mit ähnlich berufserfahrenen Teilnehmern, oft attraktiver als der langwierige Umweg über die Hochschule. Nur 0,6 % aller Studenten kamen 2004/2005 aus einer Berufsausbildung ohne die Hochschulreife erworben zu haben (Handelsblatt vom 04.10.2007). Diese Erfahrungen sprechen dafür, parallele Bildungswege zur Hochschulausbildung für berufliche Qualifizierte aufrechtzuerhalten und auszubauen.

Der zweite Weg ist der Erwerb der allgemeinen oder der fachbezogenen Hochschulreife in Verbindung und im Anschluss an die berufliche Bildung. Heute kann in vielen schulischen Berufsausbildungen mit dem Berufsabschluss die Fachhochschulreife oder die Hochschulreife für bestimmte Fächer erworben werden. Zum Teil sind dazu zusätzliche Kurse erforderlich. Dies war für Absolventen des dualen Systems lange nicht vorgesehen, da – so das Argument – die duale Ausbildung wegen des hohen Anteils an Berufspraxis nicht ausreichend theoretisches Allgemeinwissen vermittle. Mittlerweile können auch die Absolventen des dualen Systems die Hochschulreife an den Berufsschulen erwerben, benötigen aber hierfür im Anschluss an die Ausbildung in der Regel ein weiteres Jahr an der Berufsschule.

Schließlich ist durch den hohen Anteil der Abiturienten in einer Berufsausbildung die Überschneidungszone zwischen Berufs- und Hochschulausbildung gestiegen. Rund 5 % der Hochschulabsolventen haben gleichzeitig einen Abschluss aus der dualen Berufsausbildung (Abbildung 1), den sie zumeist vor dem Studium erworben haben. Viele Jugendliche streben zunächst einen Berufsabschluss an, um einen Zugang zum Arbeitsmarkt zu haben, und schließen dann zur Verbesserung ihrer Aufstiegschancen ein Studium an. In den letzten Jahren haben die Unternehmen zumeist in Kooperation mit Fachhochschulen duale oder kooperative Studiengänge entwickelt, in denen – wie bereits erwähnt – die künftigen mittleren Führungskräfte ausgebildet werden. Bundesweit nutzen laut der

Datenbank „AusbildungPlus" aktuell knapp 49 000 junge Menschen diesen Erst-ausbildungsweg (ausbildungs- und praxisintegrierende Modelle). Nach Fachrich-tungen spezifiziert, dominieren bei den über 700 dualen Studiengängen die Dis-ziplinen Wirtschaftswissenschaften, Maschinenbau / Verfahrenstechnik, Infor-matik und Elektrotechnik (BiBB 2009b). Diese neuen Übergangszonen zwischen Berufsbildung und Studium werden in Zukunft vermutlich größer werden. Sie sind auf jeden Fall die bessere Alternative zu einer reinen Akademisierung, deren Nachteile (Dequalifikation von Hochschulabsolventen und Mangel an Fachkräf-ten) in vielen anderen Ländern beobachtet werden können (Bosch/Charest 2008).

Neben der Verbesserung der Durchlässigkeit geht es auch um die Gleich-stellung beruflicher Ausbildung. Die internationalen Kompetenzvergleiche haben gezeigt, dass ein Teil der beruflich Aus- und Weitergebildeten selbst in den all-gemeinbildenden Kompetenzbereichen ähnliche Niveaus wie akademisch Quali-fizierte erreichen (Anger/Plünnecke 2009). Der politische Rahmen für die Gleichstellungsdiskussion ist durch den Europäischen Qualifikationsrahmen (EQR) vorgeben, der gegenwärtig unter Beteiligung der Sozialpartner in einen Deutschen Qualifikationsrahmen (DQR) umgesetzt wird. Im Entwurf zum DQR werden acht Kompetenzniveaus unterschieden (Arbeitskreis Deutscher Qualifi-kationsrahmen 2009). Nach der vom EQR vorgegebenen Logik erfolgt die Zu-ordnung zu den Niveaus nach Kompetenzen und nicht nach Abschlüssen, so dass es – zu mindestens in der Theorie – ex ante keine Startvorteile für akademische Abschlüsse gibt. Bei der Beschreibung der Kompetenzniveaus werden überdies personale Kompetenzen, wie Sozialkompetenz und Selbstkompetenz, die man nicht alleine durch Wissenspauken erwirbt, hoch gewichtet. Gegenwärtig wer-den Qualifikationen in vier Branchen exemplarisch in die Niveaustufen einge-ordnet. Der Entwurf zum DQR ist einer der wenigen in Europa, der die drei obe-ren Niveaustufen nicht automatisch akademischen Abschlüssen vorbehält (DGB 2009). Damit bietet sich die Chance zur Herstellung von Gleichwertigkeit, mög-licherweise auch durch den heilsamen Druck in der Berufsausbildung sich die Gleichstellung durch Qualitätsverbesserung zu verdienen.

Allerdings sollte nicht übersehen werden, dass es bei der Anerkennung von Abschlüssen nicht nur um Fachfragen geht. Die Hochschulen versuchen europa-weit mit ihrer starken Lobby, die oft die Bildungsministerien einschließt, die oberen Niveaustufen der Hochschulausbildung zu monopolisieren. An dieser Frage wird sich entscheiden, ob es tatsächlich im neuen europäischen und natio-nalen Qualifikationsrahmen um die Bewertung von Kompetenzen geht, oder ob es den Hochschulen gelingt, die obere Etage für ihre Abschlüsse zu reservieren. Die Erfahrungen mit Qualifikationsrahmen in anderen Ländern zeigen, dass sich hinter der Kompetenzrhetorik auf der akademischen Ebene machtvolle Interessen verbergen, die traditionelle Curricula und Abschlüsse 'verkaufen' wollen. Ein

Teil des Terrains der deutschen Berufsbildung wird schlicht als künftiges 'Geschäftsfeld' der Hochschulbildung gesehen, dass man sich sichern will.

## 7 Die Verbindung zum Arbeitsmarkt

In der sozialwissenschaftlichen Literatur zum Berufsbildungssystem in Deutschland wird die abnehmende Bedeutung des Berufs oft als unbestreitbare Tatsache angesehen, die gar nicht mehr zu überprüfen sei (z.b. Baethge/Baethge-Kinsky 1998). Dabei wird davon ausgegangen, dass die Flexibilitätsanforderungen soweit gestiegen sind, dass die Grenzen zwischen den Berufen verschwinden und vor allem in Dienstleistungstätigkeiten der Anteil allgemeiner Qualifikationen zunimmt. Die empirische Berufsforschung stellt in einzelnen Berufsfeldern durchaus die abnehmende Bedeutung der Berufsausbildung fest. Das ist allerdings nichts Neues. Schon immer hat es Grauzonen zwischen beruflichen und angelernten sowie beruflichen und akademischen Tätigkeiten gegeben, die sich bei organisatorischem und technischem Wandel verschieben. Angesichts der Sandwich-Position der beruflichen Ausbildung überrascht dies nicht.

Während Krisen von Berufsbildern sorgfältig registriert werden, wird das Entstehen neuer Beruflichkeit zu wenig beachtet. Man muss daher die gesamte Entwicklung in den Blick nehmen. In den letzten Gesamtbilanzen wurde keine Zunahme von Berufswechseln festgestellt (vgl. u.a. Erlinghagen 2004; Bender/Haas/Klose 1999). Haas (2002) kommt sogar zu dem Ergebnis, dass der Anteil von Berufswechseln nach der Ausbildung abgenommen hat. 2004 sahen sich mehr als 80 % der Beschäftigten mit einer Berufsausbildung ausbildungsadäquat eingesetzt. Dieser Anteil hat sich gegenüber 1984 sogar leicht erhöht und liegt heute überraschenderweise über der Quote bei den Akademikern (Abbildung 4). Das Sicherheitsnetz der beruflichen Bildung (Shavit/Müller 2000) funktioniert also weiterhin.

Die wichtigste Erklärung für diese erstaunlich stabile Verankerung der Berufe im Arbeitsmarkt ist sicherlich die Zusammenfassung unterschiedlicher Berufe zu breiten Berufsbildern. Damit stehen den Absolventen einer Berufsausbildung größere Einsatzfelder als in der Vergangenheit offen. Ein anderer Grund ist die Schaffung neuer beruflicher Arbeitsmärkte, etwa durch die IT-Berufe, durch die das Schrumpfen vor allem im verarbeitenden Gewerbe kompensiert wurde. Schließlich zeigen Studien in verschiedenen Dienstleistungs- und Produktionstätigkeiten, dass fachliche Anforderungen nicht abnehmen, sondern bei weiterhin hohem Niveau zusätzlich soziale Kompetenzen verlangt werden (Baethge-Kinsky/Holm/Tullius 2007). Die Vermittlung sozialer Kompetenzen, wie die Fähigkeit zum selbständigen Handeln, war ein Schwerpunkt der Berufsbildungsreformen der letzten Jahrzehnte. Auch die privaten Bildungsrenditen sprechen für eine gute Verwertbarkeit der Berufsausbildung. Sie liegen pro Bildungsjahr bei einer dualen und schulischen Berufsausbildung sogar über denen einer akademischen Ausbildung. Allerdings sind wegen längerer Ausbildungszeiten die Jahres- und Lebenseinkommen mit tertiärer Bildung höher als bei einer dualen Berufsausbildung (Ammermüller/Dohmen 2004).

Abbildung 4:    Adäquanz der Beschäftigung nach Qualifikationsniveaus 1984 und 2004 in Prozent

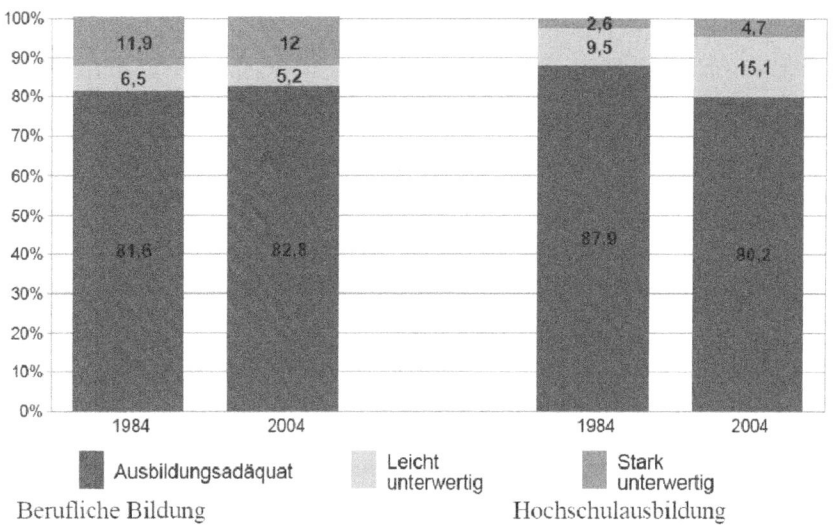

Quelle: Konsortium Bildungsberichterstattung (2006: S. 185)

Allerdings nimmt die Streuung der Bildungsrenditen von beruflich Qualifizierten durch die Expansion des Niedriglohnsektors rasch zu. Im Unterschied zu vielen anderen Ländern, wie etwa den USA oder Großbritannien, werden in Deutschland niedrige Löhne nicht nur an gering Qualifizierte gezahlt. Nur rund 20 % aller Niedriglohnbezieher in Deutschland sind gering qualifiziert, etwa 70 % haben einen beruflichen Abschluss und etwas weniger als 10 % einen Hochschulabschluss erworben (Bosch/Weinkopf/Kalina 2009, 14). Geringe Löhne und schlechte Arbeitsbedingungen erschweren es heute bereits einigen typischen Niedriglohnbranchen, wie der Gastronomie, Auszubildende zu gewinnen und anschließend an die Branche zu binden (Vanselow 2007). Andere Niedriglohnbranchen, nutzen den Berufsstolz ihrer qualifizierten Beschäftigten, sie trotz geringer Löhne an die Betriebe zu binden. Dies gelingt allerdings nur mit Frauen, die im traditionellen deutschen Wohlfahrtsmodell einen Nebenjob ausüben und vor allem bei Minijobs für die geringen Löhne durch die Sozialversicherungen des Partners und Vorteile aus dem Ehegattensplitting materiell kompensiert werden (Voss-Dahm 2009). Diese Strategien sind infolge des veränderten Erwerbsverhaltens von Frauen aber nicht nachhaltig und es ist kaum denkbar, dass die Berufsausbildung in Bereichen mit niedrigen Löhnen dauerhaft überlebt. Die Erfahrungen in vielen anderen Ländern zeigen, dass ein wachsender Teil der Jugendlichen eine Hochschulausbildung anstrebt, wenn eine Berufsausbildung mit großer Wahrscheinlichkeit in schlechten Jobs endet.

## 8    Herausforderungen und Reformvorhaben

Eingangs wurde die Frage gestellt, ob der deutsche Sonderweg mit einem starken System betrieblicher Berufsausbildung und einem vergleichsweise gering dimensionierten tertiären Bildungssektor Bestand haben wird. Für eine weiterhin hohe Bedeutung des dualen Systems spricht seine rasche Modernisierung in den letzten Jahren. Dabei zeigte sich, dass die Berufsausbildung in Deutschland vorrangig nicht ein sozialpolitisch motiviertes Auffangbecken für lernschwache Jugendliche ist, sondern Bestandteil des Innovationssystems einer modernen Wirtschaft. Die Reform der Berufsausbildung in Verbindung mit flexibleren Formen der Arbeitsorganisation ist einer der Gründe für die Wiedererstarkung der deutschen Wirtschaft seit Mitte der 90er-Jahre. Diese Innovationsorientierung, die enge Anbindung der Ausbildung an den Arbeitsmarkt und die Aufstiegsmöglichkeiten über Fortbildung oder – neuerdings auch – über ein Studium machen das System weiterhin für Jugendliche sehr attraktiv. Es spricht vieles dafür, dass auch in Zukunft die Akademikerquote in Deutschland wegen seines Berufsbildungssystems unter dem OECD-Durchschnitt bleiben wird. Die Übergänge zur Hochschule müssen allerdings verbessert werden. Vielleicht wird mit den dualen Studiengängen und später mit der Anrechnung beruflich erworbener Kompetenzen eine breite Übergangszone zwischen beruflicher und Hochschulausbildung entwickelt, sozusagen eine deutsche Variante der Akademisierung.

Wenn ausschließlich über Durchlässigkeit diskutiert wird, wird implizit die Höherrangigkeit akademischer Ausbildung unterstellt. Diese Unterstellung ist zu mindestens in Deutschland mit seinen hochwertigen beruflichen Fortbildungsmaßnahmen empirisch nicht haltbar. Deshalb ist die Debatte um Gleichstellung der beruflichen Bildung ebenso wichtig wie die zur Durchlässigkeit. Der EQR und der DQR bieten durch die strikte Kompetenzorientierung die Möglichkeit einer solchen Gleichstellung. In den ersten Entwürfen ist der Weg dazu auch geöffnet worden. Angesichts der vielen ungelösten Probleme bei der Einführung des DQR ist allerdings noch nicht sicher, ob das Schisma zwischen Allgemein- und Berufsausbildung aufgehoben wird oder nur eine große Zertifizierungsbüro-kratie entsteht, die durch die Privilegierung von Hochschulabschlüssen die traditionelle Hierarchie zwischen Berufs- und Hochschulausbildung verfestigt.

Gleichzeitig gerät die duale Berufsausbildung von unten unter Druck. Das dreigliedrige Schulsystem führt zu einer frühzeitigen Selektion der Schüler, die bei Knappheit von Lehrstellen die Lernmotivation beeinträchtigt. Ohne Schulreformen und eine Erhöhung des Ausbildungsplatzangebots ist eine deutliche Ausdehnung des Anteils der An- und Ungelernten nicht zu vermeiden. Die wachsende interne Differenzierung zeigt, dass der Spagat zwischen Sozialpolitik und Innovationsorientierung in der Berufsbildung größer geworden ist.

Für die Verbesserung der Qualität und der Arbeitsmarktanbindung bleibt die Modernisierung der Berufsbilder zentral. Der kontinuierliche Reformprozess der Berufsbilder ist mittlerweile von allen Akteuren akzeptiert worden. Unübersehbar bleibt allerdings, dass immer wieder Sonderinteressen einzelner Verbände, aber auch politischer Aktionismus Reformprozesse beeinträchtigen. Aufgrund von Verbandsinteressen scheint es in Deutschland schwierig zu sein, die Zahl der Berufe auf die von Experten erachtete sinnvolle Größe von 200 breiten Berufen zu verringern. Als Alternative wird jetzt eine Angleichung der gemeinsamen Grundausbildung in sogenannten 'Berufsfamilien' bei Beibehaltung der unterschiedlichen Berufsbilder diskutiert. Wenig hilfreich sind Vorschläge, die Berufsausbildung in Module zu zergliedern (Euler/Severing 2006) und eventuell auch die Ausbildungszeit generell zu verkürzen. Der Ausbildungsleiter der Siemens AG hat dazu im Hearing zum neuen Berufsbildungsgesetz am 22.11.2004 das Nötige gesagt: „Kritisch sehen wir die Schaffung von Berufen für theorieschwache (praktisch begabte) Jugendliche. Mit der formellen Gleichwertigkeit konterkarieren wir bereits bestehende Berufsbilder (wie beispielsweise Fachinformatiker oder Elektroniker für Geräte und Systeme). Die bestehenden Berufe werden damit unnötigerweise abgewertet, zumal künftig zusätzlich Konkurrenz durch die neuen Bachelor-/Master-Studiengänge entstehen wird." (Deutscher Bundestag 2004).

Die wohl größte und bislang kaum beachtete Herausforderung für die Berufsbildung resultiert aus der Erosion der Tarifverträge auf dem Arbeitsmarkt, die beruflich Qualifizierten eine angemessene Bezahlung garantierten. Die hohe Reputation der Berufsausbildung ist eng mit ihrem späteren Arbeitsmarkterfolg verbunden, der mit Ausbreitung des Niedriglohnsektors immer weniger gewährleistet ist. In der Debatte um Mindestlöhne und allgemeinverbindliche Tarifverträge geht es also auch die Stabilisierung der Berufsausbildung.

# Literatur

Ammermüller, A.; Dohmen, D. (2004): Private und soziale Erträge von Bildungsinvestitionen, Forschungsinstitut für Bildungs- und Sozialökonomie. FIBS-Forum Nr. 21, Cologne URL: http://www.fibs-koeln.de/de/sites/_wgData/Forum_021.pdf (Stand: 25.06.2008).

Anderson, P. (2009): Intermediate occupations and the conceptual and empirical limitations of the hourglass economy thesis. In: Work, employment and society. A journal of the British Sociological Association, 23 (1), S. 169-180.

Anger, C.; Plünnecke, A. (2009): Signalisiert die Akademikerlücke eine Lücke bei den Hochqualifizierten? Deutschland und die USA im Vergleich. Institut der Deutschen Wirtschaft. IW Trends 2009 Nr. 3.

Arbeitskreis Deutscher Qualifikationsrahmen (2009): Diskussionsvorschlag eines Deutschen Qualifikationsrahmens für lebenslanges Lernen, Februar 2009. (http://www.bmbf.de/de/12189.php.

Baethge, M.; Baethge-Kinsky, V. (1998): Jenseits von Beruf und Beruflichkeit? Neue Formen von Arbeitsorganisation und Beschäftigung und ihre Bedeutung für eine zentrale Kategorie gesellschaftlicher Integration. Mitteilungen aus der Arbeitsmarkt- und Berufsforschung (MITTAB) 31. Institut für Arbeitsmarkt- und Berufsforschung (IAB) der Bundesagentur für Arbeit. Nürnberg. S. 461-472.

Baethge-Kinsky, V.; Holm, R.; Tullius, K. (2007): Dynamische Zeiten – langsamer Wandel: Betriebliche Kompetenzentwicklung von Fachkräften in zentralen Tätigkeitsfeldern der deutschen Wirtschaft. Schlussbericht des Forschungsvorhabens „Kompetenzentwicklung in deutschen Unternehmen. Formen, Voraussetzungen und Veränderungsdynamik". Soziologisches Forschungsinstitut (SOFI). Göttingen.

Bender, S.; Haas, A.; Klose, C. (1999): Mobilität allein kann Arbeitsmarkprobleme nicht lösen. Die Entwicklung der beruflichen und betrieblichen Mobilität von 1985-1995. IAB-Kurzbericht 2. Institut für Arbeitsmarkt- und Berufsforschung (IAB) der Bundesagentur für Arbeit. Nürnberg.

BiBB (Bundesinstitut für Berufsbildung) (2008): Schaubilder zur Berufsausbildung 2008 (http://www.bibb.de/de/10274.htm) (Stand: 23.10.2008).

BiBB (Bundesinstitut für Berufsbildung) (2009a): Datenreport zum Berufsbildungsbericht 2009. Bonn.

BiBB (Bundesinstitut für Berufsbildung) (Hrsg.) (2009b): AusbildungPlus in Zahlen – Trends und Analysen 2008/09. Internetdokument.

BMBF (Bundesministerium für Bildung und Forschung) (2007): Berufsbildungsbericht 2007. URL: http://www.bmbf.de/pub/bbb_07.pdf (Stand: 25.06.2008).

BMBF (Bundesministerium für Bildung und Forschung) (2008): Berufsbildungsbericht 2008. URL: http://www.bmbf.de/pub/bbb_08.pdf (Stand: 02.07.2008).

Bonin, H.; Schneider, M.; Quinke, H.; Arens, T. (2007): Zukunft von Bildung und Arbeit. Perspektiven von Arbeitskräftebedarf und -angebot bis 2020. Institut zur Zukunft der Arbeit – IZA Research Report Nr. 9. Bonn.

Bosch, G. (2004): Brauchen wir eine Ausbildungsplatzabgabe? In: ifo Schnelldienst Nr. 6.

Bosch, G. (2009): Berufliche Weiterbildung in Deutschland 1969 bis 2009: Entwicklung und Reformoptionen. In: Bothfeld, S.; Sesselmeier, W.; Bogedan, C. (Hrsg.): Arbeitsmarktpolitik in der sozialen Marktwirtschaft: vom Arbeitsförderungsgesetz zum Sozialgesetzbuch II und III. Wiesbaden: VS Verlag für Sozialwissenschaften.. S. 94-111.

Bosch, G. (2010): The Revitalization of the Dual System of Vocational Training in Germany. In: Bosch, G.; Charest, J. (Hrsg.): Vocational Training. International Perspectives. Routledge, London. S. 136–161.

Bosch, G .; Charest, J. (2008): 'Vocational training and the labour market in liberal and coordinated economies'. In: Industrial Relations Journal, Jg. 39, Heft 5, S. 428-447.

Bosch, G.; Weinkopf, C.; Kalina, T. (2009): Mindestlöhne in Deutschland: Expertise. Bonn: FES. Wiso Diskurs; Expertisen und Dokumentationen zur Wirtschafts- und Sozialpolitik. Gesprächskreis Arbeit und Qualifizierung. Dezember 2009. (http://library.fes.de/pdf-files/wiso/06866.pdf).

Deutscher Bundestag (2004): Öffentliche Anhörung des Ausschusses für Bildung, Forschung und Technologieabschätzung zur Reform des Berufsbildungsgesetzes am 18.1. 2004.

DGB (2009): Der deutsche Qualifikationsrahmen (DQR). Chancen und Risiken aus gewerkschaftlicher Sicht. Berlin.

Erlinghagen, M. (2004): Die Restrukturierung des Arbeitsmarktes. Arbeitsmarktmobilität und Beschäftigungsstabilität im Zeitverlauf. VS Verlag für Sozialwissenschaften, Wiesbaden, zugl. Dissertation, Universität Duisburg-Essen.

Euler, D.; Severing, E. (2006): Flexible Ausbildungswege in der Berufsbildung. Nürnberg und St. Gallen.

Finegold, D.; Soskice, D. (1988): The Failure of Training in Britain: Analysis and Prescription in Oxford Review of Economic Policy, Nr. 4, S. 21-52.

Fitzenberger, B. (2008): „Perspektiven aktiver Arbeitsmarktpolitik" – Evaluationsergebnisse zur aktiven Arbeitsmarktpolitik in der Diskussion – Die durch die BA geförderte berufliche Weiterbildung.
http://www.google.com/search?q=%22Fitzenberger+%E2%80%9EPerspektiven+aktiver+Arbeitsmarktpolitik%E2%80%9C+%22&rls=com.microsoft:*:IE-SearchBox&ie=UTF-8&oe=UTF-8&sourceid=ie7&rlz=1I7MEDA_de.

Geißler, R. (2002): Die Sozialstruktur Deutschlands. Wiesbaden: VS Verlag für Sozialwissenschaften.

Haas, A. (2002): Arbeitsplatzmobilität nach Abschluss einer dualen Berufsausbildung. Befunde aus der IAB-Historikdatei 1992 bis 1997. IAB-Werkstattbericht 3. Institut für Arbeitsmarkt- und Berufsforschung (IAB) der Bundesagentur für Arbeit. Nürnberg.

Konsortium Bildungsberichterstattung (2006): Bildung in Deutschland. Ein indikatorengeschützter Bericht mit einer Analyse zu Bildung und Migration. Bundesministerium für Bildung und Forschung. Bonn und Berlin.
http://www.bildungsbericht.de/daten/gesamtbericht.pdf (Stand: 25.06.2008).

Müller, N. (2009): Akademikerausbildung in Deutschland: Blinde Flecken beim internationalen OECD-Vergleich. BiBB BWP 2/2009, S. 42-46.

OECD (2008): Education at a glance: OECD Indicators. Paris.

OECD (2009): Bildung auf einen Blick – OECD Indikatoren, Paris.

Schumann, M.; Kuhlmann, M.; Sanders, F.; Sperling, H. J. (Hrsg.) (2006): Auto 5000: Ein neues Produktionskonzept.

Shavit, Y.; Müller, W. (2000): Vocational Secondary Education – Where diversion and where safety net? In: European Societies 2(1) 2000, pp. 29-50.

Vanselow, A. (2007): Immer noch verloren und vergessen – Zimmerreinigungskräfte in Hotels. In: Bosch, G.; Weinkopf, C. (Hrsg.): Arbeiten für wenig Geld: Niedriglohnbeschäftigung in Deutschland. Frankfurt/Main: Campus Verlag. S. 211-248.

Voss-Dahm, D. (2009): Über die Stabilität sozialer Ungleichheit im Betrieb: Verkaufsarbeit im Einzelhandel. Berlin: edition sigma.

Wagner, K.; Finegold, D. (1997): Der Einfluß der Aus- und Weiterbildung auf die Arbeitsorganisation – Eine Untersuchung in der Fertigung US-Amerikanischer Maschinenbauunternehmen. In: Clermont, A.; Schmeisser, W. (Hrsg.): Internationales Personalmanagement. München. S. 147-164.

Wiborg, S.; Cort P. (2010): The Vocational Education and Training System in Denmark: Innovations and Results. In: Bosch, G.; Charest, J. (Hrsg.): Vocational Training. International Perspectives. Routledge, London. S. 84-109.

# Berufsbildung in Deutschland: Krise, Kontinuität, neue Konzepte

*Felix Rauner*

## 1 Berufliche Bildung: Übergänge und Übergangsproblematik von der Schule in die Arbeitswelt

> Entgegen der These über die „Berufliche Bildung als Auslaufmodell" in der modernen Wissensgesellschaft" erlebt die duale berufliche Bildung derzeit eine Renaissance.

Ist das Thema „Berufsorientierung, Berufe, berufliche Bildung" überhaupt noch der Rede wert?

In der bildungs- und berufssoziologischen Diskussion wird diese Frage seit Anfang der 70er-Jahre kontrovers diskutiert. Größte Wirkungen hat Daniel Bell mit seinem international bekannt gewordenen Buch „The coming of post-industrial society" (1973) ausgelöst. Seine zentrale These lautet: Das axiale System der postindustriellen Gesellschaft (heute würde man sagen: der Wissensgesellschaft) ist das wissenschaftliche Wissen. Darum wird sich alles drehen, die Technik, die Ökonomie, die Kultur und andere gesellschaftliche Sphären.

In der sozialwissenschaftlichen und arbeitssoziologischen Diskussion werden seither das Berufskonzept sowie die darauf zielende Bildung als Anachronismen in der Wissensgesellschaft eingestuft (Arnold, Gonon 2006, 51 ff.). So bezeichnet zum Beispiel K.-H. Geißler in seinem Festvortrag zum 25-jährigen Bestehen des BIBB die duale Berufsbildung als ein Auslaufmodell.

35 Jahre danach wiederholen deutsche Industrie- und Bildungssoziologen Bells These:

> Von der „Zentralität des systematischen (theoretischen, wissenschaftlichen) Wissens als das zentrale Merkmal nachindustrieller Gesellschaften [...] für die Gesellschaft, die sich zunehmend als eine Wissens-Gesellschaft versteht, bilden die Hochschulen die entscheidende Quelle für die Entwicklung von kulturellen Orientierungen, ökonomisch verwertbarem Wissen [...] Die Berufsausbildung [...] gerät gegenüber der höheren allgemeinen und wissenschaftlichen Bildung immer weiter ins Hintertreffen, verliert [...] an Attraktivität und entspricht auch nur noch einem geringer werdenden Bedarf der Wirtschaft" (Baethge u. a. 2006).

Die OECD verweist in diesem Zusammenhang auf die Spitzengruppe der OECD-Länder mit Studienanfängerzahlen von bis zu 82 % (Australien) (Abb. 1) als ein Ergebnis einer erfolgreichen „College-for-all"-Politik.

Die These von der Erosion der Berufsform gesellschaftlicher Arbeit kann als widerlegt angesehen werden (Sennett 2000; Kurtz 2005; Lempert 2007). Berufliche Identität und berufliches Engagement gelten – im Gegenteil – als subjektiv und gesellschaftlich hoch zu bewertende Größen beruflicher Bildung und betrieblicher Organisationsentwicklung. Daher komme es, so Lempert (2007), weniger auf soziologisch begründete Prognosen zur Zukunft berufsförmiger Arbeit an, als vielmehr auf die Gestaltung moderner Berufe (Lempert 2007).

Abbildung 1:    Studienanfängerzahlen

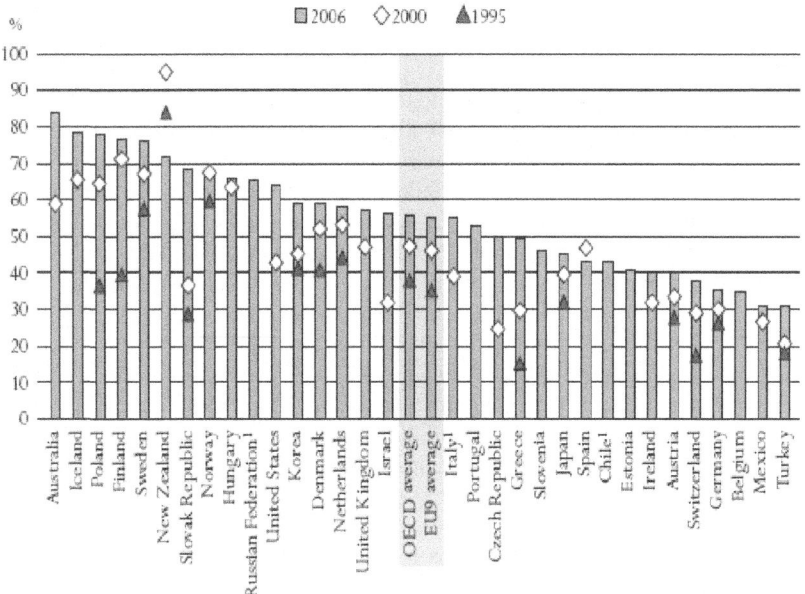

Quelle: OECD 2008

64

Zur Wirklichkeit der ökonomischen Entwicklung und damit auch der Be-
schäftigungs- und Arbeitsmarktstrukturen steht die ‚College-for-all'-
Bildungsprogrammatik und -politik in einem krassen Widerspruch.

Die Kategorie der ‚Wissensgesellschaft' ist mit einem ausgeprägten Bedeutungs-
überschuss behaftet und mutierte zu einem Leitbild, das zur Politik der Akademisierung der Bildung (academic drift) wesentlich beigetragen hat. Am Beispiel
Australien lässt sich zeigen, zu welchen Verwerfungen im Zusammenspiel zwischen Bildungs- und Beschäftigungssystemen dies führt.

**Das Beispiel Australien:**

10,5 Mio.  Beschäftigte

80 %        Studienanfänger
415.000     Auszubildende
            (Australian Apprenticeship)

➜ **2/3 der Auszubildenden ... rekrutieren
sich aus den Studienabbrechern und
Hochschulabsolventen!**

Die sehr hohe Ausbildungsquote von 4,1 % bei einer gleichzeitig sehr hohen
Studienanfängerquote ergibt sich daraus, dass ca. 2/3 der Auszubildenden Hochschulabsolventen (in der Regel Bachelor oder Studienabbrecher) sind. Durch
diesen „Umweg" der Auszubildenden über ein Hochschulstudium ist das sehr
hohe Ausbildungsalter der australischen Auszubildenden zu erklären (Barabasch
2009).

Eine ‚College-for-all'-Politik beschädigt:

1.  die Hochschulen, da sie in großem Umfang Studenten betreuen, deren hoch-
    schulische Ausbildung keine adäquate Beschäftigung ermöglicht.
2.  die Jugendlichen, die an den Hochschulen für Aufgaben qualifiziert werden,
    die sie im Arbeitsmarkt nicht verwerten können.
3.  die Gesellschaft, da die Finanzierung des zeit- und ressourcenaufwändigen
    Umwegs von Auszubildenden über ein Hochschulstudium eine gigantische
    Verschwendung gesellschaftlicher Ressourcen darstellt.

Untersucht man die Beschäftigungssysteme entwickelter Industrieländer, dann stößt man auf folgende Strukturmerkmale (vgl. Abb. 2):

- Der Anteil der Un- und Angelernten sinkt weiter ab auf ein Niveau von ca. 10 % (siehe z. B. die Schweiz und die Entwicklung in Deutschland).
- Der Anteil der Hochqualifizierten steigt seit einem Jahrzehnt langsam an von 14 % (1995) auf heute ca. 17 %. Dieser Trend des langsamen Anstiegs Hochqualifizierter im Beschäftigungssystem wird anhalten.
- In der Summe bleibt es bei einem stabilen (eher leicht anwachsenden) intermediären Qualifikationssektor (Facharbeiter, Techniker, Fachwirte, Meister etc.). Die Mittelqualifizierten bilden das Rückgrat der Wettbewerbsfähigkeit der deutschen Unternehmen.

Abbildung 2:    Entwicklung der Fachkräftestruktur

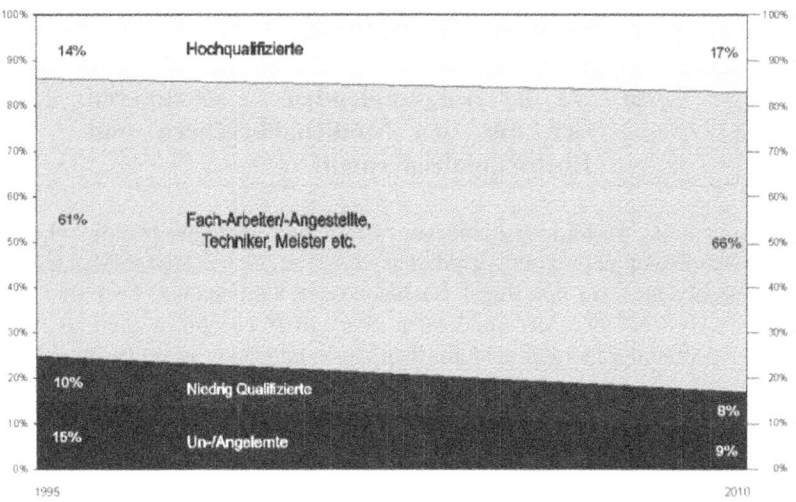

Quelle: IAB, Beitrag 221, 57 (Schüssler et al. 1999; Weidig/Hafer 1999)

66

Das deutsche Bildungssystem weist an der ersten Schwelle im internationalen Vergleich eine Reihe von Besonderheiten auf, die in ihrer Summe auf eine außerordentlich prekäre Übergangssituation verweisen.

*Ein sehr hohes durchschnittliches Ausbildungsalter und ein System teurer Übergangsmaßnahmen*

Das mittlere Ausbildungsalter der deutschen Auszubildenden ist in den letzten drei Jahren von 16,6 (1970) auf mittlerweile 20,6 Jahre (2008) angestiegen. Da die 16 % Abiturienten, die eine duale Berufsausbildung absolvieren, den Anstieg des Ausbildungsalters nur minimal beeinflussen, ist hier von einer geradezu dramatischen Störung an der ersten Schwelle des Übergangs von der Schule in die Arbeitswelt auszugehen. So sind z. B. die österreichischen Auszubildenden im Durchschnitt drei Jahre jünger: Wenn diese ihre Ausbildung abschließen, beginnen die deutschen Auszubildenden mit ihrer Ausbildung. In keinem der Nachbarländer mit einer etablierten dualen Berufsausbildung (z. B. Österreich, Dänemark, Schweiz, Norwegen) existiert ein auch nur annähernd so prekäres Übergangsproblem.

Die Finanzierung des Übergangsmaßnahmensystems, das mittlerweile einen zeitlichen Umfang von ca. drei Jahren einnimmt, verursacht Kosten von ca. 40 Millionen Euro[11]. Als außerordentlich problematisch muss eingeschätzt werden, dass die große Zahl der Träger und zahlreiche Verwaltungen Vorstellungen zur „Professionalisierung" des so genannten Übergangssystems entwickeln, anstatt alles daran zu setzen, um dieses wieder überflüssig zu machen (Beicht 2009).

Ebenso auffällig ist die im internationalen Vergleich hohe Abbrecherquote von beinahe einem Fünftel der Ausbildungsanfänger. Dies wiegt umso schwerer, da die Ausbildungsverträge in Deutschland für einen großen Teil der Auszubildenden erst nach einer mehrjährigen Maßnahmenkarriere zustande kommen.

Dieses Problem wird nicht durch Strukturen verursacht, die dem System der dualen Berufsausbildung geschuldet sind, da andere Länder mit einer dualen Berufsausbildung dieses Strukturproblem an der ersten Schwelle nicht kennen.

---

[11] Diese Kosten setzen sich zusammen aus
- Kosten für die Finanzierung von Maßnahmen und Unterhalt für 1,6 Millionen Jugendliche, die durchschnittlich ca. 3 Jahre verspätet mit einer dualen Berufsausbildung beginnen.
- entgangenen Entgelte n in die sozialen Sicherungssysteme von 1,6 Millionen Beschäftigten, die drei Jahre verspätet dem Arbeitsmarkt zur Verfügung stehen.
- sozialen Folgekosten.

*Der eingeschränkte Karrierehorizont deutscher Schüler*

Die im Rahmen des PISA-Projekts erhobenen Kontextdaten zeigen, dass die deutschen 15-jährigen Schülerinnen/Schüler einen im internationalen Vergleich außergewöhnlich eingeschränkten Karrierehorizont haben (Abb. 3). 15-jährige Schülerinnen/Schüler haben in Deutschland ihren allernächsten Schritt ihrer (Aus)bildungskarriere im Blick. Je nach sozialer Herkunft ist dies die Berufsausbildung (Lehre) oder das Abitur. Das lebenslange Lernen, das Ziel einer unternehmerischen Karriere z. B. über eine Meisterprüfung oder eine andere über die Sekundarstufe II hinausreichende Karrierevorstellung, ist für deutsche 15-Jährige zunächst kein Karriereziel. Dies schränkt ihr Ausbildungsengagement deutlich ein. Ihre begrenzte Karriereorientierung orientiert sich am nächsten Schritt, der ihnen durch die soziale Herkunft vorgezeichnet scheint. In anderen Ländern erleben die 15-Jährigen ihre berufliche Zukunft (Karriere) als weitgehend offen und als nicht durch ihren sozialen Status determiniert. Dieser Befund verweist für Deutschland auf eine Tradition der Reproduktion des Bestehenden, die angesichts des hohen Bedarfs an Innovationen in Wirtschaft und Gesellschaft unter den Bedingungen des internationalen Qualitätswettbewerbs erhebliche ökonomische und gesellschaftliche Risiken birgt.

Abbildung 3:  Anteil der 15-Jährigen, die eine tertiäre Ausbildung anstreben

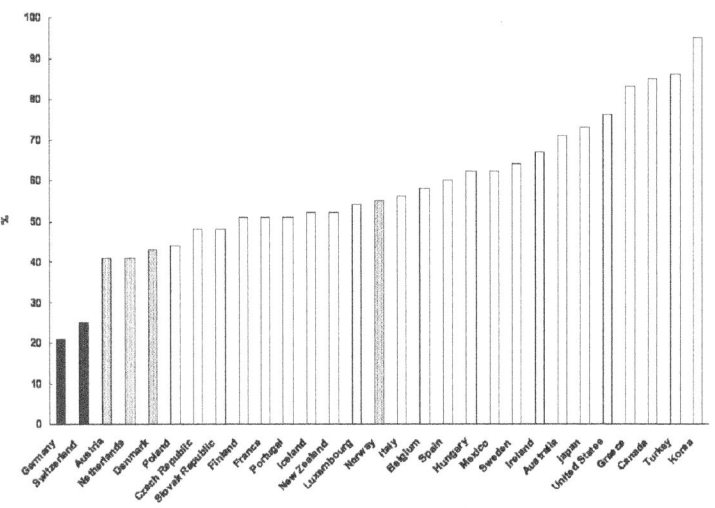

Quelle: OECD 2008

Für die an der beruflichen Bildung Beteiligten besteht hier dringender Handlungsbedarf. Wenn ein Auszubildender bereits bei seiner Entscheidung für eine duale Berufsausbildung erfährt, dass man mit dem Abschluss einer Berufsausbildung nicht „ausgelernt" hat, sondern, dass es vielfältig Möglichkeiten gibt, sich weiterzubilden auf dem Weg des lebensbegleitenden Lernens, dann gewinnt die Berufsausbildung subjektiv und objektiv eine andere Bedeutung. Dies setzt voraus, dass es den Wirtschaftsverbänden, Kammern und Gewerkschaften gelingt, die ausbildenden Betriebe dafür zu gewinnen, auf eine hohe Ausbildungsqualität zu achten und jeden Auszubildenden mit seinen Stärken und Schwächen so zu fördern, dass mit der Ausbildung auch die Grundlagen für das Weiterlernen vermittelt werden. Der erste Schritt auf diesem Weg ist die Berufsausbildung.

---

Eine fragmentierte Inputsteuerung schwächt die duale Berufsbildung.

---

Eine weitere Schwäche der beruflichen Bildung liegt in ihrer fragmentierten Steuerung begründet. Die beinahe unübersehbare Vielfalt von Zuständigkeiten repräsentiert zwar eine ebenso große Vielfalt an Kompetenz. Sie verhindert jedoch zugleich eine koordinierte Steuerung des Berufsbildungssystems (vgl. dazu Bertelsmann 2009) und den Übergang von der Schule in die Berufsausbildung.

Im Vergleich der Länder mit einem entwickelten dualen Berufsbildungssystem (Dänemark, Österreich, Schweiz, Deutschland) verfügt Deutschland als einziges Land über eine Steuerung des Typus „fragmentierte Inputsteuerung" (vgl. Abb. 4). Dies basiert auf einer Kumulation negativer Einzelbefunde (Abb. 5). Ohne eine grundlegende Strukturreform, so das Fazit der Bertelsmann Studie, sind die Schwächen des deutschen Berufsbildungssystems nicht zu überwinden. Die fragmentierte Steuerung der Berufsbildung und der Berufsorientierung und Berufsvorbereitung beeinträchtigt die Struktur des Bildungssystems an der ersten Schwelle.

Abbildung 4: Steuerung der beruflichen Bildung in Deutschland, Dänemark,
Österreich und der Schweiz: Zusammenfassende Ergebnisse

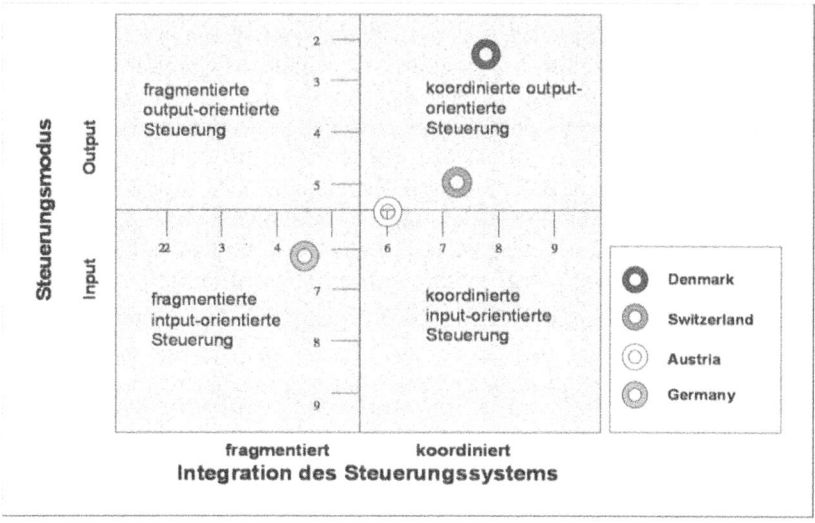

Quelle: Bertelsmann 2009

Abbildung 5: Steuerung der beruflichen Bildung in Deutschland, Dänemark,
Österreich und der Schweiz: Zusammenfassende Ergebnisse

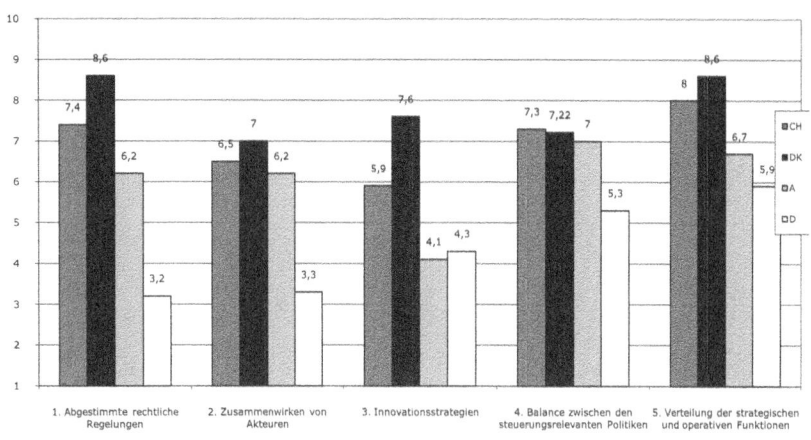

Quelle: Bertelsmann 2009

Im internationalen Vergleich erreicht Deutschland im Bereich der berufsorientierenden Bildung einen der letzten Plätze (OECD 2008).

Deutsche Schulabgänger können ihre Fähigkeit im Bezug auf mögliche Ausbildungen und berufliche Karrieren nicht adäquat einschätzen und haben nur rudimentäre Vorstellungen über Möglichkeiten einer für sie adäquaten Berufsausbildung.

Einer Untersuchung des ‚Berliner trendence Instituts für Personalmarketing' zufolge (Abb. 6) sind die beliebtesten „Ausbildungsbetriebe" für deutsche Schüler die Polizei (Frauen: 16,1 %; Männer: 13,8 %), die Bundeswehr (Frauen: 6,8 %; Männer: 14,2 %) sowie die Premium-Autohersteller BMW (Frauen: 5,6 %; Männer: 14,1 % und Porsche (Frauen: 5,8 %; Männer: 13,5 %). Nach dieser Untersuchung verfügen deutsche Schüler im Durchschnitt über keine begründeten und differenzierenden Vorstellungen über die Beschäftigungs- und Ausbildungsmöglichkeiten des regionalen Arbeits- und Ausbildungsmarkts.

Abbildung 6:    Umfrageergebnisse des trendence Instituts zur Frage: „Welches Unternehmen halten Sie für Ihre berufliche Laufbahn für besonders attraktiv?"

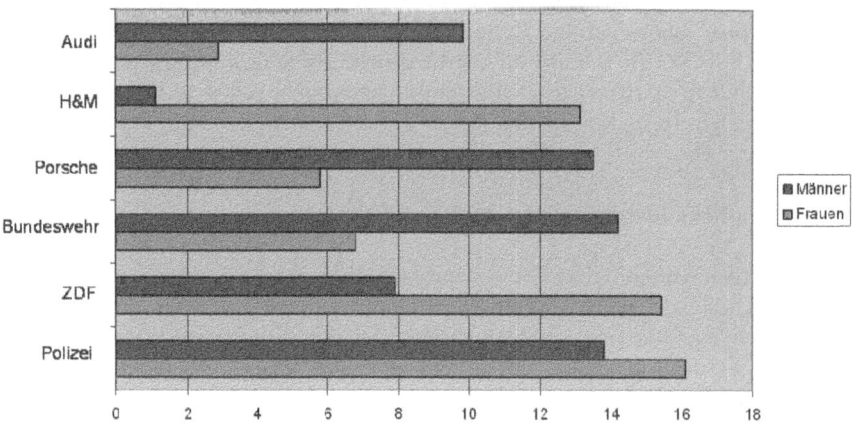

Quelle: „Die Zeit", Ausgabe Nr. 37, 7. September 2006

Abbildung 7:     Umfrageergebnisse des trendence Instituts zur Frage: „Aus welchem Grund haben Sie diese Unternehmen ausgewählt?"

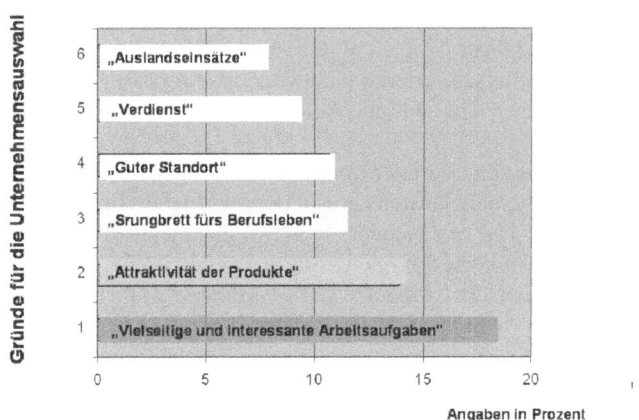

Quelle: „Die Zeit", Ausgabe Nr. 37, 7. September 2006

Die Frage nach den wichtigsten Wünschen, die die Schulabgänger mit einer Berufswahl verbinden, zeigen, dass sie sich durch die beruflichen Aufgaben und die Attraktivität der Produkte und Dienstleistungen besonders angesprochen fühlen. Dagegen spielen gute Verdienstmöglichkeiten und andere ökonomische Aspekte eine relativ geringe Rolle. Das bedeutet, dass die Schulabgänger eine hohe intrinsische Motivation für die berufliche Bildung mitbringen. Die Übergangsprobleme an der ersten Schwelle schlagen nicht selten in Frustration und gelegentlich in Jugendkriminalität um (vgl. Entorf/Spengler 2002, 175).

## 2    Berufliche Identität und berufliches Engagement

Die Übergangssituation an der ersten Schwelle wird auch bestimmt durch die Identifizierungspotenziale der Berufe. Berufe, mit denen sich die Auszubildenden gerne identifizieren, strahlen positiv auf die Berufsorientierung aus und begünstigen die Entwicklung beruflicher Kompetenz und beruflichen Engagements. Beides stellt Voraussetzungen dafür dar, den Anforderungen der ‚Wissensgesellschaft' gerade durch qualifizierte, berufsförmig organisierte Facharbeit begegnen zu können, sie durch eine ‚College-for-all'-Politik zu ersetzen und entstehende gesellschaftliche Kosten zu sparen.

Die Entwicklung beruflicher Identität findet während der Ausbildung im Zuge der Entwicklung vom Novizen zum Experten in einem Beruf statt. Dies hängt allerdings auch von der Bereitschaft ab, eine solche Identität auch subjektiv entwickeln zu wollen.

Diese Bindungen an einen Beruf können sich auf unterschiedliche Bedeutungsfelder beziehen. Steht der Beruf im Vordergrund, reden wir von *beruflichem Engagement*, steht der Betrieb im Vordergrund, von *betrieblichem Engagement*. Ein drittes Bedeutungsfeld ist Arbeitsmoral. Hier stehen Werte wie Pünktlichkeit, Tüchtigkeit oder Verlässlichkeit im Vordergrund, die sich auf Arbeit im Allgemeinen und nicht den konkreten Beruf beziehen. Wie stark diese Bindungen sind und welches dieser unterschiedlichen Bezugsfelder von Bindungen die Auszubildenden hauptsächlich nutzen, hat wiederum Rückwirkungen auf die Entwicklung beruflicher Identität (Abb. 8).

Abbildung 8:    Berufliche Identität und Bindungen an Beruf, Betrieb und Arbeit

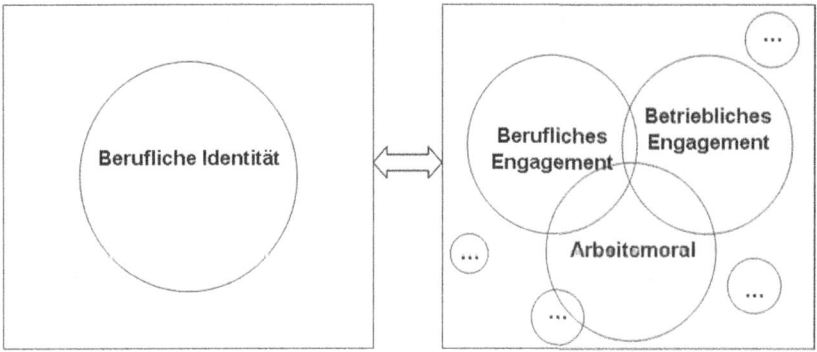

Quelle: eigene Grafik

Im Folgenden werden die Ergebnisse einer Untersuchung von 1.600 Auszubildenden in Bremerhaven zusammengefasst (vgl. Heinemann et al. 2009).

**Berufliches Engagement**

Die Werte für die Stärke der Bindung an den Beruf weisen für einzelne Berufe charakteristische Unterschiede auf (Abb. 9). Auch hier sind die Werte bei Automobilkaufleuten, Köchen, Industriemechanikern und Kosmetikerinnen überdurchschnittlich hoch. Die Streuung der Werte zwischen 20,1 für die Automobilkauffrau/den Automobilkaufmann und die Automobilkauffrau/den Automobilkaufmann für Groß- und Außenhandel (11,1) ist sehr ausgeprägt. Die kaufmännischen Berufe finden sich wieder über das gesamte Spektrum verteilt. Liegen die Automobilkaufleute an der Spitze, so bilden die Kaufleute für Groß- und Außenhandel den Schlusspunkt – mit 75 % Auszubildenden, die an ihren Beruf nur eine schwache Bindung haben. Ähnlich wie bei der Skala zu beruflicher Identität liegen Industriekaufleute leicht über dem Durchschnitt, Büro-, Speditions- und Einzelhandelskaufleute leicht unter dem Durchschnitt. Rechtsanwalts- und Notariatsfachangestellte sowie Steuerfachangestellte weisen auch in dieser Skala stark unterdurchschnittliche Werte auf, während Verwaltungsfachangestellte signifikant höher als die beiden erstgenannten und im Durchschnitt aller Berufe liegen.

Abbildung 9:   Skala zum beruflichen Engagement Bremerhavener
Auszubildender (nach Mittelwerten geordnet)

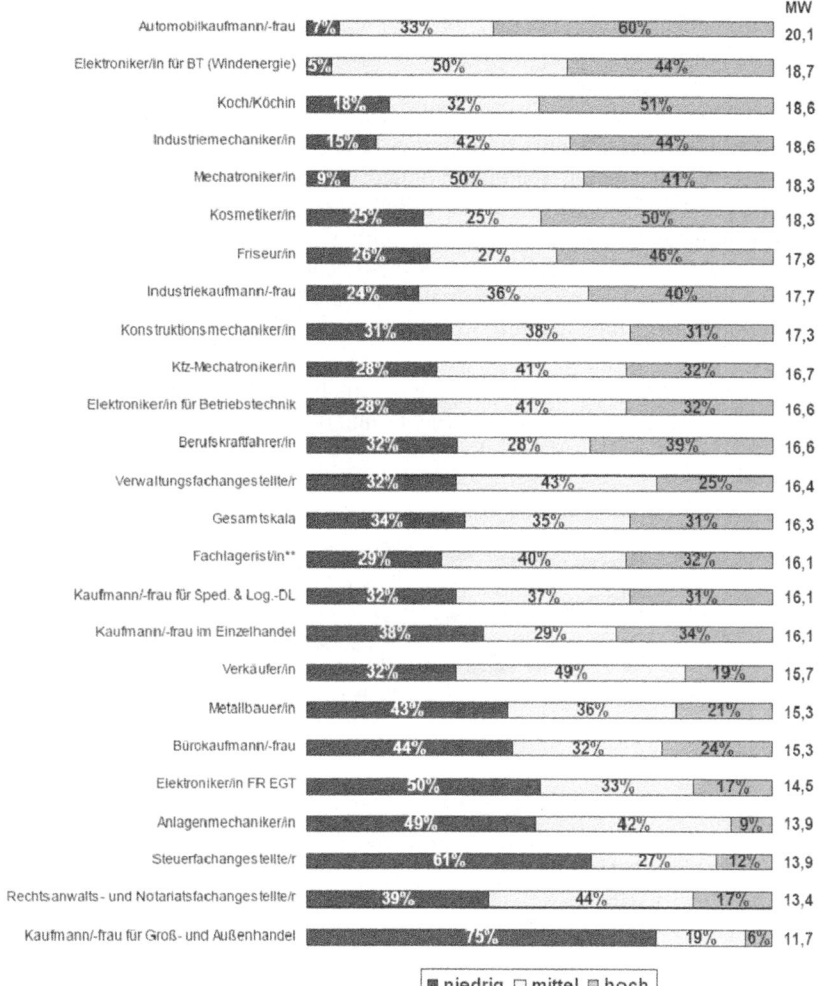

|  | | | MW |
|---|---|---|---|
| Automobilkaufmann/-frau | 7% | 33% | 60% | 20,1 |
| Elektroniker/in für BT (Windenergie) | 5% | 50% | 44% | 18,7 |
| Koch/Köchin | 18% | 32% | 51% | 18,6 |
| Industriemechaniker/in | 15% | 42% | 44% | 18,6 |
| Mechatroniker/in | 9% | 50% | 41% | 18,3 |
| Kosmetiker/in | 25% | 25% | 50% | 18,3 |
| Friseur/in | 26% | 27% | 46% | 17,8 |
| Industriekaufmann/-frau | 24% | 36% | 40% | 17,7 |
| Konstruktionsmechaniker/in | 31% | 38% | 31% | 17,3 |
| Kfz-Mechatroniker/in | 28% | 41% | 32% | 16,7 |
| Elektroniker/in für Betriebstechnik | 28% | 41% | 32% | 16,6 |
| Berufskraftfahrer/in | 32% | 28% | 39% | 16,6 |
| Verwaltungsfachangestellte/r | 32% | 43% | 25% | 16,4 |
| Gesamtskala | 34% | 35% | 31% | 16,3 |
| Fachlagerist/in** | 29% | 40% | 32% | 16,1 |
| Kaufmann/-frau für Sped. & Log.-DL | 32% | 37% | 31% | 16,1 |
| Kaufmann/-frau im Einzelhandel | 38% | 29% | 34% | 16,1 |
| Verkäufer/in | 32% | 49% | 19% | 15,7 |
| Metallbauer/in | 43% | 36% | 21% | 15,3 |
| Bürokaufmann/-frau | 44% | 32% | 24% | 15,3 |
| Elektroniker/in FR EGT | 50% | 33% | 17% | 14,5 |
| Anlagenmechaniker/in | 49% | 42% | 9% | 13,9 |
| Steuerfachangestellte/r | 61% | 27% | 12% | 13,9 |
| Rechtsanwalts- und Notariatsfachangestellte/r | 39% | 44% | 17% | 13,4 |
| Kaufmann/-frau für Groß- und Außenhandel | 75% | 19% | 6% | 11,7 |

■ niedrig □ mittel ▨ hoch

\*    inkl. Kauffrau/-mann für Bürokommunikation
\*\*   inkl. Fachkraft für Lagerlogistik

Quelle: Heinemann et al. 2009

Korreliert man die Rangreihen beruflicher Identität mit der des beruflichen Engagements, dann erhält man mit 0,69 einen sehr hohen Wert. Das bestätigt die Erkenntnis, dass eine hohe berufliche Identität mit hohem beruflichem Engagement zusammengeht. Fachkräfte, die über ein hohes berufliches Engagement verfügen, haben eine hohe intrinsische Motivation. Ihre Aufgaben nehmen sie auch ohne ständige Kontrolle durch ihre Vorgesetzten gewissenhaft wahr. Für die Ausbildung mit Werten unter 16,3 Punkten besteht daher Anlass, die Auszubildenden in ihrem Hineinwachsen in den Beruf stärker zu fördern, so dass ein höherer Grad an Leistungsbereitschaft und eigenständigem und verantwortlichem Handeln erreicht wird. Für die Berufe des oberen Drittels werden bereits gute Ausbildungsergebnisse erreicht. Auffällig ist, dass die Ausbildung zum Kfz-Mechatroniker und Elektroniker für Betriebstechnik – beide Berufe gelten als attraktiv – nicht in der Spitzengruppe liegen. Hier kommt es auch zu keiner nennenswerten Entwicklung über die Ausbildungszeit (Abb. 10).

Abbildung 10: Verlauf der Entwicklung beruflichen Engagements bei Kfz-Mechatronikern und Elektronikern für Betriebstechnik nach Ausbildungsjahr; Skala von 0-24

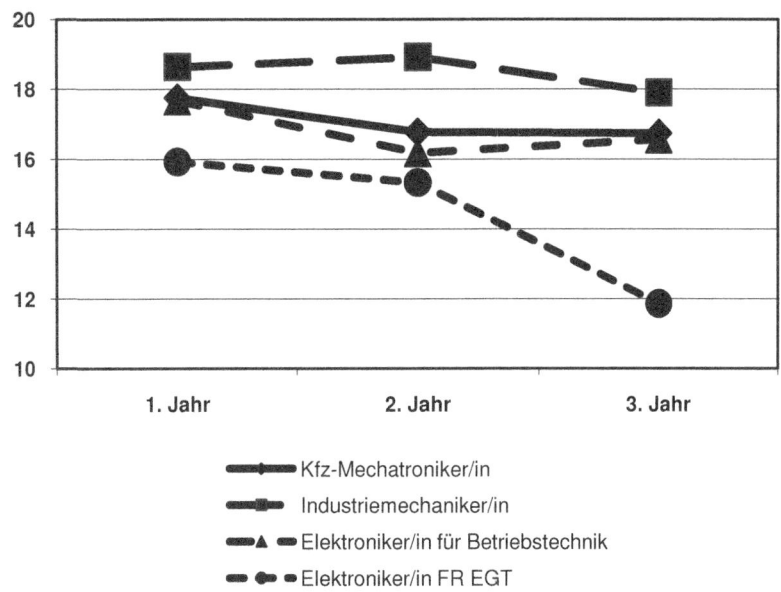

Quelle: Heinemann et al. 2009

**Betriebliches Engagement**

Die Bindung an den Betrieb und ein auf ihn bezogenes Engagement in der Arbeit hängen nicht im selben Maße mit der Entwicklung beruflicher Identität zusammen wie die Bindung an den Beruf. Ein solches Engagement gerade fachkompetenter Auszubildender stellt für die Betriebe allerdings ein nicht zu unterschätzendes Kapital dar. Dabei hängt die Stärke dieses Engagements sehr direkt mit der Ausgestaltung der Ausbildungsorganisation zusammen. Die Einbindung in die betriebliche Expertenkultur und das Gefühl, von anderen Mitarbeitern als zukünftige Fachkraft akzeptiert zu werden, führen zu einer verstärkten Bindung an den Betrieb.

Begrenzt wird diese Entwicklung durch die Flexibilisierung der Arbeitsmärkte. Die langfristige Bindung an ein Unternehmen ist nicht mehr die Regel. Daher nimmt die Bindung an die Unternehmen in der Tendenz sowie das daraus entspringende betriebliche Engagement (Organizational Commitment) seit einigen Jahrzehnten stetig ab (Cohen 2005). Auch in dieser Skala weisen Automobilkaufleute, Industriemechaniker und Kosmetikerinnen signifikant überdurchschnittliche Werte auf (Abb. 11). Hier gehen starke Bindungen an den Beruf mit solchen an den Betrieb zusammen.

Liegen Köche bei beruflicher Identität und beruflichem Engagement klar über dem Durchschnitt, so sind ihre Bindungen an den jeweiligen Ausbildungsbetrieb eher unterdurchschnittlich.

Die kaufmännischen Berufe Automobil- und Industriekaufmann werden wie in den vorherigen Skalen überdurchschnittlich eingestuft. Auch Einzelhandelskaufleute liegen hier leicht über dem Durchschnitt, haben also relativ stärkere Bindungen an den Betrieb als an ihren Beruf. Speditions- und Logistikkaufleute liegen signifikant unter dem Durchschnitt und Kaufleute für Groß- und Außenhandel liegen am Ende der Skala mit äußerst schwachen Bindungen an Beruf wie Betrieb.

Bei Rechtsanwalts- und Notariatsfachangestellten, Steuerfachangestellten und Verwaltungsfachangestellten bietet sich hinsichtlich der Bindung an den Betrieb ein ähnliches Bild wie bei der an den Beruf. Verwaltungsfachangestellte liegen im Durchschnitt aller Berufe; bei Rechtsanwalts- und Notariatsfachangestellten sowie Steuerfachangestellten sind die Bindungen deutlich schwächer.

Abbildung 11: Bindung Bremerhavener Auszubildender an ihre Betriebe
(nach Mittelwerten geordnet)

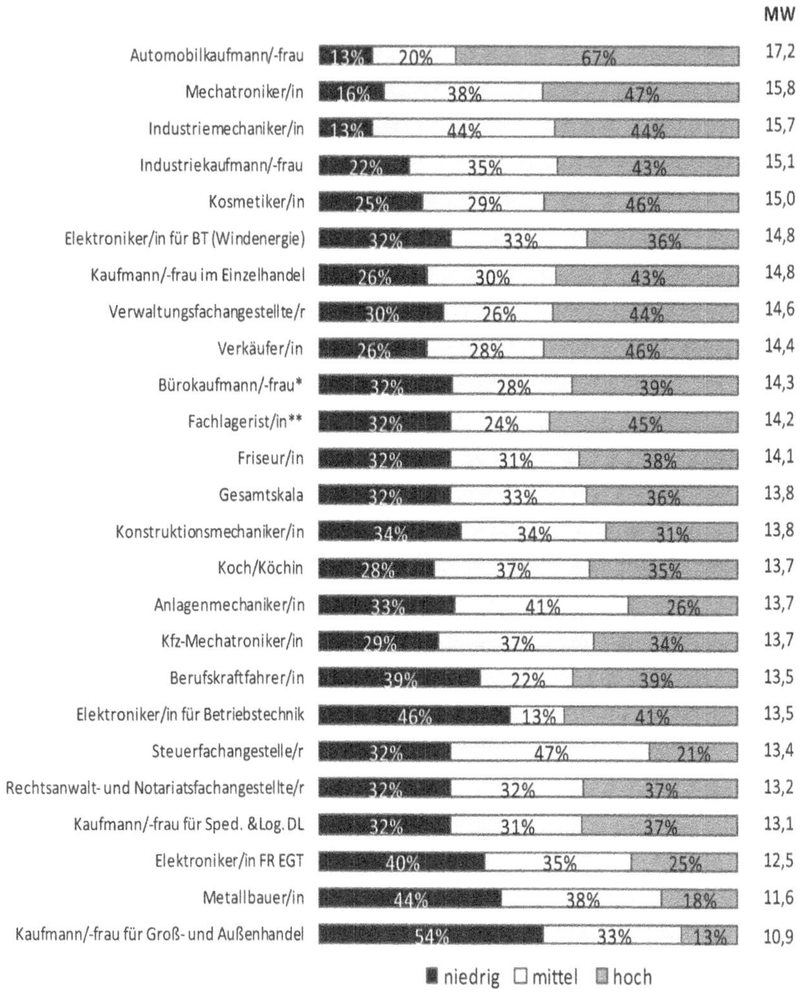

| | niedrig | mittel | hoch | MW |
|---|---|---|---|---|
| Automobilkaufmann/-frau | 13% | 20% | 67% | 17,2 |
| Mechatroniker/in | 16% | 38% | 47% | 15,8 |
| Industriemechaniker/in | 13% | 44% | 44% | 15,7 |
| Industriekaufmann/-frau | 22% | 35% | 43% | 15,1 |
| Kosmetiker/in | 25% | 29% | 46% | 15,0 |
| Elektroniker/in für BT (Windenergie) | 32% | 33% | 36% | 14,8 |
| Kaufmann/-frau im Einzelhandel | 26% | 30% | 43% | 14,8 |
| Verwaltungsfachangestellte/r | 30% | 26% | 44% | 14,6 |
| Verkäufer/in | 26% | 28% | 46% | 14,4 |
| Bürokaufmann/-frau* | 32% | 28% | 39% | 14,3 |
| Fachlagerist/in** | 32% | 24% | 45% | 14,2 |
| Friseur/in | 32% | 31% | 38% | 14,1 |
| Gesamtskala | 32% | 33% | 36% | 13,8 |
| Konstruktionsmechaniker/in | 34% | 34% | 31% | 13,8 |
| Koch/Köchin | 28% | 37% | 35% | 13,7 |
| Anlagenmechaniker/in | 33% | 41% | 26% | 13,7 |
| Kfz-Mechatroniker/in | 29% | 37% | 34% | 13,7 |
| Berufskraftfahrer/in | 39% | 22% | 39% | 13,5 |
| Elektroniker/in für Betriebstechnik | 46% | 13% | 41% | 13,5 |
| Steuerfachangestelle/r | 32% | 47% | 21% | 13,4 |
| Rechtsanwalt- und Notariatsfachangestellte/r | 32% | 32% | 37% | 13,2 |
| Kaufmann/-frau für Sped. &Log. DL | 32% | 31% | 37% | 13,1 |
| Elektroniker/in FR EGT | 40% | 35% | 25% | 12,5 |
| Metallbauer/in | 44% | 38% | 18% | 11,6 |
| Kaufmann/-frau für Groß- und Außenhandel | 54% | 33% | 13% | 10,9 |

■ niedrig ☐ mittel ▨ hoch

\*    inkl. Kauffrau/-mann für Bürokommunikation
\*\*   inkl. Fachkraft für Lagerlogistik

Quelle: Heinemann et al. 2009

## Arbeitsmoral

Die Skala zur Arbeitsmoral wurde in dieser Untersuchung so konzipiert, dass sie sich auf eine Einstellung zur Arbeit bezieht, die von den konkreten beruflichen Tätigkeiten abstrahiert. Sie bezieht sich auf Begriffe wie Pünktlichkeit, Tüchtigkeit oder Verlässlichkeit, ohne dass dies von den jeweiligen Arbeitsinhalten gefordert wäre. Hohe Werte auf dieser Skala können bestehende Bindungen an den Beruf sinnvoll ergänzen. Eine starke Ausprägung von Arbeitsmoral bei gleichzeitig nur schwacher Bindung an den Beruf und/oder nur schwacher Disposition zur Ausbildung beruflicher Identität ist dagegen problematisch. Es ist zu bezweifeln, dass eine solche motivationale Basis die berufliche Entwicklung vom Novizen zum Experten hinreichend abstützen kann. Auch in dieser Skala (Abb. 12) nehmen die angehenden Automobilkaufleute den Spitzenplatz ein, diesmal allerdings gefolgt von Verkäuferinnen und Einzelhandelskaufleuten, die ansonsten eher durchschnittliche Werte aufweisen. Der hohe Rang Rechtsanwalts- und Notariatsfachangestellter in Bezug auf Arbeitsmoral bei ansonsten durchgängig schwachen Werten weist auf die Möglichkeit hin, dass hier in der Ausbildungsmotivation mangelnde berufliche Identität durch allgemeine Tugenden kompensiert wird.

Insgesamt setzen sich in den meisten Berufen hohe bzw. durchschnittliche oder niedrige Werte über die verschiedenen Skalen fort. Bei beruflicher Identität und beruflichem Engagement war dies zu erwarten, da beide inhaltlich zusammenhängen: Es ist davon auszugehen, dass eine Bindung an den zu erlernenden Beruf mit der Motivation einhergeht, sich in diesem Beruf auch zu einem Experten zu entwickeln. Dass sich für Berufe mit guten Werten auf diesen Skalen oft auch höhere Werte für betriebliches Engagement und Arbeitsmoral ergeben, kann für die Arbeitsmoral bedeuten, dass hier allgemeine Arbeitstugenden zwanglos als Teil eines breiten beruflichen Engagements gesehen werden. Für Zusammenhänge zwischen beruflicher Identität und beruflichem Engagement einerseits und betrieblichem Engagement andererseits liegt die These nahe, dass berufsspezifische Unterschiede in der Ausbildungsorganisation hier eine wichtige Rolle spielen. Ein lernförderliches Arbeitsklima mit guter Einbindung in die betrieblichen Abläufe und die betriebliche Expertenkultur sollte beides fördern: Bindungen an den Beruf wie an den Betrieb.

Abbildung 12: Arbeitsmoral Bremerhavener Auszubildender
(nach Mittelwerten geordnet)

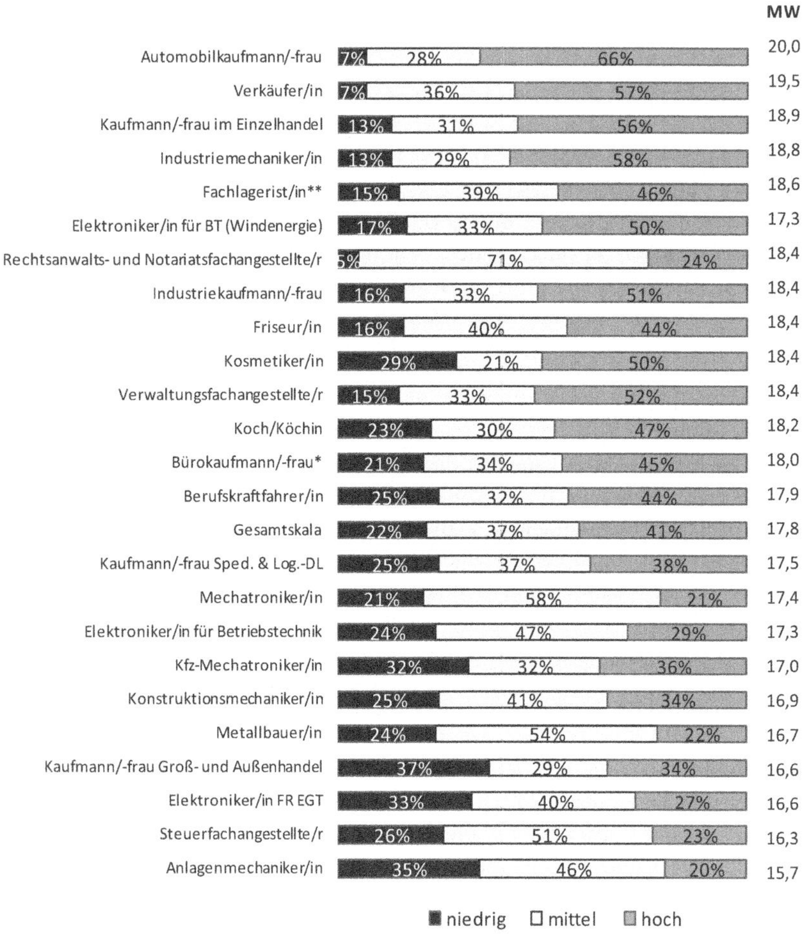

| | niedrig | mittel | hoch | MW |
|---|---|---|---|---|
| Automobilkaufmann/-frau | 7% | 28% | 66% | 20,0 |
| Verkäufer/in | 7% | 36% | 57% | 19,5 |
| Kaufmann/-frau im Einzelhandel | 13% | 31% | 56% | 18,9 |
| Industriemechaniker/in | 13% | 29% | 58% | 18,8 |
| Fachlagerist/in** | 15% | 39% | 46% | 18,6 |
| Elektroniker/in für BT (Windenergie) | 17% | 33% | 50% | 17,3 |
| Rechtsanwalts- und Notariatsfachangestellte/r | 5% | 71% | 24% | 18,4 |
| Industriekaufmann/-frau | 16% | 33% | 51% | 18,4 |
| Friseur/in | 16% | 40% | 44% | 18,4 |
| Kosmetiker/in | 29% | 21% | 50% | 18,4 |
| Verwaltungsfachangestellte/r | 15% | 33% | 52% | 18,4 |
| Koch/Köchin | 23% | 30% | 47% | 18,2 |
| Bürokaufmann/-frau* | 21% | 34% | 45% | 18,0 |
| Berufskraftfahrer/in | 25% | 32% | 44% | 17,9 |
| Gesamtskala | 22% | 37% | 41% | 17,8 |
| Kaufmann/-frau Sped. & Log.-DL | 25% | 37% | 38% | 17,5 |
| Mechatroniker/in | 21% | 58% | 21% | 17,4 |
| Elektroniker/in für Betriebstechnik | 24% | 47% | 29% | 17,3 |
| Kfz-Mechatroniker/in | 32% | 32% | 36% | 17,0 |
| Konstruktionsmechaniker/in | 25% | 41% | 34% | 16,9 |
| Metallbauer/in | 24% | 54% | 22% | 16,7 |
| Kaufmann/-frau Groß- und Außenhandel | 37% | 29% | 34% | 16,6 |
| Elektroniker/in FR EGT | 33% | 40% | 27% | 16,6 |
| Steuerfachangestellte/r | 26% | 51% | 23% | 16,3 |
| Anlagenmechaniker/in | 35% | 46% | 20% | 15,7 |

■ niedrig  □ mittel  ▨ hoch

\*   inkl. Kauffrau/-mann für Bürokommunikation
\*\*  inkl. Fachkraft für Lagerlogistik

Quelle: Heinemann et al. 2009

**Identitäts- und Engagementprofile einzelner Berufe**

Je nach Beruf finden sich nun Unterschiede in der Orientierung der Auszubildenden – stärkere Betonung des Berufs oder des Betriebs. Um diese Unterschiede darzustellen, wurden die Werte der vier Skalen in Identitäts- und Engagementprofilen (IE-Profilen) zusammengefasst.

*Die traditionellen kaufmännischen Berufe*

In den traditionellen kaufmännischen Berufen

- Kauffrau/Kaufmann im Einzelhandel,
- Bürokauffrau/Bürokaufmann,
- Kauffrau/Kaufmann im Groß- und Außenhandel,
- Kauffrau/Kaufmann für Spedition und Logistikdienstleistung und
- Verkäuferin/Verkäufer

entwickeln die Auszubildenden in ihrer Ausbildung nur ein schwaches berufliches Engagement (Abb. 13). Ihre berufliche Identität ist mit Ausnahme der Auszubildenden für Kaufmann/-frau im Einzelhandel unterdurchschnittlich entwickelt. Der Ausbildungsberuf Kauffrau/Kaufmann für Groß- und Außenhandel fällt insofern aus dem Rahmen, als er für die Auszubildenden offenbar weder ein berufliches noch ein betriebliches Identifizierungspotenzial in sich birgt. Entsprechend gering ist daher das berufliche und betriebliche Engagement. Die Ergebnisse der Kontextbefragung ergeben Anhaltspunkte für eine Anhebung der Attraktivität dieser Ausbildung.

Vergleichbar problematisch, wenn auch auf einem weniger ausgeprägten Niveau, lässt sich das berufliche und betriebliche Engagement der Auszubildenden für Bürokaufleute einordnen. Die Werte für die extrinsische Motivation liegen über denen der intrinsischen Motivation. Durch eine Verstärkung der beruflichen Identitätsentwicklung (IE) kann dieses Verhältnis umgekehrt werden. Das IE-Profil der Kaufleute für Einzelhandel zeichnet sich durch ein relativ hohes betriebliches und dagegen durch ein niedriges, aus der beruflichen Identität entspringendes berufliches Engagement aus.

Abbildung 13: Identitäts- und Engagementprofil kaufmännischer Berufe. Auf der vertikalen Achse ist 0 der jeweilige Mittelwert der Skalen. Die Standardabweichung statt der Punktzahlen wird als Einheit benutzt, um unterschiedliche Streuungen auszugleichen.

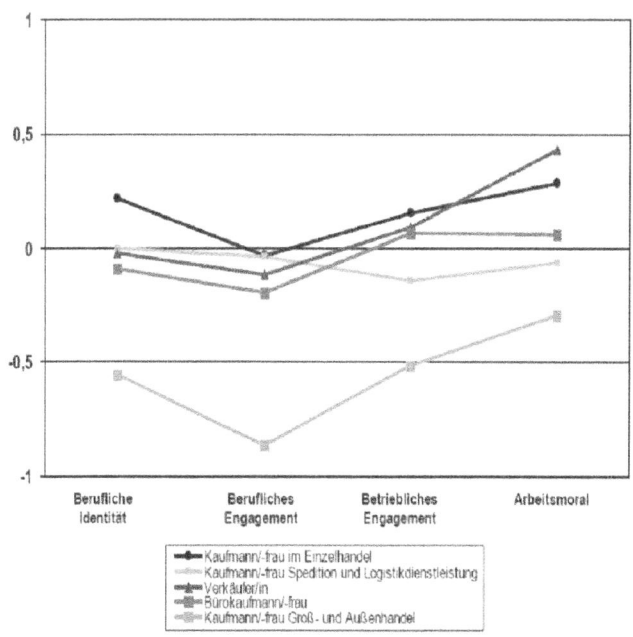

Quelle: Heinemann et al. 2009

## *Auszubildende mit einer beruflichen Orientierung*

Bei fünf Berufen dominiert die berufliche Orientierung. Die Auszubildenden Köchin/Koch und Kosmetikerin/Kosmetiker zeichnen sich durch eine sehr hohe berufliche Leistungsbereitschaft auf der Basis einer hohen beruflichen Identität aus. Dagegen spielt die Bindung an das ausbildende Unternehmen und das daraus resultierende betriebliche Engagement eine untergeordnete Rolle (Abb. 14). Das aus dem beruflichen Selbstbewusstsein und einer entwickelten beruflichen Identität entspringende Engagement ist für beide Handwerksberufe charakteristisch. Das hohe berufliche Engagement wirkt sich zugleich positiv auf das betriebliche Engagement sowie die sekundären Arbeitstugenden aus. Bei den Ausbildungsberufen Friseurin/Friseur, Kfz-Mechatronikerin/Kfz-Mechatroniker und

Elektronikerin/Elektroniker für Betriebstechnik ist dieses Muster so schwach, dass es tendenziell in der Gruppe der Berufe mit gleichförmigem Verlauf aufgeht.

Abbildung 14: Berufliche Orientierung Kosmetiker/-in, Koch/Köchin, Friseur/-in, Kfz-Mechatroniker/-in und Elektroniker/-in für Betriebstechnik

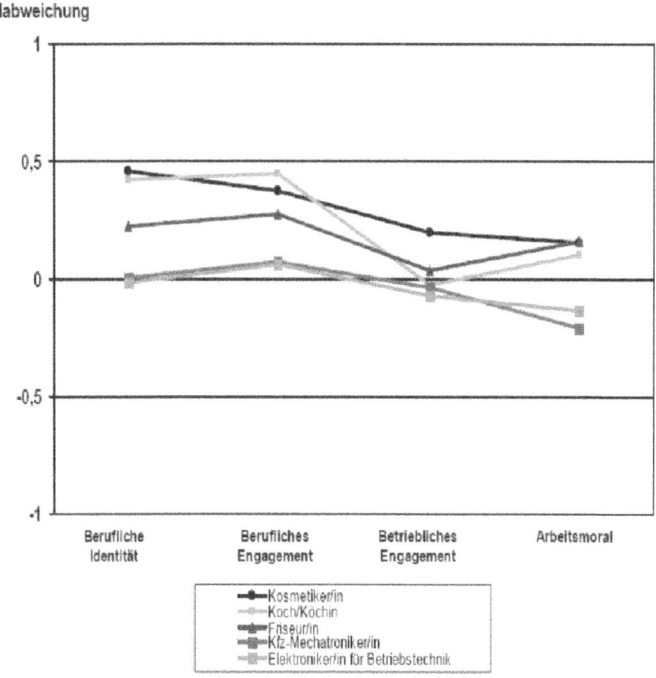

Quelle: Heinemann et al. 2009

## Das Fazit der Untersuchung

Bei dieser Studie wurde untersucht, wie Auszubildende ihre betriebliche und schulische Ausbildungssituation einschätzen und wie ihre eigene Einstellung zum Beruf ist. Diese Einschätzungen bspw. zu Schule, Betrieb und Lernortkooperation mögen nicht immer die gleichen sein, wie sie von Ausbildern oder Lehrern vorgenommen würden. Aber alleine schon, wie sich Auszubildende in die betriebliche Expertenkultur eingebunden fühlen, ob sie sich von Lehrern und Ausbildern unterstützt fühlen, hat Auswirkungen darauf, wie es ihnen gelingt, über betriebliche und schulische Lernprozesse ihren Beruf zu erlernen.

Die Auszubildenden aller Berufe und Berufsgruppen stimmen in der Einschätzung ihrer Ausbildung weitgehend überein. Dies unterstreicht die Aussagekraft der Untersuchungsergebnisse und erleichtert es der Ausbildungspraxis und -beratung, Schlussfolgerungen und Empfehlungen für die Anhebung der Attraktivität und Qualität der Ausbildung zu begründen.

Insgesamt wird die Ausbildung nach Einschätzung der Auszubildenden überwiegend positiv bewertet. Es ergaben sich drei allgemeine Zusammenhänge, die für eine weitere Entwicklung der Ausbildungsstrukturen von Bedeutung sind.

1. In der Mehrheit der Ausbildungsbetriebe fühlen sich die Auszubildenden beim Hineinwachsen in ihren Beruf unterstützt. Für eine Minderheit von Betrieben ergibt sich hier Handlungsbedarf.
2. Zweitens hat sich gezeigt, dass eine Verbesserung der Lernortkooperation dringend geboten ist, so dass Auszubildende das an beiden Lernorten Gelernte in der Bearbeitung ihrer Arbeitsaufgaben erfolgreich miteinander verbinden können. Für zwei Drittel der Auszubildenden liegt hier ein gravierendes Problem vor.
3. Die Entwicklungen beruflicher Identität und beruflichen Engagements können dadurch nachhaltig gestärkt werden, dass Auszubildende von Beginn ihrer Ausbildung an so in die betrieblichen Arbeitsprozesse eingebunden werden, dass sie Zusammenhangsverständnis und Zusammenhangswissen entwickeln können. Daraus erwächst Verantwortungs- und Qualitätsbewusstsein sowie Leistungsbereitschaft.

Der Arbeits- und Geschäftsprozessorientierung kommt hinsichtlich der Entwicklung von beruflicher Kompetenz, Engagement und beruflicher Identität eine Scharnier- und Schlüsselfunktion zu: Dieser Aspekt der Ausbildung wirkt sich positiv auf alle Dimensionen beruflicher Entwicklung aus (s. dazu auch Rauner et al. 2009). Bei den übrigen Aspekten der Ausgestaltung betrieblicher Ausbildung ergeben sich Zusammenhänge mit dem Engagement der Auszubildenden und der Entwicklung ihrer beruflichen Identität. Diese Zusammenhänge treten dann verstärkt auf, wenn sich die Items auf eine vertrauensvolle Kommunikation zwischen Auszubildenden und Mitarbeitern beziehen.

Die Durchführung betrieblicher Arbeitsaufgaben wirkt sich vor allem dann positiv auf Engagement und berufliche Identität aus, wenn sie den Auszubildenden Gelegenheit geben, bereits Gelerntes an möglichst reichhaltigen Aufgaben anzuwenden und sich die Bedeutsamkeit dieser Aufgaben in ihrem eigenen Arbeitsbereich zeigt.

Dagegen beeinträchtigen fragmentierte Ausbildungsformen in spezialisierten und modularisierten Berufen die Entwicklung beruflicher Identität und damit das Qualitäts- und Verantwortungsbewusstsein. Eine Ausbildung in breitbandigen Berufen, die auf Zusammenhangsverständnis und damit auf Prozess- und Gestaltungskompetenz zielt, bildet eine wesentliche Grundlage für die Einführung flacher Unternehmungshierarchien und beteiligungsorientierter Formen der betrieblichen Organisationsentwicklung.

## 3    Fazit und Handlungsempfehlungen

Der Übergang von der Schule zur Arbeitswelt gestaltet sich durch strukturelle Probleme beider Endpunkte dieses Prozesses – Schule und berufliche Bildung – prekär. Auf der schulischen Seite ist es vor allem mangelnde Berufsorientierung, die zu unzureichendem Bewusstsein zukünftiger Auszubildender über ihre eigenen Stärken und Schwächen, Vorlieben und Abneigungen führt und dazu beiträgt, sich im Zweifelsfall auf Übergangsmaßnahmen einzulassen – selbst wenn durchaus Chancen auf einen angemessenen Ausbildungsplatz bestehen.

Auf der betrieblichen Seite ist die Attraktivität beruflicher Bildung durch ein Bündel abgestimmter Maßnahmen zu stärken. Attraktive Berufe, in denen die Ausbildung darauf ausgerichtet ist, berufliche Kompetenz in engem Zusammenhang mit beruflicher Identität und beruflichem Engagement zu fördern, stellen auch in Zeiten abnehmender Schulabgängerzahlen eine individuell wie gesellschaftlich sinnvolle Karriereoption dar. Dazu ist es ebenfalls notwendig, die Probleme des Übergangs über die ,erste Schwelle' auch dadurch anzugehen, dass auch die Zeit nach der Berufsausbildung in den Blick genommen wird. Gerade für leistungsstärkere Jugendliche wird berufliche Bildung dann attraktiv, wenn sie zwanglos mit weiterführenden Qualifikationen verbunden werden kann.

**A. Absenkung des mittleren Ausbildungsalters um 2 Jahre bis 2015 und um ein weiteres Jahr bis 2020**

Für den Erfolg eines solchen Projekts sind vor allem zwei Kriterien zu beachten: Es muss ein Projekt *aller* Akteure und Institutionen werden: der Wirtschaft, wegen eines veränderten Einstellungsverhaltens; der Schulen, wegen der frühzeitigen Vorbereitung auf eine duale Berufsausbildung und eine realistische Berufswahl; der Eltern, wegen der beratenden Begleitung ihrer Kinder und der Karriereberatung, die die Berufs- und Karrierewege im Anschluss an eine Berufsausbildung aufzeigt.

**B. Einführung einer Berufsorientierung vom Kindergarten bis zum Schulabschluss**

Hier kommt es auf eine Steuerung ‚aus einer Hand' an und auf ein durchgängiges Rahmencurriculum, das Handreichungen für alle Schulstufen enthält (die vorschulische Bildung eingeschlossen). Die Umsetzung einer Berufsorientierung vom Kindergarten bis zum Schulabschluss wird nur gelingen, wenn die Kommunen oder Stadtteile „ihre" Bildungseinrichtungen und „ihre" Lehrer und Erzieher bei dieser Aufgabe unterstützen.

Die durch die gesetzlichen Grundlagen der Berufsausbildung verursachte Abschottung der beiden Lernorte beruflicher Bildung gegeneinander kann ‚vor Ort' bzw. auf Länderebene abgemildert oder gar aufgehoben werden, wenn die Berufsschulen mit ihren Betrieben verbindlich Berufsfachkonferenzen etablieren (vgl. dazu I:BB 2010, 2007).

**C. Stufenübergreifende duale Eingangsstufe (10. Schuljahr)**

Die stufenübergreifende Eingangsstufe in die duale Berufsausbildung stellt eine zeitliche und institutionelle Verschränkung des Übergangs von der Sekundarstufe I in die Berufsausbildung dar. Alle Schülerinnen/Schüler der Sekundarstufe I, die sich für eine berufliche Bildung entscheiden, beginnen ihre Berufsausbildung auf der Grundlage eines Vorvertrages im 9. oder 10. Schuljahr im Umfang von 2 Tagen pro Woche in einem Ausbildungsbetrieb. Diese erweiterte Eingangsstufe in die Berufsausbildung dient

- der Anreicherung des Sek. I-Curriculums und damit dem Erreichen der S I-Abschlüsse.
- der erweiterten Berufsorientierung, da jeder Schüler nach diesem Eingangsjahr sich auch für einen anderen Beruf entscheiden kann.

- der deutlichen Absenkung der Abbrecherquote.
- der Erhöhung der Ausbildungsqualität der Verbesserung der Fachkräfterekrutierung der Betriebe.
- der Verbesserung der Kosten- und Nutzenrelation dualer Berufsausbildung.

## D. Attraktive Berufe

Dies fängt bereits mit den Berufsbezeichnungen an. Bezeichnungen wie „Fachkräfte für Kreislauf- und Abfallwirtschaft" sind kaum geeignet, Jugendliche für diesen Beruf zu interessieren. Dagegen hat die Berufsbezeichnung „Kfz-Mechatroniker" zur Aufwertung dieses Berufs beigetragen.

Für flexible Arbeitsmärkte und die Dynamik der betrieblichen Organisationsentwicklung ist es erforderlich, die Spezialisierung bei der Berufsausbildung zurückzunehmen und breitbandige, entwicklungsoffene Kernberufe zu etablieren (etwa nach dem Vorbild der Schweiz). Mit hoch spezialisierten Berufen wie „Speiseeisverkäufer" oder zweijährigen Anlernberufen entstehen keine neuen Ausbildungsplätze. Sie tragen eher zur Stigmatisierung beruflicher Bildung und damit zum Verlust von Arbeitsplätzen bei.

## E. Anhebung der Ausbildungsqualität durch ein höheres Anforderungsniveau der Arbeitsaufgaben und -aufträge in der betrieblichen Ausbildung

Auszubildende in vielen Berufen und Unternehmen fühlen sich –vor allem am Beginn der Ausbildung- unterfordert; das zeigen zahlreiche Untersuchungen. Sie erkennen oft anfangs ihrer Ausbildung nicht, wie sich ihre Ausbildungs-„Aufgaben" in die betrieblichen Prozesse einfügen. Wichtig ist daher eine Ausbildung, die es Auszubildenden ermöglicht, von Anfang an zu erfahren, worauf es in ihrem Beruf in besonderer Weise ankommt und worauf die Qualitätsanforderungen, die an sie gestellt werden, basieren. Daher: Einbindung der Berufsausbildung in die betrieblichen Geschäftsprozesse.

## F. Fördern der beruflichen Identitätsentwicklung von Auszubildenden im Prozess der Berufsausbildung

Berufliche Identität entwickeln Berufsanfänger vor allem dann, wenn der Beruf für sie attraktiv ist und wenn sie frühzeitig Gelegenheit erhalten, sich durch Übernahme von Verantwortung in ihrem Beruf bzw. schon von Beginn ihrer Berufsausbildung an zu bewähren.

Die Förderung der beruflichen Identitätsentwicklung ist eine eigenständige berufspädagogische Aufgabe, die sich nicht im Prozess der beruflichen Qualifizierung quasi beiläufig einstellt. Eine funktionierende Lernortkooperation und eine an betrieblichen Arbeitsaufträgen und Geschäftsprozessen orientierte Ausbildung von Beginn der Ausbildung an fördert das berufliche und betriebliche Engagement.

## Literatur

Arnold,R.; Gonon, P. (2006): Einführung in die Berufspädagogik. Opladen.

Barabasch, A. (2009): Berufsbildung in Australien. In: Bertelsmann Stiftung (Hg): Steuerung der beruflichen Bildung im internationalen Vergleich. Verlag Bertelsmann Stiftung. Gütersloh.

Baethge, M.; Achtenhagen, F.; Babic, E.; Baethge-Kinsky, V.; Weber, S. (2006): Berufsbildungs-PISA. Machbarkeitsstudie. München: Franz Steiner Verlag.

Beicht, U. (2009): Verbesserung der Ausbildungschancen oder sinnlose Warteschleifen? In: BIBB-Report 11/09.

Bertelsmann-Stiftung (Hg.) (2009): Steuerung der beruflichen Bildung im internationalen Vergleich. Bertelsmann.Gütersloh.

Bell, D. (1973): The coming of post-industrial society: a venture in social forecasting. New York: Basic Books.

Cohen, A. (2007): The Dymanics between Occupational and Organizational Commitment in the Context of Flexible Labor Market: A Review of the Literature and Suggestions for Future Research. Bremen. ITB.

DIE ZEIT (Ausgabe Nr. 37, 2006).

Entorf, H.; Spengler, H. (2002): Crime in Europe. Causes and Consequences. Springer-V.

Geißler, K. A. (1991): Das duale System der industriellen Berufsausbildung hat keine Zukunft; in: Leviathan. Jg. 19, H. 1, 68–77

Geißler, K. A. (1995): Die industrielle Berufsausbildung in der Systemkrise. In: Leviathan, Heft 2.

Haasler, B.; Rauner, F. (2008): Lernen im Betrieb. Handreichung. I:BB. Bremen.

Heinemann, L.; Maurer, A.; Rauner, F. (2009): Engagement und Ausbildungsorganisation. Einstellungen Bremerhavener Auszubildender zu Ihrem Beruf und Ihrer Ausbildung. I:BB-Arbeitspapiere: http://www.ibb.uni-bremen.de/I-BB-Arbeitspapiere

I:BB 2010 (2007): Konzept zur Einrichtung von Berufsfachkonferenzen. Arbeitspapier. April 2007. (Konzept zur Einrichtung von Berufsfachkonferenzen, http://www.ibb.uni-bremen.de/fileadmin/user/Berufsfachkonferenzen/5_Konzept_Berufsfachkonferenzen.pdf (letzter Zugriff: 12.11.2009).

Kurtz, T. (2005): Die Berufsform der Gesellschaft. Weilerswist: Veebrücke Wissenschaft.

Lempert, W. (2007): Nochmals: Beruf ohne Zukunft? Berufspädagogik ohne Beruf? In: ZBW, 103/2007.

OECD (2008): VET in PISA: Results from PISA 2003 and 2006, EDU/EDPC/CERI(2008)5, Paris.

Rauner u. a. (2009): Messen beruflicher Kompetenzen. Grundlagen und Konzeption des KOMET-Projekts. Bd. 1. Reihe Bildung und Arbeitswelt. Berlin: LIT Verlag.

Schüssler, R.; Spiess, K. u. a. (1999). Entwicklung der Fachkräftestruktur. Beiträge zur Arbeitsmarkt- und Berufsforschung (221): 57. (vgl. auch IAB Kurzbericht Nr. 9/07.07.2003).

Sennett, R. (2000): Der flexible Mensch. Die Kultur des neuen Kapitalismus. München.

Weidig, I., Hofer, P. u. a. (1999). Arbeitslandschaft 2010 nach Tätigkeiten und Tätigkeitsniveau. Nürnberg, IAB.

# Berufsausbildung in Deutschland – Zu wenige Fachkräfte für die Wirtschaft und zu viele Jugendliche ohne Ausbildungsperspektive

*Eckart Severing*

*Dem unvoreingenommenen Beobachter muss die aktuelle Diskussion über die berufliche Ausbildung in Deutschland Rätsel aufgeben: Während ein absehbarer Mangel an Fachkräften als limitierender Faktor zukünftigen Wirtschaftswachstums ausgemacht wird, misslingt es, viele ausbildungsreife und erst recht benachteiligte Bewerber mit Ausbildungsplätzen zu versorgen. Woran liegt es, dass immer mehr Jugendliche keinen Zugang zum Berufssystem erhalten und dadurch ihre Aussichten auf gesellschaftliche und berufliche Integration und auf ein verlässliches Erwerbseinkommen stark beeinträchtigt werden?*

*Kontroverse Thesen stehen im Raum. Sind fehlende Ausbildungsperspektiven für viele Jugendliche hauptsächlich in ihrer mangelhaften Ausbildungseignung für immer komplexere Berufsanforderungen begründet oder stellen sie ein bloß konjunkturelles Problem dar, das sich in einem Aufschwung ohne weitere Interventionen in den Ausbildungsmarkt beheben wird? Oder liegen strukturelle Mängel des Systems der beruflichen Ausbildung selbst vor?*

Das „Institut Arbeit und Qualifikation" hat mich zu einem Streitgespräch mit Felix Rauner eingeladen – und hat diese Form vermutlich gewählt, um Abwechslung in die Reihe von Vorträgen des Symposiums „Entwicklung des Berufsbildungssystems in Deutschland" zu bringen. Ich habe das Thesenpapier gelesen, das Felix Rauner dazu geschrieben hat, und sah mich in der Verlegenheit, den bestellten Streit gar nicht führen zu können: Vieles von dem, was da steht, kann ich nur bekräftigen, und vieles weitere regt zu weiteren Nachforschungen an. Zunächst halte ich es mit Felix Rauner für unverzichtbar, Fragen der Berufsbildungspolitik und ihrer Steuerungsmechanismen überhaupt zum Gegenstand von Forschung zu machen. Didaktische und methodische Innovationen sind zwar stets notwendig, aber zu anstehenden strukturellen Verbesserungen eines Berufsbildungssystems, das von einer Vielzahl von Institutionen und deren oftmals gegensätzlichen Interessen geprägt wird, werden sie nicht beitragen können. Daher ist bedauerlich, dass sich manche Kollegen in der Berufspädagogik mit bildungspolitischen Konstellationen nicht befassen oder sie nur als Randbedingungen ihrer Detailfragen wahrnehmen. Felix Rauner macht Strukturfragen der Berufsbildung zu einem zentralen Thema und er hat in Deutschland einen besonders guten Grund dafür: Tatsächlich zeigen sich die Mängel einer fragmentierten

Steuerung der Berufsbildung mit vielen Zuständigen und wenigen Verantwortlichen in besonderem Maße in Perioden des Umbruchs, in denen andere Staaten mit einer ebenfalls dualen Ausbildung, aber mit koordinierten und ergebnisorientierten Steuerungssystemen Reformen geradliniger und schneller umsetzen können als das hierzulande geschieht. Soweit also: kein Streit.

## 1 Der Beginn eines Dissens

Nun hat Felix Rauner seinen Vortrag gehalten. Und dem Vortrag selbst kann ich an vielen Punkten ganz und gar nicht zustimmen. Daher lege ich mein Redemanuskript zur Seite und schalte den Beamer gar nicht erst ein, sondern gehe auf wesentliche Differenzen ein.

Im Thesenpapier geht Felix Rauner auf Steuerungsdefizite der Berufsbildung in Deutschland ein. Der zentrale Punkt seines Vortrags hingegen war ein mit viel Enthusiasmus angestimmtes Hohelied auf die deutsche duale Ausbildung. Ich fasse es in meinen Worten zusammen: Diese duale Ausbildung fördere die Entwicklung beruflicher Identität und trage entscheidend zur gesellschaftlichen Integration der Jugendlichen bei. Sie trage sich, wenn man sie auf hohem Qualitätsniveau und dreieinhalb Jahre durchführt, für die Unternehmen auch wirtschaftlich und bringe ihnen direkte Renditen. Auf der anderen Seite warnt Felix Rauner mit viel Verve vor bedrohlichen Irrwegen: Schulische Ausbildungsgänge könnten grundsätzlich nichts taugen, denn man lerne „nur" in der betrieblichen Praxis, und zweijährige Berufe seien ein „Widerspruch in sich", weil sie nicht zur Ausprägung einer Berufsidentität führen könnten.

All das illustriert Felix Rauner mit anschaulichen Beispielen, die zeigen, dass er in einer anderen Ausbildungswelt als ich zu leben scheint. Seine Welt ist bevölkert von Goldschmieden, Kapitänen zur See und Mechatronikern bei Volkswagen in Emden, die in ihrer Ausbildung komplexes Wissen und hohe Kompetenz erworben haben und die stolz auf einen Beruf sind, der sie voraussichtlich sicher durch das Erwerbsleben trägt. Ein solcher Blick auf die funktionierenden Teile der dualen Ausbildung am oberen Ende kann leicht bestätigen, dass es mit der Ausbildung im Lande gut steht. Aber selbst an diesem Bildausschnitt zeigen sich dem weniger voreingenommenen Betrachter Merkwürdigkeiten: Der angehende Mechatroniker, dessen Ausbildung Felix Rauner bei Volkswagen in Emden besichtigen durfte: Unter wie vielen Bewerbern ist er in ausgeklügelten Verfahren denn ausgewählt worden? Waren es 20 oder gar 50? Und ist es legitim, ihn nach dieser Bestenauslese zum Repräsentanten einer funktionierenden Industrieausbildung zu küren? Und warum werden ausgerechnet die seltenen Berufe der Goldschmiede und Geigenbauer bemüht, wenn es um das

Handwerk geht? Stehen sie tatsächlich für die Art und Weise, wie im Handwerk in vielen anderen und quantitativ ungleich relevanteren Berufen ausgebildet wird? All das zeigt nur die fragwürdige Rolle des Beispiels im Arsenal der Wissenschaft: Es handelt sich um Beispiele, die nicht eine Analyse bebildern, sondern sie ersetzen. Wenn wir uns nicht mit einem Tunnelblick auf die Luxusabteilung der Ausbildung begnügen wollen, sehen wir ein differenzierteres Bild.

Zunächst einmal ist es mit einer herausragenden Integrationswirkung der dualen Ausbildung an der ersten Schwelle vom Beruf in eine Ausbildung soweit nicht mehr her: Ein Großteil der Ausbildungsaspiranten kommt nämlich im ersten Anlauf gar nicht zu einer beruflichen Ausbildung (Dietrich 2009) und ein immer noch erheblicher Anteil von etwa 15 Prozent zählt am Ende dauerhaft zu den An- und Ungelernten. Diese Quote verringert sich seit Jahren nicht (Krekel, Ulrich 2009). Die Zahl der Ungelernten unter 30 Jahre ist mittlerweile auf rund 1,6 Millionen angestiegen. Entgegen dem landläufigen Urteil, dass jede neue Generation besser ausgebildet sei als die ihrer Eltern, sind die heute 20- bis 29-Jährigen deutlich schlechter qualifiziert als ihre Vorgängergeneration der heute 30- bis 40-Jährigen. Die seit mehr als einem Jahrzehnt das Angebot an Ausbildungsstellen deutlich übertreffende Nachfrage von Jugendlichen, die eine duale Ausbildung beginnen wollen, führt dazu, dass insbesondere die schulisch schlechter qualifizierten Jugendlichen und junge Migranten nicht zu einem Berufsabschluss kommen. Nur noch 15 Prozent der Schulabsolventen ohne Schulabschluss und nur noch 40 Prozent der Hauptschulabsolventen münden direkt in eine duale Ausbildung ein. Auch ein Viertel der Absolventen mit einem mittleren Schulabschluss hat Übergangsprobleme. Für die Mehrheit der Hauptschulabgänger ist der Berufseintritt bis über das 20. Lebensjahr hinausgezögert (Autorengruppe Bildungsberichterstattung 2008; Reißig, Krapp, Lex 2008).

Auch wenn noch Ende 2008 von einer leichten – und angesichts der aktuellen Krise nur sehr kurzen – Entspannung auf dem Ausbildungsstellenmarkt berichtet wurde (BMBF 2009, 8), sind doch die Ergebnisse von anderthalb Jahrzehnten Ungleichgewicht am Ausbildungsstellenmarkt eine schwere Hypothek für die weitere Entwicklung: 2008 waren mehr als die Hälfte der Bewerber um eine Ausbildungsstelle Altbewerber, also solche Bewerber, die laut Statistik der Bundesagentur für Arbeit bereits im Vorjahr oder früher die Schule verlassen hatten. Die BIBB-Statistik, die nur Jugendliche erfasst, die sich in Vorjahren tatsächlich um eine Ausbildungsstelle beworben haben, weist immer noch einen Altbewerberanteil von 40 Prozent aus (BMBF 2009, 19).

Am unteren Rand stellt ein „Übergangssystem", das seinen Zweck im Namen trägt, aber kaum noch erfüllen kann, einen Puffer dar zwischen der Berufsausbildung einerseits und der Ausbildungsstellennachfrage von Jugendlichen andererseits. Dieses Übergangssystem hat in den vergangenen beiden Dekaden einen erheblichen Teil von Jugendlichen aufgenommen, die zunächst keinen Zugang zur betrieblichen Ausbildung gefunden haben. Von 1992 bis 2007 hat sich deren Anteil um 111 % erhöht, also mehr als verdoppelt (Kroll 2009).

Zwar ist ein Übergangssystem stets notwendig: Gerade weil die Nachfrage nach Ausbildungsplätzen im dualen System auf der einen Seite und das betriebliche Angebot auf der anderen Seite keinen inneren Zusammenhang aufweisen, fallen sie fast immer auseinander. Die demografische Entwicklung, die schulischen Abschlüsse und die Berufswünsche der Jugendlichen, welche Umfang und Art der Nachfrage bestimmen, treffen auf ein davon unabhängiges Ausbildungsstellenangebot, das unter anderem von betrieblichen Erwartungen zum künftigen Fachkräftebedarf (Dietrich 2004) und von der aktuellen konjunkturellen Situation bestimmt wird. Zudem gehen weitere wesentliche Faktoren in das betriebliche Ausbildungskalkül bzw. in die Ausbildungsentscheidungen von Jugendlichen ein, die weder so unausweichlich gegeben noch so schlicht fassbar sind, wie Konjunktur und Demografie, und die sich daher ohnehin nicht einmal in Aufschwungphasen von allein beheben. Ein Übergangssystem, das Disproportionen zwischen Ausbildungsstellennachfrage und -angebot abpuffert, ist daher nicht eine temporäre Ausnahme, sondern die Regel und der notwendige Preis dafür, dass aus guten Gründen eine bedarfsgerechte Ausbildung über die Betriebe an den Arbeitsmarkt angekoppelt sein soll. Nicht die Existenz eines Übergangssystems für sich stellt ein Problem dar: Vorausgesetzt, es dient dazu, temporäre Disproportionen am Ausbildungsstellenmarkt abzufedern. Wohl aber ist es problematisch, wenn ein solches Übergangssystem über lange Zeit quantitativ überfordert wird und den überwiegenden Teil der Jugendlichen mit mittleren und niedrigeren Schulabschlüssen aufnehmen muss. Neben quantitativen entstehen strukturelle Probleme: Das Übergangssystem produziert auch deswegen etwa so viele Abgänge wie Übergänge in eine Ausbildung, weil sich die geregelte Ausbildung nach unten abgrenzt. Durch die hoch gesetzten Standards der Ausbildung in anerkannten Ausbildungsberufen ergibt sich eine geringe Integrationswirkung des dualen Systems am unteren Rand. Die Abgrenzung manifestiert sich in einer geringen Transparenz und Systematisierung der Maßnahmen und Programme im Übergangssystem. Während in der dualen Berufsausbildung Berufsbilder Gegenstand filigraner und aufwändiger Ordnungsarbeit der Sozialpartner sind und schließlich mit einer gesetzlich verankerten Standardisierung fixiert werden, herrscht im Übergangssystem ein buntes Durcheinander von Konzepten und Kursen. Es besteht kaum Kompatibilität der Maßnahmen im Übergangssystem zur dualen Ausbildung. Ihre Inhalte sind von Träger zu Träger unterschiedlich und für die Unternehmen wenig transparent. Ihre Zertifikate sind nicht in klarer Weise auf Ausbildungsabschnitte der betrieblichen Ausbildung bezogen. Wem es nicht gelingt, aus dem Übergangssystem in eine geregelte Ausbildung einzumünden, der findet sich voraussichtlich sein ganzes Erwerbsleben lang in der Kategorie der „An- und Ungelernten" wieder. Was er in Maßnahmen des Übergangssystems gelernt hat, führt in aller Regel nicht zu auf dem Arbeitsmarkt anerkannten oder auch nur bekannten Zertifikaten und wird in einer Ausbildung nur selten angerechnet.

## 2 „Ausbildungsreife" ist ein Ergebnis von Angebot und Nachfrage

Folgt man den Argumenten einiger altvorderen Berufspädagogen, so würde die besondere Qualität der dualen Berufsausbildung in der Tendenz gefährdet, wenn die Zugänge zum Übergangssystem offener würden. Hohe Zugangshürden und Abbruchquoten in der dualen Ausbildung halten sie noch immer für den Preis der Sicherung von Qualität der Ausbildung. Die heutigen komplexen beruflichen Anforderungen würden eben von einem großen Teil der verfügbaren Jugendlichen nicht erfüllt werden können. Mit solchen Argumenten wird postuliert, dass nicht ein Ausbildungssystem den Jugendlichen mit ihren ganz unterschiedlichen Voraussetzungen entsprechen muss, sondern umgekehrt die Jugendlichen dem Bildungssystem – bei Strafe des Ausschlusses. Ein Berufsbildungssystem hat aber dem Umstand Rechnung zu tragen, dass sich Jugendliche im Hinblick auf ihre Leistungs- und Motivationsvoraussetzungen bei der Einmündung in eine Ausbildung und bei ihrer Durchführung unterscheiden. Es hat sich in den vergangenen Jahren eine scharfe Bestimmung von „Ausbildungsreife" durchgesetzt, die unterstellt, dass genau definierte personale und soziale Kompetenzen vorliegen müssen und dann erst eine berufliche Ausbildung beginnen kann. „Ausbildungsreife" stellt sich aber oft erst in der Ausbildung selbst her. Dass vielen Jugendlichen der Einstieg in eine Berufslaufbahn verwehrt wird, liegt nicht an ihnen selbst – es trägt aber umgekehrt mit zu der Bildungsverweigerung und Resignation von Jugendlichen bei, die dann als mangelnde Ausbildungsreife wahrgenommen wird. Der Verweis auf die mangelnde Ausbildungsreife vieler Jugendlicher kann nicht begründen, dass die Strukturen des Übergangssystems von der betrieblichen Ausbildung strikt zu trennen seien. Allein die hohe Anzahl Jugendlicher mit Realschulabschluss und Abitur in Warteschleifen (Ulrich, Krekel 2007) widerspricht der Annahme, dass deutlich mehr Ausbildungsplätze bereitstünden, wenn die Ausbildungsaspiranten geeigneter wären. Es ist zumindest zu prüfen, ob nicht ein Marktmechanismus anderer Art greift: Wenn unter vielen Ausbildungsbewerbern ausgewählt werden kann, steigen die Vorgaben auch über die Anforderungen der jeweiligen später ausgeübten Berufstätigkeit hinaus.

## 3 Die Integrationskraft des dualen Systems sinkt

Auch nach einer anderen Seite ist die These zu prüfen, dass die berufliche Integration eines großen Teils der schwächeren Jugendlichen angesichts des Rückgangs an Einfacharbeitsplätzen und den generell gestiegenen Anforderungen in Produktion und Dienstleistung nicht gelingen könne. Nicht nur die Ausbildungsvoraussetzungen der Jugendlichen, sondern auch die Qualifizierungsanforderungen der Betriebe sind hochgradig differenziert. Das beachtet Felix Rauner nicht, wenn er ausschließlich Beispiele komplexer Berufsanforderungen aufzählt. Eine Ausgrenzung benachteiligter Jugendlicher lässt sich demnach aus durchgängig hohen Anforderungen der Arbeitswelt nur begrenzt begründen: Aus Untersuchungen des Instituts Arbeit und Technik ergibt sich, dass 2005 45 Prozent der Arbeitsplätze ohne formale Qualifikationsanforderungen überqualifiziert besetzt waren – meist mit Facharbeitern (IAT 2006). Einfachere Arbeitsplätze finden sich vor allem im Handel, in den unternehmens- und den personenbezogenen Dienstleistungen und auch in der Industrie – etwa bei Fertigung und Montage (Bellmann, Stegmaier 2007). Nach oben, also auf Facharbeit, wird ausgewichen, weil auch einfachere Arbeit heute nicht mehr nur manuell und repetitiv ist, sondern partiell höhere Qualifikationen voraussetzt (Zeller et al. 2004, Clement 2007). Daraus würde folgen, dass viele Jugendliche Berufsabschlüsse absolvieren könnten, die für sie heute nicht erreichbar sind, wenn das Berufssystem verstärkt auch gestufte, modularisierte und kürzere Ausbildungsgänge anbieten würde. Eine traditionelle Stärke des dualen Systems war, gerade Absolventen aus bildungsfernen Gruppen den Weg in eine qualifizierte Ausbildung und in den Arbeitsmarkt zu eröffnen. Diese integrierende Kraft des dualen Systems für bildungsschwächere Gruppen geht durch die erhöhten Anforderungen der Ausbildung, nicht aber die aller Berufstätigkeiten verloren; es entstehen dauerhafte Risikogruppen.

## 4 Mangelnde Durchlässigkeit zwischen betrieblicher und vollzeitschulischer Ausbildung

Felix Rauner vertritt – zumindest in seinem Vortrag ohne weitere Belege –, dass berufliche Kompetenz ausschließlich im Betrieb und nicht in schulischen Lernorten erworben werden könne. Zunächst ist darauf hinzuweisen, dass diese These zumindest umstritten ist. Eine Reihe von Berufsbildungsexperten, mehr davon im europäischen Ausland als in Deutschland, tritt mit der Gegenthese an: Um so mehr Arbeitsprozesse abstrakt verlaufen, vorwiegend kognitive Anforderungen stellen, medial vermittelt und nicht unmittelbar beobachtbar sind und nicht manuell erfolgen, um so mehr komme es auf theorie- statt auf praxisgestützte Vermittlungsformen an. Selbst wenn wir diese Diskussion hier nicht weiter verfolgen wollen, erscheint es problematisch, mit einer apodiktischen Setzung des Betriebs nicht als primären, sondern als unter Qualitätsgesichtspunkten ausschließlichen Lernort die Kompensation fehlender betrieblicher durch vollzeitschulische Lernorte von vornherein unter das Verdikt zu stellen, dass Berufsidentität und -kompetenz so nicht entstehen könnten. Tatsächlich liegen die Probleme mit einer vollzeitschulischen Ausbildung an anderer Stelle:

Die horizontale Durchlässigkeit zwischen betrieblicher und vollzeitschulischer Ausbildung ist nur mangelhaft geregelt. Es fehlen definierte Übertrittspunkte zwischen parallelen Bildungsgängen. Das war unproblematisch, solange vollzeitschulische Angebote in der Regel andere Berufe abdeckten als betriebliche Ausbildungen – etwa im Sozial und Gesundheitsbereich. Sobald aber die vollzeitschulische Ausbildung auch in klassisch dualen Ausbildungsberufen die Rolle eines „Konjunkturpuffers" für fehlende betriebliche Ausbildungsstellen übernimmt, ist diese Abgrenzung problematisch. Ein Wechsel der Lernorte – zum Beispiel eine vollzeitschulische Ausbildung im ersten Jahr und dann eine betriebliche Ausbildung oder eine schulische Fortführung einer im Betrieb abgebrochenen Ausbildung – kann nicht immer auf transparente Weise unter Anrechnung aller erbrachten Lernleistungen erfolgen.

## 5 Zusammenfassende Thesen

Eine Diskussion über notwendige Strukturreformen der beruflichen Ausbildung ist in den vergangenen Jahren versäumt worden und muss nachgeholt werden. Dieses Versäumnis lag auch daran, dass bei den Institutionen, denen die Regelung und Pflege der dualen Berufsausbildung anvertraut ist, trotz unübersehbarer Krisensymptome das Urteil feststand, dass die Berufsausbildung in Deutschland im Kern ausgezeichnet funktioniere und höchstens vor der Ausbildung: bei der Ausbildungsreife der Schulabgänger, oder nach der Ausbildung: beim konjunkturell zeitweise eingeschränkten Fachkräftebedarf der Wirtschaft Probleme bestünden. Die auch von manchen Berufspädagogen vertretene These war, dass sich Disproportionen auf dem Ausbildungsstellenmarkt mit einem wirtschaftlichen Aufschwung und mit dem demografisch bedingten Rückgang nachfragender Jugendlicher ohne weiteres beheben würden. Dieser Einschätzung folgend bezogen sich bildungspolitische Programme vor allem auf die temporäre Finanzierung von Übergangsmaßnahmen für unversorgte Ausbildungsaspiranten und auf Unterstützungsleistungen für und Appelle an potenzielle Ausbildungsbetriebe.

Anstehende Reformen müssen das Problem angehen, dass sich durch die exklusiven und hohen Standards der Ausbildung in anerkannten Ausbildungsberufen und durch die institutionelle und curriculare Scheidung von Übergangs- und Ausbildungssystem eine geringe Integrationswirkung des dualen Systems am unteren Rand ergibt. Standardisierte Inhalte (Bausteine) und eine entsprechende Zertifizierung der Berufsausbildungsvorbereitung könnten eine Anrechnung von Teilen der Ausbildungsvorbereitung auf eine nachfolgende Berufsausbildung erleichtern, den betroffenen Jugendlichen Perspektiven eröffnen und überlange Ausbildungszeiten verringern (Euler, Severing 2006). Das schließt auch eine bessere Anerkennung von nicht regulär zertifizierten Lernergebnissen von Bildungsabbrechern oder von informell erworbenen Kompetenzen im formalen Bildungssystem ein.

Viel Zeit darf dabei nicht verloren werden, denn wir stehen an einem Übergang: Bis vor kurzer Zeit konnten starke Jahrgänge von Jugendlichen in einer langen konjunkturellen Krise nicht vollständig in berufliche Ausbildungen münden, die ihren Wünschen und Möglichkeiten adäquat waren. Heute und in absehbarer Zukunft treffen schwächere Jahrgänge von Jugendlichen auf eine wieder steigende Nachfrage nach Fachkräften. In dieser Situation ist es unabdingbar, denjenigen zweite und dritte Chancen zu eröffnen, die in den vergangenen Jahren aus dem Berufsbildungssystem aussortiert worden sind. Zunehmend mehr Jugendliche durchlaufen nicht den geradlinigen Aufstieg durch die Schul-, Berufs- und Hochschulbildung, den die Treppendiagramme des Bildungssystems suggerieren. Patchwork-Laufbahnen beginnen bereits im Bildungs-, nicht erst im Beschäftigungssystem. Sie führen zu gescheiterten Bildungskarrieren, wenn es nicht gelingt, das ständische deutsche Bildungssystem zu öffnen.

# Literatur

Autorengruppe Bildungsberichterstattung (2008). (Hrsg.): Bildung in Deutschland 2008. Bielefeld: W. Bertelsmann.

Bellmann L.; Stegmaier, J. (2007): Einfache Arbeit in Deutschland – Restgröße oder relevanter Beschäftigungsbereich? In: Perspektiven der Erwerbsarbeit. Einfache Arbeit in Deutschland. Berlin: Friedrich Ebert Stiftung.

BMBF (Hrsg.) (2009): Berufsbildungsbericht 2008. Bonn, Berlin.

Clement, U. (2007): Kompetent für einfache Arbeit? Anforderungen an Arbeit in modernen Produktionssystemen. In: Perspektiven der Erwerbsarbeit. Einfache Arbeit in Deutschland. Berlin: Friedrich Ebert Stiftung.

Dietrich, H. u.a. (2009): Ausbildung im Dualen System und Maßnahmen der Berufsvorbereitung. In: Möller, J.; Walwei, U. (Hrsg.): Handbuch Arbeitsmarkt 2009. IAB-Bibliothek, Bd. 314. Bielefeld. S. 318-357.

Euler, D.; Severing, E. (2006): Flexible Ausbildungswege in der Berufsausbildung. Bielefeld: W. Bertelsmann.

Institut Arbeit und Technik (Hrsg.) (2006): Stellenbesetzungsprozesse im Bereich „einfacher" Dienstleistungen: Abschlussbericht einer Studie im Auftrag des Bundesministeriums für Wirtschaft und Arbeit. Berlin.: Bundesministerium für Wirtschaft und Arbeit. BMWA-Dokumentation, Bd. 550.

Krekel, E. M.; Ulrich, J. G. (2009): Jugendliche ohne Berufsabschluss – Handlungsempfehlungen für die berufliche Bildung. Kurzgutachten. Bonn: FES.

Kroll, S. (2009): Quantitative Synopse zur relativen Bedeutung verschiedener Bildungsgänge. In: BIBB (Hrsg.): Datenreport zum Bildungsbericht 2009. Bonn. S. 93-100.

Reißig, B.; Gaupp, N.; Lex, T (Hrsg.) (2008).: Hauptschüler auf dem Weg von der Schule in die Arbeitswelt. Reihe: Übergang in Arbeit, Bd. 9. München.

Ulrich, J. G.; Krekel, E. M. (2007): Zur Situation der Altbewerber in Deutschland. BIBB-Report 1/2007. Bonn.

Zeller, B; Dauser, D.; Richter, R. (2004). Zukunft der einfachen Arbeit. Reihe: Wirtschaft und Bildung, Bd. 31. Bielefeld: W. Bertelsmann.

# Schulische Berufsbildung im Gesamtsystem der beruflichen Bildung. Herausforderungen an der Übergangspassage von der Schule in den Beruf

*Rolf Dobischat*

## 1 Problemstellung

Blickt man auf die in jüngster Vergangenheit stattgefundenen wissenschaftlichen oder berufsbildungspolitischen Tagungen und Kongresse unterschiedlicher Akteure, die das Thema „Berufsbildung" thematisierten, so fällt auf, dass der Themenfokus entweder auf dem dualen System der Berufsausbildung, seine Problemlagen, seiner Zukunftsfähigkeit und seinem Reformbedarf angesichts der Herausforderungen durch die Ausbildungsplatzmisere einerseits und den Herausforderungen der europäischen Berufsbildungspolitik andererseits lag (vgl. hierzu exemplarisch Bosch 2008). Oder im Zentrum stand das „Übergangssystem" mit seinen bildungs-, arbeitsmarkt- und sozialpolitischen Zuspitzungen wie auch regionalen bzw. kommunalen Gestaltungsoptionen (vgl. Dobischat/Kühnlein 2009). Auffallend ist, dass dem Bereich der schulischen Berufsbildung mit seinen facettenreichen Strukturen und Bildungsgängen in den Veranstaltungen wenn überhaupt nur wenig Aufmerksamkeit gewidmet wurde. Wie erklärt sich die randständige Wahrnehmung schulischer Berufsausbildung im Gesamtsystem der beruflichen Bildung? Was sind die Ursachen für die scheinbar periphere Lage dieses Segments im Vergleich zur nach wie vor als Referenzmodell geltenden dualen Berufsausbildung und dem politisch umstrittenen Übergangssystem (vgl. Autorengruppe Bildungsberichterstattung 2008, S. 104; Dobischat/Milolaza/Stender 2009, S. 127)? In diesem Beitrag werden daher die komplexen Passungsprobleme im Kontext der dualen Ausbildung wie auch Probleme des Übergangssystems vernachlässigt (vgl. hierzu aktuell Krekel/Ulrich 2009).

Nach Berechnungen des Bundesinstituts für Berufsbildung (BiBB) auf Basis einer Prognose der Kultusministerkonferenz (KMK) verlassen zum Ende des Jahres 2009 ca. 870 Tsd. Schüler die allgemeinbildenden Schulen, von denen der Großteil eine berufliche Ausbildung am Ausbildungsstellenmarkt nachfragen wird. Nach vorläufigen Ergebnissen aus einer repräsentativen Befragung von Deutschlands Unternehmen durch das BiBB werden bis zum Ende des Jahres 2009 erneut ca. 50 Tsd. Ausbildungsplätze gegenüber dem Angebot im Jahr 2008 fehlen. Die Lage am Ausbildungsmarkt bleibt also auch weiterhin schwierig und sie wird sich erst in den Jahren nach 2011 etwas entspannen. Der bis dahin bestehende Nachfrageüberhang im Berufsbildungssystem wird also auch in den kommenden Jahren das Übergangsproblem nicht abmildern, so dass Zugangsbarrieren und Exklusionsprozesse in den Teilsegmenten der beruflichen Bildung Bestand haben werden. Zu klären ist also, welche Rolle und Funktion der Bereich der schulischen Berufsbildung, das sich bislang weitgehend in der Peripherie im Gesamtsystem der Berufsbildung befindet, übernehmen könnte.

## 2 Schulische Berufsbildung – Konturierung im Gesamtsystem der Berufsbildung

Nach gängiger Definition lassen sich unterhalb der Hochschulebene drei Teilsysteme der Berufsbildung unterscheiden (vgl. Konsortium Bildungsberichterstattung 2006, S. 79; Baethge/Solga/Wieck 2007, S. 13 ff.):

- das *duale System* der Berufsausbildung mit anerkannten Ausbildungsberufen nach dem Berufsbildungsgesetz (BBiG) und der Handwerksordnung (HwO). Es wird in der gemeinsamen Ausbildungsverantwortung von Betrieben und Berufsschulen/Berufskollegs getragen.
- das *Schulberufssystem* auf Basis gesetzlich verankerter Berufe in vollzeitschulischer Ausbildungsverantwortung durch den jeweiligen Schulträger,
- das berufliche *Übergangssystem* mit einer Vielzahl von Bildungsgängen, die in der Regel zu keinem anerkannten Ausbildungsabschluss führen. Ziel dieser Bildungsmaßnahmen ist es, die individuelle Kompetenzbasis für die Aufnahme einer Ausbildung oder Beschäftigung zu verbessern und u. a. das Nachholen eines Schulabschlusses zu ermöglichen (Münk/Rützel/Schmidt 2008).

Diese drei Teilsysteme haben sich historisch in unterschiedlichen Phasen herausgebildet und ausdifferenziert (vgl. dazu umfassend Zabeck 2009):

- Die Entstehung des dualen Systems an der Schwelle zum 20. Jahrhundert war vorrangig nicht auf die Qualifizierungsinteressen einer Gesellschaft in der Phase der Hochindustrialisierung gerichtet, sondern vielmehr ist seine Etablierung als politische Reaktion auf soziale und ökonomische Auflösungserscheinungen der bürgerlichen Gesellschaft zurückzuführen. Ziel war es, die Restauration und Konservierung der ständischen Handwerkererziehung flankierend zur Mittelstandspolitik des deutschen Kaiserreichs abzusichern (vgl. dazu Wahle 2007). Die Re-Etablierung ständischer Privilegien fand u. a. ihren Ausdruck in der Sicherung des Nachwuchses durch die traditionelle handwerkliche Lehrausbildung. Auch der Aufbau des zweiten

Lernortes (des später im Jahr 1964 genannten dualen Systems), die berufliche Pflichtfortbildungsschule, diente primär dem Ziel der sozialen Kontrolle und Integration (vgl. Greinert 2006; Kell 2006). Zur Erinnerung: Georg Kerschensteiner, der Nestor der Berufsbildungstheorie und der Vorbereiter der modernen Berufsschule, hatte sich bereits vor mehr als 100 Jahren mit der Beantwortung der Frage „Wie ist die männliche Jugend von der Entlassung aus der Volksschule bis zum Eintritt in den Heeresdienst am zweckmäßigsten für die bürgerliche Gesellschaft zu erziehen?" mit dem „Übergangsproblem" Jugendlicher nach der allgemeinen Pflichtschule – wenngleich mit einer völlig anderen inhaltlich politischen Dimension – auseinandergesetzt. Seine Antwort ist bekannt, nämlich über die Berufserziehung als „Pforte der Menschenbildung". Mit der sukzessiven Etablierung seiner Pflichtfortbildungsschule als schulisch ergänzender Teil der betrieblichen Berufsausbildung transformierte sich in der Epoche der sich entwickelnden Industriegesellschaft ab ca. den 20er-Jahren die ständische Verankerung der Berufsbildung in eine moderne Prägung. Die Konsolidierung des nunmehr eindeutigen Qualifizierungsmodells mit dem Leitbild des „Facharbeiters" und der Ablösung der Leitfigur des „tüchtigen Gesellen" folgte der engen Einbindung in die industrielle Arbeitskultur unter korporatistischer Politikgestaltung durch Staat, Industrie und Gewerkschaften, was letztlich dann in der Verabschiedung des Berufsbildungsgesetzes im Jahr 1969 seinen normativen Niederschlag fand (vgl. dazu Pätzold/Wahle 2009).

- Ohne Zweifel befindet sich die berufliche Ausbildung im dualen System, die nicht mehr das alleinige Referenzmodell beruflicher Qualifizierung darstellt, seit Jahren in problematischen Verhältnissen, die in der einschlägigen Literatur mit den Begriffen „Krise" und „Erosion" beschrieben werden. Die Gründe sind facettenreich und bekannt. Dennoch, ein Blick auf die Themen in der 30-jährigen Modernisierungsdebatte veranschaulicht, wie durch vielfältige Reformen, wie z.B. die Schaffung neuer und die Revision bestehender Ausbildungsberufe, wie durch Flexibilisierung, Modularisierung und Differenzierung eine inhaltliche und funktionale Stabilisierung des dualen Systems – wenngleich auf verändertem Niveau – erreicht werden konnte. Zudem bildete die berufliche Ausbildung im dualen System stets das Fundament für klassische Aufstiegspfade zur mittleren Qualifikationshierarchie, deren Platzierung in den soliden Kernzonen der betrieblichen Arbeitsplatzstrukturen liegt. Trotz der erheblichen Kritik, in der sogar der „Untergang des Systems" prophezeit wurde, hat das duale System durch organisatorisch-institutionelle, rechtliche, curriculare wie auch didaktisch-methodische Innovationen es vermocht, seine Anpassungsfähigkeit an veränderte Arbeitsmarktanforderungen immer wieder unter Beweis zu stellen und einem Großteil von Jugendlichen den Weg in eine mehr oder minder stabile berufliche Tätigkeit zu ebenen. Übersehen darf man dabei jedoch nicht, dass sich die Kernprobleme (Integration und Berufseinstieg) in nächster Zeit weiter verschärfen dürften, wie es eine neue Studie des Instituts für Arbeitsmarkt- und Berufsforschung feststellt (Seibert/Kleinert 2009).

- Die Entwicklung der schulischen Berufsbildung ist zwar zeitlich parallel an die Entstehung der dualen Ausbildung gekoppelt, jedoch sind die Weichenstellungen organisatorisch, institutionell, inhaltlich, rechtlich, curricular etc. anders vollzogen worden. Während Kerschensteiner sein berufliches „Übergangsszenario" als stabile Orientierung zur Lebensführung mit der Figur des Lebensberufs unter Berücksichtigung der Erziehung zu staatsbürgerlichen Pflichten für die männliche Bevölkerung konzipierte, regte er hingegen an, junge Mädchen und Frauen an das heiratsfähige Alter per vollzeitschulischer Bildung in speziellen „Bildungsanstalten für Frauenberufe" heranzuführen, dies jedoch ohne klaren Berufsbezug, sondern als Vorbereitung auf die Tätigkeiten entlang der Familienfunktionen (erziehen, pflegen, gesund erhalten) auszugestalten (vgl. Krüger 2004). Mit der Industrialisierung waren insbesondere Frauen aus der Unterschicht zu außerhäuslicher Erwerbsarbeit als Ungelernte in Industrie und Landwirtschaft gezwungen. Zugleich hatten zurückliegende Kriege gesundheitliche und sozialfürsorgerische Bedarfe ausgelöst, die nach dem damaligen Verständnis speziell für unverheiratete Frauen aus dem Bürgertum als Ersatz für bzw. als Überbrückung bis zur Übernahme der Hausfrauen- und Mutterrolle geeignet erschienen (vgl. Meifort 1999, S. 145). Historisch betrachtet war die schulische Berufsbildung für Frauen und Mädchen eine Reaktion auf fehlende beruflich-korporatistische Regelungsstrukturen in einzelnen Sektoren oder Tätigkeitsbereichen. Anderseits stellten sie ein Angebot für durch Industrialisierung und Verstädterung induzierte gesellschaftliche Veränderungen wie die allmähliche Transformation von familialer und haushälterischer Tätigkeiten in Erwerbsberufe dar. Hier sind die pflegerischen, sozialen und gesundheitsbezogenen Berufe besonders hervorzuheben. Die dadurch etablierte geschlechtsspezifische Differenzierung zwischen dem dualen System und den schulischen Sozial- und Gesundheitsberufen besteht als historische Hypothek noch heute fort (vgl. Harney 2004, S. 329). Mit der fortschreitenden Ordnung der Lehrlingsausbildung durch die Selbstorganisation der Wirtschaft in den Kammern und Innungen und damit auch mit der Durchsetzung der ausbildungsbegleitenden Pflichtberufsschule in Teilzeitform erfolgt implizit auch eine Regulierung der Berufsfachschulen und Fachschulen. Sie wurden als allgemeines Modell der Berufsausbildung dem Schulsystem zugewiesen und unterlagen der Konkurrenz mit der korporativ regulierten Berufsausbildung, von der sie weitgehend abgeschottet wurden. Im Wesentlichen verblieben ihnen drei Aufgabenbereiche: Die Berufsgrundbildung, die Berufsausbildung in den nicht korporativ und dadurch staatlich regulierten Bereichen und die berufliche Fortbildung in Fachschulen (vgl. Harney 2004, S. 329). Hier zeigt sich eine strukturelle Schwäche des Berufsausbildungssystems, denn schulische Berufsausbildung und die Berufsausbildung im dualen System entwickelten sich im Laufe der Jahrzehnte unabgestimmt und unabhängig voneinander, was die gegenseitige Akzeptanz vor allem in der derzeitigen Diskussion um Durchlässigkeit und Gleichwertigkeit erschwert (vgl. Kremer 2006, S. 28).

- Die quantitative Expansion im Übergangssystem ist im letzten Jahrzehnt kontinuierlich verlaufen. Während einerseits durch bildungspolitische Reformen institutionelle Bildungs- und Lernzeiten verkürzt bzw. verdichtet werden und damit individueller Zeitgewinn realisiert wird (z.B. Abitur nach 12 Jahren, Bachelorstudiengänge etc.), findet im beruflichen Übergangssystem für die betroffenen Jugendlichen mehr oder minder eine Vergeudung von Zeit in Bildungsgängen ohne konkrete Anschlussperspektive statt (vgl. Abbildung 1). Die Hoffnung, durch den Besuch von Maßnahmen welcher Art auch immer doch noch in klassische Berufsbildungswege einzumünden, hat sich in den letzten Jahren deutlich abgeschwächt. Charakteristisch für die Situation im Übergangssystem ist die Heterogenität von Schulformen, Bildungsgängen und Bildungsträgern, gepaart mit einer ebenso hohen Heterogenität in der Schülerpopulation. Für viele Absolventen der Hauptschule, zunehmend auch der Realschule, führten das immer knapper werdende Gut eines betrieblichen Ausbildungsplatzes wie auch die gestiegenen Anforderungen in den modernisierten Ausbildungsberufen in eine Ungleichheitsfalle, die die bekannten Markierungslinien der sozialen Schließung beim Zugang zu einer Ausbildung immer enger zieht und neue Zugangsbarrieren für marktbenachteiligte wie auch für leistungsbezogene Förderfälle aufbaut (vgl. Dobischat/Münk 2009).

Abbildung 1:    Neuzugänge im Übergangssystem nach Ausbildungsmaßnahmen
                für ausgewählte Jahre

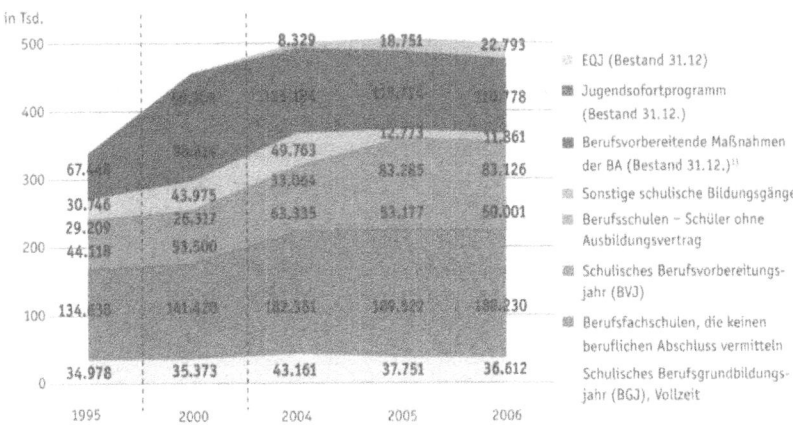

Abb. E1-2:   Verteilung der Neuzugänge auf die Bereiche des Übergangssystems 1995,
             2000 und 2004 bis 2006

Erläuterungen vgl. *Tab E1-1A*
1) Wert für 1995 wurde auf Grundlage der Einmündungszahlen geschätzt.
Quelle: Statistische Ämter des Bundes und der Länder, eigene Berechnungen und Schätzungen auf Basis der Schulstatistik,
        Bundesagentur für Arbeit, eigene Berechnungen

Quelle: Bildung in Deutschland 2008, S. 97

Wie aus der Abbildung 1 ersichtlich ist, verzeichnen im Zeitverlauf von 1995 bis
2006 im Übergangssystem die Zugänge in die Berufsfachschulen, in die so genannten Klassen ohne Beruf („Berufsschüler" ohne Ausbildungsvertrag) und in
die berufsvorbereitenden Maßnahmen der Bundesagentur für Arbeit die höchsten
Zuwachsraten. Mit über 500 Tsd. Schülern umfasst das Übergangssystem ca. 40
Prozent der Neuzugänge aus den allgemeinbildenden Schulen. Vergleicht man
dies mit den eher rückläufigen Neuzugängen im dualen System, so kann festgestellt werden, dass der Rückgang im dualen System im Wesentlichen durch die
Neuzugänge im Übergangssystem kompensiert wurde. Ein Blick auf das Schulberufssystem, das Gegenstand der nachfolgenden Betrachtung ist, bestätigt dies,
denn im gezeigten Zeitverlauf ist die Zahl der Neuzugänge in diesem Segment
des beruflichen Ausbildungssystems relativ konstant geblieben (bzw. nicht ex-
pandiert). Dies bedeutet, dass von einer „Abwanderung" gescheiterter Aspiranten
mit einem ursprünglichen Wunsch nach dualer Ausbildung in einen Bildungs-

106

gang des Schulberufssystems als in Kauf genommene „Notlösung“ bzw. Alternative nicht ausgegangen werden kann.

Abbildung 2: Neuzugänge in den drei Sektoren des beruflichen Ausbildungssystems für ausgewählte Jahre

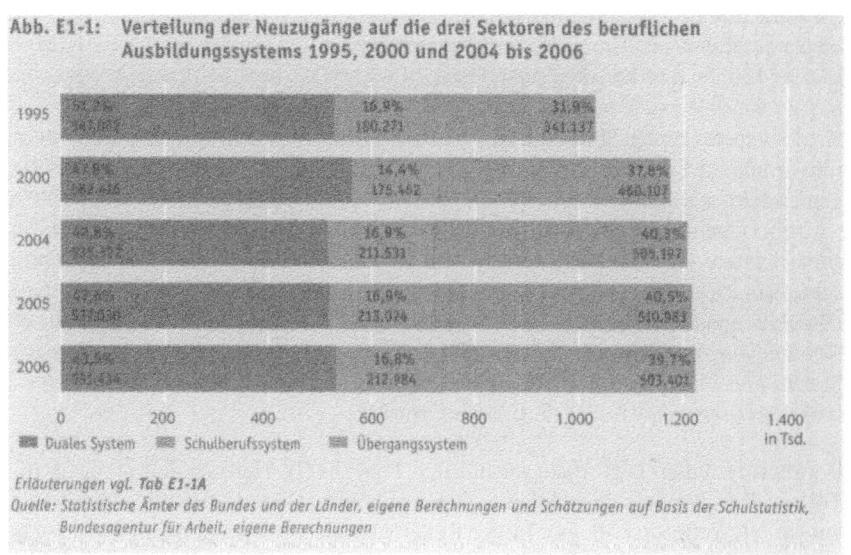

Abb. E1-1: Verteilung der Neuzugänge auf die drei Sektoren des beruflichen Ausbildungssystems 1995, 2000 und 2004 bis 2006
1995
16,9%
31,9%
2000
14,4%
175.462
37,8%
2004
16,8%
40,3%
2005
16,9%
40,5%
2006
16,8%
212.984
39,7%
503.401
0
200
400
600
800
1.000
1.200
1.400
in Tsd.
Duales System
Schulberufssystem
Übergangssystem
Erläuterungen vgl. Tab E1-1A
Quelle: Statistische Ämter des Bundes und der Länder, eigene Berechnungen und Schätzungen auf Basis der Schulstatistik, Bundesagentur für Arbeit, eigene Berechnungen

Quelle: Bildung in Deutschland 2008, S. 96

## 3 Schulische Berufsbildung – begriffliche Einordnung des Schulberufssystems

Mit dem Begriff der schulischen Berufsbildung verbindet sich ein sehr differenziertes System, das sich mit seinen Bildungsgängen und Qualifikationsprofilen an unterschiedliche Adressatenkreise wendet. Zudem liegt es weitgehend außerhalb der Einflusssphäre der Wirtschaft (vgl. Feller 1998, S. 293; Meyer auf der Heyden 2001).

Abbildung 3: Möglichkeiten der beruflichen Ausbildung im Sekundarbereich

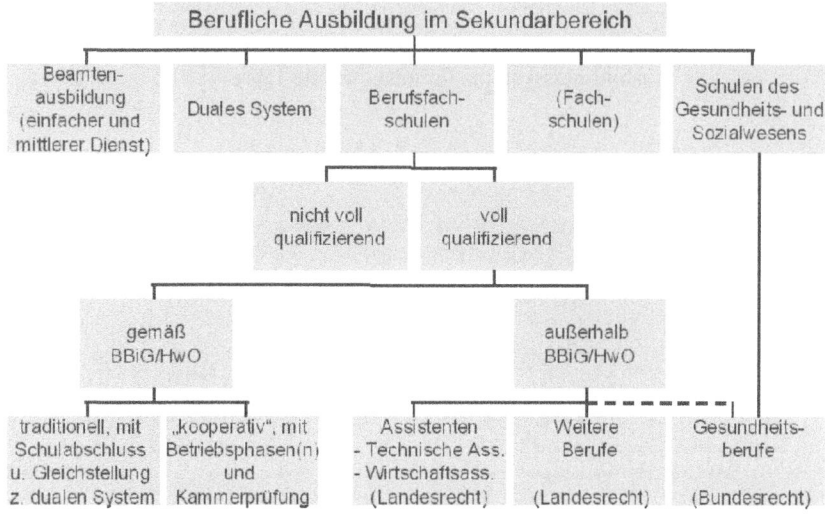

Quelle: Angelehnt an Feller (2001, S. 1); eigene Darstellung

Berufsfachschulen (vgl. dazu ausführlich Pahl 2009), Fachschulen als auch die Teilzeit-Berufsschule des dualen Systems gehören zu den Berufsbildenden Schulen (in NRW Berufskollegs). In der Regel sind die Fachschulen (Meister, Techniker etc.) dem tertiären Bereich (dem Bereich der Weiterbildung) zugeordnet, jedoch in einigen Bundesländern werden auch anerkannte Ausbildungsberufe des dualen Systems sowie Sozial- und Gesundheitsberufe in Vollzeitform an Fachschulen unterrichtet. Eine Besonderheit stellen die Gesundheitsberufe dar, die überwiegend an Schulen des Gesundheitswesens und zu kleinen Teilen auch an Berufsfachschulen und Fachschulen ausgebildet werden. Die Ausbildung der Beamten findet in Verwaltungsschulen[12] statt. Nach der KMK erstreckt sich die vollzeitschulische Berufsbildung auf Berufsfachschulen, Fachschulen und Schulen des Gesundheitswesens. Nach der Definition der Kultusministerkonferenz der Länder (vgl. KMK 2006, S. 14-18) sind:

---

[12] Die Beamtenausbildung in der allgemeinen inneren Verwaltung im mittleren nichttechnischen Dienst des Bundes und der Länder ist als Vorbereitungsdienst (in der Regel zwei Jahre) im zeitlichen Wechsel zwischen Verwaltungsschulen und Ausbildungsbehörden organisiert und erhält somit berufspraktische und fachtheoretische Abschnitte.

a.  Berufsfachschulen Vollzeitschulen mit mindestens einjähriger Dauer. Der Besuch setzt keine Berufsausbildung oder berufliche Tätigkeit voraus und hat die Aufgabe, allgemeine und fachliche Lerninhalte zu vermitteln. Die Schüler sollen befähigt werden, den Abschluss in einem anerkannten Ausbildungsberuf oder einem Teil der Berufsausbildung in einem oder mehreren anerkannten Ausbildungsberufen zu erlangen oder sie zu einem Berufsausbildungsabschluss zu führen, der nur in Schulen erworben werden kann. Die Berufsfachschulen bieten zudem „nicht voll qualifizierende", also berufsvorbereitende oder in einen Beruf einführende Bildungsgänge an, zu denen heute auch (Höhere) Handelsschulen zählen. Daneben existiert eine breite Palette an voll qualifizierenden Bildungsgängen, die differenziert werden können in:

- Berufsabschlüsse im Rahmen des Berufsbildungsgesetzes (BBiG) bzw. der Handwerksordnung (HwO), wobei es sich um Ausbildungsberufe handelt, die auch im dualen System angeboten werden. An Berufsfachschulen können Berufsabschlüsse für Ausbildungsberufe erreicht werden, die auch im dualen System existieren. Besonders häufig nachgefragte Ausbildungsberufe sind Kosmetiker/in und Hauswirtschafter/in. Durch das BBiG und die HwO normiert gelten bundesweit einheitliche Regelungen. Nach der „Rahmenvereinbarung über die Berufsfachschulen" orientiert sich der Unterricht in den Bildungsgängen für anerkannte Ausbildungsberufe an den Ausbildungsordnungen und den von der Kultusministerkonferenz beschlossenen Rahmenlehrplänen. Die schulische Abschlussprüfung kann durch eine außerschulische Prüfung vor der zuständigen Stelle nach dem Berufsbildungsgesetz bzw. der Handwerksordnung ergänzt bzw. ersetzt werden (vgl. § 43 BBiG). Die Ausbildungsdauer orientiert sich an dem Zeitraum vergleichbarer dualer Ausbildungen und kann sich verlängern, falls ein höherer Schulabschluss angestrebt werden soll. Eingangsvoraussetzung ist i. d. R. der Hauptschulabschluss nach Klasse 9 und die potenziell zu erreichenden Schulabschlüsse erstrecken sich vom Hauptschulabschluss bis hin zur Fachhochschulreife. Neben dem dualen System decken Berufsfachschulen somit einen Teil der insgesamt 342 anerkannten Ausbildungsberufe ab (vgl. die Liste der staatlich anerkannten Ausbildungsberufe). Im Schuljahr 2006/2007 besuchten 40.964 Personen eine Berufsfachschule, die einen Berufsabschluss in einem anerkannten Ausbildungsberuf ermöglicht. Mit mehr als einem Viertel nehmen Körperpflegeberufe den größten Anteil ein. In dieser Gruppe enthalten ist der Ausbildungsberuf „Kosmetik", der auch als landesrechtlich geregelter Schulberuf existiert (s. u.). Die zweitgrößte Berufsgruppe besteht aus Büro- und kaufmännischen Berufen und die drittgrößte stellen die hauswirtschaftlichen und ernährungswissenschaftlichen

Berufe. Die übrigen Berufsgruppen folgen mit deutlichem Abstand (vgl. Statistisches Bundesamt 2007).

- Berufsabschlüsse außerhalb des Rechtsraumes von BBiG bzw. HwO: Hierbei handelt es sich um landesrechtlich geregelte Ausbildungsberufe (Landesberufe), die nur an Schulen absolviert werden (aber auch über berufspraktische Ausbildungsanteile verfügen) können und deren Rahmenbedingungen (Zugangsvoraussetzungen, Dauer usw.) von den jeweils zuständigen Kultusministerien der Länder festgelegt werden. Die Berufsfachschulen umfassen alle landesrechtlich geregelten Ausbildungsberufe. Unterschieden werden Assistentenberufe (z. B. Kaufmännischer Assistent, Sozialassistent oder Gestaltungstechnischer Assistent) und „weitere Berufe". Zu letzteren gehören unter anderen die staatlich geprüften Fremdsprachenkorrespondenten/-innen, der/die Gymnastiklehrer/in oder der/die Kinderpfleger/in. Zu diesen Berufen existieren entweder keine Entsprechung im dualen System, oder im Bereich der Kosmetik konkurrieren sie mit der dualen Ausbildung nach dem Berufsbildungsgesetz. In der allgemeinen Rahmenvereinbarung über die Berufsfachschulen werden insgesamt 79 landesrechtlich geregelte Schulberufe und in den beiden speziellen Vereinbarungen zusätzlich 4 kaufmännische und 25 technische Assistentenberufe ausgewiesen. Zusammen ergeben sich 108 verschiedene Landesberufe bzw. Fachrichtungen. Die genaue Anzahl aller Schulberufe ist nach Baethge u. a. (2003, S. 54-55) allerdings ungewiss, da die Statistiken keine klare Auskunft geben. Da die Landesberufe den Kultusministerien der Länder unterstehen, existiert ein Facettenreichtum an Berufsbezeichnungen, Zugangsvoraussetzungen und Abschlüssen. So kann es vorkommen, dass zwei gleichlautende Landesberufe sich im Detail erheblich voneinander unterscheiden oder sich zwei Berufe inhaltlich ähneln, aber andere Bezeichnungen tragen. Generell liegt die Dauer der Bildungsgänge bei mindestens zwei Jahren. Es kann der Hauptschulabschluss bis hin zur Fachhochschulreife erworben werden. Insgesamt handelt es sich bei den Landesberufen um sach- oder personenbezogene Dienstleistungsberufe; produzierende Berufe (Metall/Elektro) sind hier nicht zu finden. Stark vertreten sind kaufmännische, IT-, soziale/pflegende und Medienberufe.

b.  Schulen des Gesundheitswesens stellen Einrichtungen dar, die eine Ausbildung für nichtakademische Gesundheitsdienstberufe vermitteln. Bei den Gesundheitsberufen handelt es sich begrifflich überwiegend um Schulberufe (jedoch mit hohen berufspraktischen Anteilen analog zu den Strukturen im dualen System), die größtenteils bundesrechtlichen Regelungen unterliegen.[13]

---

[13] Zu den bundesrechtlich geregelten Schulberufen zählen die nicht-akademischen Berufe im Gesundheitswesen. Sie werden überwiegend an Schulen des Gesundheitswesens, in einigen Ländern aber auch an Berufsfachschulen oder Fachschulen ausgebildet. In der Anlage 1 der Rahmenvereinbarung über die Berufsfachschulen werden 16 nicht-akademische Gesundheitsberufe aufgelistet, die in den Statistiken des Berufsbildungsberichts um einige weitere Gesundheitsberufe ergänzt werden. Die unter das Bundesrecht fallenden Gesundheitsberufe sind einzeln in Berufszulassungsgesetzen (z. B. Altenpflegegesetz) und Ausbildungs- und Prüfungsverordnungen (z. B. Altenpflege-Ausbildungs- und Prüfungsverordnung) geregelt. In den Berufszulassungsgesetzen werden Dauer, Struktur, Ausbildungsverhältnis (z. B. Pflichten der Schüler/Ausbilder, Kündigung, Probezeit) und Zugangsvoraussetzungen festgelegt sowie Vorschriften über das Führen der Berufsbezeichnung formuliert. Die Ausbildungs- und Prüfungsverordnungen schreiben Inhalte und Struktur sowohl der Ausbildung als auch der Prüfung vor. Die Ausbildungszeit der Gesundheitsberufe liegt abhängig vom Beruf bei zwei bis drei Jahren, in den landesrechtlich geregelten Helferberufen mindestens bei einem Jahr (vgl. BS 2006; BA 2006). Soweit dies vom Schulrecht der Länder in dem jeweiligen Bildungsgang geregelt ist, können der mittlere Schulabschluss oder die Fachhochschulreife erlangt werden. Der erfolgreiche Abschluss wird durch ein staatlich anerkanntes Abschlusszeugnis bestätigt, das zur Ausübung des gewählten Berufes berechtigt (vgl. StBA 2007, S. 11). Die Zugangsvoraussetzungen der bundesrechtlich geregelten Gesundheitsberufe sind: ein bestimmtes Mindestalter (in der Regel 17 oder 18 Jahre), der Hauptschul-/Realschulabschluss und/oder eine abgeschlossene, mindestens zweijährige Berufsausbildung bzw. Berufserfahrung sowie die gesundheitliche Berufseignung. Alternativ zur Berufsausbildung kann unter Umständen auch eine vorbereitende schulische Einrichtung angerechnet werden, wie z. B. die Pflegevorschule, die den Schulen des Gesundheitswesens zumeist angegliedert ist. Pflegevorschulen zählen ebenfalls zu den Schulen des Gesundheitswesens und sind häufig als freie Einrichtungen den Krankenanstalten sowie sozialpflegerischen oder sozialpädagogischen Einrichtungen angegliedert. Der erfolgreiche Abschluss einer Pflegevorschule berechtigt in der Regel zum Eintritt in eine Krankenpflegeschule, teilweise auch zum Eintritt in eine Fachschule für Sozialarbeit. Vom Niveau sind die Pflegevorschulen der beruflichen Grundbildung an Berufsfachschulen gleichzusetzen und zählen daher zu den berufsvorbereitenden Bildungsgängen (vgl. KMK 2006, S. 17).

Abbildung 4:   Verteilung der Schüler (1. Schuljahr) auf die Schularten des
               Schulberufssystems in den Jahren 2000 bis 2006

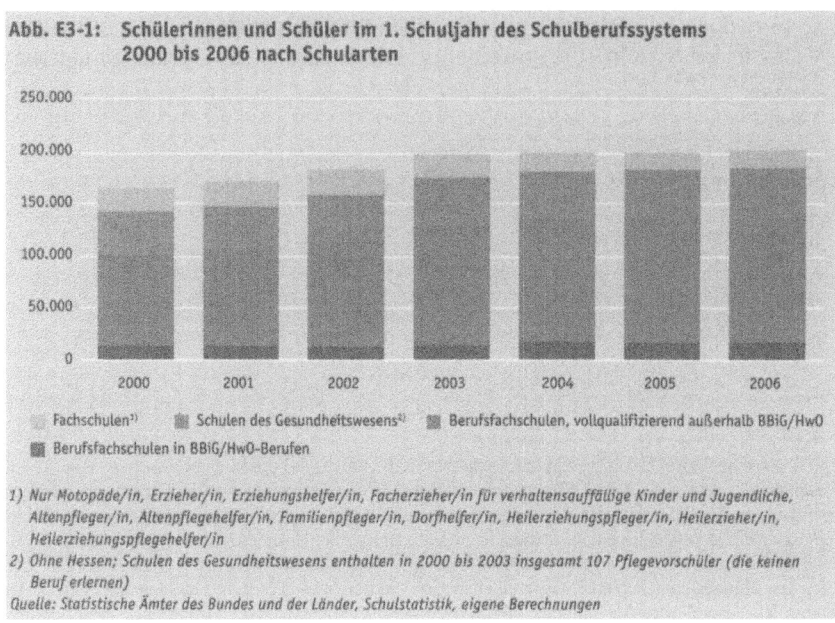

Abb. E3-1:   Schülerinnen und Schüler im 1. Schuljahr des Schulberufssystems
             2000 bis 2006 nach Schularten

Fachschulen[3]   Schulen des Gesundheitswesens[2]   Berufsfachschulen, vollqualifizierend außerhalb BBiG/HwO
Berufsfachschulen in BBiG/HwO-Berufen

1) Nur Motopäde/in, Erzieher/in, Erziehungshelfer/in, Facherzieher/in für verhaltensauffällige Kinder und Jugendliche,
   Altenpfleger/in, Altenpflegehelfer/in, Familienpfleger/in, Dorfhelfer/in, Heilerziehungspfleger/in, Heilerzieher/in,
   Heilerziehungspflegehelfer/in
2) Ohne Hessen; Schulen des Gesundheitswesens enthalten in 2000 bis 2003 insgesamt 107 Pflegevorschüler (die keinen
   Beruf erlernen)
Quelle: Statistische Ämter des Bundes und der Länder, Schulstatistik, eigene Berechnungen

Quelle: Bildung in Deutschland 2008, S. 104

Interessant in der Abbildung 4 ist, dass der quantitative Anteil der Schüler, die in
einen Bildungsgang an solchen Berufsfachschulen eingetreten sind, die einen
dem dualen System gleichwertigen Abschluss nach BBiG/HwO ermöglichen,
mit ca. 8 Prozent über die Jahre zwischen 2000 und 2006 hinweg relativ konstant
geblieben ist. Angesichts des Mangels an dualen Ausbildungsplätzen ist dies ein
bemerkenswerter Befund. Ein Grund für das konstant niedrige Niveau dieses
Ausbildungsbereichs könnte durch fehlende Nachfrage induziert sein, denn Jugendliche könnten diesen Ausbildungstypus als eher unattraktiv im Vergleich zu
einer Ausbildung im dualen System einschätzen. Eine andere Ursache ist jedoch
als wahrscheinlicher anzunehmen und dies hängt mit dem Ausbildungsplatzangebot in diesem Segment zusammen. Die Länder als (finanziell) Verantwortliche
für diese Ausbildungsform können das quantitative Ausbildungsplatzangebot
entweder expansiv oder restriktiv steuern. Rechtsbasis für die Steuerung sind die
§§ 7 und 43 BBiG, in denen der schulischen gegenüber der betrieblichen Ausbildung nur eine Nachrangigkeit eingeräumt wird. Zudem bleibt die Expansion

schulischer Ausbildung, auch wenn die Länder diesen Weg einschlagen würden, durch eine zeitlich befristete Übergangsphase bis zum Jahr 2011 kontingentiert (vgl. Autorengruppe Bildungsberichterstattung, S. 105).

Abbildung 5: Verteilung der Schüler (1. Schuljahr) im Schulberufssystem im Jahr 2006 nach Berufsclustern und Geschlecht

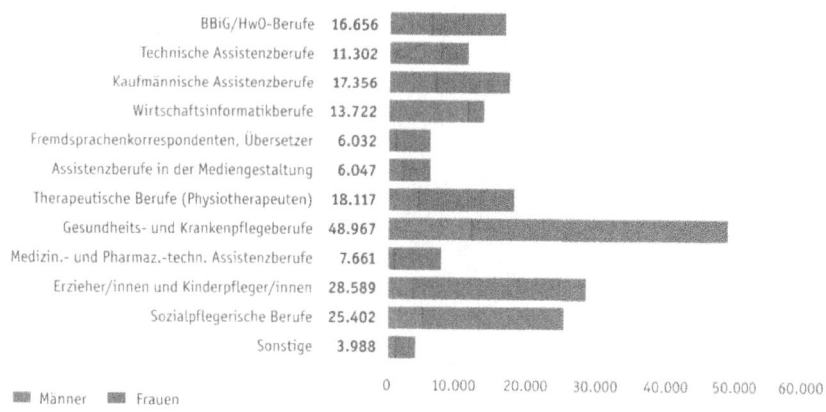

Abb. E3-2: Schülerinnen und Schüler im 1. Schuljahr des Schulberufssystems 2006 nach Berufscluster und Geschlecht*

* Uhne Schulen des Gesundheitswesens in Hessen; inkl. Motopäde/in, Erzieher/in, Erziehungshelfer/in, Facherzieher/in für verhaltensauffällige Kinder und Jugendliche, Altenpfleger/in, Altenpflegehelfer/in, Familienpfleger/in, Dorfhelfer/in, Heilerziehungspfleger/in, Heilerzieher/in, Heilerziehungspflegehelfer/in in Fachschulen
Quelle: Statistische Ämter des Bundes und der Länder, Schulstatistik, eigene Berechnungen

Quelle: Bildung in Deutschland 2008, S. 105

Abbildung 5 zeigt das Berufsspektrum, das außerhalb des Rechtsrahmens durch das BBiG/HwO absolviert werden kann (die Einzelberufe sind hier zu Clustern komprimiert). Deutlich wird die Dominanz der Gesundheits- und Pflegeberufe, die fast ein Viertel der Schüler auf sich vereinigen. An zweiter Stelle rangieren die Erzieherinnen und Kinderpflegerinnen, gefolgt von den sozialpflegerischen Berufen. Diese im Bereich der personenbezogenen Dienstleistungen anzusiedelnden Berufe liegen fast auf doppelt so hohem Niveau wie die Tätigkeitsprofile in technischen und kaufmännischen Assistenzberufen. Nach Geschlecht differenziert wird ersichtlich, dass es sich bei den personenbezogenen Dienstleistungsberufen in der Regel um traditionelle Frauendomänen handelt (vgl. dazu Wahle 2004; ders. 2009).

113

Folgt man den Zahlen des Bildungsberichtes 2008 (S. 106), so ist das Angebot im Schulberufssystem im Zeitraum der Jahre 2000 bis 2006 insgesamt um 22 Prozent angestiegen, wobei die Steigerungsrate bei den Erzieherinnen/Kinderpflegerinnen und den sozialpflegerischen Berufen sogar bei 40 Prozent lag. Die Expansionsdynamik im Schulberufssystem hat sich im Betrachtungszeitraum noch deutlich stärker entwickelt als im dualen System. Sie kann aber nicht als Substitution des dualen Systems interpretiert werden, sondern sie ist eher Ausdruck des Tertiarisierungsprozesses im Beschäftigungssystem. Der Anstieg der landesrechtlich regulierten, schulisch verantworteten Assistenzberufe außerhalb der Rechtsrahmens von BBiG und HwO im kaufmännischen und technischen Bereich mit Steigerungsquoten von jeweils 59 bzw. 66 Prozent kann hingegen als Kompensation bzw. als Ausweichpfad zu fehlenden Ausbildungsplätzen im dualen System interpretiert werden.

Betrachtet man das breite Angebotsprofil von Bildungsgängen wie auch die hohe Regelungsdichte in der schulischen Berufsbildung an Berufsfachschulen, ist für dieses eigenständige und historisch gewachsene Feld der beruflichen Ausbildung festzustellen, dass es sich bei der Wahl einer der Bildungsgänge primär nicht um eine „Notlösung" für erfolglose Ausbildungsplatzbewerber handelt. Die gebotenen Optionen können durchaus auf einen Beruf durch die Erleichterung des Eintritts in ein Ausbildungsverhältnis (Berufsvorbereitungs- oder Berufsorientierungsfunktion) vorbereiten, für einen marktgängigen Beruf qualifizieren (Berufsqualifizierungsfunktion) oder den Erwerb eines höheren Schulabschlusses, evtl. auch mit Studienberechtigung, beinhalten (Berechtigungsfunktion) (vgl. Ruf 2006, S. 94 f.).

## 4 Ausgewählte Strukturdaten zu den Schulberufen

### 4.1 Regionale Verteilung

Betrachtet man die regionale Verteilung der Zugänge in den drei Sektoren des beruflichen Ausbildungssystems im Jahr 2006, so wird unter dem vorgenannten Aspekt der länderspezifischen Steuerungsmöglichkeiten erkennbar:

Abbildung 6:     Verteilung der Neuzugänge auf die drei Sektoren des beruflichen
                 Ausbildungssystems 2006 nach Ländern

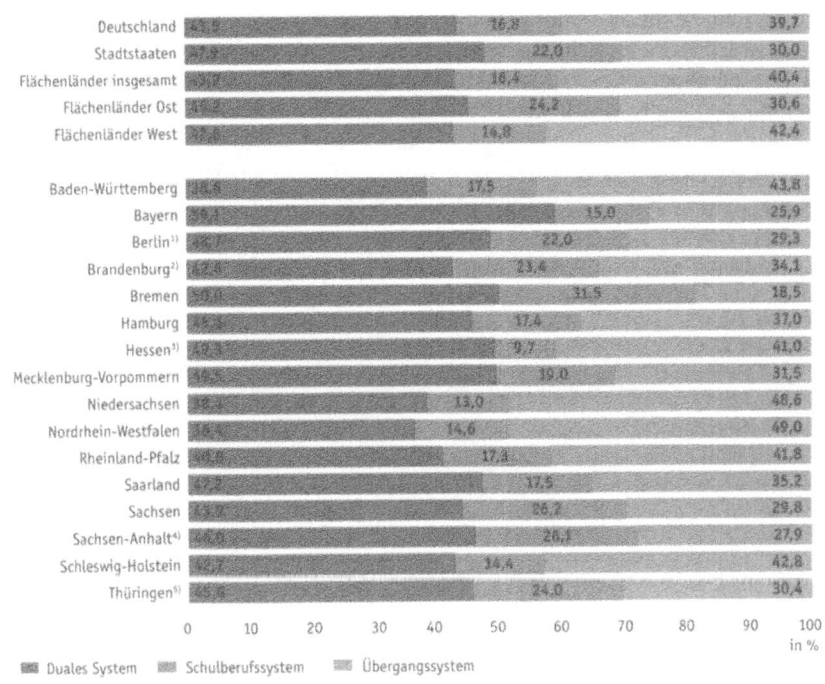

Abb. E1-3:   Verteilung der Neuzugänge auf die drei Sektoren des beruflichen Ausbildungs-
             systems 2006 nach Ländern

Quelle: Bildung in Deutschland 2008, S. 98

In den Stadtstaaten wie auch in den ostdeutschen Flächenländern liegt der Anteil
der Neuzugänge in das Schulberufssystem im Jahr 2006 am höchsten. In den
westdeutschen Flächenländern hingegen liegt der Anteil (14,8 %) leicht unter
dem Bundesdurchschnitt von 16,8 Prozent. In Nordrhein-Westfalen erreicht die
Übergangsquote sogar nur 14,6 Prozent. Vergleich man dies mit den Neuzugän-

gen in das duale und in das Übergangssystem, so wird ersichtlich, dass die problematische Lage am Ausbildungsstellenmarkt durch die deutlich quantitative Expansion des Übergangssystems ausgeglichen wird (deutlich z.B. in NRW). Die Ausweitung von Ausbildungsplätzen im Schulberufssystem durch landesspezifische Angebote zeigt – gemessen am Bundesdurchschnitt von 16,8 Prozent – unterschiedliche Niveaus. Die höheren Angebotsquoten in den ostdeutschen Ländern haben sicherlich ihre Ursachen in der prekäreren Lage am dualen Ausbildungsplatzmarkt im Vergleich zu den alten Bundesländern. Ersichtlich wird, dass in den alten Bundesländern – dies gilt für das Jahr 2006 – eher eine Zurückhaltung hinsichtlich des Ausbaus an schulischen Ausbildungsplätzen analog zur BBiG/HwO-Regelung eingenommen wurde, so dass potenzielle Ausweichpfade für gescheiterte Bewerber im dualen System per se verschlossen blieben.

Abbildung 7: Schülerinnen und Schüler im 1. Schuljahr des Schulberufssystem 2006 nach Ländern und Schularten sowie Veränderungen zu 2000 (in %)

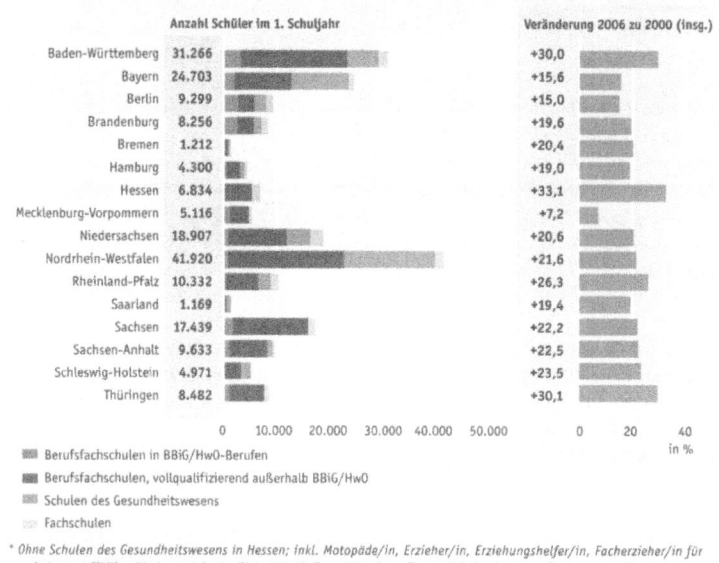

Abb. E3-3: Schülerinnen und Schüler im 1. Schuljahr des Schulberufssystems 2006 nach Ländern und Schularten sowie Veränderungen zu 2000* (in %)

* Ohne Schulen des Gesundheitswesens in Hessen; inkl. Motopäde/in, Erzieher/in, Erziehungshelfer/in, Facherzieher/in für verhaltensauffällige Kinder und Jugendliche, Altenpfleger/in, Altenpflegehelfer/in, Familienpfleger/in, Dorfhelfer/in, Heilerziehungspfleger/in, Heilerzieher/in, Heilerziehungspflegehelfer/in an Fachschulen
Quelle: Statistische Ämter des Bundes und der Länder, Schulstatistik, eigene Berechnungen

Quelle: Bildung in Deutschland 2008, S. 107

Eine differenzierte Betrachtung länderspezifischer Entwicklungen nach Schulberufen und Schularten im zeitlichen Entwicklungsverlauf zwischen 2000 und 2006 veranschaulicht: Während Bayern (30 %), Hessen (33,1 %) und Thüringen (30,1 %) ihre Eintrittsquoten in das Schulberufssystem im Betrachtungszeitraum deutlich steigerten, lag die Zuwachsquote in NRW lediglich nur bei 21,6 Prozent, wobei die Angebotserweiterung eindeutig in Bildungsgängen an Berufsfachschulen außerhalb des Rechtsraums von BBiG/HwO und bei den Schulen des Gesundheitswesens stattfand. Eine signifikante Erweiterung gleichwertiger Abschlüsse im Schulberufssystem gemäß den BBiG/HwO-Vorgaben ist nicht festzustellen.

Abbildung 8:    Verteilung der Neuzugänge auf die drei Sektoren des beruflichen Ausbildungssystems 2000, 2004 und 2006 nach schulischer Vorbildung (in %)

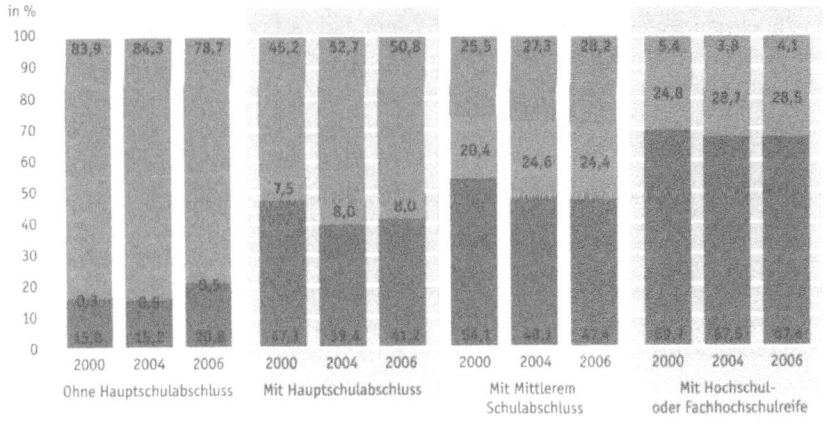

Abb. H3-1:   Verteilung der Neuzugänge* auf die drei Sektoren des beruflichen Ausbildungssystems 2000, 2004 und 2006 nach schulischer Vorbildung** (in %)

Duales System    Schulberufssystem    Übergangssystem

* Neben den Absolventen aus den allgemeinbildenden Schulen des gleichen Jahres sind auch solche aus früheren Entlassjahrgängen enthalten, die zunächst in Einrichtungen des Übergangssystems oder in privaten Feldern untergekommen waren.
** Ohne Neuzugänge mit sonstigen Abschlüssen; Erläuterungen vgl. Tab. H3-3A
Quelle: Statistische Ämter des Bundes und der Länder, eigene Berechnungen und Schätzungen auf Basis der Schulstatistik; Bundesagentur für Arbeit, eigene Berechnungen

Quelle: Bildung in Deutschland 2008, S. 158

Wie sind die Neuzugänge (Abb. 8) Jugendlicher im Schulberufssystem nach dem Niveau des erworbenen allgemeinbildenden schulischen Abschlusses zu beurteilen? Das Schulberufssystem ist für Hauptschüler ohne formalen Schulabschluss eine geschlossene Veranstaltung. Auch erfolgreiche Hauptschulabsolventen sind mit ca. 8 Prozent nur marginal unter den Schülern in Schulberufen zu finden. Erst mittlere wie auch höhere Schulabschlüsse öffnen den Zugang zur Ausbildung in berufsqualifizierenden Schulberufen. Jugendliche ohne oder mit Hauptschulabschluss werden hingegen zunehmend abgekoppelt und finden kaum noch Anschluss an schulische und duale Ausbildungsgänge. In absoluten Zahlen ausgedrückt handelt es sich um ca. 250 Tsd. Schulabgänger im Jahr 2009. Vielen von ihnen ist daher der Weg ins Übergangssystem praktisch vorgezeichnet. Vertiefend hierzu liefern die Daten aus der Abbildung 9 folgende Befunde: In das Schulberufssystem sind überwiegend Frauen (69 %) integriert; mittlere (64,2 %) und höhere Schulabschlüsse (18,7 %) stellen die Zugangsbasis dar; das duale System ist eher männlich dominiert (58,2 %); mittlere (48,1 %) und höhere Schulabschlüsse (17,1 %) bilden die Mindestvoraussetzungen für die Aufnahme einer Ausbildung; das Übergangssystem ist ebenfalls eher männlich besetzt (57,3 %); Hauptschulabbrecher (22,4 %) und Hauptschulabsolventen (38,9 %) stellen den höchsten Anteil Jugendlicher im System dar; fast ein Drittel weist aber auch den mittleren Bildungsabschluss auf.

# Abbildung 9: Neuzugänge in das berufliche Ausbildungssystem 2006 nach Geschlecht und schulischer Vorbildung

Tab. H3-3A: Neuzugänge* in das berufliche Ausbildungssystem 2006 nach Geschlecht und schulischer Vorbildung

| Schularten/ Bildungsprogramme | Insgesamt | Davon | | Davon | | | | |
|---|---|---|---|---|---|---|---|---|
| | | Männer | Frauen | Ohne Hauptschulabschluss | Mit Hauptschulabschluss | Mit Mittlerem Schulabschluss | Mit Hochschul- oder Fachhochschulreife | Mit sonstigem Abschluss |
| | | | | Anzahl | | | | |
| Duales System insgesamt | 551.434 | 321.103 | 230.331 | 29.780 | 158.905 | 265.059 | 94.209 | 3.481 |
| Schulberufssystem insgesamt | 212.984 | 65.987 | 146.997 | 677 | 30.978 | 136.643 | 39.806 | 4.880 |
| Berufsfachschulen in BBiG/HwO-Berufen | 26.226 | 8.669 | 17.557 | 168 | 5.970 | 12.802 | 5.616 | 1.670 |
| Berufsfachschulen vollqualifizierend außerhalb BBiG/HwO | 112.181 | 36.760 | 75.421 | 374 | 16.791 | 83.501 | 11.153 | 362 |
| Schulen des Gesundheitswesens[1] | 44.357 | 10.627 | 33.730 | 99 | 6.199 | 21.580 | 15.718 | 761 |
| Fachschulen (nur Erstausbildung) | 30.220 | 9.931 | 20.289 | 36 | 2.018 | 18.760 | 7.319 | 2.087 |
| Übergangssystem insgesamt | 503.401 | 288.266 | 215.135 | 112.575 | 195.670 | 157.582 | 5.733 | 31.841 |
| Schulisches Berufsgrundbildungsjahr (BGJ), Vollzeit[2] | 36.612 | 26.457 | 10.155 | 3.207 | 15.955 | 17.179 | 149 | 122 |
| Berufsfachschulen, die keinen beruflichen Abschluss vermitteln | 188.230 | 95.499 | 92.731 | 4.439 | 88.314 | 93.335 | 1.741 | 401 |
| Schulisches Berufsvorbereitungsjahr (BVJ) | 50.001 | 30.634 | 19.367 | 34.926 | 13.404 | 856 | 18 | 797 |
| Berufsschulen – Schüler ohne Ausbildungsvertrag | 83.126 | 50.469 | 32.657 | 30.430 | 34.909 | 15.910 | 415 | 1.462 |
| Sonstige Bildungsgänge[3] | 11.861 | 7.612 | 4.249 | 6.106 | 4.033 | 1.518 | 7 | 197 |
| Berufsvorbereitende Maßnahmen der BA (Bestand 31.12.)[4] | 110.778 | 65.032 | 45.746 | 32.479 | 31.566 | 20.023 | 1.763 | 24.947 |
| EQJ (Bestand 31.12.) | 22.793 | 12.563 | 10.230 | 988 | 7.489 | 8.761 | 1.640 | 3.915 |
| | | | | in % | | | | |
| Duales System insgesamt | 100 | 58,2 | 41,8 | 5,4 | 28,8 | 48,1 | 17,1 | 0,6 |
| Schulberufssystem insgesamt | 100 | 31,0 | 69,0 | 0,3 | 14,5 | 64,2 | 18,7 | 2,3 |
| Übergangssystem insgesamt | 100 | 57,3 | 42,7 | 22,4 | 38,9 | 31,3 | 1,1 | 6,3 |

* Brandenburg 1. Schuljahr; Sachsen-Anhalt 1. Schuljahr für Schulen des Gesundheitswesens
1) Ohne Hessen
2) Soweit nicht als 1. Ausbildungsjahr im dualen System anerkannt
3) Enthalten berufsvorbereitende Maßnahmen der BA, Fördermaßnahmen der Berufsausbildung Benachteiligter (soweit nicht im Rahmen des dualen Systems), Schüler mit und ohne Berufstätigkeit sowie Arbeitslose, Teilnehmer an Lehrgängen/Maßnahmen der Arbeitsverwaltung
4) Ohne Artikel 4; außerbetriebliche Ausbildung; Vorbildung teilweise geschätzt

Quelle: Statistische Ämter des Bundes und der Länder, eigene Berechnungen und Schätzungen auf Basis der Schulstatistik; Bundesagentur für Arbeit, eigene Berechnungen

Quelle: Bildung in Deutschland 2008, S. 320

# 5    Gleichwertigkeit schulischer und dualer Berufsausbildung

Eingangs wurde die Frage aufgeworfen, warum das „Nebensystem" der schulischen Bildung gegenüber dem dualen System in der öffentlichen Wahrnehmung weitgehend ignoriert wird. Warum wird es als nachrangig und nicht gleichwertig gegenüber der betrieblich-praktischen Ausbildung bewertet und was führt dazu, dass es sich in seinen Leistungen ausnahmslos an der klassischen dualen Berufsausbildung messen lassen muss? Auf welche tragfähigen empirischen Belege kann bei der Beantwortung dieser Frage zurückgegriffen werden?

In den letzten zehn Jahren sind viele empirische Studien zur schulischen Berufsbildung durchgeführt worden, die unterschiedliche Fragenkomplexe thematisierten. Eine Vergleichbarkeit in den Studien ist jedoch nur bedingt gegeben und nur dann möglich, wenn die Untersuchungen über Berufs- und Ländergrenzen hinweg angelegt waren. Insgesamt ist jedoch die empirische Datenbasis nach wie vor unzureichend und sie lässt kaum belastbare Aussagen zum Nutzen schulischer Berufsausbildung zu. Erschwerend kommt hinzu, dass aufgrund der länderspezifischen Regelungen und der mangelnden Berichtspflicht von Ländern, Kommunen und freien Trägern als Akteure schulischer Berufsbildung die Systemstrukturdaten nach wie vor intransparent und die Datentiefe unzureichend ist (vgl. Krüger 2005). Mit dem Ansteigen der Schülerzahlen in den 90er-Jahren ist das Schulberufssystem jedoch zweifelsohne stärker in den Fokus der Berufsbildungsforschung gerückt.

Für eine fachöffentliche Aufmerksamkeit sorgte der OECD-Bericht „Education at a Glance" im Jahr 2004. Auf der Basis des Mikrozensus aus dem Jahr 2002 konnte festgestellt werden, dass erwerbsfähige Personen mit dualer Berufsausbildung in allen Altersgruppen höhere Erwerbslosenraten aufwiesen als Erwerbstätige mit einem schulischen Berufsfachschulabschluss. Eine nähere Analyse des BIBB konnte seinerzeit diese Befunde weitgehend bestätigen (vgl. Hall/Schade 2005)[14], ohne nähere Begründungen für diesen Befund identifizieren zu können.

---

[14] In der Analyse wurden drei Faktoren identifiziert, die für die unterschiedlichen Erwerbslosenraten ursächlich waren 1.: Das Niveau des allgemein bildenden Schulabschlusses; mit steigendem Niveau sinkt das Erwerbslosigkeitsrisiko, was sich aufgrund der Zugangsvoraussetzungen zu schulischer Berufsausbildung vorteilhaft für die Berufsfachschulen auswirkt. 2.: Der künftige Beschäftigungssektor bzw. der Ausbildungsbereich (schulische Berufsausbildung umfasst in erster Linie Dienstleistungsberufe, deren Beschäftigungsaussichten aufgrund des wirtschaftlichen Wachstums in diesem Sektor positiver zu bewerten sind). 3.: Die Ergebnisse werden durch die Unterschiede in Ost- und Westdeutschland etwas verzerrt: In Ostdeutschland ist das Duale System – vornehmlich auch im gewerblich-technischen Bereich – im Vergleich zu der schulischen Berufsausbildung stärker vertreten; dies sorgt in Verbindung mit der ohnehin schon höheren Arbeitslosigkeit und der Ausbildung in einem vom Abbau bedrohten Sektor zu einem Anstieg des Erwerbslosigkeitsrisikos.

Das, was aus vorliegenden Studien, die in den letzten Jahren durchgeführt wurden, an empirischen Ergebnissen zur Berufswahl, zum Verbleib und zur curricularen Gleichwertigkeit zu entnehmen ist, ist zusammengefasst Folgendes[15]:

---

[15] Eine Studie des BIBB zum Verbleib von 2.500 Absolventen vollqualifizierender Berufsfachschulen aus dem Jahr 1998, und zwar ein Jahr nach Ausbildungsende in vier Bundesländern ergab, dass 52 % der Absolventen berufstätig waren, davon 74 % im ausgebildeten Beruf. Von den 48 % der nicht im Beruf Tätigen hatten 36 % eine Ausbildung im dualen System aufgenommen. Dies betraf in starkem Maße Absolventen in den neuen Bundesländern, die größere Schwierigkeiten bei der Integration in den Arbeitsmarkt aufwiesen. Auffällig war, dass insbesondere Wirtschaftsassistenten, also ein Landesberuf außerhalb des BBiG/HwO, deutlich mehr Integrationsprobleme im Gegensatz zu anderen Berufsabschlüssen (vgl. Feller 2000) verzeichneten. Eine Verbleibuntersuchung in Sachsen, in der 815 Absolventen aus 31 Ausbildungsgängen zu ihrem Erwerbsstatus unmittelbar nach Beendigung der Ausbildung und in einer zweiten Erhebung ca. ein Jahr nach der Ausbildung befragt wurden, lieferte vergleichbare Berufseinmündungsdaten. So waren 66 % der Befragten nach einem Jahr berufstätig (davon 88 % als Fachkraft), 7% waren erwerbslos und 20 % hatten sich für eine Anschlussausbildung entschieden (vgl. Müller 2003). Während die genannten Daten aus den zitierten Verbleibstudien auf den ersten Blick eher positive Befunde zur ausbildungsadäquaten Einmündung ins Beschäftigungssystem signalisieren, bleibt dennoch nicht zu übersehen, dass gezwungenermaßen ein beträchtlicher Teil der schulischen Absolventen diese lediglich als eine Vorbereitung auf eine duale Ausbildung betrachten mussten. Wie ist also die Option „Notlösung", also das Ausweichen auf eine schulische Berufsausbildung zu bewerten? Dass die Option einer „Notlösung oder als Ausweichpfad" nicht grundsätzlich zutrifft, konnte mit einer Untersuchung durch das BIBB grundsätzlich nicht bestätigt werden. So hatten 80 Prozent der Befragten explizit darauf verwiesen, sich bewusst für die Wahl eines schulischen Bildungsgangs entschieden zu haben. Für 30 Prozent in dieser Gruppe war die Option, mit diesem Ausbildungstyp einen höheren schulischen Abschluss erwerben zu können, ausschlaggebend. Einschränkend zu berücksichtigen ist jedoch bei dieser Untersuchung, dass die von den Probanden gewählten Berufe zum Teil ausschließlich nur über eine schulische Ausbildung wie z. B. in Gesundheits-, sozialpädagogischen- und personennahen Dienstleistungsberufen erreichbar waren. Auch wiesen die Ergebnisse berufsgruppenspezifische Unterschiede auf, denn Teilnehmer an Bildungsgängen mit dem Ziel eines Assistentenberufes gaben häufiger als andere an, die schulische Ausbildung als Vorbereitung für eine duale Ausbildung nutzen zu wollen (vgl. Feller 2000, BMBF 2000, S. 84 ff.). Zu vergleichbaren Ergebnissen für das Berufsfeld Wirtschaft und Verwaltung, wenngleich im Resultat noch deutlicher, kommt eine andere Studie, in der ca. die Hälfte der befragten Jugendlichen den gewählten schulischen Bildungsgang als Notlösung ansah. Ein Drittel verband mit der getroffenen Ausbildungswahl explizit das Ziel, entweder eine Ausbildung im dualen System oder ein Studium aufzunehmen (vgl. Zlatkin-Troitschanskaia 2005). Neben den Verbleibs – und Berufswahlstudien zur Beurteilung von Gleichwertigkeit schulischer und dualer Ausbildung existieren auch curriculare Vergleichsuntersuchungen (vgl. Zöller 2001). Beispielsweise wurden paarweise die Curricula von fünf Ausbildungsberufen und fünf Schulberufen nach Landesrecht anhand der Kriterien: Berufscharakteristika, Tätigkeitsfeld, Zugangsvoraussetzungen, Ausbildungsdauer, Abschluss, berufliche Weiterbildung, Verdienst und Einsatzbereiche verglichen. Im Resultat war festzustellen, dass die Berufsbildbeschreibungen und Tätigkeitsfelder bei allen fünf Paaren sehr nahe zusammen lagen. Unterschiede gab es lediglich bei den arbeitsmarktbezogenen Einsatzfeldern und dem erzielten Einkommen. In einer anderen Studie wurde dem Erwerb von Schlüsselkompetenzen in drei dual ausgebildeten zu schulisch ausgebildeten Berufen wie z.B. zum Wirtschaftsassistenten und Physiotherapeuten nachgegangen. Untersucht wurde der Kompetenzerwerb zur Kommunikations- und Kooperationsfähigkeit, dem selbstregulierten Lernen und der Leistungsmotivation und

- Studien mit einem Untersuchungsfokus auf den Verbleib der Absolventen schulischer Ausbildungsgänge im Beschäftigungssystem zeigen eine mehr oder minder positive Integrationsquote, die jedoch in Abhängigkeit der untersuchten Berufe, dem Untersuchungszeitpunkt (also der konkreten Arbeitsmarktlage) und des regionalen Zuschnitts bzw. regionaler Rahmenbedingungen ( z. B. in den neuen Bundesländern) deutlich variiert.
- Absolventen schulischer Berufsbildung auf Basis landesrechtlicher Bestimmungen, wie z.b. bei den Assistentenberufen, tragen ein deutlich höheres Erwerbslosenrisiko wie auch eine höhere Chancenminderung bei einer ausbildungsadäquaten Beschäftigung. Für viele Jugendliche wird eine derartige Ausbildung als Chance zur Vorbereitung auf eine duale Ausbildung gesehen und auch realisiert. Für Absolventen schulischer Ausbildung in den Gesundheits- und Pflegeberufen trifft dieser Befund weniger zu, denn sie absolvieren eine Ausbildung, die kaum in Konkurrenz zum dualen System steht und für die sich die Arbeitsmarktchancen in den letzten Jahren relativ positiv entwickelten.
- Zur curricularen Gleichwertigkeit liegen leider nur wenig fundierte Studien vor, wobei sich eine Studie konkret auf den Kompetenzerwerb in fünf ver-

---

Selbstkompetenz. In den Ergebnissen spiegelte sich wider, dass schulisch qualifizierte Wirtschaftsassistenten durchgängig niedrigere Werte in den untersuchten Kompetenzfeldern im Gegensatz zu dual ausgebildeten Berufen erreichten, allerdings waren die gemessenen Leistungsunterschiede in erster Linie auf das erreichte Schulniveau, die erzielten Abschlussnoten und das Geschlecht zurückzuführen. Der durchlaufende Ausbildungstyp bildete jedoch keine signifikante Einflussgröße (vgl. Müller 2006). Die Übergangspassage von Absolventen schulischer Bildungsgänge aus dem Berufsfeld Wirtschaft und Verwaltung ins Beschäftigungssystem war auch Thema einer Evaluationsstudie im Auftrag des Kultusministeriums Baden-Württemberg. Ziel war es, im Rahmen eines Schulversuchs zu ermitteln, wie sich die betriebliche Anrechnungspraxis schulischer Berufsbildungen am Beispiel des Wirtschaftsassistenten durch die Einbeziehung von Praxisanteilen (Übungsfirma) gestaltet. Die Untersuchung war auf zwei Ebenen angelegt. Erstens wurde die Anrechnungspraxis der Betriebe bei Aufnahme einer dualen Ausbildung und zweitens die Befähigung der Absolventen beim Direkteinstieg ins Erwerbsleben untersucht. Durch die Einbeziehung beruflicher Praxis in Form einer Übungsfirma rechnete ein Drittel der Betriebe ein halbes Jahr des schulischen Bildungsganges auf eine duale Ausbildung an und 27 Prozent verkürzten die Ausbildung sogar um ein Jahr. Beim Direkteinstieg verschoben sich die Resultate deutlich: Industrieunternehmen beurteilten den praktischen Kompetenzerwerb mit ca. 22 Prozent sehr zurückhaltend, wohingegen die Zustimmung in Dienstleistungsbetrieben (40,8 %), im Handel (48,8 %) und im Handwerk (54,5 %) deutlich größer war. Selbst der ausdrückliche Verweis auf die praxisbezogene Übungsfirma während der schulischen Ausbildung konnte die Ergebnisse nicht signifikant beeinflussen, denn nur lediglich 5,8 Prozent der befragten Unternehmen sahen eine höhere Berufsbefähigung durch die Integration des praktischen Instrument als gegeben an. Im Rahmen einer sich anschließenden dualen Ausbildung hätte die integrierte Übungsfirma jedoch als positives Element bei einer Anrechnung (70 % der Betriebe) Akzeptanz gefunden. Die Autoren der Studie konstatieren folglich, dass die grundsätzlichen Vorbehalte eines praktischen Kompetenzerwerb in der schulischen Ausbildung relativ unabhängig vom eingesetzten Instrument der Übungsfirma stabil waren, also die grundsätzlichen Vorurteile gegenüber der Praxisferne in schulischen Bildungsgängen nicht kompensiert werden konnten (vgl. Ruf 2006).

gleichbaren schulischen und dualen Berufen konzentrierte. Anhand der gemessenen Kompetenzfelder schnitten die schulischen Berufe im Leistungsprofil zwar schlechter ab. Zurückzuführen war dies aber nicht auf den besuchten Schultyp, sondern vielmehr auf die Merkmale der schulischen Vorbildung, der erzielten Abschlussnoten und des Geschlechts der Probanden.

- Zur Bedeutung beruflicher Praxis wurde in einer Evaluationsstudie die arbeitsmarktliche Akzeptanz berufsfachlicher Qualifizierung in der schulischen Berufsbildung, die mittels der Einbeziehung einer Übungsfirma hergestellt wurde, untersucht. Die Studie kommt zum Ergebnis, dass generell, und zwar unabhängig vom Einsatz berufspraktischer Inhalte gegenüber der schulischen Ausbildung die Vorurteile gegenüber dieser Ausbildungsform in Folge einer unterstellten Praxisferne bei den Betrieben stabil sind. In der schulischen Ausbildung erworbene fachpraktische Ausbildungsanteile erbringen bei den Unternehmen nur dann eine hohe Akzeptanz (und zeitliche Anrechnung auf die Ausbildung), wenn die Absolventen eine duale Ausbildung anschließen, also Zeitverlust in Kauf nehmen.

- Trotz der vorliegenden - nicht repräsentativen - Einzelstudien ist die Datenlage dürftig, um empirisch belastbare Aussagen zum Nutzen schulischer Berufsausbildung über Berufs- und Ländergrenzen hinweg treffen zu können. Die Vergleichbarkeit ist häufig nur bedingt bzw. nur in einigen wenigen Berufen/Berufsgruppen möglich, da teilweise für andere Tätigkeitsfelder qualifiziert wird, die aufgrund verschiedener ökonomischer Rahmenbedingungen kaum vergleichbar sind. Andererseits werfen die Ergebnisse der Curriculumsvergleiche und der Kompetenzuntersuchungen die Frage nach der inhaltlichen Gleichwertigkeit zwischen dualer und schulischer Berufsausbildung auf, was als Referenzbasis einer formalen Gleichwertigkeit in Form des Kammerabschlusses dienen könnte.

- Das novellierte Berufsbildungsgesetz versucht als relativ offenes Rahmengesetz, die Konsensfindung zwischen den Sozialpartnern und den Vertretern der Länder auf die Verordnungsstufe zu delegieren. Für die vollzeitschulischen Berufsausbildungen sind insbesondere folgende Regelungen von Bedeutung (vgl. Zlatkin-Troitschanskaia 2005, S. 273 ff.; Lorenz/Ebert/Krüger 2005 S. 68 f.; Dobischat 2007):

- Regionale Kooperation zwischen Betrieben und beruflichen Schulen: Dies eröffnet Berufsschulen die Möglichkeit, neue Formen betrieblich-schulischer Kooperation zu vereinbaren – z. B. können Berufsschulen innerhalb von Ausbildungsverbünden die Trägerschaft übernehmen.

- Stärkung der ‚Bildungsfunktion' der vollzeitschulischen Berufsausbildung: Nach dem novellierten Berufsbildungsgesetz soll die Verknüpfung von vollzeitschulischer Berufsausbildung und höheren Abschlüssen erleichtert werden.

- Anrechnung beruflicher Vorbildung auf die Ausbildungszeit: Die Anrechnungsbestimmungen für schulische Ausbildungszeiten fallen gemäß § 7 BBiG in den Verantwortungsbereich der Länder. Landesregierungen können nach Anhörung des Landesausschusses für Berufsbildung über die vollständige oder teilweise Anrechnung der Bildungsgänge an beruflichen Schulen/Berufskollegs auf eine duale Ausbildung bestimmen. Ab diesem Jahr (2009) ist dies durch einen gemeinsamen Antrag von Auszubildenden und Ausbildenden obligatorisch vorgeschrieben.

- Zulassung zur Abschlussprüfung für Absolventen der vollzeitschulischen Ausbildung: § 43 Abs. 2 BBiG beinhaltet die Grundlagen für den Anspruch von Absolventen vollzeitschulischer Ausbildungsgänge auf Zulassung zur Kammerprüfung. Auch hier wird die Entscheidung, welche Bildungsgänge generell einer Ausbildung nach dem Berufsbildungsgesetz entsprechen, auf die Landesregierung übertragen. Die Anerkennung der Bildungsgänge erfolgt durch die Landesregierungen im Benehmen mit den jeweiligen Landesausschüssen für Berufsbildung. Die Zulassung ist jedoch an strenge Voraussetzungen geknüpft und bis 2011 befristet, danach entscheiden wieder die Kammern bzw. die Vorsitzenden der Prüfungsausschüsse. Die Voraussetzungen sind, dass der schulische Bildungsgang einer Berufsausbildung in einem anerkannten Ausbildungsberuf entspricht. Dies bedeutet: Inhalt, Anforderung und Dauer sind gleichwertig, die Ausbildung wird systematisch, sachlich und zeitlich gegliedert durchgeführt und durch Lernortkooperation wird ein angemessener Anteil an fachpraktischer Ausbildung gewährleistet (z. B. außer-/betriebliches Praktikum). Aus diesen Bestimmungen wird ersichtlich, dass das duale System weiterhin Referenzsystem bleibt und gestärkt werden soll. Die aufgestellten Rahmenregelungen und insbesondere die Formulierung „im Benehmen mit den Landesverbänden" lassen offen, in welchem Umfang eine Umsetzung der Bestimmungen auf Länderebene faktisch möglich ist, da die Landesausschüsse von Vertretern der Sozialpartner dominiert werden, die in diesem Punkt ungewöhnlich gleichmütig gegen eine Gleichstellung dualer und schulischer Berufsausbildung votieren. Die Ergebnisse einer Länderumfrage, die das BIBB im Jahr 2006 zur Umsetzung der §§ 7 und 43 Abs. 2 BBiG durchführte, belegt, dass die Zulassungs- und Anrechnungsbestimmungen, die einen Weg zur formalen Gleichwertigkeit beschritten hätten, zu diesem Zeitpunkt nicht gravierend geändert wurden. So hatte ca. die Hälfte der Bundesländer Rechtsverordnungen zu Zulassungs- und/oder Anrechnungsbestimmungen erlassen bzw. diese befanden sich im Planungsstadium; teilweise mit großen Zugeständnissen an die

Sozialpartner und zuständigen Stellen. Enttäuschend hierzu auch der Bildungsbericht im Jahr 2008, der unverwunden feststellt, dass die Möglichkeiten nicht nennenswert ausgedehnt wurden (S. 115). Probleme, die aus Ländersicht bei der Umsetzung der Freiräume entstehen, sind (vgl. BIBB 2006): Schwierige und langwierige Gespräche im Vorfeld mit den Kammern und Beratungen in den Landesausschüssen für Berufsbildung; die zeitliche Befristung bis 2011, die in Anbetracht der langen Verhandlungen als problematisch angesehen wird und der Mangel an personellen und sachlichen Haushaltsressourcen, der als Barriere angesehen wird. Insbesondere monieren die Länder ein eindeutiges bildungspolitisches Signal der Sozialpartner dergestalt, dass Regelungen zur formalen „Aufwertung" der schulischen Ausbildung überhaupt erwünscht sind, um auf dieser Grundlage dann auch die Abstimmungs- und Akzeptanzprozesse mit den Kammern in Angriff zu nehmen. In diesem Zusammenhang wird u. a. auf die Notwendigkeit der Aufhebung der gesetzlichen Befristung bis zum Jahr 2011 als eine zentrale Voraussetzung verwiesen; ferner auch auf die Umwandlung der teilqualifizierenden in vollqualifizierende Bildungsgänge mit angemessenen Praxisanteilen. Die Zurückhaltung der Länder lässt vermuten, dass sich langfristig die Differenzen in der schulischen Berufsausbildung zwischen den einzelnen Bundesländern vergrößern (vgl. Abb. 6) und dass das ohnehin sehr heterogene „Schulberufssystem" in Deutschland intransparenter und noch weniger vergleichbar wird, was nicht nur die bundesweite Anerkennung und Mobilität der Absolventen negativ beeinträchtigt, sondern auch im Hinblick auf den europäischen Arbeitsmarkt und die europäische Berufsbildungspolitik als riskant zu beurteilen ist (Zlatkin-Troitschanskaia 2005, S. 276; Wahle 2009).

## 6    Fazit und Schlussfolgerungen

Resümierend lässt sich festhalten, dass sich die schulische Berufsbildung in einigen Sektoren und Tätigkeitsfeldern konkurrenzlos als originäre berufliche Ausbildungsform etabliert hat und eine entsprechende Arbeitsmarktakzeptanz besitzt. Durch die Krise am Ausbildungsstellenmarkt ist das Schulberufssystem bei Weitem nicht in eine Aufbewahrungsfunktion für unvermittelte Bewerber manövriert worden, wie dies für das Übergangssystem unzweifelhaft festgestellt werden muss. Vielmehr konnte es sich durch entsprechende Eingangsvoraussetzungen und Berufsprofile gegen eine stärke Integration von leistungs- und bildungsschwächeren wie auch von marktbenachteiligten Schülern - wie das duale System im Übrigen auch – immunisiert werden, denn die Optionen für Hauptschulabsolventen im Schulberufssystem sind trotz der quantitativen Steigerungsraten in den letzten Jahren überhaupt nicht erweitert worden (vgl. Beicht/Friedrich/Ulrich 2008, S. 308). Viele der Schulberufe stehen nicht in einer unmittelbaren Konkurrenz zum dualen System, denn ihre Abschlüsse fokussieren auf personen- und dienstleistungsbezogene Arbeitsmärkte, die einen wachsenden gesellschaftlichen Bedarf signalisieren, aber nicht zum Regelungsbereich des dualen Systems nach dem BBiG/HwO zählen.

Bei anderen Schulberufen hingegen ist die qualifikatorische Relevanz wie auch die individuelle Beschäftigungsfähigkeit problematisch, wie beispielsweise bei den Landesassistenzberufen außerhalb des BBiG/HwO sich eine Tendenz abzeichnet, dass besonders sie eine Parkfunktion einnehmen und als Sprungbrett – quasi als Form einer Berufsvorbereitung und -orientierung für eine nachfolgende duale Ausbildung angesehen und genutzt werden, was unter Kosten- und Zeitgesichtspunkten fragwürdig ist. Ob bei den personen- und dienstleistungsbezogenen Schulberufen eine enge Koppelung mit dem Bedarf des Beschäftigungssystems unterstellt werden kann, bleibt angesichts generell niedriger Übergangsquoten in unbefristete Dauerarbeitsverhältnisse mit einem Arbeitsvolumen von mindestens 20 Stunden, die unter 20 % ein Jahr nach Ausbildungsende liegen, ebenfalls fraglich (Beicht/Ulrich 2008). Zu untersuchen wäre z.B. die Frage, welche Einflussfaktoren, die sich in den spezifischen Arbeits- und Einkommenslagen - Stichwort atypische bzw. prekäre Beschäftigung - im Bereich der personenbezogenen Dienstleistungen ausdrücken können, auf dieses Berufsfeld wirken und es für Absolventen womöglich unattraktiv machen, sie damit für geringe Übergangsquoten durch Abwanderung sorgen. Fehlender Praxismangel in der schulischen Ausbildung ist der zentrale Vorwurf der Betriebe gegenüber einer schulischen Berufsbildung. Dies wirkt als Hindernis bei der Einstellung bzw. Anrechnung von bereits erbrachten Vorleistungen in anderen Bildungsgängen.

Den Betrieb mit dem uneingeschränkten Alleinstellungsmerkmal einer kompetenten und qualitativ hochwertigen Realisierung von berufspraktischen Ausbildungsleistungen gegenüber schulischen Lernkonstellationen a priori zu etikettieren, bleibt vor dem Hintergrund vorliegender wissenschaftlicher Ergebnisse aus der umfangreich dokumentierten Lernortkooperationsforschung aber ein Mythos. Vielmehr kann die schulische Berufsbildung durch die Einbindung einschlägiger Praxisphasen sinnvolle Bildungswege konstituieren helfen, indem sie Pilotfunktionen in sich neu entwickelnden Berufsfeldern, für die es keine dualen Ausbildungen gibt, übernimmt. Auch die weitere Öffnung im Sinne von Doppelqualifizierung bzw. der Ermöglichung des Erwerbs höherer Schulabschlüsse kann die wachsende Bedeutung allgemeiner und fach-/berufsübergreifender Kompetenzen verstärken. Dabei ist jedoch die Gefahr nicht von der Hand zu weisen – wie internationale Vergleiche zeigen (Niederlanden, Österreich und Frankreich) –, dass ein starkes schulisches Berufssystem die duale Ausbildung durch Abzug der leistungsstärksten Absolventen gefährden kann und durch Öffnung nach unten zur Restgröße für Schwächere/Benachteiligte (vgl. Heidegger 2006, S. 33) mutiert, was zum massiven Verlust der Akzeptanz beitragen würde. Schulische Berufsausbildung ist also nicht Konkurrenz im Berufsbildungssystem und der Ausbau bzw. seine Profilierung bedeutet nicht gleich den Untergang des dualen Systems. Vielmehr sollte es gelingen, beide Systeme durch Wettbewerb aneinander anzunähern. Das bedarf jedoch der Augenhöhe, nicht eines Blicks nach unten auf die temporäre segmentierte Notgemeinschaft gegenüber einem als stark und mit einem Referenzstatus attribuierten dualen System.

Die schulische Berufsbildung kann durchaus eine Alternative zum dualen System darstellen, soweit entsprechende berufsbildungspolitische Signale gesetzt werden (vgl. Feller 2004, S. 51), und zwar wenn Überschneidungen zu Ausbildungsinhalten des dualen Systems sichtbar gemacht und auch bei Prüfungszulassungen und Anrechnungsverfahren anerkannt werden, der Anteil der Betriebspraktika erhöht wird, Doppelqualifizierungen zur Norm werden, die Durchlässigkeit und Anschlussfähigkeit bis zur Weiterbildung und Hochschulbildung gegeben wird.

Die vielstimmig hörbaren Warnungen einer drohenden weiteren Verschulung der Berufsbildung sind zwar angesichts der Probleme am Ausbildungsstellenmarkt, die sich sicherlich durch die Wirtschafts- und Finanzkrise kurzfristig nicht entspannen werden, ernst zu nehmen, sie erinnern aber zugleich an die vehement vorgetragenen Kassandrarufe vor einer zunehmenden Pädagogisierung der Betriebe, wie sie in den 70er-Jahren artikuliert wurden. Die unterstellte Verschulung greift aktuell viel stärker im quantitativ profitierenden Übergangssystem um sich, und zwar bei denjenigen, deren Lebens- und Lernzeiten bei abnehmenden Zugangschancen zwangsweise durch eine zeitliche Ausdehnung entschleunigt, während die Leistungsstarken auf allen Stufen des Bildungssystems durch verkürzte Bildungszeiten beschleunigt werden.

Erforderlich ist vordringlich, die Forschungs- und Datenlage im Bereich der schulischen Berufsbildung zu verbessern. Dies würde nicht nur die bestehende Intransparenz beseitigen helfen, sondern positive wie auch kritische Aspekte, die zu einer sachgerechten berufsbildungspolitischen wie auch wissenschaftlichen Diskussion beitragen würden, offenlegen und einen kritisch-konstruktiven Diskurs fundieren. In diesem Kontext könnte auch geklärt werden, welchen substanziellen Beitrag die schulische Berufsbildung – und zwar über das hinausgehend, was gegenwärtig bereits praktiziert wird und häufig unhinterfragte Klischees bedient – zur Lösung von kritischen Übergangspassagen und Passungsproblemen an der Schwelle von der Schule in den Beruf leisten kann.

# Literatur

Autorengruppe Bildungsberichterstattung (Hrsg.) (2008): Bildung in Deutschland 2008. Ein indikatorengestützter Bericht mit einer Analyse zu Übergängen im Anschluss an den Sekundarbereich I. Bielefeld.

(BA) Bundesagentur für Arbeit (2006): Beruf, Bildung, Zukunft. 1. Bildungsweg, ohne Ort. URL: http://infobub.arbeitsagentur.de/bbz/modul1/modul_1_2.html (Abruf: 01.06.06).

Baethge, M.; Solga, H.; Wieck, M. (2007): Berufsbildung im Umbruch. Signale eines überfälligen Aufbruchs. Bonn.

Baethge, M.; Buss, K.; Lanfer, C. (2003): Konzeptionelle Grundlagen für einen Nationalen Bildungsbericht: Berufliche Bildung und Weiterbildung/Lebenslanges Lernen, Bonn. Berlin.

Beicht, U.; Ulrich, J. G. (2008): Ergebnisse der BIBB-Übergangsstudie. In: Beicht, U.; Friedrich, M.; Ulrich, J. G. (Hrsg.): Ausbildungschancen und Verbleib von Schulabsolventen. Bielefeld. S. 101 ff.

BIBB (2007): Ergebnisse aus dem Forschungsprojekt 1.1007: Wege von der Berufsfachschule – und danach? Online: http://www.bibb.de/redaktion/berufsfachschulen/fp1-1007_2.htm,. (Abruf: 26.11.2007).

BIBB (2006): Ausbildung an Berufsfachschulen nach BBiG/HwO einschließlich der Länderaktivitäten zur Umsetzung der §§ 7 und 43 Absatz 2 BBiG bzw. §§ 27a und 36 Absatz 2 HWO, ohne Ort. URL: http://www.lasa-brandenburg.de/-brandakt/nr3_s6.pdf, (Abruf 26.11.2007).

BMBF (2007): Berufsbildungsbericht 2007, Berlin/Bonn.

BMBF (2000): Berufsbildungsbericht 2000, Bonn.

BS Bayerisches Staatsministerium für Umwelt, Gesundheit und Verbraucherschutz / Bayerisches Staatsministerium für Unterricht und Kultus (Hrsg.) (2006): Schulen für Berufe des Gesundheitswesens, München.

Bosch, G. (2008): Zur Zukunftsfähigkeit des deutschen Berufsbildungssystems. In: Arbeit. Zeitschrift für Arbeitsforschung, Arbeitsgestaltung und Arbeitspolitik, Heft 4, S. 239 – 253.

Dobischat, R.; Münk, D. (2009): Bedingungsanalysen zum „Übergangssystem". In: Sektion Berufs- und Wirtschaftspädagogik in der Deutschen Gesellschaft für Erziehungswissenschaft (DGfE) (Hrsg.): Memorandum zur Professionalisierung des pädagogischen Personals in der Integrationsförderung aus berufswissenschaftlicher Sicht. Bonn.

Dobischat, R. (2007): Die Reform des Berufsbildungsgesetzes – Chance für die duale Berufsausbildung. In: Gewerkschaft Erziehung und Wissenschaft (Hrsg.): Neue Anforderungen in der beruflichen Bildung NRW, Essen, S. 19 ff.

Dobischat, R.; Kühnlein, G. (Hrsg.). (2009): Politische Gestaltung des kommunalen Übergangsmanagements an der Passage von der Schule in die Arbeitswelt. Bonn.

Dobischat, R.; Milolaza, A.; Stender, A. (2009): Vollzeitschulische Berufsausbildung – eine gleichwertige Alternative zur dualen Berufsausbildung? In: Zimmer, G.; Dehnbostel, P. (Hrsg.): Berufsausbildung in der Entwicklung – Positionen und Leitlinien. Bielefeld. S. 127-151.

Feller, G. (2004): Ausbildungen an Berufsfachschulen – Entwicklungen, Defizite und Chancen. In: Berufsbildung in Wissenschaft und Praxis, 33, 4, S. 48-52.

Feller, G. (2001): Einleitung. In: dieselbe (Hrsg.): Auf dem Schulweg zum Beruf, Bonn.

Feller, G. (2000): Berufsfachschulen – Joker auf dem Weg zum Beruf? In: Berufsbildung in Wissenschaft und Praxis, 29 (2000) 2, S. 17-23.

Feller, G. (1998): Wurzeln der Berufsfachschulen. Entstehung schulischer Berufsausbildung im Kontext gesellschaftlicher Entwicklung. In: Die berufsbildende Schule 50, 10, S. 292-296.

Greinert, W-D. (2006): Geschichte der Berufsausbildung in Deutschland. In: Arnold, R.; Lipsmeier, A. (Hrsg.): Handbuch der Berufsbildung. Wiesbaden. S. 499-508.

Greinert, W-D. (2007): Kernschmelze – der drohende GAU unseres Berufsausbildungssystems, ohne Ort. URL: http://www.ibba.tu-berlin.de/download/greinert/kern schmelze.pdf (Abruf: 26.11.2007).

Hall, A.; Schade, H-J. (2005): Welche Ausbildung schützt besser vor Erwerbslosigkeit? Der erste Blick kann täuschen! Duale Berufsausbildung und Berufsfachschulen im Vergleich. In: Berufsbildung in Wissenschaft und Praxis, 34, 2, S. 23-27.

Harney, K. (2004): Berufsbildung als Gegenstand der Schulforschung. In: Helsper, W.; Böhme, J. (Hrsg.): Handbuch der Schulforschung. Wiesbaden. S. 325-344.

Heidegger, G. (2006): Berufsausbildung in der Schule – Randphänomen, Ergänzung oder gar Alternative. In: Berufsbildung, Heft 100/101, S. 32-34.

Kell, A. (2006): Organisation, Recht und Finanzierung der Berufsbildung. In: Arnold, R.; Lipsmeier, A. (Hrsg.): Handbuch der Berufsbildung. Wiesbaden. S. 453-484.

KMK (2006a): Sekretariat der Ständigen Konferenz der Kultusminister der Länder in der Bundesrepublik Deutschland: Maßnahmen der Länder zur Umsetzung des Berufsbildungsreformgesetzes (Stand: 31.08.2006).

KMK (2006b): Sekretariat der Ständigen Konferenz der Kultusminister der Länder in der Bundesrepublik Deutschland – Kommission für Statistik: Definitionenkatalog zur Schulstatistik. URL: http://www.kmk.org/statist/definitionenkatalog.pdf (Abruf: 26.11.2007).

Konsortium Bildungsberichterstattung (2006): Bildung in Deutschland. Ein indikatorengestützter Bericht mit einer Analyse zu Bildung und Migration. Bielefeld.

Kremer, M. (2006): Berufsausbildung an beruflichen Schulen – ein notwendiger Beitrag zu nachhaltigen Ausbildungsstrukturen. In: Berufsbildung 60, 100/101, S. 27-31.

Krekel, E. M.; Ulrich, J. G. (2009): Jugendliche ohne Berufsabschluss. Berlin.

Krekel, E. M.; Ulrich., J. G. (2006): Zur Situation der Altbewerber in Deutschland. In: BIBB Report 1/2007. URL: http://www.bibb.de/dokumente/pdf/a12_bibbreport _2007_01.pdf (Abruf: 26.11.2007).

Krüger, H. (2005): Zur Datenlage vollzeitschulischer Berufsausbildung. In: Baethge, M.; Buss, K.-P.; Lanfer, C. (Hrsg.): Expertisen zu den konzeptionellen Grundlagen für einen Nationalen Bildungsbericht – Berufliche Bildung und Weiterbildung/Lebenslanges Lernen. Bonn/Berlin. S. 141-195.

Lorenz, K.; Ebert, F.; Krüger, M. (2005): Das neue Berufsbildungsgesetz – Chancen und Grenzen für die berufsbildenden Schulen in Deutschland. In: Die berufsbildende Schule, 57, 3-4, S. 64-72.

Meifort, B. (1999): Berufsbildung außerhalb des Dualen Systems – vollzeitschulische Berufsbildung im Strukturwandel. In: Senatsverwaltung für Arbeit, Berufliche Bildung und Frauen (Hrsg.): Expertisen für ein Berliner Memorandum zur Modernisierung der Beruflichen Bildung, Berlin. S. 141-166.

Meyer auf der Heyde, A. (2001): Vollzeitschulische Ausbildung. In: Recht der Jugend und des Bildungswesens, Heft 4, S. 456-469.

Müller, K. (2006): Schlüsselkompetenzen nach drei verschiedenen Ausbildungswegen im Vergleich. In: Schriftenreihe des Bundesinstituts für Berufsbildung Bonn. Wissenschaftliche Diskussionspapiere, Heft 80, Bonn.

Müller, K. (2003): Berufsfachschulabsolventen an der „zweiten Schwelle" – beruflicher Verbleib gelungen? In: Berufsbildung in Wissenschaft und Praxis, 32, 6, S. 17-23.

Münk, D.; Rützel, J.; Schmidt, Ch. (2008) (Hrsg.): Labyrinth Übergangssystem. Bonn.

Pahl, J.-P. (2009): Berufsfachschule. Ausformung und Entwicklungsmöglichkeiten. Bielefeld.

Pätzold, G.; Wahle, M. (2009): Ideen- und Sozialgeschichte der beruflichen Bildung. Entwicklungslinien der Berufsausbildung von der Ständegesellschaft bis zur Gegenwart. Baltmannsweiler.

StBA Statistisches Bundesamt (2007): Fachserie 11: Bildung und Kultur. Reihe 2: Berufliche Schulen. Schuljahr 2006/07. Wiesbaden. URL: www.destatis.de im Statistikshop abrufbar (Abruf: 13.11.2007).

Ruf, M. (2006): Akzeptanz und Verwertbarkeit schulischer Berufsbildung: Der Schulversuch „Kaufmännisches Berufskolleg mit Übungsfirma" in Baden-Württemberg. In: Gonon, P.; Klauser, F.; Nickolaus, R. (Hrsg.): Kompetenz, Qualifikation und Weiterbildung im Berufsleben (Schriftenreihe der Sektion für Berufs- und Wirtschaftspädagogik der DGfE). Opladen. S. 93-105.

Seibert, H.; Kleinert, C. (2009): Duale Berufsausbildung. Ungelöste Probleme trotz Entspannung. IAB-Kurzbericht.

Wahle, M. (2004): Berufsausbildung im Umbruch – Das Beispiel der beruflichen Ausbildung von Erzieherinnen und Erziehern. In: Busian, A.; Drees, G.; Lange, M. (Hrsg.): Mensch Bildung Beruf, Bochum.

Wahle, M. (2007): Im Rückspiegel – das Kaiserreich. Modernisierungsstrategien und Berufsausbildung, Frankfurt a. M.

Wahle, M. (2009): Praxis und Probleme der Lernortkooperation in der Ausbildung von Erzieherinnen und Erziehern. In: Blech, Th.; Wahle, M. (Hrsg.): Erzieher/in-Ausbildung auf dem Prüfstand. Beiträge zur aktuellen Reformdebatte, Bochum, S. 145-166.

Zabeck, J. (2009): Geschichte der Berufserziehung und ihrer Theorien, Paderborn.

Zlatkin-Troitschanskaia, O. (2005): Zur Funktionalität der vollzeitschulischen Berufsbildungsgänge – Effizienz und Effektivität aus berufspädagogischer Sicht. In: Buer, J. van; Zlatkin-Troitschanskaia, O. (Hrsg.): Adaptivität und Stabilität der Berufsausbildung. Eine theoretische und empirische Untersuchung der Berliner Berufsbildungslandschaft. In: Berufliche Bildung im Wandel, Band 7. Frankfurt a. M. S. 255-280.

Zöller, I. (2001): Ausbildung auf der mittleren Qualifikationsebene im dualen System und in der Berufsfachschule. In: Feller, G. (Hrsg.): Auf dem Schulweg zum Beruf. Bielefeld. S. 129-144.

# Übergänge zwischen Schule und Berufsausbildung

*Verena Eberhard und Joachim Gerd Ulrich*

## 1 Einleitende Bemerkungen zu den institutionellen Rahmenbedingungen des Übergangs von der Schule in Berufsausbildung

Wer die individuellen Übergänge der Jugendlichen zwischen allgemeinbildender Schule und Berufsausbildung und ihre Entwicklung seit der Wiedervereinigung verstehen möchte, darf die *Institutionen* bzw. *Regeln* nicht außer Acht lassen, nach denen in Deutschland der Zutritt in eine voll qualifizierende Berufsausbildung unterhalb der akademischen Ausbildung eröffnet wird.[16] Denn aus diesen Regeln bzw. „Institutionen ergeben sich ja oft gerade erst die Strukturen der Möglichkeiten und der primären Ziele der Akteure sowie die ganz spezielle ‚Logik' des sozialen Sinns in einer Situation, der dann den alles bestimmenden Bezugsrahmen des Handelns bildet" (Esser 2000, 45).

Was sind nun die spezifischen Merkmale der Zugangsregeln in eine nichtakademische berufliche Ausbildung? Hervorstechendstes Merkmal ist sicherlich, dass der Eintritt in die berufliche Ausbildung im Gegensatz zum Hochschulzugang zu großen Teilen über den *Arbeitsmarkt* gesteuert wird. Denn trotz tendenzieller Bedeutungsverluste in den Jahren zwischen 1992 und 2005 dominiert das duale System in Deutschland weiterhin die nichtakademische Berufsausbildung (Autorengruppe Bildungsberichterstattung 2008).

Verantwortlich für die Übergangsregeln ist somit nicht allein der Staat, sondern ein „korporatistisch-staatliches Steuerungssystem" (Baethge 2006, Baethge 2008, 546), in dem der Staat der Wirtschaft die Rolle des Eingangswächters in die Berufsausbildung übertragen hat. Zwar verzichtet der Staat damit weitgehend auf die Steuerungshoheit beim Ausbildungszugang, doch bringt dieser Verzicht ihm zugleich beträchtliche Vorteile ein (Kath 2005, 229 f.). So spart er durch die Beteiligung der Privatwirtschaft an der Finanzierung der beruflichen Bildung enorme Kosten ein (Klemm 2008, 260). Zudem ist die Einbindung der Wirtschaft mit unverkennbaren Vorteilen für die Jugendlichen verbunden: Eine betriebliche Berufsausbildung sichert den unmittelbaren Kontakt des Lernortes mit den aktuellen organisatorischen und technischen Entwicklungen bei der Erzeu-

---

[16] Wir folgen an dieser Stelle der soziologischen Definition, nach der es sich bei *Institutionen* um allgemeinverbindliche *Regeln* handelt (Esser 2000, 303) und nicht etwa, wie im umgangssprachlichen Sinne, um Organisationen. Unter *Organisationen* verstehen wir hier wiederum alle nichtstaatlichen und staatlichen Gruppierungen und Gebilde, die bestimmte Zwecke verfolgen.

gung von Gütern und Dienstleistungen (Küppers/Leuthold/Pütz 2001, 72 f.). Des Weiteren werden die Gefahren einer am Bedarf der Wirtschaft vorbeigehenden Berufsausbildung gelindert, und die Einbettung in das Beschäftigungssystem eröffnet den Auszubildenden relativ gute Chancen, unmittelbar nach Abschluss der Ausbildung in ein Arbeitsverhältnis wechseln zu können (Gangl 2003, Konietzka 2007, Müller/Shavit 1998). Dies sind gewichtige Gründe, warum die staatlichen und nichtstaatlichen Organisationen mit ihren gemeinsam verantworteten Zugangsregelungen in die berufliche Ausbildung öffentlich weitgehend Akzeptanz finden und eine Beteiligung der privaten Wirtschaft an der Berufsausbildung in Deutschland grundsätzlich nicht in Frage gestellt wird.

Allerdings gibt es in Deutschland auch einen breiten bildungspolitischen Konsens, dass der überwiegend marktgesteuerte Zugang zur beruflichen Ausbildung grundsätzlich keine Jugendlichen von der Möglichkeit ausschließen darf, sich beruflich zu qualifizieren und darüber ihre gesellschaftliche Teilhabe zu sichern. Die Rechtmäßigkeit dieses Anspruchs wurde 1980 vom Bundesverfassungsgericht dadurch unterstrichen, dass es eine gesetzlich geregelte, zeitlich befristete betriebliche Umlage zur Überwindung von temporären Angebotsdefiziten auf dem Ausbildungsstellenmarkt für verfassungskonform erklärte (Kath 1999, 102 f.).

Eine Garantie auf einen betrieblich finanzierten Ausbildungsplatz steht jedoch in einem Spannungsverhältnis mit der von der Wirtschaft eingeforderten Regel, die Beteiligung der Betriebe an der Berufsausbildung könne und dürfe in einem marktgesteuerten System nur freiwillig erfolgen. Andernfalls seien massive negative Auswirkungen auf die Ausbildungsmotivation und –qualität zu befürchten – mit der wenig attraktiven Aussicht, dass der Staat letztlich doch den Bereich der Berufsausbildung weitgehend in die eigene Hand überführen muss (Kath 1999, 103). Die Ordnung der beruflichen Bildung ist somit von institutionellen Widersprüchen gekennzeichnet – einerseits ist sie von der „Leitidee" (Lepsius 1995, 395) der Freiwilligkeit der betrieblichen Ausbildungsbeteiligung geprägt, andererseits vom Anspruch auf ein ausreichendes Berufsbildungsangebot. Denn zwischen „dem Ausbildungsangebot der Betriebe und der Ausbildungsplatznachfrage von Schulabgängern besteht grundsätzlich keine Deckungsgleichheit. Die Betriebe orientieren das Volumen ihres Qualifikationsbedarfs unter Berücksichtigung von allgemeiner und Branchenkonjunkturlage überwiegend an einer Prognose des zukünftig benötigten Beschäftigungspotenzials, während sich der Umfang der Nachfrage nach beruflicher Qualifizierung als Ergebnis von demographischer Entwicklung und Bildungsverhalten der Schulabgänger einstellt" (Kath 1999, 100; vgl. auch Weil/Lauterbach 2009, 327).

Diese Widersprüche bleiben solange latent, wie Ausbildungsstellenangebot und Ausbildungsnachfrage in einem ausgeglichenen Verhältnis stehen, so dass Reflexionen über eine Umlagefinanzierung in der Büchse der Pandora verschlossen bleiben können. Virulent werden sie erst in Zeiten eines Nachfrageüberhangs, sei dieser durch die demografische Entwicklung und/oder durch wirtschaftskonjunkturelle Krisen ausgelöst. In diesem Fall droht die Legitimation des letztlich widersprüchlichen Institutionengefüges, über das der Zugang in Berufsausbildung erfolgt, beschädigt zu werden (Baethge 2008, 582 ff.), und damit drohen auch jene Organisationen in die Kritik zu geraten, die diese Institutionen in ihrer aktuellen Form vertreten und belassen wollen (Meyer/Rowan 2009, 43 f.).

Eine solche Legitimationskrise der bestehenden Zugangsregelungen in Berufsausbildung ist in Deutschland allerdings durch zwei entscheidende Merkmale geprägt:

- Auf der einen Seite führt sie innerhalb des korporatistischen Systems nur bedingt zu einer Interessenkollision von Staat und Wirtschaft: Der Staat ist zwar allein schon aus Kostengründen daran interessiert, über das duale Berufsbildungssystem möglichst viele Jugendliche eines Jahrgangs qualifizieren zu lassen, doch scheut er andererseits davor zurück, Zwangsmaßnahmen zu vollstrecken, die auf den Widerstand der Wirtschaft stoßen und somit die grundsätzliche Akzeptanz des Systems gefährden könnten. Denn die damit verbundenen langfristigen Kosten könnten deutlich höher ausfallen als der kurzfristige Nutzen einer umlagefinanzierten Befriedigung der Ausbildungsplatznachfrage.
- Auf der anderen Seite ist die Legitimationskrise stets durch ihren *temporären* Charakter gekennzeichnet: Die konjunkturellen und demografischen Verhältnisse sind nicht stabil, und ihre Dynamik lässt somit auch in Krisenzeiten stets Raum für die Aussicht auf ein erneutes Gleichgewicht von Angebot und Nachfrage. Dies nährt die Hoffnung, Krisenzeiten überbrücken zu können, ohne größere, kostenintensive institutionelle Änderungen vornehmen zu müssen.

Entsprechende Überbrückungsmaßnahmen werden dabei umso wahrscheinlicher der Öffentlichkeit zu vermitteln sein, je weniger bedeutsam die Krise erscheint und je stärker die Ungleichgewichte auf dem Ausbildungsmarkt mit Ursachen in Verbindung gebracht werden können, die nicht unmittelbar den Institutionen selbst angelastet werden können. Über die „Definition der Situation" (wie ist die Lage auf dem Ausbildungsmarkt einzuschätzen?) bestimmt sich somit letztlich auch die Legitimation der Institutionen. Aus diesem Grunde besteht bei den an der Gestaltung der beruflichen Ausbildung beteiligten Organisationen ein großes Interesse, für legitimationserhaltende Situationsdefinitionen und Deutungen zum Geschehen auf dem Ausbildungsstellenmarkt zu werben und diesen Deutungen in der Öffentlichkeit eine hohe Akzeptanz zu verschaffen. Dies gelingt wiederum umso eher, je plausibler und gerechter die Verhältnisse im Lichte der Situationsdefinitionen und Deutungen erscheinen (Esser 2000, 97 ff.).

Dabei stellen allerdings jene Jugendlichen eine besondere Herausforderung dar, die bei der Ausbildungsplatzsuche erfolglos bleiben. Legitimierende, die bestehenden Institutionen nicht gefährdende Situationsbeschreibungen und Deutungen sind in diesem Fall nur dann möglich, wenn deren Bewerbungsmisserfolg vor allem auf personenbezogene Ursachen (z.B. mangelnde Ausbildungsreife der Bewerber) anstatt auf institutionelle Mängel (z.B. fehlendes Angebot) zurückgeführt werden kann und wenn der quantitative Umfang der tatsächlich ausbildungsreifen, aber erfolglosen Bewerber relativ marginal erscheint. Tatsächlich wurde vom *Nationalen Pakt für Ausbildung und Fachkräftenachwuchs in Deutschland* stets an der These festgehalten, jedem ausbildungswilligen und ausbildungsfähigen Jugendlichen ein Angebot auf Ausbildung zu unterbreiten, und zugleich wurden stets massive Zweifel an der Ausbildungsfähigkeit der Schulabgänger geäußert.[17] Deshalb schien es in den vergangenen Jahren auch nicht erforderlich zu sein, für die zahlreichen erfolglosen Ausbildungsstellenbewerber im entsprechenden Umfang vollqualifizierende Ersatzangebote in außerbetrieblicher oder schulischer Form bereitzustellen, und damit erübrigte sich auch eine Debatte darüber, wie und durch wen dieses kompensatorische Angebot zu finanzieren sei (Bosch 2008, 242).

Damit erweist sich die bildungsbiografische Situation für diejenigen Jugendlichen allerdings als besonders schwierig, denen der Zutritt in einer Berufsausbildung *nicht* gelingt. Zum einen müssen sie sich mit in der Öffentlichkeit kursierenden „Identitätszumutungen" (Gildemeister/Robert 1987, 73) auseinandersetzen, die Zweifel an ihrer Qualifikation und Motivation aufkommen lassen (Eberhard/Krewerth/Ulrich 2005; vgl. auch Hupka-Brunner u.a. 2009). Und auf der anderen Seite gibt es keine bundesweit einheitlichen, eindeutigen und verlässlichen Regeln, wie mit erfolglosen Ausbildungsstellenbewerbern zu verfahren ist – obwohl angesichts der Konjunkturanfälligkeit des dualen Systems und der bisherigen demografischen Entwicklung damit gerechnet werden musste, dass größere Ungleichgewichte zwischen Angebot und Nachfrage auftreten. Die diffusen Verhältnisse im Umgang mit erfolglosen Ausbildungsbewerbern an der

---

[17] Mitglieder des Ausbildungspaktes sind neben den drei für berufliche Bildung zuständigen Bundesministerien (Wirtschaft, Arbeit und Soziales, Bildung) der Deutsche Industrie- und Handelskammertag, der Bundesverband der Deutschen Industrie, der Zentralverband des Deutschen Handwerks, die Bundesvereinigung der Deutschen Arbeitgeberverbände und die Bundesagentur für Arbeit.

genannten „Ersten Schwelle" führten in den vergangenen Jahren vielmehr dazu, dass vielen Ausbildungsplatzbewerbern der Eintritt in eine vollqualifizierende Berufsausbildung verwehrt blieb und sie auf teilqualifizierende Bildungsgänge des Übergangssystems ausweichen mussten (Bosch 2008, 243). Dies gilt insbesondere für Westdeutschland.

## 2 Aktuelle Deutungen zum Übergangsgeschehen, welche die bestehenden Institutionen legitimieren

Deutungen zum Übergangsgeschehen sind stets von hoher (interessens-)politischer Relevanz, da sie die Grundlage für bildungspolitische Problemlösungsstrategien bilden.[18] Deshalb wird die Ausbildungsmarkt- und Übergangsforschung stets auch unabhängig von ihren eigenen Arbeitsergebnissen mit Deutungen Dritter zu den Entwicklungen auf dem Ausbildungsmarkt und zum Übergangsgeschehen konfrontiert (Ulrich 2004b). Viele dieser Erklärungsversuche zielen auf eine *Individualisierung* der Ursachen von Ausbildungslosigkeit hin (unzureichende Eignung der Jugendlichen, fehlender Ausbildungswille). Sie tragen somit dazu bei, die bestehenden Institutionen zu legitimieren (vgl. auch Solga 2005a, 28 f.). Die Forschung kann diese Deutungen jedoch, was die Entwicklung in den vergangenen Jahren betrifft, nicht oder nur zum Teil bestätigen. Denn selbst wenn die Markt- und Übergangsanalysen auf „ausbildungsreife" Ausbildungsbewerber beschränkt werden, fielen die Eintrittschancen in eine Berufsausbildung in den vergangenen Jahren relativ gering aus. Zugleich ließen sich sowohl im zeitlichen Langs- als auch im regionalen Querschnitt starke Angebotseffekte auf die Wahrscheinlichkeit identifizieren, ob Jugendliche eine vollqualifizierende Berufsausbildung aufnahmen oder nicht (Ulrich/Eberhard 2008).

In den bislang geübten Deutungsmustern zu den Ursachen der Ausbildungslosigkeit spiegeln sich somit beträchtliche, institutionell bedingte Benachteiligungen von Jugendlichen wider, die eine Berufsausbildung unterhalb der akademischen Ebene anstreben. Wir wollen dies im Folgenden an zwei Beispielen nachzeichnen: zum einen am Argument der fehlenden „Ausbildungsreife", das auf die mangelnde *Qualifikation* der Ausbildungsstellenbewerber zielt, und zum anderen am Argument der beschränkten Ausbildungsplatznachfrage, welches das *Interesse* und die *Motivation* der Jugendlichen an einer vollqualifizierenden Berufsausbildung in Zweifel zieht. Anschließend wollen wir anhand einer Grup-

---

[18] Wir definieren „Deutungen" als subjektive Hypothesen/Theorien darüber, welche Ursachen beobachteten Phänomenen zugrundeliegen. Deutungen finden für die Vorhersage künftiger Geschehnisse und somit auch für die Entwicklung von Problemlösungsstrategien Verwendung. Aus diesem Grunde sind sie stets auch von (interessens)-politischer Relevanz.

pe von Ausbildungsstellenbewerbern, denen von offizieller Seite die Befähigung zur Aufnahme einer Ausbildung und damit eine ausreichende Ausbildungsreife attestiert wurde, analysieren, wie hoch die Chancen dieser Jugendlichen auf eine vollqualifizierende Berufsausbildungsstelle im Jahr 2008 tatsächlich waren, von welchen Determinanten ihre Ausbildungschancen abhingen und wie groß letztlich die Widersprüche zwischen ihrer bildungsbiografischen Situation und den institutionellen Interpretationen ausfielen.

*2.1 Erstes Beispiel: Das Argument der „fehlenden Ausbildungsreife" und seine Funktion für die Rechtfertigung des Selektionsprozesses beim Übergang in Berufsausbildung*

Am 26. April 2007 erschien in der Bild-Zeitung ein Artikel, der mit der Überschrift „*Ein Handwerksmeister klagt in BILD: So doof sind unsere Schulabgänger*" tituliert wurde. Berichtet wurde von den Erfahrungen eines Betriebsinhabers, der seine Ausbildungsstellenbewerber einem Einstellungstest unterzogen hatte. Darin wurden die Bewerber u.a. mit einer Dreisatz-Rechenaufgabe konfrontiert. Sie lautete: „Acht Arbeiter vollenden eine Arbeit in zwölf Arbeitstagen. Wie lange brauchen fünf Arbeiter?". Wie aus dem Bericht weiter hervorging, waren die meisten Bewerber offenbar nicht in der Lage, diese Aufgabe zu lösen.

Der Artikel ist typisch für eine Vielzahl von weiteren Presseberichten, die sich mit der Eignung der Schulabgänger auseinandersetzten (Eberhard 2006, 5). Die Argumentation ist dabei in der Regel wie folgt aufgebaut:

- Prämisse 1: Die Beherrschung der Dreisatzrechnung (oder ähnlicher Fertigkeiten) stellt eine Mindestvoraussetzung dar, ohne die ein Zugang in Berufsausbildung nicht erfolgen kann.
- Prämisse 2: Ein großer Anteil der heutigen Ausbildungsstellenbewerber ist nicht in der Lage, den Dreisatz (bzw. ähnliche Fertigkeiten) zu beherrschen.
- Schlussfolgerung: Also kann diesen Jugendlichen der Zugang in eine duale Berufsausbildung nicht gewährt werden.

Tatsächlich scheint die inhaltliche und logische Validität dieses Arguments so hoch zu sein, dass es in der Öffentlichkeit kaum in Frage gestellt wird:

Hinweise, die das Argument stützen:

So wird Prämisse 1 zum Beispiel durch den Kriterienkatalog zur Ausbildungsreife gestützt, der vom Nationalen Pakt für Ausbildung und Fachkräftenachwuchs in Deutschland (2006) publiziert wurde. Darin wurden jene Qualifikationen definiert, welche die unverzichtbaren Kriterien der allgemeinen, für alle dualen Ausbildungsgänge relevanten Ausbildungsreife bilden.[19] Zu den schulischen Basiskenntnissen zählen demnach unter anderem „Mathematische Grundkenntnisse" (ebd., 28f.) und hierunter wiederum die Fähigkeit, „Dreisatzrechnung" zu beherrschen. Die Tatsache, dass dem Ausbildungspakt mit Ausnahme der Gewerkschaften alle gewichtigen Organisationen angehören, die für die Durchführung und für die Gestaltung der Berufsausbildung verantwortlich zeichnen, scheint dabei die Forderung nach der Beherrschung rechnerischer Grundkenntnisse ebenso zu legitimieren wie die Feststellung, dass die im Kriterienkatalog definierten Anforderungen lediglich als *Mindest*standards definiert wurden und insgesamt deutlich *unter* den Anforderungen eines Hauptschulabschlusses liegen.

Prämisse 2 wird nicht nur durch die Erfahrungen gestützt, die Betriebe im Rahmen von Einstellungstests machen (z.B. Klein 2007, Lehner/Neumann/Rolff 2009), sondern auch durch repräsentative Untersuchungen. Spätestens seit der ersten PISA-Untersuchung ist es unstrittig, dass viele Schulabgänger die Mindeststandards in den Kulturtechniken (Lesen, Rechnen, Schreiben) nicht beherrschen (Deutsches PISA-Konsortium 2001).

Dementsprechend scheint auch die Schlussfolgerung richtig und zwingend zu sein, Schulabgänger ohne Ausbildungsplatz zunächst auf einen teilqualifizierenden Bildungsgang des so genannten „Übergangssystems" zu verweisen (Beicht 2009, Münk/Rützel/Schmidt 2008).

Hinweise, die das Argument in Frage stellen:

Gleichwohl gibt es bislang keinen Beleg dafür, dass Ausbildungsstellenbewerber, die in *Testsituationen* den Dreisatz nicht beherrschen, in einer Berufsausbildung mit hoher Wahrscheinlichkeit scheitern und deshalb vom Zugang in eine vollqualifizierende Berufsausbildung ausgeschlossen werden müssen (vgl. auch Dietrich u.a. 2009, 332). Zudem werden bei Abiturienten zum Teil ähnliche Rechendefizite beobachtet und öffentlich diskutiert, *ohne* dass dies jedoch ihre Zugangschancen in eine vollqualifizierende hochschulische Berufsausbildung substanziell mindert. So erschien z.B. am 11. Oktober 2009 in der „Welt am Sonntag" unter dem Titel „Das Leid mit den Zahlen" ein Artikel, in dem beklagt wurde, dass Abiturienten unter massiven Defiziten bei der Beherrschung grundlegender mathematischer Techniken leiden (hierzu zählen z.B. einfache geometrische Aufgaben, Potenz- und Bruchrechnen). Hochschulprofessoren machen demnach ähnliche Erfahrungen wie Ausbildungsbetriebe (vgl. Lehn 2009).

---

[19] Analytisch unterschieden wurden schulische Basiskenntnisse, psychologischen Leistungsmerkmale, physische Merkmale, psychologische Merkmale des Arbeitsverhaltens und der Persönlichkeit sowie Aspekte der Berufswahlreife.

Selbst mit der Dreisatzrechnung scheinen sich viele Studierende schwer zu tun, wie die Autoren dieses Beitrages im Rahmen einer eigenen kleinen Fallstudie feststellen mussten. Wir baten Studierende, die in der Bild-Zeitung genannte Dreisatzaufgabe für Ausbildungsstellenbewerber zu lösen („Acht Arbeiter vollenden eine Arbeit in zwölf Arbeitstagen. Wie lange brauchen fünf Arbeiter?"), und räumten ihnen hierfür jeweils drei Minuten Zeit ein. Geplant war ursprünglich, mindestens 30 Probanden einzeln zu befragen, und anschließend die Varianz richtiger und falscher Lösungen mit weiteren Merkmalen (Abiturnote, Studienfach, Geschlecht) in Verbindung zu bringen. Allerdings musste das Vorhaben bereits nach der Befragung von 18 Personen abgebrochen werden. Denn es gab bis dahin keine korrelationsstatistisch verwertbare Lösungsvarianz, da keinem der 18 Probanden gelungen war, die richtige Lösung (19,2 Tage = 8 x 12/5) zu benennen. Immerhin 13 Probanden hatten einen Abiturnotendurchschnitt von unter 2,0 erreicht, acht sogar einen Schnitt von unter 1,5. Gleichwohl bezeichneten acht Studierende die Aufgabe als schwierig oder sehr schwierig; weitere sieben gingen von einem zumindest mittleren Schwierigkeitsgrad aus. Zu den von den Probanden gewählten Fächern zählten unter anderem Psychologie, Sozial- und Wirtschaftswissenschaften.

Auch wenn es sich bei der von uns befragten Gruppe lediglich um eine „Auswahl ‚aufs Geratewohl'" (Hellmund/Klitzsch/Schumann 1992) handelte, stellt sich doch die Frage, warum Hauptschüler, welche den Dreisatz nicht beherrschen, auf das „Übergangssystem" verwiesen werden, während Abiturienten mit ähnlichen Rechendefiziten offenbar kaum Probleme beim Zugang in eine hochschulische Berufsausbildung haben (und in ihrem jeweiligen Studium, so schien es uns, durchaus erfolgreich waren).

Die Antwort ist in einer institutionellen Privilegierung der Abiturienten beim Zugang in Berufsausbildung zu suchen. Mit dem Abiturzeugnis wird ihnen einerseits die *Hochschulreife* per Deklaration und andererseits das *Recht* auf einen Hochschulzugang zugeteilt. Eine solche institutionelle Setzung kommt faktisch einer staatlichen Ausbildungsplatzgarantie gleich, sofern sich die Abiturienten bei der Fächer- und Studienortwahl flexibel zeigen (vgl. Übersicht 1).

Dagegen werden die Übergangsbedingungen für Nichtstudienberechtigte durch den Marktcharakter des dualen Ausbildungssystems geprägt. Deshalb ist das Hauptschul- oder Realschulabschlusszeugnis faktisch auch kein „Ausbildungsreife-Zeugnis" (so wie das Abitur als Zeugnis der Hochschulreife gilt), obwohl es in einigen Regionen zumindest als „*Berufsschul*reife"-Zertifikat bezeichnet wird. Vielmehr müssen die Jugendlichen ihre *Ausbildungsreife* für eine *betriebliche Berufsausbildung* noch einmal gesondert nachweisen, wenn sie sich bei der Bundesagentur für Arbeit als Ausbildungsstellenbewerber registrieren lassen und deren beraterische und vermittelnde Unterstützung in Anspruch nehmen wollen. Bescheinigt ihnen aber nun die Bundesagentur für Arbeit die „Ausbildungsreife" und verleiht ihnen den offiziellen Status eines Ausbildungsstellenbewerbers, wird damit *nicht* der Anspruch auf eine vollqualifizierende Berufsausbildung zugewiesen. Vielmehr müssen sie sich nun auf dem Ausbildungsmarkt bewähren. Und bleiben sie bei ihren Bewerbungen erfolglos, haben sie *keine* Garantie auf ein vollqualifizierendes Ersatzangebot.

Abbildung 1:    Regelung der Zugänge in die hochschulische und in die nichtakademische Berufsausbildung

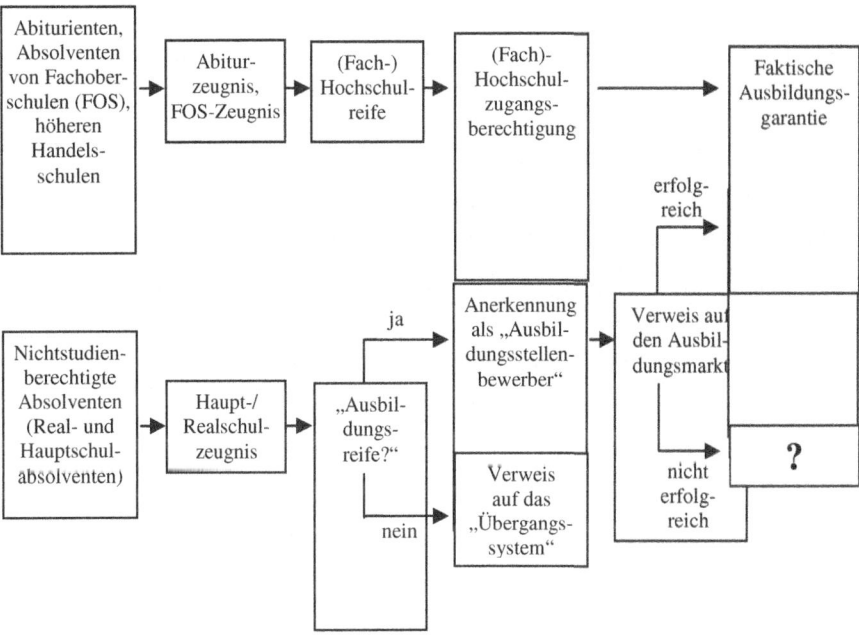

Quelle: eigene Grafik

In diesem Sinne zeichnen sich beträchtliche institutionell bedingte Ungleichheiten beim Zugang in eine vollqualifizierende Berufsausbildung zwischen Jugendlichen mit und ohne Studienberechtigung ab.

Die Fragwürdigkeit der Zugangsregelungen wird noch einmal durch die Tatsache unterstrichen, dass die anspruchsvollste Aufgabe beim Zugang in Berufsausbildung ausgerechnet an diejenigen Jugendlichen gerichtet wird, die dafür die ungünstigsten individuellen und sozialen Voraussetzungen mitbringen: Sich möglicherweise über mehrere Jahre auf einem Ausbildungsstellenmarkt zu bewegen, der nur relativ geringe Erfolgsaussichten bietet und deshalb ein hohes Maß an individuellem Beharrungsvermögen, Frustrationstoleranz und Flexibilität (bis hin zum Verzicht auf den Wunschberuf und dem Wegzug aus der Heimatregion) erfordert: eine solche Aufgabe wird insbesondere Hauptschulabsolventen mit nur mittelmäßigen Schulleistungen abverlangt, die mit 16 Jahren noch minderjährig sind und oft aus schwierigen sozialen Verhältnissen stammen (Krekel/Ulrich 2009, 27). Die ungleich einfachere Aufgabe (bei faktischer Erfolgsgarantie), über das Internet und den Postweg die bürokratischen Formalitäten zur Platzierung am gewünschten Ausbildungsort und in der gewünschten Disziplin abzuwickeln, geht dagegen an die leistungsstarken Abiturienten, die bei dieser „Suche" nach einem (hochschulischen) Berufsausbildungsplatz zudem bereits längst volljährig sind und überdurchschnittlich oft aus privilegierten sozialen Verhältnissen stammen.

Angesichts der demotivierenden Wirkungen, die langwierige Suchzeiten auf die individuelle Stabilität des Ausbildungswunsches haben (Bosch 2008, 243; Krekel/Ulrich 2009), sind solche institutionell bedingten Benachteiligungen der „ohnehin Benachteiligten" (Hauptschulabsolventen aus wenig privilegierten Verhältnissen und mit nur mittelmäßigen schulischen Leistungen) als dysfunktional in Hinblick auf das bildungspolitische Ziel zu werten, den Anteil der jungen Erwachsenen ohne Berufsabschluss zu senken (vgl. auch Solga 2005b). Gleichwohl bleiben die Zugangsregelungen weitgehend unhinterfragt und sind damit ein gutes Beispiel dafür, wie Institutionen auch durch Tradition Legitimation erfahren. Sie erscheinen so selbstverständlich, dass ihre innere Logik und Alternativen nicht mehr reflektiert werden (Esser 2000).

Zudem setzt sich die institutionelle Benachteiligung erfolgloser Ausbildungsbewerber insofern fort, als deren Ausbildungsnachfrage in der offiziellen Ausbildungsmarktbilanzierung zu großen Teilen *nicht* abgebildet wird und somit auch kein unmittelbarer Handlungsbedarf sichtbar ist, für vollqualifizierende Ersatzangebote zu sorgen. Damit wenden wir uns dem zweiten Beispiel zu.

*2.2 Zweites Beispiel: Das Argument der „eingeschränkten Ausbildungsnachfrage" und seine Auswirkungen auf die Bereitstellung von vollqualifizierenden Ausbildungsplatzangeboten*

Nach § 86 des Berufsbildungsgesetzes (BBIG) soll der Berufsbildungsbericht im Rahmen seiner Ausbildungsmarktbilanzierung für das vorangegangene Jahr Angaben enthalten über

„die Zahl der am 30. September (…) nicht besetzten, der Bundesagentur für Arbeit zur Vermittlung angebotenen Ausbildungsplätze und die Zahl der zu diesem Zeitpunkt bei der Bundesagentur für Arbeit gemeldeten Ausbildungsplätze suchenden Personen" (Lakies/Nehls 2007).

Durch die jeweilige Addition dieser beiden Größen mit der Zahl der bis zum 30. September neu abgeschlossenen Ausbildungsverträge, die das Bundesinstitut für Berufsbildung jährlich erhebt, ergeben sich die beiden Bilanzierungsgrößen „Ausbildungsplatzangebot" und „Ausbildungsplatznachfrage".
Während die Zahl der am 30. September nicht besetzten, der Bundesagentur für Arbeit zur Vermittlung angebotenen Ausbildungsplätze in der Ausbildungsmarktstatistik der Bundesagentur für Arbeit als „erfolgloses Ausbildungsplatzangebot" leicht zu identifizieren ist, wirft die Identifikation „der zu diesem Zeitpunkt bei der Bundesagentur für Arbeit gemeldeten Ausbildungsplätze suchenden Personen" Fragen auf. Die Bundesagentur für Arbeit (2008) unterscheidet vier Vermittlungsformen (vgl. Abbildung 2):

a.  Unter „einmündende Bewerber" werden Personen subsummiert, die eine Berufsausbildungsstelle antreten.
b.  „Andere ehemalige Bewerber" umfassen Personen, die nicht in eine Berufsausbildungsstelle einmündeten, sondern etwas anderes begannen oder unbekannt verblieben und deren Vermittlungsauftrag zum 30. September nicht mehr bestand.
c.  Bei den „Bewerber mit bekannter Alternative zum 30.9." handelt es sich um Personen, die zwar in Alternativen (z.B. berufsvorbereitende Maßnahmen, Jobben, Praktikum) einmündeten, für die die Vermittlungsbemühungen aber auf deren Wunsch hin weiter laufen.
d.  „Unversorgte/unvermittelte Bewerber" sind schließlich jene Personen, für die die Vermittlungsbemühungen ebenfalls weiterlaufen, ohne dass eine Alternative zum 30. September bekannt ist.

Da der Gesetzestext von den zum 30. September „Ausbildungsplätze suchenden Personen" und dabei die *aktuelle Verbleibsform* unberücksichtigt lässt, müssten die beiden unter c) und d) genannten Bewerbergruppen zu den erfolgosen Ausbildungsplatzbewerbern gerechnet werden. Die langjährige Praxis der Berufsbildungsberichterstattung und die weiterhin geübte Praxis der Ausbildungsmarktbilanzierung im Rahmen des *Nationalen Paktes für Ausbildung und Fachkräftenachwuchs in Deutschland* wich bzw. weicht davon jedoch ab:

Als erfolglose, unversorgte Ausbildungsstellenbewerber werden nur die unter d) subsumierten Personen betrachtet, während die unter c) genannten Personen als „versorgt" gelten, obwohl die Vermittlungsbemühungen unverändert weiter laufen. 2008 zählten zur zuletzt genannten Gruppe c) 81.246 und damit rund fünfeinhalb mal mehr Personen, als in der Gruppe d) der 14.479 offiziell Unversorgten zu finden waren (Bundesagentur für Arbeit 2008). Da nun die Zahl der „Unversorgten" so niedrig ausfiel, entstand der Eindruck, „als sei es für junge Menschen mit Ausbildungswunsch kein großes Problem mehr, eine Lehrstelle zu finden" (Ebner 2009). Der Begriff des „Versorgt-Seins" eines Ausbildungsstellenbewerbers schließt also auch alternative Verbleibe außerhalb einer vollqualifizierenden Berufsausbildung ein und dies selbst in jenen Fällen, in denen sich die alternativ verbliebenen Ausbildungsstellenbewerber in Hinblick auf ihren Wunsch nach einer vollqualifizierenden Berufsausbildung offenbar nicht als „versorgt" sehen, sondern auch noch am 30. September in eine vollqualifizierende Berufsausbildung einmünden möchten.

Abbildung 2: Größen der Ausbildungsmarktbilanzierung zum Stichtag 30. September (mit Angaben zu den Ergebnissen im Jahr 2008)

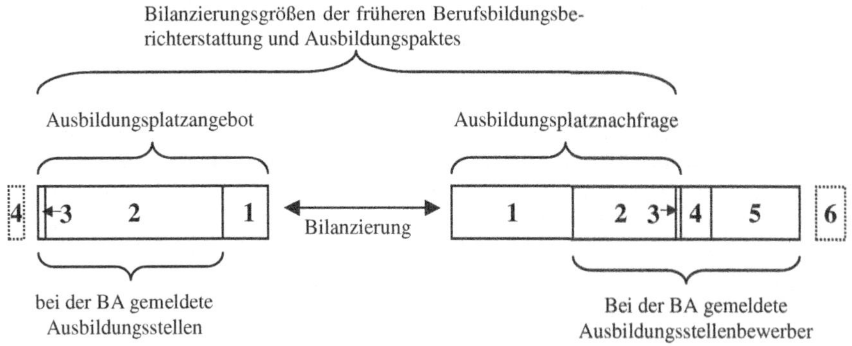

Bilanzierungsgrößen der früheren Berufsbildungsberichterstattung und Ausbildungspaktes

Ausbildungsplatzangebot — Ausbildungsplatznachfrage

4  3  2  1  ◄ Bilanzierung ►  1  2 3 4  5  6

bei der BA gemeldete Ausbildungsstellen

Bei der BA gemeldete Ausbildungsstellenbewerber

Legende:

| Angebotsseite | 2008 | Nachfragerseite | 2008 |
|---|---|---|---|
| 1,2,3 = Offizielles Ausbildungsplatzangebot | 635.766 | 1,2,3 = Offizielle Ausbildungsplatznachfrage | 630.738 |
| 1,2 = Erfolgreich besetztes Ausbildungsplatzangebot | 616.259 | 1,2 = Erfolgreiche Ausbildungsplatznachfrage | 616.259 |
| 1 = Besetzte Ausbildungsplätze, die der BA nicht bekannt waren (rechnerische Zahl) | 124.184 | 1 = Erfolgreiche Ausbildungsplatznachfrager, die der BA nicht bekannt waren (rechnerische Zahl) | 334.129 |
| 2,3 = Bei der BA gemeldete Ausbildungsstellen | 511.582 | 2,3,4,5 = Bei der BA gemeldete Ausbildungsstellenbewerber | 620.209 |
| 2 = Mit Mitwirkung der BA erfolgreich besetzte Plätze (rechnerische Zahl) | 492.075 | 2 = Mit Mitwirkung der BA erfolgreiche Ausbildungsnachfrager (rechnerische Zahl) | 282.130 |
| 3 = Offiziell unbesetztes betriebliches Ausbildungsangebot | 19.507 | 3 = Offiziell erfolglose Ausbildungsplatznachfrager („unversorgte Bewerber") | 14.479 |
| | | 4 = Weiter suchende Bewerber mit Alternative zum 30.09. | 81.846 |
| | | 5 = Andere ehemalige Bewerber (mit Alternative oder unbekannt verblieben) | 241.754 |
| 4 = Erfolglose Ausbildungsplatzangebote, die nicht bei der BA gemeldet waren | bis zu 42.400 | 6 = Erfolglose Ausbildungsinteressierte, die nicht bei der BA gemeldet waren | rund 80.000 |

Die Größenverhältnisse der Balken entsprechen den tatsächlichen Relationen. Die Angaben zu den Posten 4 (links) und 6 (rechts) basieren auf Schätzungen von BIBB-Untersuchungen.

Quelle: Bundesagentur für Arbeit, Bundesinstitut für Berufsbildung

Der institutionelle Umgang mit den Wünschen der erfolglosen Ausbildungsstellenbewerber nach einer vollqualifizierenden Berufsausbildung wirkt somit eher defensiv als offensiv; und ein solcher Umgang wird selbst dann praktiziert, wenn es sich um Bewerber handelt, „deren Eignungen dafür geklärt ist bzw. deren Voraussetzungen dafür gegeben sind" (Bundesagentur für Arbeit 2008, 5). Die defensive Haltung spiegelt sich dabei allerdings nicht nur in der restriktiven Berechnung wider, wer am 30. September zu den „unversorgten Bewerbern" zu zählen ist, sondern auch in der Festlegung des Bilanzierungsstichtages selbst. Am 30. September sind bereits mehrere Wochen seit dem Beginn des neuen Ausbildungsjahres vergangen; zu diesem Zeitpunkt dürften viele erfolglose Bewerber resigniert und ihren Ausbildungswunsch auf das nächste Jahr verschoben haben. Dieses Problem wurde bereits in den 70er-Jahren zu Beginn der Berufsbildungsberichterstattung offen erörtert:

> „... ergibt sich eine Nachfragegröße, die gemessen an den eigentlichen Ausbildungswünschen der Betroffenen eher zu niedrig – da unter den Ausbildungsplatzsuchenden bei den Arbeitsämtern diejenigen nicht mehr enthalten sind, die ihren Ausbildungswunsch wegen mangelnden Angebots schon aufgegeben haben – als zu hoch ist" (Bundesminister für Bildung und Wissenschaft 1977, 24).

Deshalb lässt sich eine weitgehend ausreichende „Versorgung" ausbildungsreifer Ausbildungsbewerber rechnerisch auch dann sicherstellen, wenn das vollqualifizierende Ausbildungsangebot weit unter der Zahl der ausbildungsinteressierten Schulabgänger liegt. Voraussetzung hierfür ist lediglich, dass die Bilanzierung spät, also ein bis zwei Monate *nach* Beginn des neuen Ausbildungsjahres, erfolgt und dass erfolglose Ausbildungsbewerber bis dahin in teilqualifizierende Maßnahmen oder sonstige Alternativen (z.B. Jobben, Praktika) einmündeten.

So stellte der „Nationale Pakt für Ausbildung und Fachkräftenachwuchs in Deutschland" selbst im Jahr 2005 eine „leichte Entspannung auf dem Ausbildungsmarkt fest", da mehr Bewerber in berufsvorbereitenden Maßnahmen und sonstigen Alternativen eingemündet waren und die Zahl der „Unversorgten" auf diese Weise gegenüber dem Vorjahr verringert werden konnte (Ulrich 2006). 2005 war das Jahr, in dem die Zahl der Ausbildungsplatzangebote im dualen System mit einem Umfang von nur noch 562.816 auf den niedrigsten Stand seit der Wiedervereinigung sank; gegenüber 1992 betrug der Rückgang 159.009 Plätze (vgl. Spalte 4 in Tabelle 1). Die Zahl der Einmündungen in das Duale System lag um 19.940 niedriger als 1992 (Sp. 5). Dabei fiel die Zahl der nichtstudienberechtigten Abgänger und Absolventen aus allgemeinbildenden Schulen um 125.382 höher aus (Sp. 2), die der Abgänger aus teilqualifizierenden beruflichen Schulen um 146.015 (Sp. 3). Beide Gruppen, welche die Hauptklientel der dualen Berufsausbildung bilden, summierten sich 2005 auf einen Gesamtumfang von 1.007.229 Personen (1992: 735.108).

*Tabelle 1:* Statistische Entwicklungen im Bereich der beruflichen Bildung von 1992 – 2009
Quelle: Statistisches Bundesamt, Bundesagentur für Arbeit, Bundesinstitut für Berufsbildung

| | Schulentlassene | | | Einmündungsformen | | | | | Statistik der Arbeitsagenturen | | | | |
| | | darunter: | | | | | | | | | darunter: | | | |
| Jahr | Abgänger/Absolventen/-e aus allgemeinbildenden Schulen | Nichtstudienberechtigte Abgänger/Absolvente | Schulentlassene des BVJ, BGJ sowie teilqualifizierender Berufsfachschulen | Ausbildungsplatzangebote im Dualen System | Einmündung in das duale Berufsausbildungssystem (neue Ausbildungsverträge) | Einmündung in voll-qualifizierende schulische Berufsausbildungen | Einmündung in teilqualifizierende Bildungsgänge des "Übergangssystems" | Ausbildungsplatznachfrage nach bisheriger Definition | Bei der Bundesagentur für Arbeit gemeldete Bewerber um Ausbildungsstellen | Bewerber mit Einmündung in eine Berufs-ausbildungsstelle | Alternativ/unbekannt verbliebene Bewerber ohne weiteren Vermittlungswunsch | Alternativ verbliebene Bewerber mit weiterem Vermittlungswunsch | "unversorgte/unvermittelte" Bewerber |
| | Sp. 1 | Sp. 2 | Sp. 3 | Sp. 4 | Sp. 5 | Sp. 6 | Sp. 7 | Sp. 8 | Sp. 9 | Sp. 10 | Sp. 11 | Sp. 12 | Sp. 13 |
|---|---|---|---|---|---|---|---|---|---|---|---|---|---|
| 1992 | 759.737 | 578.054 | 157.778 | 721.825 | 570.120 | 108.778 | 249.133 | 608.190 | 569.722 | 340.901 | 179.834 | 9.923 | 17.759 |
| 1993 | 779.737 | 594.170 | 160.594 | 655.857 | 570.120 | 108.508 | 270.317 | 587.879 | 569.722 | 340.901 | 201.139 | 9.923 | 17.759 |
| 1994 | 804.020 | 615.459 | 172.122 | 622.234 | 568.082 | 109.157 | 302.280 | 587.052 | 626.327 | 356.058 | 239.226 | 12.073 | 18.970 |
| 1995 | 840.527 | 634.792 | 189.716 | 616.988 | 572.774 | 116.032 | 321.715 | 597.736 | 670.075 | 366.255 | 264.748 | 14.110 | 24.962 |
| 1996 | 871.552 | 657.197 | 195.313 | 609.274 | 574.327 | 122.853 | 352.668 | 612.785 | 716.792 | 377.896 | 282.549 | 17.889 | 38.458 |
| 1997 | 894.906 | 676.257 | 208.530 | 613.381 | 587.547 | 133.050 | 358.436 | 634.938 | 772.424 | 404.324 | 300.676 | 20.025 | 47.421 |
| 1998 | 904.635 | 686.210 | 215.179 | 635.933 | 612.529 | 136.654 | 378.892 | 648.204 | 796.566 | 416.383 | 314.453 | 30.055 | 35.675 |
| 1999 | 917.669 | 689.021 | 216.393 | 654.454 | 631.015 | 137.432 | 387.593 | 660.380 | 802.648 | 419.858 | 323.253 | 30.172 | 29.365 |
| 2000 | 918.748 | 685.274 | 231.314 | 647.383 | 621.693 | 143.097 | 408.777 | 645.335 | 770.348 | 399.891 | 313.925 | 32.890 | 23.642 |
| 2001 | 910.784 | 691.786 | 229.889 | 638.773 | 614.236 | 148.039 | 422.150 | 634.700 | 737.797 | 385.524 | 296.334 | 35.477 | 20.462 |
| 2002 | 918.997 | 689.770 | 238.818 | 590.328 | 572.333 | 159.266 | 467.312 | 595.706 | 711.393 | 347.569 | 299.256 | 41.185 | 23.383 |
| 2003 | 929.806 | 702.649 | 255.379 | 572.474 | 557.634 | 176.284 | 469.446 | 592.649 | 719.571 | 338.524 | 299.329 | 46.703 | 35.015 |
| 2004 | 945.381 | 714.789 | 280.231 | 586.374 | 572.980 | 182.062 | 494.058 | 617.556 | 736.109 | 363.558 | 280.095 | 48.372 | 44.084 |
| 2005 | 939.279 | 703.436 | 303.793 | 562.816 | 550.180 | 183.935 | 516.988 | 590.668 | 740.688 | 360.383 | 292.962 | 47.228 | 40.115 |
| 2006 | 946.766 | 696.817 | 312.659 | 591.540 | 576.153 | 185.883 | 514.446 | 625.606 | 763.097 | 365.603 | k.A. | k.A. | 49.487 |
| 2007 | 942.129 | 677.587 | 302.587 | 644.028 | 625.885 | 181.871 | 484.052 | 658.472 | 733.971 | 321.193 | 281.900 | 98.218 | 32.660 |
| 2008 | 909.783 | 638.695 | 299.221 | 635.675 | 616.259 | 176.512 | 430.373 | 630.728 | 620.209 | 282.130 | 241.754 | 81.846 | 14.479 |
| 2009 | 873.054 | 604.835 | | | | | | | 533.361 | 252.181 | 198.121 | 73.456 | 9.603 |

Anm.: Sp.7: BVJ, BGJ, Berufsfachschulen, berufsvorbereitende Maßnahmen. Sp. 12: bis 1997 Angaben nur für Westdeutschland vorhanden; ab 2007 neue Zählweise.

Trotz der beträchtlichen Lücke zwischen Angebot und Nachfrage betrug die offizielle Differenz zwischen der Zahl der Ausbildungsplatzangebote (Sp. 4) und Ausbildungsplatznachfrage (Sp. 8) nur 27.852; denn lediglich 40.115 Personen galten letztlich als unversorgt.

Von den 740.688 bei der Bundesagentur für Arbeit gemeldeten und geeignet befundenen Ausbildungsstellenbewerbern (Sp. 9) waren allerdings nur 360.383 bzw. 48,7 % in eine Berufsausbildungsstelle eingemündet (Sp. 10); der Anteil alternativ verbliebener Bewerber (Sp. 11 und Sp. 12) bezifferte sich auf insgesamt 340.190 bzw. 45,9 %. Insgesamt begannen 2005 mehr als eine halbe Millionen Personen teilqualifizierende Bildungsgänge des Übergangssystems (Sp. 7), mit 516.988 hatte sich die Zahl gegenüber dem Wert von 1992 (249.133) mehr als verdoppelt. Zwar wurden auch mehr Eintritte in vollqualifizierende schulische Berufsausbildungen gezählt (+83.157; vgl. Sp. 6), doch reichte dieser Zuwachs bei Weitem nicht aus, um den Bedarf an vollqualifizierenden Berufsausbildungsplätzen zu decken.

Die Funktion des „Übergangssystems" bestand insofern in den letzten Jahren insbesondere darin, die Ausbildungsplatznachfrage, die durch das duale Berufsausbildungssystem nicht befriedigt werden konnte, umzulenken und damit den Legitimationsdruck auf das duale Berufsausbildungssystem, von dem grundsätzlich eine ausreichende Versorgung der ausbildungsinteressierten Schulabgänger erwartet wird, zu lindern (Beicht 2009, Bosch 2008, Krekel/Ulrich 2009, Ulrich 2008). Zugleich wurde damit aber der tatsächliche Versorgungsbedarf von ausbildungsreifen Jugendlichen mit vollqualifizierender Berufsausbildung nicht mehr sichtbar (vgl. Abbildung 3). Da die hohen Teilnehmerzahlen im Übergangssystem die Zweifel an der „Ausbildungsreife" der Jugendlichen weiter nährten, stabilisierten und legitimierten sich die Übergangsinstitutionen in vollqualifizierende und lediglich teilqualifizierende Berufsausbildung gegenseitig.

Für die Übergangsforschung im Bereich der beruflichen Ausbildung ist in Folge dieser Regelungen eine besondere Vorsicht bei der Interpretation statistischer Einflussgrößen erforderlich. Sie darf die „Sortierlogiken", wer unter den gegebenen Umständen einen vollqualifizierenden Berufsausbildungsplatz erhält und wer nicht, nicht mit Kausalinterpretationen verwechseln, welche individuellen schulischen Voraussetzungen und Qualifikationen heute erforderlich sind, um eine Ausbildung bewältigen zu können und um den Ausbildungserfolg sicherzustellen (vgl. dazu auch Dellenbach/Hupka/Stalder 2004, 53 ff.). Dies gilt insbesondere für jene Jugendlichen, denen die Bundesagentur für Arbeit die für den angestrebten Ausbildungsberuf erforderliche Eignung zuerkannt hat. Wir wollen im Folgenden anhand einer zum Jahreswechsel 2008/2009 durchgeführten Untersuchung von Ausbildungsstellenbewerbern die zurzeit wirksamen Sortierlogiken beim Übergang in eine vollqualifizierende Berufsausbildung analysieren und zugleich überprüfen, inwieweit sich die in den vorangegangenen Abschnitten geäußerte Kritik an den bisherigen Übergangsinstitutionen durch die Untersuchungsergebnisse bestätigen lassen.

Abbildung 3:  Entwicklung der Zahl der Schulentlassenen, des offiziellen Umfangs von Ausbildungsplatzangebot und -nachfrage (linke Hälfte) sowie der Eintritte in teilqualifizierende Bildungsgänge des so genannten „Übergangssystems" und in vollqualifizierende Schulberufsausbildungen (rechte Hälfte)

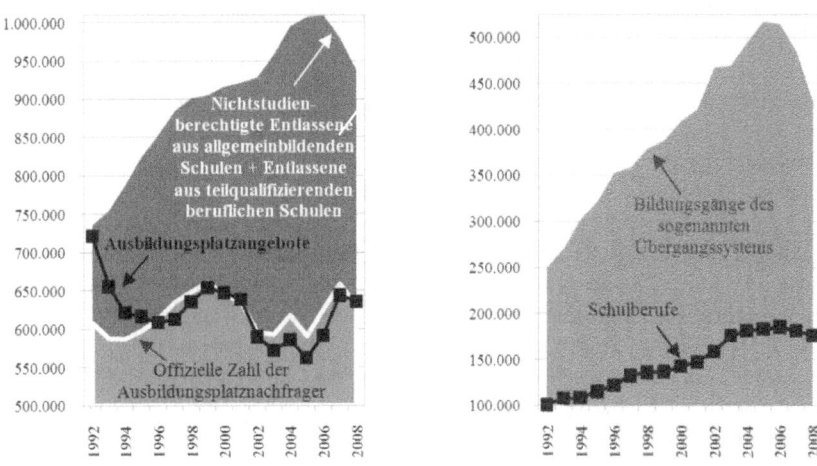

Quelle: Statistisches Bundesamt, Bundesagentur für Arbeit, Bundesinstitut für Berufsbildung und eigene Berechnungen

## 3 Gegenwärtige „Sortierlogiken" bei der Versorgung von Ausbildungsstellenbewerbern

### 3.1 Untersuchungsaufbau der BA/BIBB-Bewerberbefragung 2008

Bei der BA/BIBB-Bewerberbefragung 2008 handelt es sich um eine schriftlich-postalische Repräsentativerhebung von rund 5.000 Personen. Grundgesamtheit waren die 620.002 gemeldeten Ausbildungsstellenbewerber des Berichtsjahres 2007/08, die ihren Wohnsitz im Inland hatten. Die Stichprobe wurde von der Bundesagentur für Arbeit (BA) gezogen. Die anonym durchgeführte Befragung fand von Ende Dezember 2008 bis März 2009 statt. Insgesamt wurden 13.000 Personen angeschrieben. Die Auswahl erfolgte per Zufall. Der Rücklauf betrug 5.197 (40 %). In die Auswertung gelangten 5.087 Fragebögen; ausgeschlossen wurden verspätet eingegangene, sehr unvollständig ausgefüllte Fragebögen und Bögen, die regional nicht eindeutig zugeordnet werden konnten. Die Ergebnisse wurden über eine Soll-Ist-Anpassung gewichtet und konnten auf die Grundgesamtheit hochgerechnet werden. Gewichtungsmerkmale waren die Herkunftsregion, das Geschlecht und die offizielle Verbleibseinstufung der Bewerber. Damit ließen sich auch weitere Merkmalsverteilungen der Grundgesamtheit, die nicht in das Gewichtungs- und Hochrechnungsmodell einbezogen waren (z. B. Schulabschluss und Nationalität), sehr gut reproduzieren.

*3.2 Ergebnisse*

Bewertung der verschiedenen Verbleibsformen durch die Jugendlichen:

Von den 620.002 bei der Bundesagentur für Arbeit gemeldeten, im Inland wohnenden Ausbildungsstellenbewerbern des Jahres 2008 galten zum Stichtag 30. September 605.526 als „versorgt", obwohl sich darunter 323.483 Personen befanden, für die *keine* Einmündung in eine Berufsausbildungsstelle festgestellt werden konnte. Dass auch diese Bewerber als „versorgt" betrachtet werden, wird im Wesentlichen damit begründet, dass das Motiv für den alternativen Verbleib über die Geschäftsstatistik nicht feststellbar ist (Bundesagentur für Arbeit 2008, 5). Somit kann nicht ausgeschlossen werden, dass alternative Verbleibe außerhalb einer Berufsausbildung selbstbestimmt und freiwillig erfolgten. Dieses Argument ist grundsätzlich korrekt, denn bei der Berufsfindung handelt es sich um einen komplexen Prozess, in dem verschiedene Bildungsalternativen durchgespielt, in Betracht gezogen und zum Teil auch wieder verworfen werden (Fobe/Minx 1996, 7 ff.).

Im Rahmen der BA/BIBB-Bewerberbefragung ist allerdings eine Motiverkundung für die jeweilige Verbleibsform möglich. Wir wollen dabei zunächst untersuchen, wie die Ausbildungsstellenbewerber ihren aktuellen Verbleib bewerten. Es zeigt sich, dass hochgerechnet nur 332.000 bzw. knapp 54 % diesen Verbleib als erste („war immer mein Wunsch") oder zumindest als zweite Wahl („eine Alternative, die ich von vornherein in Betracht gezogen habe") empfinden. 158.800 (26 %) sprechen dagegen allenfalls von einer dritten Wahl („nicht unbedingt gewollte, inzwischen aber akzeptierte Alternative" bzw. „sinnvolle Überbrückung") und 100.500 (16 %) sogar von einer „Notlösung" oder „Sackgasse" (vgl. die untere Zeile in Tabelle 2).

*Tabelle 2:* Subjektive Bewertung ihres Verbleibs durch die Ausbildungsstellenbewerber
Quelle: BA/BIBB-Bewerberbefragung 2008

| | logistische Regression | | N | Subjektive Bewertung (hochgerechnet) | | | | |
| --- | --- | --- | --- | --- | --- | --- | --- | --- |
| | $e^{\beta}$ | R | | erste bzw. zweite Wahl | dritte Wahl | Notlösung, Sackgasse | sonstiges | |
| **Verbleib (Referenz: nichtbetriebliche Ausbildung)** | | | 49.421 | 61% | 30% | 5% | 4% | 100% |
| betriebliche Ausbildung | 2,446 *** | 0,361 | 237.798 | 82% | 15% | 1% | 2% | 100% |
| Schulberuf | 0,822 | 0,084 | 32.980 | 60% | 31% | 7% | 2% | 100% |
| Studium | 1,318 * | 0,000 | 11.946 | 74% | 20% | 2% | 5% | 100% |
| allgemeinbildende Schule | 0,606 ** | 0,019 | 27.792 | 52% | 31% | 8% | 9% | 100% |
| teilqualifizierende Berufs(fach)schule, schulisches Berufsvorbereitungsjahr | 0,522 *** | -0,028 | 43.478 | 55% | 30% | 12% | 3% | 100% |
| | 0,147 *** | -0,046 | 18.633 | 22% | 52% | 22% | 3% | 100% |
| berufsvorbereitende Maßnahme | 0,092 *** | -0,102 | 35.355 | 14% | 57% | 26% | 4% | 100% |
| Einstiegsqualifizierung, Praktikum | 0,333 *** | -0,140 | 20.050 | 38% | 44% | 15% | 4% | 100% |
| Erwerbstätigkeit | 0,353 *** | -0,069 | 18.837 | 33% | 35% | 27% | 5% | 100% |
| Jobben | 0,067 *** | -0,058 | 26.926 | 11% | 41% | 42% | 5% | 100% |
| arbeitslos, ohne Beschäftigung | 0,011 *** | -0,126 | 58.526 | 2% | 5% | 82% | 12% | 100% |
| sonstiges, keine Angabe | 0,331 *** | -0,139 | 36.269 | 36% | 35% | 14% | 16% | 100% |
| **Schulabschluss (Referenz: maximal Hauptschule)** | | | 241.155 | 46% | 26% | 21% | 7% | 100% |
| mittlerer Abschluss | 1,064 | 0,000 | 181.135 | 58% | 25% | 14% | 3% | 100% |
| Studienberechtigung | 1,098 | 0,044 | 84.418 | 61% | 24% | 12% | 3% | 100% |
| **Letzte Note in Mathematik (Referenz: gut/sehr gut)** | | | 159.828 | 64% | 21% | 11% | 5% | 100% |
| befriedigend | 0,832 * | -0,018 | 235.660 | 55% | 25% | 16% | 4% | 100% |
| ausreichend und schlechter | 0,683 *** | -0,047 | 207.453 | 44% | 31% | 21% | 5% | 100% |
| **Geschlecht (Referenz: weiblich)** | | | 292.344 | 53% | 26% | 16% | 5% | 100% |
| männlich | 0,929 | 0,000 | 327.639 | 54% | 25% | 17% | 4% | 100% |
| **Alter (Referenz: nicht volljährig)** | | | 214.288 | 64% | 24% | 8% | 4% | 100% |
| 18 bis 20 Jahre | 0,725 *** | -0,041 | 208.285 | 51% | 28% | 16% | 4% | 100% |
| 21 bis 22 Jahre | 0,615 *** | -0,048 | 121.413 | 47% | 26% | 23% | 5% | 100% |
| 22 Jahre und älter | 0,565 *** | -0,046 | 72.005 | 40% | 25% | 29% | 6% | 100% |
| **Migrationshintergrund (Referenz: kein)** | | | 471.168 | 56% | 25% | 15% | 4% | 100% |
| türkisch-arabischer Herkunft | 0,796 | 0,000 | 40.641 | 40% | 31% | 23% | 7% | 100% |
| ehemalige Anwerbestaaten | 0,888 | -0,009 | 23.179 | 42% | 31% | 23% | 4% | 100% |
| Aussiedler | 0,861 | 0,000 | 58.872 | 50% | 28% | 17% | 5% | 100% |
| sonstige Herkunft | 0,927 | 0,000 | 25.458 | 48% | 29% | 15% | 8% | 100% |
| Teilnehmerfälle (N) | 4.832 | | 620.002 | 331.957 | 158.804 | 100.541 | 28.700 | 100% |

R² (McFadden) = 0,282

Bei diesen Bewertungen lässt sich des Weiteren eine starke Varianz der Bewertung abhängig vom aktuellen Verbleib erkennen: Der Verbleib in Bildungsangeboten, die zu einem vollqualifizierenden Bildungsabschluss führen, werden wesentlich positiver eingeschätzt als Maßnahmen des „Übergangssystems" oder der Verbleib außerhalb des Bildungssystems (z.b. Jobben, Arbeit, arbeitslos). Deutlich wird zudem, dass die Bewerber zwar eine betriebliche Ausbildung präferieren, durchaus aber auch mit einem außerbetrieblichen Ersatzangebot zufrieden sind bzw. den Beginn einer vollqualifizierenden schulischen Berufsausbildung dem Verbleib im Übergangssystem vorziehen Dabei variieren die Einschätzungen kaum mit den individuellen Merkmalen der Befragten: Ob ein Bewerber mit seiner gegenwärtigen Lage zufrieden ist, hängt damit nicht so sehr von personenspezifischen Merkmalen, sondern vor allem von der Verbleibsform ab.

Die Aussagen der Jugendlichen verweisen darauf, dass viele alternative Verbleibe außerhalb einer betrieblichen Berufsausbildung nicht unmittelbar und primär angestrebt wurden, sondern im Wesentlichen als *Ausweichreaktion* erfolgten (vgl. auch Hupka/Sacchi/Stalder 2006, 6). Dies ergibt sich auch aus einem anderen Ergebnis: Unter den 323.483 Bewerbern, die offiziell als „versorgt" galten, obwohl sie nicht in eine Berufsausbildungsstelle eingemündet waren, befanden sich 134.200 (41 %), die zum Untersuchungszeitpunkt Ende 2008 – und damit nach dem Nachvermittlungsgeschäft – noch immer keine Berufsausbildung absolvierten und die ihren alternativen Verbleib zugleich darauf zurückführten, dass ihre Bewerbungen erfolglos geblieben waren. 76.400 (24 %) zeigten sich daran interessiert, selbst zu diesem späten Zeitpunkt in das bereits seit mehreren Monaten laufende Ausbildungsjahr einzusteigen, weitere 108.300 (33 %) wollten zumindest in den kommenden Jahren mit einer Berufsausbildung anfangen.[20] All diese Jugendlichen wurden in der Marktbilanzierung des Nationalen Paktes für Ausbildung und Fachkräftenachwuchs in Deutschland *nicht* als erfolglose Ausbildungsplatznachfrager geführt, so dass mit rechnerisch 100,8 Angeboten auf 100 Ausbildungsplatznachfrager das offizielle Verhältnis von Angebot und Nachfrage (sog. „Angebots-Nachfrage-Relation") wieder einmal ausgeglichen erschien (vgl. Ulrich/Flemming/Granath 2009, 27 ff.).

Die Regel, *sämtliche* alternativ verbliebene Bewerber *nicht* als erfolglose Ausbildungs*nachfrager* zu behandeln, stützt somit den Mythos eines ausgeglichenen Ausbildungsmarktes. Sie benachteiligt aber all diejenigen ausbildungsreifen Bewerber, die sich bei fehlendem Bewerbungserfolg flexibel zeigen und notgedrungen auf teilqualifizierende Bildungsgänge oder (zum Teil geringfügige) Beschäftigungen ausweichen und damit als „versorgt" gelten.

---

[20] Bewerber, die eine Ausbildung bereits einmal begonnen, aber bis zum Untersuchungszeitpunkt abgebrochen hatten, wurden bei diesen Berechnungen ausgeschlossen.

Determinanten des Verbleibs in vollqualifizierender Berufsausbildung

Nach welcher Logik verbleiben nun Ausbildungsstellenbewerber, deren Eignung für den Beginn einer vollqualifizierenden Berufsausbildung „geklärt ist bzw. deren Voraussetzungen dafür gegeben sind", innerhalb und außerhalb einer Berufsausbildung? In Tabelle 3 werden im Rahmen dreier binärer logistischer Regressionsmodelle drei unterschiedliche, schrittweise erweiterte Zielzustände unterschieden:

- Modell 1: Einmündung in eine *betriebliche* Ausbildungsstelle in Ausbildungsberufen des Dualen Systems gemäß BBiG/HwO;
- Modell 2: Einmündung in eine *betriebliche oder nichtbetriebliche* (außerbetriebliche, schulische) Ausbildungsstelle in Ausbildungsberufen gemäß BBiG/HwO;
- Modell 3: Einmündung *in irgendeine Form* vollqualifizierender Berufsausbildung (betrieblich oder nichtbetrieblich in BBiG/HwO-Berufen), in sog. Schulberufe oder in eine Hochschulausbildung).

Wie nun die Ergebnisse zeigen, gilt für alle drei Modelle, dass die Verbleibs- und Sortierlogiken einer komplexen Kombination von a) individuellen Leistungs- und Motivationsmerkmalen, b) regionale und sonstige Gelegenheiten sowie c) weiteren personenbezogenen Merkmalen folgen, welche nicht unmittelbar leistungsbezogen sind, aber dennoch mit der Ausbildungchance korrelieren (z.B. Geschlecht, Herkunft).

Individuelle Leistungs- und Motivationsmerkmale

Als *Leistungsmerkmale* zählen hierzu der erreichte Schulabschluss, die letzten Schulnoten (in der BBA/BIBB-Bewerberbefragung wurden die Noten in Deutsch und Mathematik abgefragt) sowie als *motivationale Determinanten* der gezeigte Einsatz bei der Lehrstellensuche und die Bereitschaft, sich in mehreren unterschiedlichen Berufen zu bewerben. All diese Merkmale haben sich auch in sonstigen Übergangsstudien als erklärungsträchtig erwiesen (Diehl/Friedrich/Hall 2009, Eberhard/Krewerth/Ulrich 2006).

Regionale und sonstige Gelegenheiten

Von besonderer Bedeutung ist hier vor allem die regionale Ausbildungsmarktsituation vor Ort, wie sie sich in der rechnerischen Zahl der *betrieblichen* Ausbildungsplatzangebote[21] je 100 Ausbildungsinteressierte[22] im jeweiligen Arbeitsagenturbezirk spiegelt. Je mehr Angebote es in der Region gibt, desto größer ist die Einmündungschance in eine betriebliche, aber eben auch in irgendeine Form vollqualifizierender Berufsausbildung.

Dabei erweist es sich allerdings als auffällig, dass losgelöst von der Marktlage vor Ort die Tatsache, ob ein Bewerber in West- oder Ostdeutschland wohnt, mit einer unterschiedlich hohen Übergangschance verbunden ist: Ostdeutsche Ausbildungsstellenbewerber hatten 2008 zwar keine (signifikant) größere Chance, in eine *betriebliche* Ausbildungsstelle einzumünden (sofern die entsprechenden Marktverhältnisse kontrolliert werden), wohl aber eine deutlich größere Chance, in *irgendeine* Form einer vollqualifizierenden Berufsausbildungsstelle einzumünden. Die Ursache ist hier ebenfalls *institutioneller* Natur[23]: In Ostdeutschland ist das „Übergangssystem" weniger bedeutsam, während das kompensatorische Ausbildungsangebot in Form von vollqualifizierenden nichtbetrieblichen Ausbildungsplätzen als Folge des wiedervereinigungsbedingten Umbruchs eine weitaus größere Bedeutung erlangte und bis heute beibehalten hat. Dementsprechend mündete 2008 (wie auch in den Jahren zuvor) in Ostdeutschland ein *höherer* Anteil der Bewerber in eine Berufsausbildung ein, als dies in Westdeutschland der Fall war – obwohl das *betriebliche* Angebot in den vergangenen Jahren im Osten wesentlich niedriger ausfiel als in den alten Ländern.[24]

Dass darüber hinaus auch der Verstädterungsgrad der Wohnregion (Einwohnerdichte) von Bedeutung ist und Bewerber, die in Großstädten wohnen, grundsätzlich schlechtere Ausbildungschancen haben, ist insbesondere Folge einer starken Einpendelbereitschaft von Ausbildungsstellenbewerbern, die im ländlichen Umland von Ballungsgebieten wohnen. Die großstädtischen Ausbildungsplätze sind deshalb stark umworben, und sie werden von den Unternehmen oft auch an Bewerber aus dem Umland vergeben.

---

[21] Geschätzt über die Differenz zwischen der Zahl der in der Region registrierten Ausbildungsplatzangebote abzüglich der Zahl der gemeldeten außerbetrieblichen Ausbildungsstellen.

[22] Definiert als die Summe aus der Zahl aller gemeldeten Ausbildungsstellenbewerber in der Region zuzüglich der rechnerischen Zahl der erfolgreichen Ausbildungsplatznachfrager, die nicht bei der Bundesagentur für Arbeit als Ausbildungsstellenbewerber registriert worden waren. Die zuletzt genannte Größe wurde ermittelt, indem von der Gesamtzahl aller in der Region neu abgeschlossenen Ausbildungsverträge die Zahl der gemeldeten Ausbildungsstellenbewerber abgezogen wurde, die in eine Berufsausbildungsstelle mündeten.

[23] Vgl. dazu auch Imdorf/Seibert/Hupka (2009) mit Ergebnissen für die Schweiz.

[24] Vgl. zu den „historischen" Gründen auch Eberhard/Ulrich (2009).

Tabelle 3: Determinanten des Verbleibs in vollqualifizierender Berufsausbildung
Quelle: BA/BIBB-Bewerberbefragung 2008

| | Modell 1: betriebliche Berufsausbildung nach BBiG | | | | Modell 2: betriebliche oder nicht-betriebliche BBIG-Ausbildung | | | | Modell 3: betrieblich, nichtbetrieblich, schulisch, hochschulisch | | | |
|---|---|---|---|---|---|---|---|---|---|---|---|---|
| | $e^\beta$ | Std.f | Z | p | $e^\beta$ | Std.f | Z | p | $e^\beta$ | Std.f | Z | p |
| *Individuelle Leistungs- und Motivationsmerkmale* | | | | | | | | | | | | |
| ■ mittlerer Abschluss (Referenz: maximal Hauptschule) | 1,990 | 0,158 | 8,66 | 0,000 | 1,204 | 0,088 | 2,55 | 0,006 | 1,294 | 0,094 | 3,55 | 0,000 |
| ■ Studienberechtigung (Referenz: maximal Hauptschule) | 4,130 | 0,498 | 11,75 | 0,000 | 1,791 | 0,202 | 5,18 | 0,000 | 2,960 | 0,346 | 9,30 | 0,000 |
| ■ (schlechtere) Deutschnote | 0,854 | 0,042 | -3,24 | 0,001 | 0,859 | 0,039 | -3,32 | 0,001 | 0,817 | 0,037 | -4,42 | 0,000 |
| ■ (schlechtere) Mathematiknote | 0,747 | 0,028 | -7,81 | 0,000 | 0,795 | 0,028 | -6,54 | 0,000 | 0,834 | 0,029 | -5,19 | 0,000 |
| ■ in mehreren Berufen beworben | 1,388 | 0,104 | 4,37 | 0,000 | 1,267 | 0,089 | 3,37 | 0,001 | 1,171 | 0,082 | 2,24 | 0,013 |
| ■ keine rechte Mühe gemacht | 0,517 | 0,060 | -5,65 | 0,000 | 0,527 | 0,055 | -6,11 | 0,000 | 0,545 | 0,055 | -6,01 | 0,000 |
| *Regionale und sonstige Gelegenheiten* | | | | | | | | | | | | |
| ■ (günstigere) Ausbildungsmarktrelation | 1,016 | 0,004 | 4,16 | 0,000 | 1,013 | 0,004 | 3,58 | 0,000 | 1,016 | 0,004 | 4,36 | 0,000 |
| ■ Wohnort in Ostdeutschland | 1,177 | 0,131 | 1,47 | 0,071 | 1,879 | 0,195 | 6,07 | 0,000 | 2,137 | 0,233 | 6,95 | 0,000 |
| ■ (höhere) Einwohnerdichte | 0,988 | 0,005 | -2,54 | 0,006 | 0,990 | 0,004 | -2,40 | 0,008 | 0,992 | 0,004 | -1,82 | 0,035 |
| ■ Praktika absolviert | 1,208 | 0,090 | 2,52 | 0,006 | 1,247 | 0,088 | 3,14 | 0,001 | 1,199 | 0,085 | 2,57 | 0,005 |
| ■ Einstiegsqualifizierung absolviert | 1,928 | 0,286 | 4,42 | 0,000 | 1,990 | 0,288 | 4,76 | 0,000 | 1,730 | 0,253 | 3,74 | 0,000 |
| *Weitere personenbezogene Merkmale* | | | | | | | | | | | | |
| ■ männliches Geschlecht | 1,350 | 0,097 | 4,16 | 0,000 | 1,389 | 0,094 | 4,84 | 0,000 | 1,268 | 0,086 | 3,50 | 0,000 |
| ■ 18 bis 20 Jahre (Referenz: nicht volljährig) | 0,737 | 0,063 | -3,58 | 0,000 | 1,025 | 0,083 | 0,30 | 0,380 | 0,915 | 0,074 | -1,10 | 0,137 |
| ■ 21 bis 22 Jahre (Referenz: nicht volljährig) | 0,553 | 0,059 | -5,54 | 0,000 | 0,855 | 0,085 | -1,57 | 0,058 | 0,732 | 0,073 | -3,12 | 0,001 |
| ■ 22 Jahre und älter (Referenz: nicht volljährig) | 0,364 | 0,049 | -7,58 | 0,000 | 0,658 | 0,079 | -3,50 | 0,000 | 0,554 | 0,066 | -4,94 | 0,000 |
| ■ ohne Migrationshintergrund (Referenz: Aussiedler) | 1,304 | 0,159 | 2,18 | 0,015 | 1,242 | 0,141 | 1,91 | 0,028 | 1,053 | 0,118 | 0,46 | 0,322 |
| ■ türkisch-arabischer Herkunft (Referenz: Aussiedler) | 0,646 | 0,124 | -2,27 | 0,012 | 0,762 | 0,130 | -1,60 | 0,055 | 0,710 | 0,117 | -2,08 | 0,019 |
| ■ ehemalige Anwerbestaaten (Referenz: Aussiedler) | 0,671 | 0,151 | -1,77 | 0,038 | 0,630 | 0,130 | -2,24 | 0,013 | 0,542 | 0,108 | -3,07 | 0,001 |
| ■ sonstige Herkunft (Referenz: Aussiedler) | 0,691 | 0,156 | -1,64 | 0,050 | 0,745 | 0,151 | -1,45 | 0,073 | 0,688 | 0,136 | -1,90 | 0,029 |
| Zufallseffekt Ebene 2 | | | | | | | | | | | | |
| Varianz der Regressionskonstante | 0,007 | 0,021 | | | 0,000 | 0,000 | | | 0,008 | 0,020 | | |
| N der Ebene 1 (Probanden) | 4.134 | | | | 4.134 | | | | 4.134 | | | |
| N der Ebene 2 (Regionen) | 176 | | | | 176 | | | | 176 | | | |

Logistische Zwei-Ebenen-Modelle (mit zufälligen Effekten). Std.f. = Standardfehler.

Neben den regionalen Gelegenheiten[25] werden die Übergangschancen auch durch jene Gelegenheiten positiv beeinflusst, die sich durch bereits bestehende Kontakte zu Betrieben eröffnen: Hierzu zählen vor allem vorab geleistete Praktika oder eine vorab absolvierte Einstiegsqualifizierung. In vielen Betrieben ist es üblich geworden, Jugendliche zunächst im Rahmen von Probearbeiten zu beobachten, bevor sie einen Ausbildungsvertrag erhalten.

Weitere personenbezogene Merkmale, die nicht unmittelbar leistungsbezogen sind, aber dennoch mit der Ausbildungschance korrelieren

Zu diesen Merkmalen zählen das Geschlecht, das Alter und die ethnische Herkunft der Ausbildungsstellenbewerber. Die bloße Tatsache, dass diese Merkmale selbst unter Kontrolle der individuellen Leistungsvoraussetzungen statistisch signifikant mit der Ausbildungschance verbunden sind, muss nicht zwingend auf eine Diskriminierung bestimmter Gruppen hinweisen (vgl. auch Kalter 2006).

So sind die geringeren Ausbildungchancen der jungen Frauen Folge ihrer weiterhin sehr starken Ausrichtung ihrer Ausbildungswünsche auf die Dienstleistungsberufe (vgl. Bundesagentur für Arbeit 2008). Diese Berufe werden zudem auch von jenen jungen Männern präferiert, die im Schnitt schulische bessere Leistungen erzielen als ihre Geschlechtsgenossen. Dies führt dazu, dass die Dienstleistungsberufe stärker umworben werden und dass selbst überdurchschnittliche Noten bisweilen nicht ausreichen, um eine betriebliche Ausbildungsstelle zu finden.

Wie zuletzt Studien aus der Schweiz zeigten, sind die schlechteren Chancen von älteren Bewerbern und von Bewerbern mit Migrationshintergrund aber zum Teil spezifischen betrieblichen Logiken bei ihrer Lehrlingsselektion zuzuschreiben (Imdorf 2007a, Imdorf 2009). So sind die Unternehmen z.B. an Bewerbern interessiert, die einerseits keine Kinder mehr sind, andererseits auch noch keine Erwachsene, sondern noch „formbare" Jugendliche. Damit erscheinen ihnen Ausbildungsstellenbewerber mit 16 Jahren zwar oft noch als zu jung, Bewerber mit 19 Jahren dagegen aber bisweilen bereits als zu alt. Tatsächlich zeigt sich auch in der BA/BIBB-Bewerberbefragung, dass bereits die Gruppe der 18- bis 20-jährigen Bewerber signifikant geringere Chancen auf eine *betriebliche* Ausbildungsstelle hat als die Gruppe der nichtvolljährigen Bewerber.

---

[25] Der hier verwendete regionale Ausbildungsmarktindikator kann die Nachfrage auswärtiger Ausbildungsstellenbewerber nicht vollständig abbilden. Dies trägt zum signifikanten Effekt des Verstädterungsgrades bei, allerdings auch das Phänomen, dass die Auspendelbereitschaft großstädtischer Bewerber niedriger ausfällt als die Einpendelbereitschaft der Bewerber aus dem Umland (vgl. dazu auch Ulrich/Ehrenthal/Häfner 2006)

In dieser Schweizer Studie wurde zudem deutlich, dass Betriebe an einem möglichst reibungs- und störungsfreien Ablauf ihrer Berufsausbildung interessiert sind und bei der Lehrlingsauswahl jenen Bewerbern den Vorzug geben, von denen sie annehmen, dass diese als spätere Lehrlinge den Produktionsprozess der Waren und Dienstleistungen ebenso wenig stören wie die Sozialbeziehungen im Betrieb und die Beziehungen zu den Kunden. Dies führt oft dazu, dass sich die Betriebe bei der Einstellung von Migranten zögerlich zeigen, da sie befürchten, dass diese bei der Integration in die Belegschaft mehr Probleme bereiten oder auch den Kontakt zur Kundschaft in irgendeiner Form belasten könnten (Imdorf 2007b). Und auch in der BA/BIBB-Bewerberbefragung lassen sich signifikant schlechtere Ausbildungschancen für Aussiedler gegenüber Jugendlichen ohne Migrationshintergrund feststellen, während aber die Aussiedler zugleich signifikant bessere Chancen als Bewerber mit sonstigem Migrationshintergrund aufweisen.[26]

## 4  Diskussion

Auch wenn die Hintergründe für die jeweiligen Sortierlogiken beim Verbleib von Ausbildungsstellenbewerbern nicht bis in die letzten Details aufgeklärt sind, so ist im Ganzen doch eine institutionell bedingte Benachteiligung dieser Jugendlichen unübersehbar. Während die Sicherung der Zugangschancen von studierwilligen Abiturienten in die Hochschulen weitgehend sozialisiert ist (vgl. auch Kruip 2003a), müssen sich die Ausbildungsstellenbewerber über einen Markt Zugang in eine Berufsausbildung verschaffen.

Die dabei wirksamen Selektionsmechanismen folgen nur zum Teil meritokratischen Prinzipien, nach denen die jeweils leistungsstärksten Personen mit den besten individuellen Voraussetzungen die höchste Eintrittschance in eine Berufsausbildungsstelle haben (vgl. auch Solga 2005a). So spielen nicht nur die Schulabschlüsse und Schulnoten eine Rolle, sondern z.B. auch die ethnische Herkunft und der Wohnort der Jugendlichen. Doch ist die partielle Verletzung meritokratischer Verteilungsprinzipien innerhalb der Gruppe der Ausbildungsstellenbewerber noch nicht einmal der kritischste Punkt in der Ungleichbehand-

---

[26] Ein weiteres Problem besteht darin, dass die Eltern der Jugendlichen mit Migrationshintergrund häufig selbst nicht auf ein entsprechendes Erfahrungswissen beim Eintritt in das deutsche Berufsbildungssystem zurückgreifen können und in den Migrantenfamilien entsprechende Gespräche über die Zugangsprobleme und möglichen Erfolgsstrategien signifikant seltener stattfinden. Zudem fehlen den Eltern häufiger die sozialen Netzwerke, um ihren Kindern über Beziehungen den Zugang zu einer Berufsausbildungsstelle zu eröffnen (Beicht/Friedrich/Ulrich 2008). Eine sehr differenzierte Analyse des Einflusses der Herkunftsfamilie auf die Übergangschance in Berufsausbildung findet sich bei Hupka/Sacchi/Stalder (2006), welche die Schweizerischen Verhältnisse untersuchten.

lung zwischen den Ausbildungsstellenbewerbern und Abiturienten mit Interesse an einer Hochschulausbildung. Vielmehr ist es die Tatsache, dass die Zahl der nichtakademischen Ausbildungsangebote insgesamt deutlich niedriger ausfällt als die Zahl der Ausbildungsinteressierten, obwohl diese Personen die Voraussetzungen für eine Berufsausbildung auch offiziell mitbringen. Das nicht ausreichende Angebot an Ausbildungsplätzen ist dabei vor allem den institutionellen Rahmenbedingungen zuzuschreiben: Der klassische marktwirtschaftlich geregelte Eintritt in eine betriebliche Berufsausbildung wird nicht in einem ausreichenden Maße durch einen konjunkturunabhängigen Zugang in vollqualifizierende Berufsausbildung (außerbetriebliche Ausbildung, schulische Ausbildung nach BBiG/HwO) ergänzt, um der tatsächlichen Nachfrage gerecht zu werden (vgl. dazu auch Kruip 2003b, 250 f.). Dies traf in den letzten Jahren für Westdeutschland noch stärker zu als für die neuen Bundesländer, in denen die außerbetriebliche Berufsausbildung stets eine deutlich stärkere Bedeutung hatte (Ulrich/Eberhard 2008).[27] Neben dem Problem, dass das vollqualifizierende Berufsausbildungsangebot in den vergangenen Jahren grundsätzlich nicht ausreichte, ließen sich also auch regionale Unterschiede in den institutionellen Rahmenbedingungen des Übergangsgeschehens beobachten und damit auch regionale Ungleichheiten beim Zugang in Berufsausbildung.

Somit gibt es keine bundesweit einheitliche und zugleich ausreichende institutionelle Absicherung für ausbildungsreife Jugendliche, die eine vollqualifizierende Berufsausbildung absolvieren möchten, am ausbildungsmarktgeregelten Zugang aber scheitern. Die „Alternativen" für „ausbildungsreife" Schulabgänger, denen kein vollqualifizierendes Ausbildungsangebot eröffnet wird, bestehen zunächst im Beginn eines teilqualifizierenden Bildungsgangs des so genannten „Übergangssystems". Tatsächlich sind die Jugendlichen durchaus bereit, ihre Ausbildungswünsche stets auch an den begrenzten Optionsrahmen anzupassen (vgl. dazu auch Heinz u.a. 1987) und die entsprechenden Verbleibe zumindest als eine sinnvolle Überbrückung zu akzeptieren (vgl. auch Straßer/Ratschinski 2008, 35). Dies ist insofern auch zweckmäßig, als sich solche Verbleibe gegenüber *Verbleiben in Arbeitslosigkeit oder Beschäftigung* als die bessere Alternative in Hinblick auf die Wahrscheinlichkeit eines nachfolgenden Berufsausbildungsbeginns erwiesen haben (Beicht 2009, Beicht/Ulrich 2008, Hofmann-Lun/Gaupp 2008).

---

[27] Allerdings erfolgte die Finanzierung der zeitweise besonders zahlreichen außerbetrieblichen Ausbildungsplatzangebote in Ostdeutschland u.a. über die Ausbildungsprogramme für sozial benachteiligte und lernbeeinträchtigte Jugendliche nach dem Sozialgesetzbuch III und somit zum Teil unter Inkaufnahme einer Stigmatisierung der Jugendlichen. Zwar gab es auch ein gemeinsam vom Bund und den Ländern finanziertes Programm für offiziell „Marktbenachteiligte", doch reichte dieses Programm nicht aus, das betriebliche Angebotsdefizit zu kompensieren (vgl. dazu ausführlich Ulrich 2003).

Doch sind mit diesem Verbleib Stigmatisierungsgefahren und Identitätszumutungen für die Jugendlichen verbunden (z.b. „nicht ausbildungsreif"), und zudem dürfte nur relativ wenigen Jugendlichen bewusst sein, dass sie mit einem solchen Schritt just jene Institutionen „unterstützen", die ihnen zunächst den Eintritt in eine vollqualifizierende Berufsausbildung verwehrten. Denn ihre Nachfrage nach dualer Ausbildung wird mit der Einmündung in das Übergangssystem *latent*, und damit tragen diese „versorgten" Jugendlichen selbst dann zu einem rechnerischen Ausgleich von Angebot und Nachfrage bei, wenn sie sich intensiv, aber erfolglos um eine Berufsausbildungsstelle bemüht hatten.

Die Funktion des Übergangssystems bestand in den letzten Jahren also auch darin, die bestehenden Institutionen des Übergangs in vollqualifizierende Berufsausbildung abzusichern und Deutungen zum Geschehen auf dem Ausbildungsstellenmarkt zu ermöglichen, welche diese Institutionen legitimieren. Solche Deutungen können allerdings nur dann der Öffentlichkeit erfolgreich vermittelt werden, wenn sie plausibel erscheinen (Solga 2005a). Individualisierende Erklärungsansätze zur Ausbildungslosigkeit von Jugendlichen haben aus mindestens drei Gründen stets eine große Chance auf Akzeptanz. Erstens knüpfen sie an dem in jeder Zeit zu beobachtenden Bedürfnis einer Gesellschaft an, über den Reifezustand der Jugend kritisch nachdenken zu wollen (Eberhard 2006, 48 ff.). Zweitens entsprechen sie der bei Außenbeobachtern grundsätzlich zu beobachtenden Neigung, personenbezogene Gründe als Ursache für die Lage Dritter stärker in Betracht zu ziehen als situationsbezogene Einflussgrößen (Ulrich 2004a). Und drittens wirken sie nachvollziehbar, weil Begriffe wie „ausbildungsreife Ausbildungsplatznachfrager" und „versorgte Ausbildungsstellenbewerber" auch für Laien verständlich erscheinen.

Dabei hat sich allerdings in der bildungspolitischen Analyse des Übergangsgeschehens längst eine Fachsprache etabliert, die von Laien nicht mehr valide in die Alltagssprache umgesetzt werden kann. So bezeichnen z.B. „Ausbildungsplatznachfrager" und „Ausbildungsstellenbewerber" zwei unterschiedliche, sich nur partiell überschneidende Gruppen, und Begriffe wie „versorgte Ausbildungsstellenbewerber" oder „vermittelte Ausbildungsstellenbewerber" entsprechen nicht dem Verständnis der Alltagssprache (Krekel/Ulrich 2009, 35-41). Für die Legitimation der bestehenden Institutionen zum Übergang von der Schule in die Berufsausbildung stellen solche Abweichungen allerdings so lange kein Problem dar, wie die durch sie ausgelösten Assoziationen keine Zweifel an der Funktionstüchtigkeit der beruflichen Ausbildung aufkommen lassen.

Tatsächlich haben die bestehenden Institutionen beim Zugang in das duale Ausbildungssystem die vergangenen schwierigen Jahre, bedingt durch die bis 2005 anhaltende massive Beschäftigungskrise und eine stetig steigende Zahl von Schulabgängern, erfolgreich überlebt. Zudem nutzten Wirtschaft und Staat die

Krisensymptome des dualen Systems erfolgreich dazu, die Ausbildungsberufe in beschleunigtem Tempo zu modernisieren und rascher an den wirtschaftsstrukturellen Wandel anzupassen (vgl. dazu Bosch 2008). Durch den 2006 einsetzenden Aufschwung, durch die 2007 einsetzende Wende in der demografischen Entwicklung (große Deters/Ulmer/Ulrich 2008) und durch den zu erwartenden Wechsel von einem Anbieter- zu einem Nachfragermarkt dürfte zudem der Widerspruch zwischen den beiden Regeln einer freiwilligen Ausbildungsbeteiligung der Betriebe und einer ausreichenden Versorgung aller ausbildungsreifen und ausbildungsinteressierten Jugendlichen in den kommenden Jahren sukzessive in Vergessenheit geraten.

Es wird spannend zu beobachten sein, wie sich im Zuge dessen die Deutungen und Deutungsformen in Hinblick auf das Übergangsgeschehen ändern werden. Schon jetzt ist erkennbar, dass die Jugendlichen verstärkt als unverzichtbare „Ressource" bei der Gewinnung von Humankapital und weniger als in der Vergangenheit als „Versorgungsfall" betrachtet werden. Die aktuell diskutierten und zum Teil bereits umgesetzten Ideen, gerade auch benachteiligte Jugendliche über eine kontinuierliche persönliche Begleitung den Einstieg in die Berufsausbildung zu ermöglichen, deuten ebenso daraufhin wie sich vielerorts etablierende regionale Übergangsmanagement-Systeme (Krekel/Ulrich 2009, 27 ff.). Da die Betriebe bei einem Wechsel von einem Anbieter- hin zu einem Nachfragermarkt verstärkt untereinander um die immer weniger werdenden Schulabsolventen konkurrieren, werden viele von ihnen versuchen, sich durch eine frühzeitige Einbindung in die Berufsorientierung der allgemeinbildenden Schulen relative Wettbewerbsvorteile zu verschaffen. Zugleich werden sie darauf hinwirken, die Dauer bis zum Eintritt der Schulabgänger in eine vollqualifizierende Berufsausbildung „nicht unnötig zu verlängern". Somit wird die Wirtschaft zum einen auf eine „Dualisierung" der Berufsorientierung in den allgemeinbildenden Schulen drängen, und zum anderen wird der Druck auf das „Übergangssystem" zunehmen, das Angebot zu „verschlanken" und die Abwerbung von Schulabgängern auf jene Fälle der Jugendlichen zu beschränken, die tatsächlich zunächst einer spezifischen individuellen Vorbereitung bedürfen, bevor sie für eine vollqualifizierende betriebliche Berufsausbildung gewonnen werden können.

Sollte es tatsächlich zu einer grundlegenden Umkehrung der Verhältnisse auf dem Ausbildungsmarkt kommen, dürften das Schulberufssystem und das Übergangssystem quantitativ an Bedeutung verlieren. Und auch der alljährlich wiederkehrende „Statistikstreit" darüber, wer nun zu den erfolglosen Ausbildungsplatznachfragern zu zählen ist und wer nicht (Bosch 2008, 242), dürfte in Folge der veränderten Verhältnisse an Schärfe verlieren. Entsprechende Entwicklungen sind bereits jetzt in Ostdeutschland beobachtbar, wo die Auswirkungen des demografischen Einbruchs auf die berufliche Bildungsbeteiligung schon heute massiv zu spüren sind (große Deters/Ulmer/Ulrich 2008).

## Literatur

Autorengruppe Bildungsberichterstattung (2008): Bildung in Deutschland. Bielefeld.

Baethge, M. (2006): Staatliche Berufsbildungspolitik in einem korporatistischen System. In: Weingart, P.; Taubert, N. C. (Hrsg.): Das Wissensministerium. Ein halbes Jahrhundert Forschungs- und Bildungspolitik in Deutschland. Weilerswist. S. 435-469.

Baethge, M. (2008): Das berufliche Bildungswesen in Deutschland am Beginn des 21. Jahrhunderts. In: Cortina, K. S. u.a. (Hrsg.): Das Bildungswesen in der Bundesrepublik Deutschland. Reinbek bei Hamburg. S. 541-597.

Beicht, U. (2009): Verbesserung der Ausbildungschancen oder sinnlose Warteschleife? Zur Bedeutung und Wirksamkeit von Bildungsgängen am Übergang Schule Berufsausbildung. In: BIBB REPORT, 11/2009.

Beicht, U.; Friedrich, M.; Ulrich, J. G. (Hrsg.) (2008): Ausbildungschancen und Verbleib von Schulabsolventen. Bielefeld.

Beicht, U.; Ulrich, J. G. (2008): Ergebnisse der BIBB-Übergangsstudie. In: Beicht, U.; Friedrich, M.; Ulrich, J. G. (Hrsg.): Ausbildungschancen und Verbleib von Schulabsolventen. Bielefeld. S. 101-291.

Bosch, G. (2008): Zur Zukunftsfähigkeit des deutschen Berufsbildungssystems. In: Arbeit, 17 (4), S. 239-253.

Bundesagentur für Arbeit: (2008): Bewerber und Berufsausbildungsstellen. Berichtsjahr 2007/08. Nürnberg.

Bundesminister für Bildung und Wissenschaft (Hrsg.) (1977): Berufsbildungsbericht 1997. Bonn.

Dellenbach, M.; Hupka, S.; Stalder, B. E.: (2004): Wege in die nachobligatorische Ausbildung: Der Kanton Bern im Vergleich zur restlichen Deutschschweiz. Ergebnisse des Jugendlängsschnitts TREE. Bern.

Deutsches PISA-Konsortium (Hrsg.) (2001): PISA 2000. Basiskompetenzen von Schülerinnen und Schülern im internationalen Vergleich. Opladen.

Diehl, C.; Friedrich, M.; Hall, A. (2009): Jugendliche ausländischer Herkunft beim Übergang in die Berufsausbildung: Vom Wollen, Können und Dürfen. In: Zeitschrift für Soziologie, 38 (1), S. 48-67.

Dietrich, H. u.a. (2009): Ausbildung im dualen System und Maßnahmen der Berufsvorbereitung. In: Möller, J.; Walwei, U. (Hrsg.): Handbuch Arbeitsmarkt 2009. Bielefeld. S. 317-357.

Eberhard, V.: (2006): Das Konzept der Ausbildungsreife – ein ungeklärtes Konstrukt im Spannungsfeld unterschiedlicher Interessen (Wissenschaftliche Diskussionspapiere, 83). Bonn.

Eberhard, V.; Krewerth, A.; Ulrich, J. G. (2005): „Man muss geradezu perfekt sein, um eine Lehrstelle zu bekommen". Die Situation aus Sicht der Lehrstellenbewerber. In: Berufsbildung in Wissenschaft und Praxis, 34 (3), S. 10-13.

Eberhard, V.; Krewerth, A.; Ulrich, J. G. (Hrsg.) (2006): Mangelware Lehrstelle. Zur aktuellen Lage der Ausbildungsplatzbewerber in Deutschland. Bielefeld.

Eberhard, V.; Ulrich, J. G.: (2009): „Ausbildungsreif" und dennoch ein Fall für das Übergangssystem? Determinanten der Einmündung von Ausbildungsstellenbewerbern in teilqualifizierende Bildungsgänge (Vortrag auf der BIBB-Fachtagung „Neue Jugend – neue Ausbildung" am 28./29. Oktober 2009 in Bonn). Bonn.

Ebner, C. (2009): Neue Wege für die duale Berufsausbildung – ein Blick auf Österreich, die Schweiz und Dänemark. In: WZBrief Arbeit, 04 (November 2009).

Esser, H.: (2000): Soziologie. Spezielle Grundlagen. Band 5: Institutionen. Frankfurt/NY.

Fobe, K.; Minx, B.: (1996): Berufswahlprozesse im persönlichen Lebenszusammenhang. Nürnberg.

Gangl, M. (2003): Bildung und Übergangsrisiken beim Einstieg in den Beruf. Ein europäischer Vergleich zum Arbeitsmarktwert von Bildungsabschlüssen. In: Zeitschrift für Erziehungswissenschaft, 6 (1), S. 72-89.

Gildemeister, R.; Robert, G. (1987): Probleme beruflicher Identität in professionalisierten Berufen. In: Frey, H.-P.; Haußer, K. (Hrsg.): Identität. Stuttgart. S. 71-87.

große Deters, F.; Ulmer, P.; Ulrich, J. G. (2008): Entwicklung des Nachfragepotenzials nach dualer Berufsausbildung. In: Ulmer, P.; Ulrich, J. G. (Hrsg.): Der demografische Wandel und seine Folgen für die Sicherstellung des Fachkräftenachwuchses. Bonn. S. 9-28.

Heinz, W. R. u.a.: (1987): „Hauptsache eine Lehrstelle". Jugendliche vor den Hürden des Arbeitsmarktes. Weinheim.

Hellmund, U.; Klitzsch, W.; Schumann, K. (1992): Grundlagen der Statistik. Landsberg / Lech

Hofmann-Lun, I.; Gaupp, N. (2008): Geplanter Zwischenschritt oder Warteschleife? Zugänge in und Anschlüsse an Berufsvorbereitung. In: Reißig, B.; Gaupp, N.; Lex, T. (Hrsg.): Hauptschüler auf dem Weg von der Schule in die Arbeitswelt. München. S. 82-98.

Hupka-Brunner, S. u.a.: (2009): PISA-Kompetenzen und Übergangswege: Ergebnisse aus der TREE-Studie (Vortrag auf der BIBB-Fachtagung „Neue Jugend – neue Ausbildung" am 28./29. Oktober 2009 in Bonn). Bonn.

Hupka, S.; Sacchi, S.; Stalder, B. E.: (2006): Herkunft oder Leistung? Analyse des Eintritts in eine zertifizierende nachobligatorische Ausbildung anhand der Daten des Jugendlängsschnitts TREE. Arbeitspapier vom Juni 2006. Bern.

Imdorf, C. (2007a): Der Ausschluss „ausländischer" Jugendlicher bei der Lehrlingsauswahl – ein Fall von institutioneller Diskriminierung? In: Rehberg, K.-S. (Hrsg.): Die Natur der Gesellschaft. Verhandlungen des 33. Kongresses der Deutschen Gesellschaft für Soziologie in Kassel 2006. Frankfurt/Main. S. 2.048-2.058.

Imdorf, C. (2007b): Individuelle oder organisationale Ressourcen als Determinanten des Bildungserfolgs? Organisatorischer Problemlösungsbedarf als Motor sozialer Ungleichheit. In: Schweizerische Zeitschrift für Soziologie, 32 (3), S. 407-423.

Imdorf, C.: (2009): Mit 16 noch zu jung und mit 19 bereits zu alt für eine Berufslehre? Können allein genügt nicht – Auswahlkriterien bei der Lehrlingsselektion (Vortrag auf der BIBB-Fachtagung „Neue Jugend – neue Ausbildung" am 28./29. Oktober 2009 in Bonn). Bonn.

Imdorf, C.; Seibert, H.; Hupka, S. (2009): Wie Ausbildungssysteme Chancen verteilen. Berufsbildungschancen und ethnische Herkunft in Deutschland und der Schweiz unter Berücksichtigung des regionalen Verhältnisses von betrieblichen und schulischen Ausbildungen. In: Kölner Zeitschrift für Soziologie und Sozialpsychologie, 61 (4).

Kalter, F. (2006): Auf der Suche nach einer Erklärung für die spezifischen Arbeitsmarktnachteile von Jugendlichen türkischer Herkunft. Zugleich eine Replik auf den Beitrag von Holger Seibert und Heike Solga: Gleiche Chancen dank einer abgeschlossenen Ausbildung? (ZfS 5/2005). In: Zeitschrift für Soziologie, 35 (2), S. 144-160.

Kath, F. (1999): Finanzierung der Berufsausbildung im dualen System. Probleme und Lösungsvorschläge. In: Bildung, Vorstand der Arbeitsgemeinschaft Hochschultage Berufliche Bildung (Hrsg.): Hochschultage Berufliche Bildung 1998. Workshop Kosten, Finanzierung und Nutzen beruflicher Bildung. Neusäß. S. 99-110.

Kath, F. (2005): Ordnung muss sein – aber wie soll sie gestaltet werden? In: Bundesinstitut für Berufsbildung (Hrsg.): Wir brauchen hier jeden, hoffnungslose Fälle können wir uns nicht erlauben! Wege zur Sicherung der beruflichen Zukunft in Deutschland. Bielefeld. S. 228-239.

Klein, H. E. (2007): Betriebliche Einstellungstests prüfen schulische Grundbildung. In: Wirtschaft und Berufserziehung, 59 (11), S. 20-25.

Klemm, K. (2008): Bildungsausgaben: Woher sie kommen, wohin sie fließen. In: Cortina, K. S. u.a. (Hrsg.): Das Bildungswesen in der Bundesrepublik Deutschland. Reinbek bei Hamburg. S. 245-280.

Konietzka, D. (2007): Berufliche Ausbildung und Übergang in den Arbeitsmarkt. In: Becker, R.; Lauterbach, W. (Hrsg.): Bildung als Privileg. Erklärungen und Befunde zu den Ursachen der Bildungsungleichheit. Wiesbaden. S. 273-302.

Krekel, E. M.; Ulrich, J. G.: (2009): Jugendliche ohne Berufsabschluss. Handlungsempfehlungen für die berufliche Bildung. Berlin.

Kruip, G. (2003a): Bildungsgutscheine – ein Weg zur Lösung des Gerechtigkeits- und Steuerungsproblems des Bildungssystems. In: Heimbach-Steins, M.; Kruip, G. (Hrsg.): Bildung und Beteiligungsgerechtigkeit. Sozialethische Sondierungen. Bielefeld. S. 109-129.

Kruip, G. (2003b): Lebenslanges Lernen unter der Perspektive von Beteiligungsgerechtigkeit – Einführung. In: Heimbach-Steins, M.; Kruip, G. (Hrsg.): Bildung und Beteiligungsgerechtigkeit. Sozialethische Sondierungen. Bielefeld. S. 249-253.

Küppers, B.; Leuthold, D.; Pütz, H.: (2001): Handbuch Berufliche Ausbildung. Leitfaden für Betriebe, Schulen, Ausbildungsstätten und Hochschulen. München.

Lakies, T.; Nehls, H.: (2007): Berufsbildungsgesetz. Basiskommentar. Frankfurt/Main.

Lehn, B. vom (2009): Das Leid mit den Zahlen. In: Welt am Sonntag, Nr. 41, 11.10.2009.

Lehner, F.; Neumann, S.; Rolff, K.: (2009): Nachwuchsprobleme im Handwerk: eine Studie im nördlichen Ruhrgebiet (Forschung Aktuell, Nr. 01/2009). Gelsenkirchen.

Lepsius, M. R. (1995): Institutionenanalyse und Institutionenpolitik. In: Kölner Zeitschrift für Soziologie und Sozialpsychologie, 47 (Sonderheft 35), S. 392-403.

Meyer, J. W.; Rowan, B. (2009): Institutionalisierte Organisationen. Formale Struktur als Mythos und Zeremonie. In: Koch, S.; Schemmann, M. (Hrsg.): Neo-Institutionalismus in der Erziehungswissenschaft. Grundlegende Texte und empirische Studien. Wiesbaden. S. 28-56.

Müller, W.; Shavit, Y. (1998): Bildung und Beruf im institutionellen Kontext. Eine vergleichende Studie in 13 Ländern. In: Zeitschrift für Erziehungswissenschaften, 1 (4), S. 501-533.

Münk, D.; Rützel, J.; Schmidt, C. (Hrsg.) (2008): Labyrinth Übergangssystem. Bonn.

Nationaler Pakt für Ausbildung und Fachkräftenachwuchs in Deutschland: (2006): Kriterienkatalog zur Ausbildungsreife. Nürnberg.

Solga, H. (2005a): Meritokratie – die moderne Legitimation ungleicher Bildungschancen. In: Berger, P. A.; Kahlert, H. (Hrsg.): Institutionalisierte Ungleichheiten. Wie das Bildungssystem Chancen blockiert. Weinheim und München. S. 19-38.

Solga, H.: (2005b): Ohne Abschluss in die Bildungsgesellschaft. Die Erwerbschancen gering qualifizierter Personen aus soziologischer und ökonomischer Perspektive. Opladen.

Straßer, P.; Ratschinski, G.: (2008): Wissenschaftliche Begleitung des Niedersächsischen Schulversuchs „Berufseinstiegsklasse" (BEK). Zweiter Jahresbericht. Hannover.

Ulrich, J. G. (2003): Benachteiligung – was ist das? Theoretische Überlegungen zu Stigmatisierung, Marginalisierung und Selektion. In: Lappe, L. (Hrsg.): Fehlstart in den Beruf? Jugendliche mit Schwierigkeiten beim Einstieg ins Arbeitsleben. München. S. 21-35.

Ulrich, J. G. (2004a): Bewerbungs- und Nachfrageverhalten von Jugendlichen. Anmerkungen aus attributionstheoretischer Sicht. In: Krekel, E. M.; Walden, G. (Hrsg.): Zukunft der Berufsausbildung in Deutschland: Empirische Untersuchungen und Schlussfolgerungen. Bielefeld. S. 155-198.

Ulrich, J. G. (2004b): Wer ist schuld an der Ausbildungsmisere? Diskussion der Lehrstellenprobleme aus attributionstheoretischer Sicht. In: Berufsbildung in Wissenschaft und Praxis, 33 (3), S. 15-19.

Ulrich, J. G. (2006): Wie groß ist die Lehrstellenlücke wirklich? Vorschlag für einen alternativen Berechnungsmodus. In: Berufsbildung in Wissenschaft und Praxis, 35 (3), S. 12-16.

Ulrich, J. G. (2008): Jugendliche im Übergangssystem – eine Bestandsaufnahme. In: bwp@, Spezial 4 – HT2008, WS 12.

Ulrich, J. G.; Eberhard, V. (2008): Die Entwicklung des Ausbildungsmarktes seit der Wiedervereinigung. In: Beicht, U.; Friedrich, M.; Ulrich, J. G. (Hrsg.): Ausbildungschancen und Verbleib von Schulabsolventen. Bielefeld. S. 13-57.

Ulrich, J. G.; Ehrenthal, B.; Häfner, E. (2006): Regionale Mobilitätsbereitschaft und Mobilität der Ausbildungsstellenbewerber. In: Eberhard, V.; Krewerth, A.; Ulrich, J. G. (Hrsg.): Mangelware Lehrstelle. Zur aktuellen Lage der Ausbildungsplatzbewerber in Deutschland. Bielefeld. S. 99-120.

Ulrich, J. G.; Flemming, S.; Granath, R.-O. (2009): Ausbildungsmarktbilanz 2008. In: Bundesinstitut für Berufsbildung (Hrsg.): Datenreport zum Berufsbildungsbericht 2009. Informationen und Analysen zur Entwicklung der beruflichen Bildung. Bielefeld. S. 11-33.

Weil, M.; Lauterbach, W. (2009): Von der Schule in den Beruf. In: Becker, R. (Hrsg.): Lehrbuch der Bildungssoziologie. Wiesbaden. S. 321-356.

# Übergangssystem in der beruflichen Bildung: Wahrnehmung einer zweiten Chance oder Risiken des Ausstiegs?

*Tilly Lex und Boris Geier*

Der im Juni 2006 veröffentlichte erste nationale Bildungsbericht (Konsortium Bildungsberichterstattung 2006) hat die Aufmerksamkeit der Bildungspolitik auf eine Thematik gelenkt, die im Prinzip zwar bekannt war, durch die Abhandlung an dieser prominenten Stelle jedoch verstärkt in die öffentliche Debatte gekommen ist: Es sind die wachsenden Probleme, mit denen Jugendliche beim Übergang von der allgemeinbildenden Schule in eine Berufsausbildung konfrontiert sind. Statt in eine reguläre Berufsausbildung münden viele Schulabgängerinnen und Schulabgänger in teilqualifizierende Bildungsgänge, so genannte Maßnahmen des Übergangssystems ein. Um das strukturelle Ausmaß der Verschiebungen in der beruflichen Ausbildung unterhalb der Hochschulebene deutlich zu machen, hat der nationale Bildungsbericht diesen Begriff des Übergangssystems eingeführt. Neben dem dualen System der betrieblichen und außerbetrieblichen Berufsausbildung und dem Schulberufssystem der vollzeitschulischen Ausbildung in anerkannten Berufen werden nun Bildungsgänge, die zu keinem anerkannten Ausbildungsabschluss führen, einem dritten Sektor, dem „Übergangssystem" zugeordnet. Bezogen auf die Zahl der jährlichen Eintritte – hat das Übergangssystem mit dem dualen System der Berufsausbildung fast gleichgezogen (Konsortium Bildungsberichterstattung 2006, 80).

Während die Ausbildung im „dualen System" Gegenstand vielfältiger Forschungsaktivitäten ist, die hauptsächlich vom Bundesinstitut für Berufsbildung und dem Institut für Arbeitsmarkt- und Berufsforschung initiiert wurden, sind die Maßnahmen, die unter dem Begriff des Übergangssystems gefasst werden, trotz der ihnen zugeschriebenen Größenordnung, bisher wenig erforscht worden. Vor dem Hintergrund der wachsenden Probleme, die insbesondere bildungsbenachteiligte Jugendliche beim Übergang von der Schule in Ausbildung und Arbeit haben, hat das Deutsche Jugendinstitut eine Längsschnittuntersuchung (das DJI-Übergangspanel) durchgeführt, die die Bildungs- und Ausbildungswege junger Hauptschulabsolventinnen und Hauptschulabsolventen prospektiv erfasst. Anhand dieser Daten soll gezeigt werden, welche Wege diese Jugendlichen nach der Schule gehen und wie für sie die Übergänge in die Berufsausbildung verlaufen. Der Beitrag zielt darauf ab, Erkenntnisse darüber zu gewinnen, wie der Übergang von bildungsbenachteiligten Jungendlichen in Ausbildung und Arbeit verläuft und welche Rolle das Übergangssystem für die berufliche Integration spielt.

## 1 Ausbildungsnot und Jugendarbeitslosigkeit: Zur Entwicklung und Definition des Übergangssystems

Die traditionelle Zuordnung zwischen Schulabschlüssen und beruflichen Bildungsgängen sah für die Absolventinnen und Absolventen des dreigliedrigen deutschen Schulsystems einen nach Bildungsniveau differenzierten und reibungslosen Übergang ins Ausbildungs- und Erwerbssystem vor. Diese klar strukturierten Übergangswege treffen inzwischen für immer weniger Jugendliche zu.

Die Probleme beim Einstieg in Ausbildung und Arbeit sind in Deutschland seit Beginn der Jugendarbeitslosigkeit Mitte der 1970er Jahre ein immer wiederkehrendes Thema im jugend- und bildungspolitischen Diskurs (Friebel 1983; Heinz/Krüger 1985; Raab 1996; Lex 1997; Ulrich 2003; Solga 2005; Wagner 2005; Autorengruppe Bildungsberichterstattung 2008; Reißig/Gaupp/Lex 2008).

Zunächst wurde das Problem der Ausbildungsnot von Jugendlichen als ein vorübergehendes Phänomen betrachtet. Erst allmählich setzte sich die Einsicht durch, dass Ausbildungsplatzmangel und Jugendarbeitslosigkeit nicht nur konjunkturell bedingt sind. So wurden die Friktionen am Übergang von der Schule in Ausbildung ab den 1990er Jahren als teilweise auch strukturell verursacht wahrgenommen. Infolge des sozialen, ökonomischen und gesellschaftlichen Wandlungsprozesses kam es zu einer zunehmenden Ausdifferenzierung des Ausbildungssystems, und damit zu einer für die individuellen Biografien folgenreicher Neuverteilung beruflicher Entfaltungschancen. Während gegen Ende der 1970er Jahre noch 60 % der Auszubildenden von der Hauptschule kamen, ist ihr Anteil inzwischen auf 31 % geschrumpft (Der Bundesminister für Bildung und Wissenschaft 1981, 14; Bundesministerium für Bildung und Forschung 2007, 104). Und die Alternative, nach Ende der Pflichtschulzeit ohne weitere Qualifizierung als ungelernte Arbeitskraft in den Arbeitsmarkt einzusteigen, gilt dagegen heute als problematisch, denn die Erwerbschancen für Ungelernte haben sich aufgrund des Rückgangs von Einfacharbeitsplätzen (Weidig/Hofer/Wolff 1999, Tessaring 1994) dramatisch verschlechtert.

Als Reaktion auf die Übergangsprobleme von bildungsbenachteiligten Jugendlichen hat man mit dem Berufsvorbereitungsjahr in den öffentlichen Berufsschulen zunächst einen einjährigen vollzeitschulischen Berufsbildungsgang für schwer vermittelbare oder unversorgt gebliebene Jugendliche eingerichtet.[28] Aufgrund anhaltender Engpässe auf dem Ausbildungs- und Arbeitsmarkt wurden in den Folgejahren mit Unterstützung der Arbeitsverwaltung, aber auch im Rahmen besonderer Programme auf Bundes-, Landes- und kommunaler Ebene, eine Vielzahl von Maßnahmen zum Abbau von Jugendarbeitslosigkeit initiiert (Braun/Lex/Rademacker 2001).

Die Zahl der zwischen allgemeinbildender Schule und vollqualifizierender Berufsausbildung liegenden Maßnahmen der Berufsorientierung, -vorbereitung und Überbrückung ist im Laufe der letzten drei Jahrzehnte enorm angewachsen. Nach der Definition des Nationalen Bildungsberichts umfasst das Übergangssystem solche Bildungsgänge, die unterhalb einer qualifizierenden Berufsausbildung liegen. Neben berufsorientierenden Angeboten, die auf eine Verbesserung der individuellen Kompetenzen der Jugendlichen zur Aufnahme einer Ausbildung oder Beschäftigung zielen, zählen auch teilqualifizierende Ausbildungsgänge, die auf eine anschließende Ausbildung angerechnet werden können oder Voraussetzung zur Aufnahme einer vollqualifizierenden Ausbildung sind, dazu (Konsortium Bildungsberichterstattung 2006, 79; Autorengruppe Bildungsberichterstattung 2008, 99). Es handelt sich also zum einen um Bildungsgänge wie das schulische Berufsvorbereitungsjahr (BVJ), das Berufsgrundschuljahr (BGJ)[29], oder die Berufsvorbereitenden Bildungsmaßnahmen (BvB) der Agentur für Arbeit, die auf Ausbildung oder auf Arbeit vorbereiten, zum anderen um Bildungsgänge an Berufsfachschulen[30], die zwar keinen beruflichen Abschluss vermitteln, über die aber ein mittlerer Schulabschluss oder das Fachabitur erworben werden können. Dass die Berufsfachschulen, die von den Jugendlichen zunehmend dazu genutzt werden, allgemeinbildende Schulabschlüsse zu erwerben (Lundgreen/ Scheunemann 2008), vom Nationalen Bildungsbericht global dem Übergangssystem zugeordnet werden, ist zumindest fragwürdig. Nicht berücksichtigt sind berufsvorbereitende Angebote der Länder und Kommunen, zu denen es keinen systematischen Überblick gibt.

Unberücksichtigt bleibt bei dieser Definition des Übergangssystems auch der Sachverhalt, dass eine wachsende Zahl von Schulabsolventen nicht in die berufliche Ausbildung geht sondern im allgemeinbildenden Schulsystem verbleibt. Der verlängerte Schulbesuch kann für sie sowohl Ausdruck einer Notlö-

---

[28] Das Berufsvorbereitungsjahr wurde erstmals 1976 in einigen Bundesländern für Jugendliche ohne Ausbildung eingeführt. Das BVJ unterscheidet sich hinsichtlich Zielsetzungen, Zielgruppen und Ausgestaltung zwischen den Bundesländern relativ stark (Buchholz/Straßer 2007).

[29] Das kooperative Berufsgrundbildungsjahr wird nicht dem Übergangssystem sondern dem dualen System zugerechnet (Autorengruppe Bildungsberichterstattung 2008, 99).

[30] Es gibt Berufsfachschulen (BFS), die zu einem beruflichen Abschluss führen (als 1-jährige, 2- bis 3-jährige oder 3-jährige BFS) und Berufsfachschulen, die eine berufliche Grundbildung und schulische Abschlüsse vermitteln (als einjährige oder zweijährige BFS).

sung sein, um drohender Ausbildungslosigkeit zu entgehen, als auch eine geplante Strategie der schulischen Höherqualifizierung, um die beruflichen Chancen zu verbessern (Geier/Kuhnke/Reißig 2010).

## 2 Das Übergangssystem in der Kritik

Mit den wachsenden Problemen bei der beruflichen Integration von bildungsbenachteiligten Jugendlichen und den steigenden Einmündungszahlen in Übergangsmaßnahmen wurde eine öffentliche Debatte entfacht, in der das Übergangssystem zunehmend in die Kritik geriet. An prominenter Stelle steht dafür der Zweite Nationale Bildungsbericht, der die Übergänge im Bildungssystem und in den Arbeitsmarkt zum Thema hat. Jugendliche, die maximal den Hauptschulabschluss haben, werden als eine der Gruppen identifiziert, deren Übergänge in Ausbildung in besonders hohen Anteilen problematisch verlaufen (Autorengruppe Bildungsberichterstattung 2008, 163 f.) und es wird die Effektivität und Effizienz des Systems in Frage gestellt (ebd., 9). Schon der erste Nationale Bildungsbericht weist das Übergangssystem als problematisch aus und sieht die Gefahr der sozialen Marginalisierung der Jugendlichen, die es durchlaufen (Konsortium Bildungsberichterstattung 2006, 82). Münk (2008, 44) spricht vom Übergangssystem als Kollateralschaden des dualen Systems, in dem ein erheblicher Teil von jungen Menschen „in diesem Labyrinth herumirrt, weil es herkunfts- und qualifikationsbedingt ganz offenkundig nicht in das duale System integrierbar ist". Zu einer kritischen Bewertung kommt auch Baethge (2008, 64), der auf den Zeitfaktor abhebt und die Zeitverschwendung anprangert, die im Übergangssystem betrieben wird, während auf der anderen Seite über zu lange Gymnasial- und Studienzeiten geklagt werde. Eine Studie im Auftrag der Bertelsmann Stiftung thematisiert die Ressourcen, die das Übergangssystem verschlinge, weil sie nicht effizient eingesetzt werden. Danach könnten durch bildungspolitische Weichenstellungen enorme Mittel an direkten und indirekten Kosten bei der Integration von Jugendlichen in Ausbildung und Beschäftigung eingespart werden (Werner/Neumann/Schmidt 2008). Ähnlich kritisch äußern sich Euler und Severing (2006, 20), die den hohen öffentlichen Finanzaufwand für Bildungsmaßnahmen im Übergangssystem beklagen, die für die Ausbildung nicht ausreichend produktiv würden.

## 3 Forschungsstand und Fragestellung

Untersuchungen zu den Effekten von zwischen Schule und regulärer Berufsausbildung angesiedelten Übergangsmaßnahmen für das Gelingen der eigentlichen beruflichen Qualifizierung finden sich relativ selten. Auf internationaler Ebene sind aufgrund der Spezifika des deutschen Ausbildungssystems Vergleiche schwierig (zur Übersicht Shavit/Müller 1998). Aus nationaler Perspektive gibt es eine Reihe von Längsschnittuntersuchungen, die für die Fragestellung wichtige Erkenntnisse liefern. Zu den frühen Untersuchungen zählen: die in den 1980er Jahren bei einer Kohorte von „Frühabgängern" als Vollerhebung an Duisburger Hauptschulen durchgeführte Studie von Kutscha (2004), die Bremer Schulabgängerbefragung, welche die Bildungs- und Ausbildungswege von 424 Bremer Schulabgängern verfolgt und dabei Hauptschüler mit Abschluss mit Hauptschülern ohne Abschluss bzw. Absolventen der Sonderschule verglichen hat (Dietz u.a. 1997) sowie die Studie von Lex (1997) zu den Teilnehmern an Förderangeboten der Jugendsozialarbeit. Diese Studien liefern Belege dafür, dass Hauptschulabsolventen geringe Chancen haben, unmittelbar nach der Schule eine Berufsausbildung zu beginnen. Sie sind häufig auf Maßnahmen des Übergangssystems angewiesen, die einen prägenden Einfluss auf ihren weiteren Bildungs-, Ausbildungs- und Erwerbsverlauf nehmen.

Zu einer der wichtigsten Untersuchungen der jüngeren Zeit zählen die retrospektiv angelegten Lebensverlaufsuntersuchungen des Max-Planck-Instituts für Bildungsforschung. Auf der Basis der Geburtskohorten 1964 und 1971 wurden die Bildungs-, Ausbildungs- und Erwerbsverläufe derjenigen analysiert, die am Ende ihres Regelschulbesuchs den Hauptschulabschluss nicht erworben hatten (Hillmert/Mayer 2004; Solga 2004 und 2005; Wagner 2005). Die Analyse zeigt, dass diese überwiegend in das Berufsbildungssystem (einschließlich dem Übergangssystem) eintraten (Solga 2005, 52). Eintritts- und Abschlussquoten für eine reguläre Berufsausbildung lagen bei denen deutlich höher, die im Übergangssystem nachträglich den Hauptschulabschluss erworben hatten (ebd.).

Ebenfalls retrospektiv angelegt ist eine Längsschnittuntersuchung des Bundesinstituts für Berufsbildung (BIBB), die 2006 durchgeführt wurde (Beicht/Friedrich/Ulrich 2008). Der Analyse der Daten liegt eine Definition des Übergangssystems, wie sie der nationalen Bildungsbericht benutzt, zugrunde. Die Studie kommt zu dem Ergebnis, dass 42 % der Jugendlichen mit maximal Hauptschulabschluss an mindestens einer Maßnahme im Übergangssystem teilgenommen haben (Beicht 2009, 4). Die Maßnahmeteilnehmer/innen weisen einen ungünstigeren familiären Hintergrund auf und waren in der Schule weniger erfolgreich als Jugendliche, denen der Übergang in eine Ausbildung ohne einen vorherigen teilqualifizierenden Bildungsgang gelang. Ein Ergebnis der Studie ist, dass das Nachholen von (höherwertigen) Schulabschlüssen einen positiven Effekt auf den Übergang in eine vollqualifizierende Ausbildung hat. Einen auf die Übergangschancen in eine vollqualifizierende Ausbildung mindernden Einfluss haben der Studie zufolge ein Wohnort in Ostdeutschland[31], weibliches Geschlecht, Migrationshintergrund und höheres Alter (ebenda 10).

Aus den vorliegenden Studien ist bekannt, dass den kulturellen, sozioökonomischen Voraussetzungen der Jugendlichen, ihre Herkunftsfamilie und Ethnie eine zentrale Rolle beim Schulerfolg und bei der Platzierung in den Ausbildungs- und Arbeitsmarkt zukommt (Hillmert/Mayer 2004; Imdorf 2005; Solga 2005; Wagner 2005; Wingens/Sackmann 2002). Ein zentrales Ergebnis von Untersuchungen jüngeren Datums ist, dass das Übergangssystem vor allem dann Chancen ermöglicht, wenn es gelingt, die formalen Bildungsvoraussetzungen der Jugendlichen zu heben. Hier setzt der Beitrag an: Denn das Nachholen von Schulabschlüssen kann sowohl im allgemeinbildenden Schulsystem als auch im Berufsschulsystem erfolgen. Und damit stellt sich die Frage, ob nicht der Blick auf die Übergänge an der ersten Schwelle verengt ist, weil er an den Strukturen des Bildungs- und Ausbildungssystems verhaftet ist, während das Übergangsverhalten der Jugendlichen anderen Logiken folgt. Dieser Frage wollen wir in einem ersten Schritt anhand von Analysen der Daten des DJI-Übergangspanels nachgehen. In einem zweiten Schritt wenden wir uns der Frage zu, inwieweit die von der Autorengruppe Bildungsberichterstattung geäußerte pauschale Kritik am Übergangssystem berechtigt ist oder ob es nicht auch Differenzierungen erfordert, die zu einer anderen Akzentuierung und Interpretation führen.

## 4    Datenlage und Beschreibung der Stichprobe

Datenbasis für die folgenden Analysen bildet das DJI-Übergangspanel[32], eine bundesweite Längsschnittuntersuchung zu den Bildungs-, Ausbildungs- und Erwerbswegen von Hauptschülerinnen und Hauptschülern. Die Basiserhebung, an der sich 3.922 Jugendliche aus 126 Schulen beteiligten, fand im März 2004 als Fragebogenerhebung im Klassenverband statt. Seitdem wurden zunächst halbjährliche und ab dem Jahr 2006 jährliche Folgebefragungen telefonisch per CATI[33] durchgeführt. 2.933 Jugendliche erklärten sich bereit, an einer Folgebe-

---

[31] Beicht weist darauf hin, dass sich dieser Effekt aufgrund der demografischen Entwicklung in Ostdeutschland inzwischen abgeschwächt oder sogar umgekehrt haben könnte.

[32] Das DJI-Übergangspanel wird vom Bundesministerium für Bildung und Forschung (BMBF) finanziert. Anlage und Methode der Untersuchung sind ausführlich dokumentiert in: Reißig/Gaupp/Lex (2008).

[33] CATI = Computer assisted telephone interviewing. Um möglichen Effekte des Einsatzes unterschiedlicher Befragungstechniken bei der Untersuchungsgruppe bildungsbenachteiligter Jugendlicher

fragung teilzunehmen, davon konnten in der zweiten Welle (erste CATI-Befragung) 2.414 Interviews realisiert werden. An der neunten Welle (November 2008) beteiligten sich insgesamt noch 1.152[34] Jugendliche. In die nachfolgende Analyse einbezogen sind alle Untersuchungspersonen, die an der Befragung im Nov. 2004 teilgenommen haben. Den Ereignisdatenanalysen zugrunde liegen die Episoden von November 2004 bis November 2008.

Die Untersuchungspopulation, die den Analysen zugrunde liegt, umfasst 2.362 Fälle. 46 % sind weiblichen und 54 % männlichen Geschlechts. Über die Hälfte (56 %) der Befragten hat einen Migrationshintergrund[35], wobei vor allem Jugendliche türkischer Herkunft und junge Aussiedlerinnen und Aussiedler vertreten sind. Das Durchschnittsalter der Jugendlichen betrug zum ersten Befragungszeitpunkt (4 Monate vor Ende des letzten Pflichtschuljahrs) 15 Jahre und 9 Monate.

## 5    Ergebnisse

### 5.1  Plan und Realität

Abb. 1 gibt die Pläne der Jugendlichen und ihre tatsächlichen Platzierungen wider. Die Jugendlichen wurden im letzten Schuljahr im März 2004 gefragt, was sie für den Herbst hinsichtlich ihres weiteren Bildungs- und Ausbildungsweges planten. Die meisten Jugendlichen lassen eine Orientierung entweder auf eine Berufsausbildung oder den weiteren Schulbesuch erkennen. Knapp die Hälfte (46 %) hatte geplant, direkt im Anschluss an die Schulzeit eine Berufsausbildung zu beginnen. Fast jede/r Dritte (30 %) antizipierte einen weiteren Schulbesuch. 14 % sahen die Teilnahme an einem Angebot der Berufsvorbereitung als nächsten Schritt. 6 % wussten zu dieser Zeit noch nicht, was sie als nächstes tun wollen. Fragt man weiter, wo sich die Jugendlichen im November 2004 tatsächlich

---

nachzugehen, wurde auf der Grundlage eines empirischen Vergleichs von schriftlicher, telefonischer und online-basierter Befragung eine Methodenstudie durchgeführt. Der Methodenvergleich lieferte keine zwingenden Argumente, die gegen einen notwendigen Methodenwechsel innerhalb von Längsschnittuntersuchungen sprechen (Gaupp/Kuhnke 2008).

[34] Aufgrund der Panelmortalität gab es leichte Verzerrungen der Stichprobe: Mehr Jungen als Mädchen und mehr Jugendliche deutscher Herkunft als Jugendliche mit Migrationshintergrund verließen die Untersuchung. Ein Erfolgsbias konnte bisher nicht festgestellt werden (Kuhnke 2008).

[35] Als Jugendliche mit Migrationshintergrund werden definiert: Jugendliche, die nicht in Deutschland geboren sind und/oder deren Eltern bzw. ein Elternteil nicht in Deutschland geboren sind und/oder wenn zuhause (auch) eine andere Sprache als deutsch gesprochen wird und/oder die Jugendlichen, die (auch) eine andere als die deutsche Staatsangehörigkeit besitzen.

befanden, so wird deutlich, dass sich die Jugendlichen in der Zwischenzeit erheblich umorientieren mussten (vgl. Abb. 1).

Abbildung 1:  Pläne und Platzierungen – Vergleich März 2004 / November 2004 (N = 2.362, in Prozent)

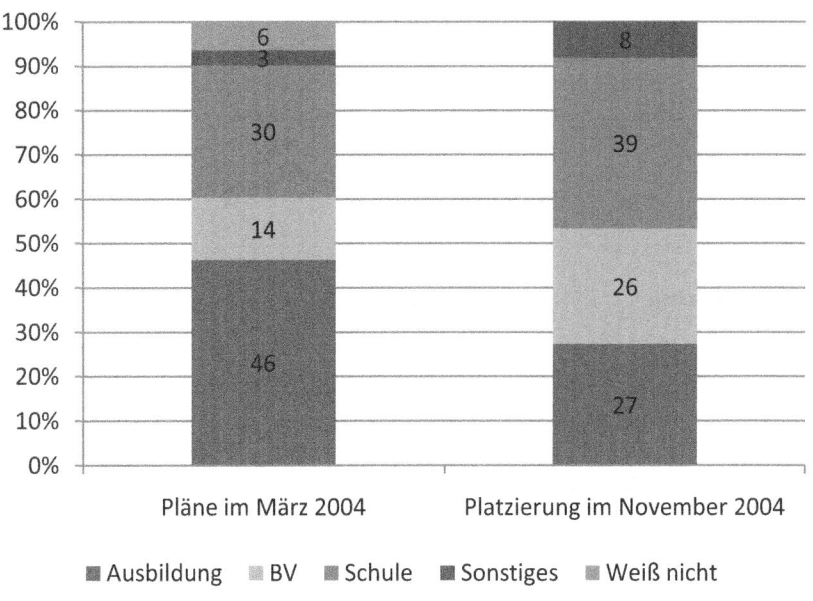

Quelle: DJI-Übergangspanel

Weit weniger Jugendliche, als dies ursprünglich planten, konnten im Anschluss an die Schule eine Berufsausbildung[36] beginnen (46 % : 27 %). Der Anteil derjenigen, die in eine Berufsvorbereitung[37] eingemündet sind, hat sich gegenüber den entsprechenden Plänen fast verdoppelt (14 % : 26 %). Damit befanden sich im Herbst 2004 fast genauso viele Jugendliche in einer Berufsvorbereitung, wie in

---

[36] Neben der dualen betrieblichen Ausbildung umfasst die Kategorie Ausbildung auch die vollzeitschulische Ausbildung in beruflichen Schulen sowie die staatlich geförderte außer- und überbetriebliche Ausbildung.
[37] Unter Berufsvorbereitung werden alle Angebote gefasst, die eine Vorbereitung oder Orientierung auf einen Beruf darstellen. Neben schulischen Angeboten zur Berufsvorbereitung in Berufsschulen, Berufsfachschulen oder Berufskollegs (z.B. BVJ, BGJ) sind dies auch sonstige berufsvorbereitende Maßnahmen (z.B. von der Bundesagentur für Arbeit geförderte berufsvorbereitende Bildungsmaßnahmen BvB).

einer vollqualifizierenden Ausbildung. 8 % befanden sich im Herbst 2004 in einer der folgenden Stationen: ohne Ausbildung und ohne Arbeit, Praktika, Freiwilligenjahr, Wehr- und Zivildienst. Diese Kategorien wurden aufgrund zu geringer Fallzahlen zu „Sonstiges" zusammengefasst.

Die mit Abstand wichtigste Anschlussstation ist der weitere Schulbesuch (39 %). Wenn im Folgenden von Schule die Rede ist, ist damit nicht nur die allgemeinbildende Schule gemeint. Die Jugendlichen gehen weiter zur Schule, weil sie entweder den Hauptschulabschluss nachholen, einen bestehenden Schulabschluss verbessern oder einen höheren Schulabschluss erwerben wollen. Dies kann in einer allgemeinbildenden oder auch berufsbildenden Schule sein (siehe unten).

Im März plante zwar die größte Gruppe der Befragten (46 %), sofort eine Ausbildung zu beginnen. Allerdings beabsichtigte die zweitgrößte Gruppe (30 %) bereits zu diesem Zeitpunkt, weiter zur Schule zu gehen, um überhaupt einen Schulabschluss oder einen höheren Schulabschluss zu erwerben. Weiter zur Schule zu gehen planten zu diesem Zeitpunkt deutlich häufiger die Mädchen als die Jungen und eher die Jugendlichen mit guten Schulleistungen. Jugendliche deutscher Herkunft planten seltener einen weiteren Schulbesuch als Jugendliche aus Zuwandererfamilien, und bei letzteren planten dies wieder die Mädchen häufiger als die Jungen. In der Türkei geborene Jugendliche strebten überdurchschnittlich häufig den weiteren Schulbesuch an.

### 5.2 Plan oder Notlösung

In Abb. 2 werden die Platzierungen der Jugendlichen im Anschluss an die Pflichtschulzeit den während der Schulzeit formulierten Plänen gegenübergestellt. Die Grafik gibt die Verteilung aller Jugendlichen auf die entsprechenden Anschluss-Stationen wieder. Abb. 2 ist wie folgt zu lesen: Diejenigen, die im November 2004 zur Schule gehen, zeigen, ihre Pläne betreffend, ein differenziertes Bild. Die Mehrheit (56 %) hatte den weiteren Schulbesuch auch so geplant. Aber es gehen auch viele Jugendliche weiter zur Schule, die vier Monate vor Schulende dies noch nicht planten. Von diesen Jugendlichen präferierten 23 % eine Ausbildung, weitere 13 % planten eine Berufsvorbereitung, 3 % hatten sonstige und 5 % keine Pläne. Damit lässt sich zeigen, dass der weitere Schulbesuch als Ausweichstrategie zur nicht realisierbaren Ausbildung nur für einen Teil zutrifft, wogegen die Mehrheit der Befragten damit durchaus Bildungsaspirationen verknüpft. Denn die Frage, ob die Schule, die im November 2004 besucht wurde, für sie eine Notlösung darstelle, verneinten die Jugendlichen mehrheitlich. Nur für jede/n Zehnten war es eine Notlösung. Die eigentlich erwarteten Unterschiede zwischen den Geschlechtern oder nach Migrationshintergrund waren dabei gering. Eine Notlösung war der weitere Schulbesuch am ehesten für in der Türkei geborene Jugendliche und für Aussiedlerjugendliche, die nicht in Deutschland geboren waren.

Abbildung 2: Pläne in Abhängigkeit von Platzierungen*

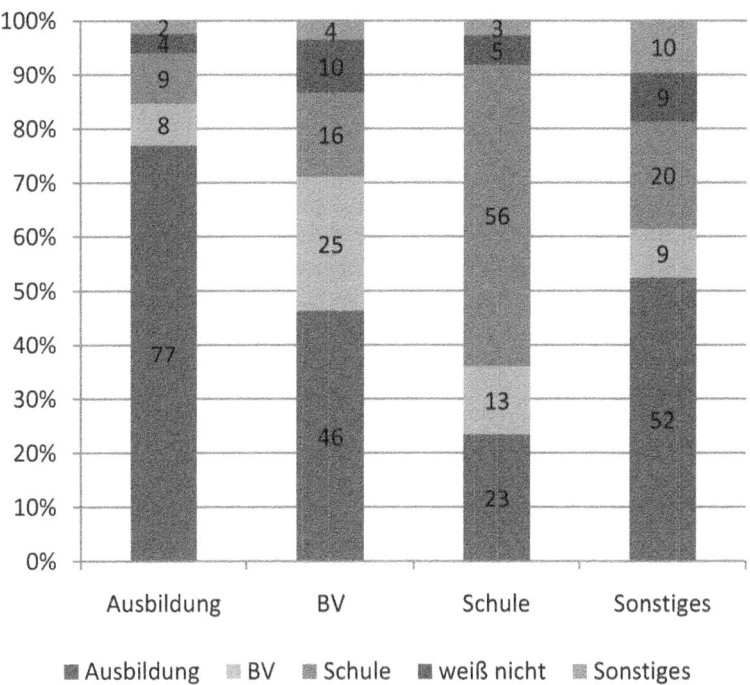

(* N = 2.127 in 235 Fällen fehlende Werte auf den Variablen „Pläne für die Zeit nach der Schule")

Quelle: DJI-Übergangspanel

Im Gegensatz dazu bezeichnete fast jede zweite Teilnehmerin bzw. jeder zweite Teilnehmer an Berufsvorbereitung diesen Schritt als Notlösung. Und wie Abb. 2 zeigt, hatten drei Viertel derjenigen, die im Herbst 2004 in Berufsvorbereitung waren, im März andere Pläne. Die Mehrheit (45 %) wollte eine Ausbildung beginnen.

174

## 5.3 Welche Schulen?

Die Ausgestaltung schulischer Abschlüsse für Absolventinnen und Absolventen der Hauptschule ist Ländersache. Darüber hinaus entscheidet die Angebotsstruktur vor Ort, welche Wege die Jugendlichen gehen können, wenn sie das Ziel verfolgen, einen höheren allgemeinbildenden Abschluss (in den meisten Fällen: die Mittlere Reife) zu erwerben. Insgesamt zeichnen sich, wie Abb. 3 zeigt, zwei Hauptwege ab, die die Jugendlichen gehen. Gut die Hälfte (59 %) derjenigen, die im November 2004 weiter zur Schule gehen, besuchen eine allgemeinbildende Schule, die andere knappe Hälfte (41 %) eine berufliche Schule.

Abbildung 3:   Im Anschluss an die Pflichtschulzeit besuchte Schularten

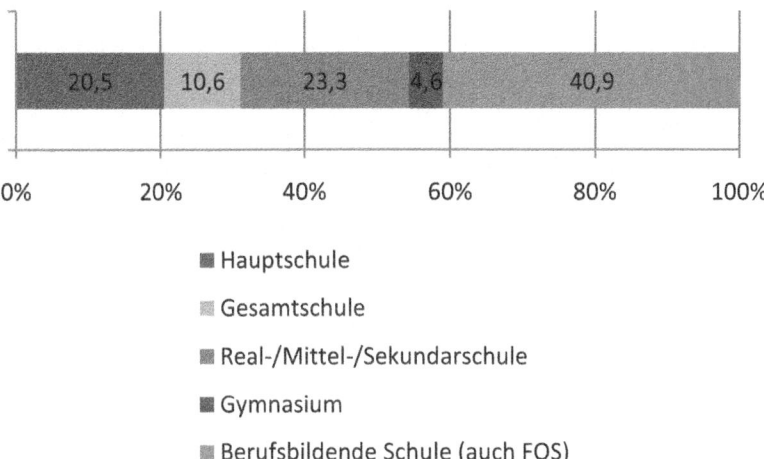

■ Hauptschule

▨ Gesamtschule

■ Real-/Mittel-/Sekundarschule

■ Gymnasium

▨ Berufsbildende Schule (auch FOS)

Quelle: DJI-Übergangspanel

Auch im Fall des Besuchs einer beruflichen Schule steht das Ziel des Erwerbs allgemeinbildender Abschlüsse - und nicht etwa der Erwerb beruflicher Qualifikation - für die Jugendlichen im Vordergrund des Interesses. Dass etwa jede/r Fünfte aus dieser Teilgruppe angibt, die Hauptschule weiter zu besuchen, mag zunächst verwundern. Nur wenige tun dies, weil sie, um den Hauptschulabschluss zu erreichen, das Schuljahr wiederholen. Der größere Teil versucht dort über ein weiteres Schuljahr (10. Klassenstufe) die Mittlere Reife zu erwerben.[38]

## 5.4 Einflussfaktoren auf die Wege, die die Jugendlichen gehen

Zur Überprüfung von Einflussfaktoren, welche mit dem Einmünden in unterschiedliche Anschlussstationen in Zusammenhang stehen, wurde eine multinominale logistische Regressionsanalyse[39] durchgeführt. Auf der abhängigen Variablen wird dabei nunmehr zwischen den drei häufigsten Platzierungen nach der Pflichtschulzeit: Ausbildung, Schule und Berufsvorbereitung unterschieden. Als unabhängige Variablen wurden das Geschlecht, der Migrationshintergrund, die Schulleistungen in der Abgangsklasse der Hauptschule („gute Noten" entspricht: Deutsch und Mathematiknote sind mindestens „befriedigend"), Klassenwiederholungen, der erreichte Schulabschluss, Angaben zum Schulschwänzen (in den letzten zwei Wochen vor der Befragung mehr als zwei Stunden geschwänzt) als Indikator für Schulmotivation, die Anzahl der während der Schulzeit absolvierten Praktika sowie der höchste berufliche Status von Mutter und Vater (HISEI[40]) und die Arbeitslosenquote auf Kreisebene einbezogen. Tab. 1 fasst die Parameterschätzungen des Modells zusammen.

Im Ergebnis zeigen sich eine Reihe bedeutsamer Zusammenhänge: So sind die Chancen für ein Einmünden in Berufsvorbereitung oder Schule bei Mädchen um mehr als das Eineinhalbfache erhöht. Dies bedeutet im Umkehrschluss, dass Mädchen nach der Schule seltener direkt in Ausbildung einmünden. Ebenfalls deutlich schlechtere Chancen für einen direkten Übergang in Ausbildung haben Jugendliche mit Migrationshintergrund. Für sie besteht einerseits ein hohes Risiko für einen Übergang in Berufsvorbereitung, andererseits wählen Sie auch häufig einen Weg über weiterführende Schulen. Die Chancen für ein Einmünden in einen dieser beiden Wege sind gegenüber den Chancen für die Einmündung in Ausbildung nach Schätzung des Modells für Jugendliche aus Zuwandererfamilien um mehr als das Zweifache erhöht.

---

[38] In vielen Bundesländern ist der Erwerb der Mittleren Reife auch auf der Hauptschule möglich. So erwarb in Nordrhein-Westfalen im Schuljahr 2003/2004 fast ein Drittel der Hauptschüler einen mittleren Abschluss (Schuchart 2007, 382)

[39] Damit können verschiedene Einflussfaktoren simultan kontrolliert werden und die Gefahr, statistische Artefakte zu produzieren, sinkt.

[40] Highest International Socio-Economic Index of Occupational Status (Ganzeboom u.a. 1992)

*Tabelle 1:* Multinomiale Logistische Regression zum Zusammenhang zwischen Platzierung der Jugendlichen und individuellen sowie kontextuellen Merkmalen

| Kriterium: Platzierung im November 2004 Referenzkategorie: Ausbildung (n = 557) | Berufsvorbe-reitung | | Schule | |
|---|---|---|---|---|
| Gesamt N = 1.760 | B | Exp (B) | B | Exp (B) |
| Geschlecht: *weiblich* (Ref.: männlich) | 0,43 | 1,54*** | 0,50 | 1,64*** |
| *Migrationshintergrund* (Ref.: kein MH) | 0,86 | 2,36*** | 0,85 | 2,35*** |
| *Schlechte Schulnoten* (Ref.: gute Schulnoten) | 0,69 | 1,99*** | -0,17 | 0,84 |
| *Klasse wiederholt* (Ref.: keine Klasse wiederholt) | -0,03 | 0,97 | -0,44 | 0,64*** |
| Schulabschluss nach der Pflichtschulzeit (Ref.: Hauptschulabschluss) | | | | |
| *Ohne Schulabschluss* | 0,71 | 2,03*** | 0,48 | 1,61*** |
| *Mittlerer Schulabschluss* | -1,05 | 0,35*** | -0,63 | 0,53*** |
| *Schulschwänzen* (Ref.: kein Schwänzen) | 0,16 | 1,17 | 0,16 | 1,18 |
| Praktika: *mehr als 2 Praktika* (Ref.: 2 oder weniger Praktika) | -0,34 | 0,71** | -1,05 | 0,35*** |
| *HISEI* | -0,01 | 0,99 | 0,01 | 1,01** |
| *Arbeitslosenquote auf Kreisebene* | 0,03 | 1,03 | 0,01 | 1,01 |
| Konstante (b0) | -1,08 | | -0,26 | |
| N = | 467 | | 736 | |
| Nagelkerkes Pseudo-R2 = .18 | | | | |

(Anmerkung: * p <.10; ** <.05; *** p<.01)

Quelle: DJI-Übergangspanel

Während sich schlechte Schulleistungen als Risikofaktor für ein Einmünden in Berufsvorbereitung erweisen, bzw. Jugendliche mit guten Schulleistungen bessere Chancen auf einen Ausbildungsplatz oder eine weitere Schulkarriere besitzen, gehen Klassenwiederholungen nicht mit einem höheren Risiko für das Einmünden in Berufsvorbereitung einher, sondern stehen nur mit einer geringeren Wahrscheinlichkeit mit einem weiteren Schulbesuch in Zusammenhang. Jugendliche, die die Schule ohne Schulabschluss verlassen haben, münden zu hohen Anteilen entweder in Berufsvorbereitung ein, oder gehen weiter zur Schule, um den Hauptschulabschluss zu erreichen. Im Gegensatz dazu ist für Jugendliche, welche bereits in der Hauptschule den mittleren Schulabschluss erlangt haben, das Risiko, in Berufsvorbereitung einzumünden, relativ gering. Diese Jugendlichen streben auch seltener den weiteren Schulbesuch an – welcher für sie im Gegensatz zu Jugendlichen ohne mittleren Schulabschluss mit einer anderen Zielsetzung (Erreichen der (Fach-) Hochschulreife) verbunden ist, weshalb diese beiden Gruppen hinsichtlich schulischer Anschlussstationen nur bedingt zu vergleichen sind (Geier/Kuhnke/Reißig 2010).

Schulschwänzen, als Indikator für schulische Motivation spielt in dem Modell[41] keine statistisch bedeutsame Rolle. Es sei an dieser Stelle dennoch erwähnt, dass sich Schulschwänzen in durch zusätzliche Platzierungsvarianten erweiterten Modellen als Risikofaktor für prekäre Übergangsverläufe erweist. Praktika wiederum haben einen förderlichen Einfluss auf den Direkteinstieg in Ausbildung. Schüler/innen, welche drei und mehr Praktika absolviert haben, münden seltener in Berufsvorbereitung und gehen deutlich seltener weiter zur Schule. Schließlich zeigt sich noch ein relativ kleiner Effekt des sozioökonomischen Hintergrunds. So steigen die vom Modell geschätzten Chancen für einen Übergang in Schule pro ISEI-Punkt um ein Prozent. Einflüsse der regionalen Arbeitslosenquote konnten hingegen nicht bestätigt werden.

Die statistischen Analysen bestätigen, dass die Jugendlichen weiter zur Schule gehen, weil sie entweder einen Schulabschluss nachholen oder einen über den Hauptschulabschluss hinausgehenden Schulabschluss erwerben wollen. Diesen Weg gehen insbesondere Mädchen, Jugendliche mit Migrationshintergrund und Jugendliche mit guten Noten.

Jugendliche, die nach der Schule in Berufsvorbereitung einmünden, bringen, wie die Analysen zeigen, insgesamt ungünstigere Voraussetzungen mit. Diesen Weg gehen insbesondere Jugendliche ohne Schulabschluss oder mit schlechten Schulnoten, aber auch Jugendliche mit Migrationshintergrund und Mädchen. Diese Ergebnisse liefern Hinweise darauf, dass für einen hohen Anteil

---

[41] In das Modell einbezogen sind nicht alle Jugendlichen, sondern nur diejenigen, die sich im November 2004 entweder in Ausbildung, Schule oder in Berufsvorbereitung befanden. Jugendliche, die nach der Pflichtschulzeit unversorgt und ohne Ausbildung und Arbeit sind, sind ausgeschlossen.

der Jugendlichen, die in Berufsvorbereitung gehen, tatsächlich auch ein erhöhter oder zusätzlicher Förderbedarf besteht.

## 5.5 Berufsvorbereitung – wirksamer Zwischenschritt oder Sackgasse

Wie bereits dargestellt, ist die Zusammensetzung der Gruppe Jugendlicher, welche nach der Pflichtschulzeit in eine Berufsvorbereitung einmünden, selektiv. Nicht nur Leistungskriterien, wie Schulnoten, oder verringertes ausbildungsorientiertes Engagement (Praktika) erhöhen das Risiko in Berufsvorbereitung zu münden, sondern auch unveränderliche Merkmale wie Geschlecht und Migrationshintergrund spielen eine Rolle.

Inwieweit und für welche Jugendlichen eine Berufsvorbereitung ihre Funktion als Instrument der Chancenverbesserung für ein Einmünden in Ausbildung erfüllt, soll im Folgenden überprüft werden. Als Erfolgskriterium wird dabei die Übergangsrate in Ausbildung im Zeitverlauf betrachtet. Gemessen vom Zeitpunkt des Beginns der ersten Berufsvorbereitung werden die Raten für einen Übergang in Ausbildung zunächst für alle Jugendlichen mittels des Kaplan-Meier-Verfahrens geschätzt. Dieses Verfahren bietet den Vorteil, dass die Wahrscheinlichkeiten für einen Übertritt in Ausbildung für den gesamten Beobachtungszeitraum von November 2004 bis November 2008 und unter Einbezug aller Jugendlichen, d.h. auch derjenigen, für die nicht aus allen Erhebungswellen Daten vorliegen (sog. zensierte Fälle), geschätzt werden können (genauer, z.B. Beicht, Friedrich, Ulrich 2008). Abb. 4 zeigt die auf diese Weise ermittelte kumulierte Übertrittswahrscheinlichkeit (Eins-minus-Überlebensfunktion), d. h. die Wahrscheinlichkeit, dass ein Jugendlicher zu einem bestimmten Zeitpunkt bereits in Ausbildung eingemündet ist. Aus der Abbildung geht hervor, dass es nach etwa einem Jahr rund 40 % der Jugendlichen gelungen ist, eine Ausbildung zu beginnen. Die mittlere Dauer (Median) bis zum Einmünden in Ausbildung nach Beginn einer Berufsvorbereitung beträgt 23 Monate. Nach etwas mehr als 2 Jahren sind rund zwei Drittel der Jugendlichen in Ausbildung eingemündet. Nach drei Jahren sind es fast 80 %, die in Ausbildung gehen.

Um Aussagen über die Zeit, die es dauert bis Jugendliche über den Zwischenschritt einer Berufsvorbereitung in Ausbildung einmünden, in Abhängigkeit von verschiedenen Einflussfaktoren zu treffen, wurde eine Cox-Regression durchgeführt. Neben den schon oben verwendeten unabhängigen Variablen wurden zusätzlich die Art der Berufsvorbereitung (schulische, wie BVJ, BGJ vs. nicht-schulische, hauptsächlich: BvB-Maßnahmen) und eine Variable, die Jugendliche markiert, die während der Berufsvorbereitung einen Schulabschluss nachholen bzw. verbessern konnten, aufgenommen.

Abbildung 4:  Wahrscheinlichkeit für den Übertritt in Ausbildung nach Beginn der ersten Berufsvorbereitung. Dargestellt als Eins minus die kumulative Überlebensfunktion (Kaplan-Meier)

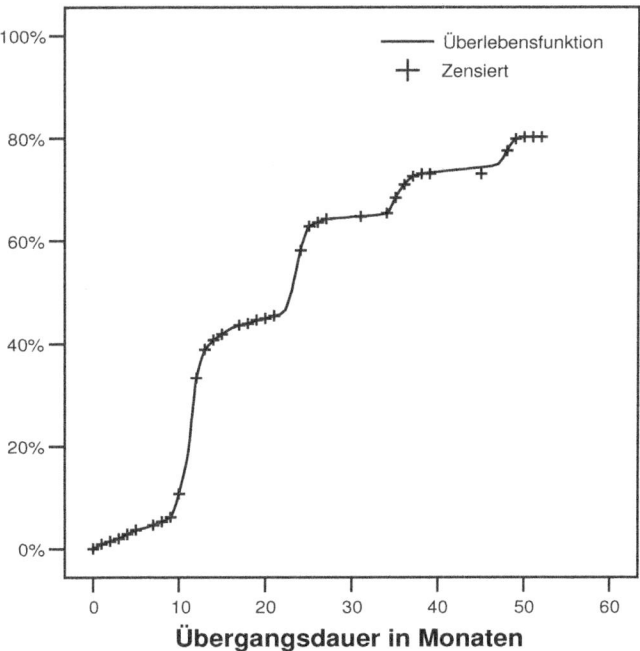

Quelle: DJI-Übergangspanel

Außerdem wird der Migrationshintergrund nach ethnischer Zugehörigkeit differenziert, wobei zwischen Aussiedlern, Jugendlichen mit türkischer Herkunft, Jugendlichen mit Migrationshintergrund anderer Herkunft und Jugendlichen ohne Migrationshintergrund unterschieden wird. Wie die Tab. 2 zeigt, leisten nur wenige der verwendeten Prädiktoren einen bedeutsamen Beitrag zur Erklärung unterschiedlicher Übergangszeiten. Den größten Einfluss übt das Merkmal Migrationshintergrund aus. Während sich die Übergangszeiten von Aussiedlern und autochthon deutschen Jugendlichen nicht unterscheiden, sind insbesondere die Übergangsraten der türkischen Jugendlichen reduziert, bzw. gelingt diesen der Übergang in Ausbildung verzögert.

180

*Tabelle 2:* Einflussfaktoren auf die Dauer bis zum Übergang in Ausbildung nach Beginn der ersten Berufsvorbereitung. Ergebnisse einer Cox-Regression

| Kriterium: Übergangsdauer in Ausbildung N = 568 (davon zensiert: 207) | B | Exp (B) |
|---|---|---|
| Geschlecht: *weiblich* (Ref.: männlich) | -0,18 | 0,83* |
| Migrationshintergrund (Ref.: kein MH) | | |
| *Türkisch* | -0,39 | 0,68** |
| *Aussiedler* | 0,04 | 1,04 |
| *Andere Herkunft* | -0,23 | 0,79 |
| *Schlechte Schulnoten* (Ref.: gute Schulnoten) | 0,07 | 1,07 |
| *Klasse wiederholt* (Ref.: keine Klasse wiederholt) | -0,10 | 0,91 |
| Schulabschluss nach der Pflichtschulzeit (Ref.: kein Schulabschluss) | 0,07 | 1,07 |
| *Schulabschluss in der BV erworben* (Ref.: keinen Schulabschluss erworben) | 0,16 | 1,18 |
| *Schulschwänzen* (Ref.: kein Schwänzen) | -0,20 | 0,82 |
| Praktika: *mehr als 2 Praktika* (Ref.: 2 oder weniger Praktika) | 0,16 | 1,17 |
| Art der BV: *Nicht-Schulisch* (Bvb) (Ref.:schulisch) | 0,22 | 1,25** |
| *HISEI* | 0,00 | 1,00 |
| *Arbeitslosenquote auf Kreisebene* | 0,00 | 1,00 |
| Konstante ($b_0$) | | |
| Chi² = 20,9; df = 13; p=.07 | | |

(* p <.10; ** <.05; *** p<.01)

Quelle: DJI-Übergangspanel

In Abb. 5 sind die Übergangsraten der vier Gruppen anhand einzelner mittels des Kaplan-Meier-Verfahrens geschätzter Funktionen verdeutlicht.

Abbildung 5: Übertrittswahrscheinlichkeit in Ausbildung getrennt nach Herkunft. Dargestellt als eins minus die kumulative Überlebensfunktion (Kaplan-Meier)

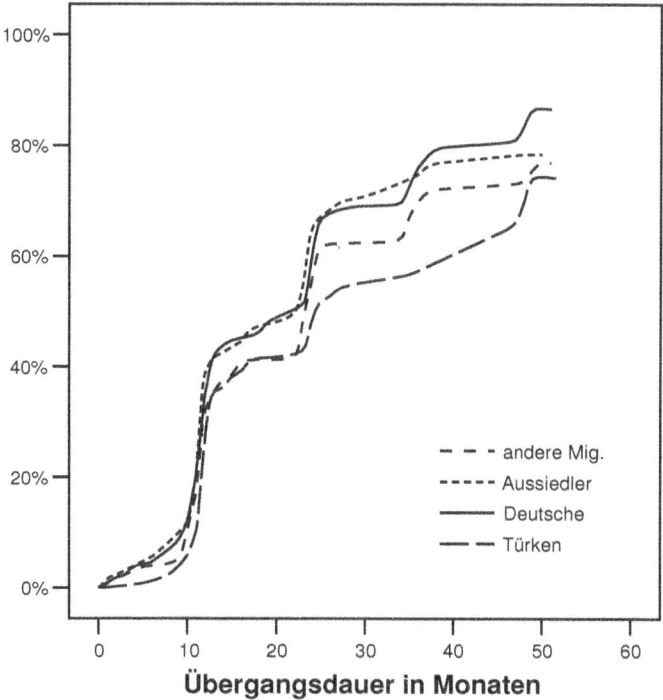

**Übergangsdauer in Monaten**

Quelle: DJI-Übergangspanel

Weiterhin zeigen die Ergebnisse der Cox-Regression unterschiedliche Quoten für ein frühes Einmünden in Ausbildung in Abhängigkeit der Art der Berufsvorbereitung. So treten Jugendliche, welche eine nicht-schulische Berufsvorbereitung absolviert haben, worunter vor allem die berufsvorbereitenden Bildungsmaßnahmen der BA (BvB) fallen, früher in ein Ausbildungsverhältnis ein als Jugendliche aus schulischen Berufsvorbereitungen.

182

In geringem Maße ist schließlich ein Geschlechtereffekt auszumachen. So benötigen Mädchen, welchen schon deutlich seltener der direkte Übergang in Ausbildung gelingt, auch nach einer Berufsvorbereitung etwas mehr Zeit, bis sie in ein Ausbildungsverhältnis treten.

Dass die restlichen ins Modell eingegebenen Faktoren in keinem bedeutsamen Zusammenhang mit der Übertrittsdauer stehen, kann allgemein als positives Zeichen gesehen werden. So spielen schulische Leistungsfaktoren nach einer Berufsvorbereitung keine bedeutsame Rolle mehr für den Übertritt. Hier mögen die praxis- und berufsorientierten Angebote die intendierte Kompensation schulischer Defizite erreichen.

## 6 Fazit

Der Übergang von der Schule in die Berufsausbildung verläuft immer seltener bruchlos. Zwischen dem Ende des Besuchs einer allgemeinbildenden Schule und der Aufnahme eines regulären Anschlusses durchlaufen viele Jugendliche längere Such-, Orientierungs- und Überbrückungsphasen. Aus der Forschung ist bekannt, dass Jugendliche mit maximal Hauptschulabschluss geringe Chancen haben, unmittelbar nach der Schule eine Ausbildung zu beginnen. Für sie bilden die Maßnahmen zur beruflichen Integration, die aufgrund der Engpässe auf dem Ausbildungs- und Arbeitsmarkt am Übergang von der Schule in die Berufsausbildung geschaffen wurden, eine Überbrückung. Die starken Zuwächse der Eintritte in Übergangsmaßnahmen seit Mitte der 1990er Jahre haben im Zusammenhang mit den wachsenden Problemen bei der beruflichen Integration dazu geführt, dass das Übergangssystem zunehmend in die Kritik geriet. Der Beitrag setzt sich mit zwei Annahmen kritisch auseinander: Die erste Annahme betrifft die Definition des Übergangssystems, wie sie vom ersten Nationalen Bildungsbericht eingeführt wurde. Die zweite Annahme betrifft die pauschale Kritik am Übergangssystem.

Zu Annahme 1: Die Berechnungsweise des Nationalen Bildungsberichts verdeckt, dass die Verlängerung der Übergänge zu hohen Anteilen der Tatsache geschuldet ist, dass die Jugendlichen nach der Hauptschule erst einmal weiter zur Schule gehen. Anhand der Daten des DJI-Übergangspanels lässt sich zeigen, dass der für Hauptschüler und Hauptschülerinnen wichtigste Anschluss nach dem neunten oder zehnten Pflichtschuljahr nicht etwa Ausbildung oder Berufsvorbereitung, sondern Schule ist. Dies überrascht zunächst, da für Jugendliche in Hauptschulen vorgesehen ist, dass sie so schnell wie möglich in eine (duale) Ausbildung einmünden. Und es lässt sich zeigen, dass dies für die Jugendlichen nur zu einem geringen Teil eine Notlösung ist, weil sie keinen Ausbildungsplatz ihrer Wahl gefunden haben. Die Mehrheit der Jugendlichen verknüpft mit dem weiteren Schulbesuch Bildungsaspirationen und wie weitere Analysen aus dem DJI-Übergangspanel zeigen, gelingt es den meisten ihre Schulabschlüsse zu verbessern, teilweise um mehrere Niveaustufen (Geier/Kuhne/Reißig 2010). Dass die Entscheidungen von Jugendlichen, weiter zur Schule zu gehen, um höhere Abschlüsse zu erwerben, in Deutschland vorrangig unter dem Stichwort „Verzögerung der Aufnahme einer Berufsausbildung" diskutiert wird, ruft in der internationalen bildungspolitischen Debatte Überraschung hervor. Der Strukturwandel in Wirtschaft und Gesellschaft hat dazu geführt, dass der Faktor Bildung zunehmend an Bedeutung gewinnt. Und im Auswahlverhalten der Ausbildungsbetriebe ist der Mittlere Bildungsabschluss Grundausstattung für die Aufnahme einer Ausbildung in vielen Berufen geworden. Dem trägt das Bildungsverhalten eines erheblichen Anteils der Hauptschulabsolventinnen und -absolventen – das zeigen die Daten des DJI-Übergangspanels – Rechnung.

Zu Annahme 2: Für die Teilgruppe von Jugendlichen mit Hauptschulbildung lässt sich anhand der Daten zeigen, dass die Funktion des Übergangssystems ambivalent ist. Die Ergebnisse sind im Hinblick auf die von den Förderangeboten erwarteten Effekte (dass an Berufsvorbereitung Jugendliche mit entsprechendem Förderbedarf teilnehmen sollten und Berufsvorbereitung zu einer Einmündung in eine Berufsausbildung führen sollte) teils positiv, teils enttäuschend. Teilnehmerinnen und Teilnehmer an Berufsvorbereitung weisen signifikant häufiger als Jugendliche, die direkt in Ausbildung einmünden, Merkmale auf, die auf einen zusätzlichen Förderbedarf schließen lassen. Solche Merkmale sind: Das Fehlen des Hauptschulabschlusses und schlechte Schulnoten in den Hauptfächern Deutsch und Mathematik.

Was die anschließenden Übertritte in Berufsausbildung betrifft, konnte kein negativer Einfluss der oben genannten Merkmale mehr nachgewiesen werden. Insofern kann hier von einer kompensatorischen Funktion von Berufsvorbereitung in Hinblick auf schulische Defizite gesprochen werden. Dennoch zeigen die durchgeführten Analysen weiterhin deutliche Nachteile für Jugendliche mit Migrationshintergrund. Diese münden auch nach einer Berufsvorbereitung seltener in Ausbildung ein bzw. benötigen dafür längere Zeit. Differenziert man innerhalb der Gruppe der Migranten zeigt sich dieser Nachteil insbesondere für Jugendliche türkischer Herkunft, während Aussiedlerjugendliche, die unmittelbar nach Ende der Pflichtschulzeit sehr geringe Quoten der Ausbildungsbeteiligung aufweisen (Skrobanek 2009, 28), nach der Teilnahme der Berufsvorbereitung mit den deutschen Jugendlichen, die den selben Weg beschritten haben, gleichziehen können.

Problematisch ist allerdings, dass nur etwa 40 % aller Jugendlichen direkt im Anschluss an eine Berufsvorbereitung in Ausbildung einmünden. Die Mehrheit benötigt länger als ein Jahr. Diese Jugendlichen müssen häufig weitere Zwischenschritte im Übergangssystem gehen, bevor es ihnen gelingt, in Ausbildung einzumünden. Je länger dieser Weg aber dauert, desto größer ist die Gefahr, dass sie ohne qualifizierte Berufsausbildung bleiben.

## Literatur

Autorengruppe Bildungsberichterstattung (Hrsg.) (2008): Bildung in Deutschland. Ein indikatorengestützter Bericht mit einer Analyse zu Übergängen im Anschluss an den Sekundarbereich I. Bielefeld

Baethge, M. (2008): Das Übergangssystem: Struktur – Probleme – Gestaltungsperspektiven. In: Münk, D.; Rützel, J.; Schmidt, C. (Hrsg.): Labyrinth Übergangssystem. Bonn, S. 53-67

Beicht, U. (2009): Verbesserung der Ausbildungschancen oder sinnlose Warteschleife? BIBB Report 11/09. Bonn

Beicht, U.; Friedrich, M.; Ulrich, J. G. (Hrsg.) (2008): Ausbildungschancen und Verbleib von Schulabsolventen. Bonn

Braun, F.; Lex, T.; Rademacker, H. (Hrsg.) (2001): Jugend in Arbeit. Opladen

Buchholz, C.; Straßer, P. (2007): Aktuelle Tendenzen in der schulischen Berufsvorbereitung. (Online; Monographie; Graue Literatur ). Bonn

Bundesministerium für Bildung und Forschung (Hrsg.) (2007): Berufsbildungsbericht 2007. Bonn;Berlin

Der Bundesminister für Bildung und Wissenschaft (Hrsg.) (1981): Berufsbildungsbericht 1981. Bonn

Dietz, G.-U. u. a. (1997): „Lehre tut viel ...“ - Berufsbildung, Lebensplanung und Delinquenz bei Arbeiterjugendlichen. Münster

Euler, D.; Eckart, S. (2006): Flexible Ausbildungswege in der Berufsausbildung. Nürnberg/St. Gallen

Friebel, H. (Hrsg.) (1983): Von der Schule in den Beruf. Opladen

Ganzeboom, H.B.G.; De Graaf P.M.; Treimann, D.J.; De Leeuw, J. (1992): A Standard International Socio-Economic Index of Occupational Status. Social Science Research 21, p. 1-56

Gaupp, N.; Kuhnke, R. (2008): Einsatz unterschiedlicher Erhebungsmethoden bei bildungsbenachteiligten Jugendlichen – ein Vergleich: Reißig, B.; Gaupp, N.; Lex, T. (Hrsg.): Hauptschüler auf dem Weg von der Schule in die Arbeitswelt. München;Halle, S. 226-246

Geier, B.; Kuhnke, K.; Reißig, B. (2010): Erfolgreiche Übergänge in Ausbildung und Arbeit durch verlängerten Schulbesuch? Ergebnisse des DJI-Übergangspanels. In: Krekel, E.; Lex. T. (Hrsg.): Neue Jugend? Neue Ausbildung? Beiträge aus der Jugend- und Bildungsforschung. Bonn, (in Druck)

Hillmert, S. (2004): Berufseinstieg in Krisenzeiten: Ausbildungs- und Arbeitsmarktchancen in den 1980er und 1990er-Jahren. In: Hillmert, S.; Mayer, K. U. (Hrsg.): Geboren 1964 und 1971. Wiesbaden, S. 23-38

Hillmert, S.; Mayer, K. U. (Hrsg.): Geboren 1964 und 1971. Wiesbaden

Heinz, W.R.; Krüger, H. (1985): „Hauptsache eine Lehrstelle". Jugendliche vor den Hürden des Arbeitsmarktes. Weinheim und Basel

Imdorf, C. (2005): Schulqualifikation und Berufsfindung. Wie Geschlecht und nationale Herkunft den Übergang in die Berufsbildung strukturieren. Wiesbaden

Konsortium Bildungsberichterstattung (Hrsg.) (2006): Bildung in Deutschland. Ein indikatorengestützter Bericht mit einer Analyse zu Bildung und Migration. Bielefeld

Kuhnke, R. (2008): Pretestung des Baseline-Fragebogens. In: Reißig, B.; Gaupp, N.; Lex, T. (Hrsg.) (2008): Hauptschüler auf dem Weg von der Schule in die Arbeitswelt. München, S. 186-198

Kutscha, G. (2004): Berufsvorbereitung und Förderung benachteiligter Jugendlicher. In: Baethge, M.; Buss, K.-P. ; Lanfer, C.V. (Hrsg.): Expertisen zu den konzeptionelle Grundlagen für einen Nationalen Bildungsbericht - Berufliche Bildung und Weiterbildung/Lebenslanges Lernen. Berlin: BMBF. S. 167-195

Lex, T. (1997): Berufswege Jugendlicher zwischen Integration und Ausgrenzung. Arbeitsweltbezogene Jugendsozialarbeit. Band 3. München

Lundgreen, P.R; Scheunemann, J. (2008): Datenreport zur deutschen Bildungsgeschichte. Band VIII: Berufliche Schulen und Hochschulen in der Bundesrepublik Deutschland 1949-2001. Göttingen

Münk, D. (2008): Berufliche Bildung im Labyrinth des pädagogischen Zwischenraums: Von Eingängen, Ausgängen, Abgängen – und von Übergängen, die keine sind. In: Münk, D.; Rützel, J.; Schmidt, C. (Hg.): Labyrinth Übergangssystem. Bonn, 31-52

Raab, E. (1996): Jugend sucht Arbeit. Eine Längsschnittstudie zum Berufseinstieg Jugendlicher. München

Reißig, B.; Gaupp, N.; Lex, T. (Hrsg.) (2008): Hauptschüler auf dem Weg von der Schule in die Arbeitswelt. München

Schuchart, C. (2007): Schulabschluss u. Ausbildungsberuf. In: ZfE, 10. Jg., H. 3, 381-398

Shavit, Y.; Müller, W. (1998): From school to work. A comparative study of educational qualifications and occupational destinations. Oxford

Solga, H. (2004): Ausgrenzungsgefahren trotz Integration – die Übergangsbiographien von Jugendlichen ohne Schulabschluss. In: Hillmert, S.; Mayer, K. U. (Hrsg.): Geboren 1964 und 1971. Neuere Untersuchungen zu Ausbildungs- und Berufschancen in Westdeutschland. Wiesbaden, S. 39-64.

Solga, H. (2005): Ohne Abschluss in die Bildungsgesellschaft. Opladen

Skrobanek, J. (2009): Migrationsspezifische Disparitäten im Übergang von der Schule in den Beruf. Wissenschaftliche Texte 1. Deutsches Jugendinstitut. München

Tessaring, M. (1994): Langfristige Tendenzen des Arbeitskräftebedarfs nach Tätigkeiten und Qualifikationen in den alten Bundesländern bis zum Jahre 2010. In: Mitteilungen aus der Arbeitsmarkt- und Berufsforschung. Bd. 1, S. 5-19

Ulrich, G. (2003): Benachteiligung – was ist das? Theoretische Überlegungen zu Stigmatisierung, Marginalisierung u. Selektion. In: Lappe, L. (Hg.): Fehlstart in den Beruf? Jugendliche mit Schwierigkeiten beim Einstieg ins Arbeitsleben. München, S. 21-35

Wagner, S. J. (2005): Jugendliche ohne Berufsausbildung. Aachen

Weidig, I.; Hofer, P.; Wolff, H. (1999): Arbeitslandschaft 2010 nach Tätigkeiten und Tätigkeitsniveau. Beiträge zur Arbeitsmarkt- und Berufsforschung. Nürnberg

Werner, D.; Neumann, M.; Schmidt, J. (2008): Volkswirtschaftliche Potenziale am Übergang von der Schule in die Arbeitswelt. Eine Studie zu den direkten und indirekten Kosten des Übergangsgeschehens sowie Einspar- und Wertschöpfungspotenzialen bildungspolitischer Reformen Im Auftrag der Bertelsmann Stiftung.

Wingens, M.; Sackmann, R. (2002): Bildung und Beruf. Weinheim/München

# Fest gemauert in der Erden?
## Der europäische Integrationsprozess und die berufliche Bildung in der Bundesrepublik Deutschland

*Dieter Münk*

### 1 Das Bedrohungsszenario der „Europäisierung der Berufsbildung"

Moderne Volkswirtschaften in fortgeschrittenen Industriegesellschaften unterliegen aufgrund zunehmender Globalisierungs- und Internationalisierungstendenzen in vielerlei Hinsicht sehr vergleichbaren Systemzwängen und strukturellen Herausforderungen. Zu den zentralen Gemeinsamkeiten dieser modernen Gesellschaften zählt ganz ohne Zweifel das Vorhandensein einer möglichst breit und tief ausdifferenzierten Qualifikationsstruktur – und zwar bezogen sowohl auf die Quantität als auch auf die verfügbaren Niveaus der in der Erwerbsbevölkerung abrufbaren und somit verwertbaren und für das Beschäftigungssystem relevanten Qualifikationen. Unabhängig von der strukturellen und institutionellen, unabhängig auch von der sozialkulturellen Differenz moderner Industriegesellschaften resultieren aus dem ubiquitären Zwang der Herstellung globaler Wettbewerbsfähigkeit mindestens gemeinsame Herausforderungen, die von den einzelnen Volkswirtschaften zwar mittels durchaus unterschiedlicher Strategien verfolgt werden, welche indes strukturell sehr ähnlichen Zielsetzungen verpflichtet sind (vgl. zu dieser Frage etwa die Studien zur Modernisierungstheorie aus den 70er-Jahren wie etwa Flora 1974 und Rokkan 1977, ferner die Ansätze zur Theorie des sozialen Wandels, z.B. Zapf 1994, sowie, speziell bezogen auf Fragen Europas: Kaelble 1987; ferner zur europäischen Berufsbildungspolitik: Münk 1997).

Die Begriffe Globalisierung und internationale Wettbewerbsfähigkeit sind mit dem Beginn des neuen Jahrtausends geradezu zur Chiffre eines weltweiten strukturellen Wandels geworden. Die Soziologie beschäftigt sich schon lange mit der Frage der „Globalisierung der Sozialstrukturen" (Hamm 1986), und besonders mit Blick auf Europa finden sich bereits in den 90er-Jahren soziologische Analysen zur „Europäisierung der Sozialstrukturen" (Immerfall 1995, Hradil 1997). Solche sozialstrukturtheoretisch inspirierten Überlegungen in der Soziologie scheinen nach Chancen zu suchen, Europa gleichsam als Gegengewicht zwischen den beiden Polen „Globalisierung" und „Nationalstaat" als eigene intermediäre Kategorie zu etablieren, um zu klären, „wie sich durch das Vorhandensein der dritten Ebene, der europäischen, die föderalen und nationalstaatlichen Institutionen ... verändern" (Schäfers 1999, 3).

Weitgehend unstrittig ist dabei die Erkenntnis, dass humankapitalbezogene Investitionen in Bildung und Berufsbildung gerade in der modernen „Knowledge based economy" (Foray/Lundvall 1996) von zentraler Bedeutung sind – nicht umsonst war der Titel des 1995 erschienenen Weißbuches der Europäischen Kommission „zur allgemeinen und beruflichen Bildung" mit dem Untertitel „auf dem Weg zur kognitiven Gesellschaft" versehen (Europäische Kommission 1995). Da die berufliche Bildung durch ihre gleichsam natürliche Nähe zum Beschäftigungssystem in besonderer Weise an der Nahtstelle zwischen Qualifizierung und Beschäftigung verankert ist, gilt die Erkenntnis des positiven Zusammenhangs von Bildung, Beschäftigung und Wettbewerbsfähigkeit für die Berufsbildung noch direkter als für den Bereich der Allgemeinbildung.

In diesem Zusammenhang reflektierte Zabeck für die Berufs- und Wirtschaftspädagogik bereits 1999 über „Die Berufsbildungsidee im Zeitalter der Globalisierung der Märkte und des Shareholder Value" und sprach in diesem Zusammenhang von so genannten „universalistischen Herausforderungen an die Berufsbildung durch Globalisierung und Europäisierung" (Zabeck 1999), die er als unausweichlichen Sachzwang interpretierte. Die vermeintliche oder reale europäische Bedrohung im Blick, warf auch Greinert im selben Jahr die Frage der „Globalisierung als Bedrohung nationaler Berufsbildungssysteme?" auf und thematisierte dieses Problem im Kontext der von ihm diagnostizierten industriegesellschaftstypischen Abnahme des Beschäftigungsvolumens sowie des Wandels betrieblicher Steuerungsprinzipien[42] und Qualifikationsansprüche.[43]

Das Schlagwort von der „Europäisierung der Berufsbildung" machte vornehmlich in den 90er-Jahren die Runde und war – in Reaktion auf einige in dieser Zeit veröffentlichten zentralen berufsbildungspolitischen Dokumente der Europäischen Kommission (Europäische Kommission 1991, 1993 und 1995) – häufig Bestandteil eines Argumentationszusammenhanges, der vornehmlich auf den mehr oder weniger begründeten und begründbaren Aufbau eines Bedro-

---

[42] Unter dieser Perspektive verliert die betriebliche Berufsausbildung ihren Charakter als auch soziale Verpflichtung vor allem bei den global operierenden und im internationalen Wettbewerb stehenden Großbetrieben.

[43] Die Durchsetzung neuer Organisationsprinzipien unter Bedingungen globaler Konkurrenz hat zwei Dimensionen: Eine technische, auf möglichst perfekte informations- und kommunikationstechnische Integration von Produktions- und Dienstleistungsprozessen abzielende Dimension und eine organisatorische, auf ein effektives System flexibler Wertschöpfungs- und Arbeitsprozesse abzielende Dimension (Schumann 1994). Das auf dem dualen Organisationsprinzip fußende deutsche Facharbeitermodell der deutschen Industrie ist aufgrund seiner rigiden Kompetenzabgrenzungen wenig geeignet, diesen neuen Organisations- und Steuerungsprinzipien zu entsprechen (vgl. Kern/Sabel 1994). Zudem war und ist das Duale System noch immer vorzugsweise ein Ausbildungssystem für Produktionsberufe und weniger für Berufe des Dienstleistungssektors.

hungsszenarios zielte (vgl. etwa Münk 1997, Hanf 1998, Hartwich 1998, Koch 1998).

Bis heute ist die Frage der beruflichen Bildung und der Berufsbildungspolitik in Europa erkennbar von diesem Schisma geprägt, das sich in etwa in der folgenden Frage zusammenfassen lässt: Führt eine gleichsam über die Hintertüre vorangetriebene „Harmonisierung" der Berufsbildung in Europa – obgleich durch den gemeinsamen aquis communitaire formell verboten – auf Dauer zur Europäisierung nationaler Berufsbildungssysteme (und damit hierzulande vor allem zum Untergang vor allem des dualen Systems), oder bieten europäische Alternativen, Varianten und Anstöße Flexibilisierungspotenziale, mit denen die inzwischen ganz offen zu Tage getretenen Schwächen und Probleme des bundesdeutschen Modells möglicherweise abgefedert, wenn nicht sogar (partiell) behoben werden könnten.

In der berufsbildungspolitischen Diskussion ist diese Grundsatzfrage bis heute von zentraler Bedeutung, weil von der Art und Weise ihrer Beantwortung abhängt, ob das bundesdeutsche Modell beruflicher Qualifizierung – gedacht ist hierbei primär an das duale System – angesichts europapolitisch induzierter Reformaufforderungen gleichsam dem Untergang geweiht ist (vgl. etwa Rauner 2006) oder ob es – im Gegenteil – durch europapolitisch inspirierte Reformen für die Herausforderungen einer globalisierten, auf Wettbewerb gegründeten Ökonomie und angesichts unzweifelhaft vorhandener Krisenerscheinungen im bundesdeutschen Berufsbildungssystem durch modifizierte und ausgewogene Rückgriffe auf europäische Ansätze der Berufsbildungspolitik sogar noch besser gerüstet ist.

So betont etwa Rauner (2006, 128 f.) in Anlehnung an Heinz (1995, 104), dass die berufliche Sozialisationsforschung über empirische Befunde verfüge, „die zeigen, dass die Tätigkeitsanforderungen und die Karriereoptionen eines Berufes mit den darauf bezogenen Qualifizierungsprozessen für die Entwicklung der sozialen Identität von zentraler Bedeutung sind" (Heinz 1995, 104, hier zit. nach Rauner 2006, 128 f.), um daraus abzuleiten, dass „die Zusammenhänge zwischen beruflicher Identität, Leistungsbereitschaft und Kompetenzentwicklung brüchig" werden, wenn sich die „Kompetenzentwicklung von der berufsförmig organisierten Arbeit und der darauf bezogenen beruflichen Bildung" ablöse.

Drexel (2005 und 2006) geht sozusagen zur Rettung des dualen Systems noch einen Schritt weiter und diagnostiziert als Folge der europäischen Reformansätze nicht nur den drohenden Verlust des Berufsprinzips und damit das Ende dual organisierter Berufsbildung in Deutschland, sondern sogar einen umfassenden Prozess ökonomischer Deregulierung, der verbunden wird mit Prozessen „neoliberaler Reregulierung" (Drexel 2005).

*1.1 Berufsgesellschaft in der Krise? – Eine theoretische Kontroverse und ihre praktischen Folgen*

Das Feld, auf dem diese Debatte geführt wird und bei der es entweder um die Rettung des Prinzips beruflich verfasster Arbeit – und damit pauschal des dualen Systems – geht, oder bei der andererseits nach tragfähigen, u.a. auch europäisch induzierten Reformoptionen gesucht wird, ist in hohem Maße eine „Lagerdebatte", in der sich die „Kontrahenten" mit fundamentalen und daher kaum überwindlichen Grundsatzeinschätzungen gegenüber stehen.

Das Grundproblem, aus dem diese Kontroverse gespeist wird, besteht darin, dass Deutschland – zusammen mit einigen wenigen anderen, nämlich vorwiegend den deutschsprachigen Ländern – aus historischen Gründen in Fragen der Berufsbildung einen systematisch und strukturell sehr eigenständigen Entwicklungspfad ausgebildet und verfolgt hat, für den bis zum heutigen Tage – jedenfalls bezogen auf die institutionelle Struktur – das „Markenzeichen" Duales System und – bezogen auf die zu qualifizierenden Menschen – der Sozialtypus des (tatsächlich zumeist männlichen) „deutschen Facharbeiters" steht. Das konstituierende Prinzip der konzeptionell-systematischen wie der institutionellen Struktur des Dualen Systems ist dabei das der beruflich verfassten Arbeit (vgl. Greinert 1999), für die in Deutschland seit dem Ende des 19. Jahrhunderts in einem äußerst betriebsnahen Modell qualifiziert wurde.

Dies hat im europäischen und internationalen Vergleich deutliche Spuren in der Qualifikationsstruktur der Bundesrepublik Deutschland hinterlassen: Während im Zuge der Expansion des tertiären Bildungsbereiches im europäischen Ausland sowie in den meisten OECD-Staaten der Anteil direkt betrieblicher Qualifizierung abnahm, ist dieser Anteil in der Bundesrepublik Deutschland – jedenfalls bis zum Beginn der 90er-Jahre – leicht gestiegen und liegt – trotz insgesamt rückläufiger Entwicklung seit Mitte der 90er-Jahre – auch heute noch deutlich höher als in anderen Industriegesellschaften (OECD 2007, vgl. ebenso Bosch 2009). Der im internationalen Vergleich deutlich niedrigere Akademisierungsgrad als ein charakteristisches Spezifikum der bundesdeutschen Qualifikationsstruktur, wurde durch internationale Analysen u.a. von Weltbank und OECD immer wieder kritisiert, ist aber eine logische Folge der stark ausgebauten und betriebspraktisch organisierten Facharbeiterausbildung auf hohem Niveau, die nach wie vor ein sehr zentrales Segment in der Qualifikationsstruktur der Bundesrepublik ausmacht (vgl. Rauner 2006, 127). Dies gilt – wenn auch weniger bezogen auf die Quantität, dafür aber mindestens bezogen auf die Qualität der Ausbildung – trotz der Tatsache, dass das quantitative Strukturgefüge des beruflichen Teils des bundesdeutschen Bildungssystems in den letzten 15 Jahren erheblichen Strukturverschiebungen unterlegen ist (vgl. Autorengruppe Bildungsberichterstattung 2008 und Konsortium Bildungsberichterstattung 2006), die sich erstens durch die Expansion bestimmter vollzeitschulischer berufsqualifizierender Bildungsgänge, andererseits aber durch die noch wesentlich stärkere Expansion vollzeitschulischer oder kooperativer, indes nicht berufsqualifizierender Bildungsgänge im so genannten „Übergangssystem" ergeben haben. Trotz dieser von Baethge und anderen sehr deutlich nachgewiesenen quantitativen Rückgänge im dualen System besetzen die verbliebenen dual organisierten Ausbildungsberufe jedoch nach wie vor einen mindestens qualitativ sehr relevanten Bereich beruflicher Qualifizierung auf sehr hohem Niveau (vgl. etwa Rauner 2006, Bosch 2009).

Sieht man einmal von der Schweiz und Österreich ab, ist dieser historisch überaus erfolgreiche spezifische Entwicklungspfad in Europa einmalig (vgl. zum europäischen Vergleich etwa Greinert 2004) und hat über eine sehr lange Phase hinweg die internationale Wettbewerbsfähigkeit Deutschlands entscheidend gestützt und dadurch den in dieser Weise qualifizierten Menschen gesicherte Lebensperspektiven zuverlässig garantiert. Ein wesentlicher Grund für diese „Erfolgsgeschichte" beruflich verfasster, dual organisierter und institutionell außerordentlich stark ausdifferenzierter beruflicher Qualifizierung ist – neben den diversen unbestreitbaren Vorzügen und Erfolgen (betriebsnahe Qualifizierung, im internationalen Vergleich über lange Zeit hinweg geringe Jugenderwerbslosigkeitsquote, hohes gesellschaftliches Integrationspotenzial durch Ganzheitlichkeit und Effekte beruflicher Sozialisation) – die Tatsache, dass sich dieses Qualifizierungsmodell in der Vergangenheit als außerordentlich anpassungsfähig und reformfähig erwiesen hat.

Fürstenberg (2000) zielt auf genau diese historisch nachweisbare Anpassungsleistung des Dualen Systems, wenn er seine im Untertitel der Publikation eher rhetorisch gestellte Frage nach „Zukunftspotenzial" oder „Auslaufmodell" der Berufsgesellschaft durch die Diagnose von der „Berufsgesellschaft im Transformationsprozess" beantwortet (vgl. zum Transformationskonzept des Berufs ebenso Baethge 2001). Besonders bezogen auf die europäischen Erfordernisse konstatiert Fürstenberg (2000) weiter, dass künftig „die transnationale Mobilität von Arbeitskräften zu einer Anpassung berufsspezifischer Regelsysteme führen" werde, „um sie z.B. im Falle Deutschlands „EU-kompatibel" zu machen (vgl. ebenso Münk 2002).

Fürstenbergs Ansatz einer gesteuerten Transformation, die Reformoptionen mit einschließt, ja diese sogar zu einem konstituierenden Bestandteil des „deutschen Modells" macht, weist Auswege aus einer partiell äußerst dogmatisch geführten Debatte, deren Sinnhaftigkeit mit Fortschreiten des Integrationsprozesses zudem zunehmend weniger erkennbar wird. Denn anders als etwa in den 90er-Jahren ist die europäische Integration inzwischen nicht nur deutlich weiter fortgeschritten und hat nicht nur wesentlich klarere Konturen und Zielbestimmungen erhalten, sondern es liegen zwischenzeitlich von den Regierungen der Mitgliedstaaten sehr deutliche, schließlich auch rechtlich verbindliche Bereitschaftserklärungen für diesen Integrationsprozess vor.

Der Vertrag des „Bildungsgipfels" in Lissabon (2000), der Maastricht-Kopenhagen-Prozess (seit 2002), ferner auch die Bemühungen um einen „Common Quality-Assurance-Framework" (C-QUAF; seit 2004) enthalten klare Verpflichtungen, die von den zuständigen Ressorts (Bildungsminister) dann aber auch von der bundesdeutschen Regierung als berufsbildungspolitische Zielsetzungen akzeptiert sind. Infolgedessen ist in diesem Zusammenhang festzustellen, dass in Fragen der Umsetzung des EQR (europäischer Qualifikationsrahmen) in einen DQR (deutscher Qualifikationsrahmen) ebenso wie bei der politisch aktuellen Debatte um die Umsetzung der Bologna-Reformen im tertiären Bereich des Bildungssystems längst nicht mehr über das „ob?", sondern fast durchgängig nur mehr über das „wie?" diskutiert wird.

### 1.2 Krisen, Brüche und Strukturprobleme der bundesdeutschen Berufsbildung

Aus den vorstehenden Ausführungen wird mindestens dreierlei deutlich: Erstens bildet das duale System mit seiner konsequenten Basierung auf dem Prinzip beruflich verfasster Arbeit (1) und mit seiner betriebspraktisch orientierten Qualifizierungsstrategie (2) nach wie vor ein Kernsegment des bundesdeutschen Berufsbildungssystems. Zwar ist der quantitative Rückgang des Anteils des dualen Systems im Berufsbildungssystem insgesamt seit Jahren deutlich erkennbar. In manchen Bundesländern, so z. B. in NRW, dem einstigen Flaggschiff der technisch-gewerblichen und industriellen Ausbildungsberufe des dualen Systems, ist der Anteil der dualen Berufsausbildung inzwischen sehr deutlich unter 40 % gefallen (vgl. etwa die Befunde der Autorengruppe Bildungsberichterstattung 2008). Auf der anderen Seite durchlaufen noch immer rund zwei Drittel der Jugendlichen in Deutschland das duale System im Rahmen einer Berufsausbildung; allerdings verbleibt ein großer Teil dieser Jugendlichen nicht langfristig in diesem System, sondern nutzt verstärkt die vielfältigen Anschlussangebote des Bildungssystems, das in den letzten Jahren – und zwar nicht erst durch die gestuften Bachelor-Master-Studiengänge – den tertiären Bildungsbereich für die Absolventen beruflicher Bildungsgänge geöffnet hat.

Zweitens resultiert daraus – sozusagen andersherum betrachtet – die Erkenntnis, dass die duale Qualifizierung sehr deutlich nicht mehr zu den Wachstumsbereichen des bundesdeutschen Berufsbildungssystems zählt. Wachstum ist eher in den nicht berufsqualifizierenden Problemsegmenten des Übergangssystems sowie in einigen (wenigen) berufsqualifizierenden „Schulberufen" zu verzeichnen (vgl. Dobischat 2009), was – nicht nur mit Blick auf den Rückgang im dualen System – auf starke Strukturbrüche im Berufsbildungssystem und – mit Blick auf erkennbare Qualifizierungsdefizite im Sek. I-Bereich – auch im Bildungssystem insgesamt schließen lässt.

Zu verweisen ist in diesem Zusammenhang ferner darauf, dass nicht alle Ausbildungsberufe, die zum Berufsspektrum des dualen Systems zählen, eine belastbare Garantie für berufsbiographische Gestaltungsperspektiven und langfristig zufrieden stellende Erwerbschancen bieten können: Am unteren Ende der Skala der Ausbildungsberufe finden sich eine ganze Reihe von – inzwischen vornehmlich für Hauptschulabsolventen und Hauptschulabgänger offenen – Angeboten (Maler, Lackierer, Friseure etc.), die diese Gestaltungsoptionen sehr deutlich nicht (mehr) bieten (vgl. hierzu etwa Bosch/Weinkopf/Kalina 2009, 16),[44] auch wenn hier unbestritten bleiben soll, dass eine absolvierte Berufsausbildung für die jungen Menschen wahrscheinlich trotz der oben erwähnten Befunde bessere Prognosen erlaubt als gar keine Berufsausbildung.

Drittens schließlich kann das Ziel der „Rettung" des „Dualen Systems" trotz nachfolgend kurz darzustellender struktureller Widersprüche zu europäischen Ansätzen und Konzeptionen kaum bedeuten, dass sich die Bundesrepublik Deutschland aus diesem Grund zentralen Anforderungen des europäischen Integrationsprozesses gegenüber sperrt. Tatsächlich und ganz im Gegensatz zu der weiter oben dargestellten Kontroverse der 90er-Jahre ist diese Haltung in der wissenschaftlichen Debatte zwischenzeitlich nur mehr vereinzelt anzutreffen: Das „europäische Argument" ist fast 20 Jahre nach den Maastrichter Verträgen zur Europäischen Union in der Wirklichkeit der bundesdeutschen Berufsbildungspolitik angekommen. Sei es, dass dies aus europapolitischer Überzeugung geschah, sei es – wie Rauner, Grollmann und Spöttl (2006, 321) vermuten – weil sich „das von der Lissabon-Erklärung abgeleitete Berufsbildungsprojekt längst verselbständigt hat"; jedenfalls ist zwischenzeitlich zu konstatieren, dass sich die Bundesrepublik Deutschland die zentralen Themenstellungen und Herausforderungen (Bologna-Prozess, Lissabon-Prozess, Kopenhagen-Maastricht-Prozess,

---

[44] Nach dieser im Auftrag der Friedrich Ebert Stiftung erstellten Studie sind 17,1 % der Absolventen von Ausbildungsberufen nach BBiG Niedriglohnbezieher und 75 % der Niedriglohnbezieher verfügen über eine abgeschlossene Berufsausbildung – mit steigender Tendenz (Bosch/Weinkopf/Kalina 2009, 16).

ECVET, EQF und C-QUAF) sehr eindeutig und irreversibel auf die politische Agenda geschrieben hat.

Diese grundsätzliche politische Akzeptanz des Integrationsprozesses auf dem Gebiet der allgemeinen und der beruflichen Bildung kann daher nicht (mehr) bedeuten, dass sich die Bundesrepublik Deutschland mit dem noch in den 90er-Jahren des vergangenen Jahrhunderts üblichen Verweis auf den historisch einzigartigen Entwicklungspfad „apprenticeship-system" vor dessen Implikationen mit einem schlichten „no-go" Argument verschließen kann. Vielmehr sollte es künftig darum gehen, auf der Basis des politischen Status-Quo nach pragmatisch realisierbaren Gestaltungschancen zu suchen. Das heißt konkret, es geht einerseits um die Suche nach Reformoptionen innerhalb des Rahmens dieses europäischen Entwicklungskontextes und es geht zugleich und andererseits um die Suche nach europäisch inspirierten Reformoptionen innerhalb der Möglichkeiten der bundesdeutschen „Systemgrenzen".

## 2 Etappen der europäischen Reformpolitik

Sowohl aus der Sicht der bundesdeutschen wie auch aus der Sicht der europäischen Berufsbildungspolitik waren die Beschlüsse des Europäischen Rates in Lissabon im Jahr 2000 eine echte Zäsur: Zwar standen die hier formulierten Ziele – und dabei insbesondere das mit der ökonomischen Entwicklung begründete Kernziel, Europa „zum wettbewerbsfähigsten und dynamischsten Wissensbasierten Wirtschaftsraum der Welt" zu machen, prinzipiell in ungebrochener Kontinuität zur Politik der EU seit den 60er-Jahren; aber der fortan so genannte „Lissabon-Prozess" enthielt erstmals die von allen Mitgliedstaaten akzeptierte Verpflichtung, diese Ziele in den nationalstaatlichen Politiken umzusetzen und durch Benchmarking-, Best-Practice-Ansätze, „die Open Method of Coordination" (OMC) (vgl. Leney et al. 2004) sowie durch weitere ergänzende Instrumente einem (mess- und bewertbaren) Vergleich auszusetzen (vgl. Tessaring 2007).

Ein Jahr nach der Bologna-Deklaration vom 9. Juni 1999, in der binnen eines Zeitfensters von 10 Jahren eine gesamteuropäische Regelung für den Tertiärbereich im Sinne eines „europäischen Hochschulraums" vorgegeben wurde, leitete der Lissabon-Prozess eine erhebliche Erweiterung dieser Anstrengungen ein und wurde in der Folge konsequent durch weitere programmatische Strategien in verschiedenen Bereichen ergänzt; und zwar

- 2002 in Barcelona durch die Strategie „Allgemeine und Berufliche Bildung", ferner durch die Inauguration des Konzepts „Lebenslanges Lernen" sowie durch das Ziel, die allgemein- und berufsbildenden Systeme Europas zur internationalen Qualitätsreferenz auszugestalten,

- ebenfalls 2002 durch den Kopenhagen-Prozess, in welchem der Rahmen und die zentralen Eckwerte für die Fortentwicklung der beruflichen Bildung definiert wurden. Der Kopenhagen-Prozess fasste für den Bereich der Berufsbildung programmatisch zusammen, wofür die Kontinuität der europäischen Berufsbildungspolitik seit Jahren stand: Transparenz, Information, Anerkennung von Fähigkeiten, Fertigkeiten und Qualifikationen, alle Aspekte der Qualität und der Qualitätssicherung in der Berufsbildung (C-QUAF; vgl. besonders Bohlinger/Münk 2008) sowie die konsequente Verbesserung der Qualität von Ausbildern und Lehrkräften in der Berufsbildung (vgl. Descy/Tessaring 2005)

- ferner 2004 das „Maastricht-Kommuniqué" (Europäische Kommission 2004, vgl. hierzu besonders: Leney et al. 2004 und Tessaring/Wannan 2004) sowie

- 2006 die Helsinki-Erklärung, die beide im Kern dazu dienten, den auf die berufliche Bildung bezogenen Reformprozess, gegossen in die Formel des „Berufsbildungsraums Europa" (vgl. Münk 2005 sowie Eckert/Zöller 2006) weiter auszugestalten und zu konkretisieren.

Spätestens 2004, d.h. mit dem unter niederländischer Präsidentschaft verabschiedeten „Maastricht-Kommuniqué" wurden der Fahrplan und die Meilensteine für die Entwicklung eines Leistungspunktesystems für die berufliche Bildung (ECVET; European Credit System for Vocational Education and Training) sowie – damit direkt zusammenhangend – eines Europäischen Qualifikationsrahmens (EQR) mit den zugehörigen nationalen Pendants (das ist z.B. für Deutschland: der DQR) fixiert, dessen Entwicklung und Implementation ab 2006 maßgeblich für den Aufbau eines so genannten „europäischen Bildungsraumes" eingesetzt werden sollte (vgl. Commission 2005, vgl. zum Gesamtkontext: Münk 2005).

Die beiden systematisch eng zusammenhängenden Ansätze des EQF und dessen Umsetzung in nationale Varianten sowie der ECVET bilden das Kernstück der aktuellen europäischen Debatte; ihre zentrale Funktion beruht darauf, dass der EQR und die darauf abgestimmten nationalen Qualifikationsrahmen dazu beitragen sollen, die Transparenz von Qualifikationen zu verbessern und die Durchlässigkeit zwischen den verschiedenen Bildungssystemen und innerhalb des jeweiligen nationalen Bildungssystems zu erhöhen. Bei dem EQR geht es also u.a. um die Definition von Standards, um die Definition von Referenzniveaus allgemeinbildender und beruflicher Qualifikationen und damit natürlich auch um Fragen der Feststellung, Messung und Anerkennung von Qualifikationen – und hier besonders auch von informell erworbenen Kompetenzen. Der bis

2011 zu entwickelnde ECVET ist dabei ein für den EQR und seine nationalen Varianten unverzichtbares Instrument, weil er die Definition national kompatibler Verfahren der Erfassung, der Bewertung sowie der Anerkennung formaler und – vor allem auch – non formaler allgemeinbildender und beruflicher Qualifikationen ermöglichen soll.

Dies impliziert eine konsequente Orientierung an „Kompetenzen" (vgl. Bohlinger 2006, 2007 und 2008) im Sinne von Lernergebnissen („learning outcomes") und damit explizit nicht eine prioritäre Orientierung an Lernaufwand (workload) oder an Abschlüssen, d.h. am Vorliegen formal zertifizierter absolvierter Bildungsgänge, wie dies in inputorientierten Bildungssystemen bisher sehr weitgehend der Fall ist. Genau diese kompetenzbasierte Outcome-Orientierung macht das System für das Problem der Frage der Anerkennung informell erworbener Kompetenzen so attraktiv, aber genau hier liegt – jedenfalls aus bundesdeutscher Sicht – zugleich auch eines der Kernprobleme der europäischen Diskussion, weil eine Grundsatzfrage der Systemarchitektur und der „Systemphilosophie" des bundesdeutschen Bildungs- und Berufsbildungssystems berührt ist. Grollmann, Rauner und Spöttl kritisieren dieses Grundproblem wie folgt:

> „Das Dilemma, in dem sich der Kopenhagen-Prozess befindet, besteht darin, dass die Instrumente zur Etablierung eines europäischen Berufsbildungsraumes – vor allem der EQF – der Entwicklung einer europäischen Berufsbildungsarchitektur zur Verbesserung der Wettbewerbsfähigkeit der europäischen Ökonomie im Wege stehen. Die Gestaltungsprinzipien des EQF und ECVET sind in erster Linie den institutionellen und rechtlichen Voraussetzungen europäischer Berufsbildungspolitik geschuldet und nicht einer berufsbildungspolitischen Strategie im Sinne der Ziele von Lissabon." (Grollmann/Rauner/Spöttl 2006, 323)

Grollmann, Rauner und Spöttl zielen hier auf das weiter oben bereits im Zusammenhang mit der These der „Europäisierung der Berufsbildung" erwähnte Strukturproblem, welches darin besteht, dass die oben gelisteten Kernelemente der europäischen Reformbestrebungen auf dem Gebiet der beruflichen Bildung auf der Systemebene des bundesdeutschen Modells unter Umständen systemgefährdend wirken könnten – und zwar insbesondere dann, wenn diese europäische Agenda vollständig und im Sinne von ordnungspolitischen Reformen umgesetzt würde, die tief in die Systemstruktur des bundesdeutschen Bildungs- und Berufsbildungssystems eingreifen würden.

## 3    Europäische Berufsbildungspolitik und die Systemlogik der bundes-deutschen Berufsbildung: Konstruktionswidersprüche (?)

Die bereits weiter oben hervorgehobene im deutschsprachigen Raum seit dem ausgehenden 19. Jahrhundert gewachsene Sonderstellung der bundesdeutschen Berufsbildung in Relation zu seinen europäischen Nachbarländern erweist sich – gleichsam aus europäischer Perspektive – als mindestens nicht förderlich für eine reibungslose Anpassung an europapolitische Reformvorstellungen. Selbst wenn man von den oben angedeuteten Strukturproblemen zunächst absieht, bleibt die Tatsache, dass in Europa – und zwar einschließlich der neuen osteuropäischen Beitrittsstaaten – die vollzeitschulische Berufsbildung den „strukturellen Normalfall" der Bildungssysteme repräsentiert. Zwar verfügt auch das bundesdeutsche Modell über ein in manchen (zum Teil auch kritischen) Bereichen wie etwa dem Übergangssystem deutlich wachsendes Schulberufssystem (vgl. hierzu Deißinger 2009 sowie den Beitrag von Dobischat im vorliegenden Band, ferner auch Dobischat/Milolaza/Stender 2009), aber auch dieses unterliegt cum grano salis den zentralen Funktionsprinzipien des Gesamtsystems (Berufsprinzip, Exklusivität formaler Zertifizierungen, Inputorientierung sowie klare Trennung von beruflicher Erstausbildung, Weiterbildung und informellem Lernen).

Ferner ist bereits seit Ende der 80er-Jahre durch entsprechende Weichen-stellungen auf der Ebene der europäischen Organe deutlich, dass die Blaupause europäischer Berufsbildungspolitik vor allem mit dem Blick auf das angelsächsi-sche Modell entwickelt wurde. Dieses angelsächsische Modell ist das Ergebnis eines umfassenden, am Markt orientierten Reformprozesses der Strukturen in der allgemeinen und beruflichen Bildung, der in den 80er-Jahren maßgeblich durch die Thatcher-Regierung vorangetrieben wurde. (vgl. zur Berufsbildungsreform in UK: Deißinger 1994 sowie zu den Motiven der Europäischen Kommission für die Orientierung am angelsächsischen Modell: Lipsmeier/Münk 1994 und Münk 1995).

Diese angelsächsische Grundorientierung zeigt sich bis heute an dem priori-tären Qualifizierungsziel „Employability" – was implizit eine Entscheidung gegen das Berufsprinzip bedeutet –, es zeigt sich aber auch in den Empfehlungen zu den zentralen organisatorischen und didaktisch-curricularen Konstruktions-prinzipien, hier vor allem an dem Postulat der Modularisierung. Schließlich ma-nifestiert sich diese „angelsächsische Orientierung" ebenfalls sehr grundsätzlich an den mit dem EQF verbundenen Zielsetzungen, da dieser „die Idee eines „of-fenen Systems" der Gesamtbeziehungen von Bildungsbereichen, individuellen Bildungsoptionen und Kompetenzstrukturen" fokussiert und damit als ´collapse of boundaries´ „Grenzen abzubauen versucht, welche vor allem dem deutschen Gesamtverständnis der Gestaltung der Relationen von Allgemeinbildung, Berufsbildung, tertiärer Bildung sowie ihrer Beziehungen zur informellen und nonformalen Bildung zu eigen sind" (Deißinger 2009, 3; vgl. ebenso Baethge 2007).[45]

Deißinger verweist in diesem Zusammenhang explizit auf die offenkundige „Nähe derartiger Zielkategorien zu den Grundlinien der Bildungs- und Berufsbildungspolitik angelsächsischer Länder, insbesondere Englands und – seit etwa Mitte der 90er-Jahre – auch Australiens" (vgl. Deißinger 2009, 3; vgl. ähnlich Winch/Hyland 2007 sowie Hayward 2004). Im Kern handelt es sich bei diesen Modellen um nachfrageorientierte und insofern marktgesteuerte Systeme, die flexible, auf die „Kunden" (Betriebe und Individuen) zugeschnittene Qualifizierungsoptionen offerieren (vgl. für den Fall Australien die Analyse von Harris 2001).

Die zentralen Ansätze und Konzepte, auf welche die europäische Berufsbildungspolitik zielt, sind damit im Prinzip bereits weitgehend genannt. Aus bundesdeutscher Sicht – und dies gilt nicht nur, aber in ganz besonderer Weise für das duale System – sind mit diesen konzeptionellen Ansätzen zugleich auch die Kernprobleme – oder, frei nach Rauner (s.o.) – die „strukturellen Dilemmata" benannt, die nachfolgend dargestellt werden.

*3.1 Beruflichkeit und Employability als strukturprägende Konzepte von Arbeit und Qualifizierung*

Das zentrale weiter oben bereits mehrfach angeschnittene Grundproblem im Verhältnis zwischen europapolitischen Reformansätzen und der bundesdeutschen Wirklichkeit beruflicher Qualifizierung besteht vor allem in der konsequenten Orientierung des bundesdeutschen Modells an der beruflich verfassten Arbeit. Die berufsförmige Qualifizierung ist historisch gewachsen, institutionell fest verankert und stark ausdifferenziert und sie ist auch in der didaktischen und methodischen Vermittlung an den beiden Lernorten Betrieb und Schule von zentraler Bedeutung. Deißinger (1998) spricht in diesem Zusammenhang vom „Berufsprinzip" als „organisierende(m) Prinzip der deutschen Berufsbildung" und meint damit vor allem die besondere Qualität operativer Facharbeit vor allem im Handwerk und in der gesamten gewerblich-technischen Industrie. Diese

---

[45] Baethge verweist in diesem Zusammenhang auch darauf, dass das dem Dualen System zu Grunde liegende „Produktionsparadigma", d.h. die Konzentration auf gewerblich-technische Berufe angesichts des Trends zur Tertiarisierung ein weiteres Strukturproblem für das Duale System darstelle. Ganz ähnlich, allerdings mit einem stärkeren Fokus auf die Entwicklung zur „knowledge-based society" argumentieren auch Schmoch, Rammer und Legler (2006), wenn Sie auf Dysfunktionalitäten des produktionsorientierten Dualen Systems verweisen, welches sich in einer Systemumgebung befinde, die zunehmend Innovation durch Wissen generiere (vgl. Schmoch/Rammer/Legler 2006).

besondere Qualität entsteht dabei durch die spezifische arbeitsmarktfähige Bündelung von Qualifikationen und Kompetenzen, die in einer ganzheitlichen und umfassenden beruflichen Qualifizierung vermittelt werden und so zu der didaktischen Leitkategorie ganzheitlicher Handlungskompetenz führt.

Es sind vor allem diese Aspekte der Ganzheitlichkeit, der Arbeitsmarktgängigkeit sowie der Praxis- und Handlungsorientierung, der – in diesem Zusammenhang dann vor allem dualen – Ausbildung, die in der europäischen Debatte immer wieder als komparative Wettbewerbsvorteile hervorgehoben werden (vgl. etwa die im vorliegenden Beitrag erwähnten und in diesem Punkt besonders exponierten Vertreter Rauner oder Drexel).

Demgegenüber ist das wesentlich offenere europäische Konzept von dem qualifizierungspolitischen Ziel der Vermittlung von „Beschäftigungsfähigkeit" („Employability") geprägt (vgl. Lutz 2003, vgl. ebenso im Überblick Kraus 2006). Eine durch das Qualifizierungsziel „bloßer" Beschäftigungsfähigkeit geprägte Qualifizierungsstrategie setzt auf kleinteilige, taylorisierte und deshalb gut modularisierbare Teilqualifikationen, die – nach angelsächsischem Vorbild – in modularen Baukastensystemen mehr oder weniger frei kombiniert werden und deren Qualitätssicherung dann über Marktprozesse sowie durch Akkreditierung und Standardisierung gesichert werden sollen. Diese Taylorisierung erleichtert bzw. erzwingt sogar modulare Strukturen, sie erweist sich hinsichtlich der Arbeitsmarktgängigkeit als wesentlich flexibler, führt aber auf der anderen Seite zu vergleichsweise unterschwelligen Qualifizierungen und ist in der spezifischen Profilierung zwangsläufig stärker an die Einzelunternehmen gebunden. Insgesamt ist dieses Qualifizierungsziel, verbunden mit entsprechenden institutionalisierten Strukturen (Modularisierung) hinsichtlich des europäischen Reformprozesses wesentlich passungsfähiger als das im bundesdeutschen Berufsbildungssystem institutionell fest verankerte Berufsprinzip. Dabei scheint es gar nicht so sehr die Frage zu sein, welches der beiden Modelle sozusagen das überlegene System repräsentiert – hierfür fehlt es im Übrigen bis heute an empirisch belastbaren Belegen – sondern das eigentliche Problem besteht darin, dass sich die Employability als Qualifizierungsziel europapolitisch als wesentlich passungsfähiger erweist. Dies liegt natürlich ganz wesentlich daran, dass sich – wie weiter unten ausgeführt wird – die Kernelemente europäischer Reformpolitik einschließlich des EQR explizit an den angelsächsischen Modellen und damit an deren ‚Systemphilosophie' – und eben nicht an dem deutschen Modell beruflicher Qualifizierung im Rahmen staatlich anerkannter (und konsequent beruflich verfasster) Ausbildungsberufe nach BBiG orientieren.

### 3.2 Modularisierung als ordnungspolitisches und didaktisch-curriculares Konstruktionsprinzip

Mit den vorstehenden Ausführungen zur Dominanz des Berufsprinzips in Deutschland sind direkt auch die Schwierigkeiten mit der Modularisierung als Grundprinzip der Organisation von Qualifizierung angesprochen. Kaum ein Begriff hat in der bundesdeutschen Diskussion der 90er-Jahre die Debatte derart polarisiert wie jenes der Modularisierung von beruflichen Qualifizierungsprozessen. Pilz (2006a) titelt in seinem rezeptionsgeschichtlichen Überblick zur Debatte um die Modularisierung nicht ohne Grund mit den Substantiven „Modularisierung" als „Heilsbringer" oder als „Teufelszeug".

Den berufsbildungspolitischen Sprengstoff bezogen diese frühen Debatten vor allem aus dem Sachverhalt, dass die Strategien zur Modularisierung in der beruflichen Bildung ganz überwiegend vor dem Hintergrund einer ordnungspolitisch interessierten Debatte geführt wurden. Und dies bedeutet in der Tat – und übrigens auch noch im Jahre 2010 – eine existentielle Bedrohung des Berufsprinzips als konstitutive Kategorie für die bundesdeutsche Berufsausbildung.

Erst gegen Ende der 90er-Jahre begann sich die Erkenntnis durchzusetzen, dass erstens die Modularisierung als didaktisch-curriculares Prinzip auch in der bundesdeutschen Berufsbildung lange existierte (so etwa in jeder Ausbildungsordnung, besonders ausgeprägt in den seit den 60er-Jahren gestuften Ausbildungsordnungen für Bauberufe) und dass sie insofern zweitens durchaus als probates Mittel zur Modernisierung auch der bundesdeutschen Berufsausbildung eingesetzt werden könne (vgl. zu dieser „Trendwende" etwa Hanf 1998).

Was in dieser Phase der Debatte zuweilen übersehen wurde, ist der – um mit Pilz (2006, 10) zu sprechen – „Facettenreichtum" des Modularisierungsbegriffes, der u.a. für unterschiedliche Funktionen stehen kann (Supplementierung, Differenzierung, Fragmentierung), der sich auf unterschiedliche Systemebenen beziehen kann (didaktisch-methodisch, ordnungspolitisch) oder auch auf bestimmte Zielgruppen fokussiert sein kann (Lernschwache, Hochbegabte; vgl. Pilz 2006, 10).

Prinzipiell kann Modularisierung also durchaus mit plausiblen Argumenten als Taylorisierungsansatz für berufliche Qualifizierungsprozesse interpretiert werden; in dieser Lesart, die etwa von Rauner, besonders entschieden auch von Drexel (2006) vertreten wird, bedeutet die ordnungspolitisch intendierte Modularisierung in der Tat die Abschaffung des Berufsprinzips, was sich mit einiger Sicherheit auf die gesamte institutionelle, curriculare und didaktische Struktur des umgebenden Bildungssystems sehr massiv – und das heißt: systemverändernd – auswirken würde.

Für die oben angeführten alternativen Varianten der Modularisierung – z.B. als didaktisch-methodisches Konstruktionsprinzip – gilt dies indes nicht. Auch wenn Pilz (2006a, 13) zu recht resümiert, dass „modulare Strukturen ... sehr gut mit dem ... europäischen Qualifikationsrahmen und dem europäischen Leistungspunktesystem harmonieren" und die „monolithischen Strukturen" in Deutschland „diskriminier(en)", bleibt für die bundesdeutsche Reformdebatte und für die Diskussion um die Modernisierungsfähigkeit des hiesigen Berufsbildungssystems festzuhalten, dass modulare Strukturen unter den oben genannten Voraussetzungen sehr wohl eine hilfreiche Reformoption darstellen können, wie etwa der von Euler und Severing vorgelegte, auf modularen Strukturen basierende Reformvorschlag in der dualen Berufsausbildung deutlich dokumentiert (vgl. Euler/Severing 2006, Euler 2009).

*3.3 Kompetenzkonzept und Outcomeorientierung von Lernprozessen*

Sucht man nach gleichsam spezifisch europäischen bildungstheoretischen Begründungen für das Kompetenzkonzept, so fällt auf, dass die aus der Sicht der Organe der Europäischen Kommission insbesondere für die Konstruktion von EQF eigentlich zentrale Definition von „Kompetenz" erstaunlich „pragmatisch" bzw. – weniger positiv formuliert – undifferenziert und theoretisch vollkommen unterbestimmt ausfällt (vgl. hierzu die ausführliche Gesamtdarstellung zu diesem Problem bei Bohlinger 2008):

> „Kompetenzen sind ... definiert als eine Kombination aus Wissen, Fähigkeiten und Einstellungen, die an das jeweilige Umfeld angepasst sind. Schlüsselkompetenzen sind diejenigen Kompetenzen, die alle Menschen für ihre persönliche Entfaltung, soziale Integration, Bürgersinn und Beschäftigung benötigen." (Amtsblatt der Europäischen Union 2006, 5)[46]

Hierzulande wird die bildungstheoretische Fundierung des Kompetenzkonzeptes wesentlich durch die so genannte „Klieme-Epertise" geprägt (Klieme/Avenarius/Döbrich 2003), die ihrerseits auf die von Weinert (1999) im Rahmen der „DeSeCo"-Studie (»Definition and Selection of Competencies: Theoretical and

---

[46] Der Referenzrahmen umfasst die folgenden acht Schlüsselkompetenzen: „Muttersprachliche Kompetenz; fremdsprachliche Kompetenz; mathematische Kompetenz und grundlegende naturwissenschaftlich-technische Kompetenz; Computerkompetenz; Lernkompetenz; Soziale Kompetenz und Bürgerkompetenz; Eigeninitiative und unternehmerische Kompetenz; Kulturbewusstsein und kulturelle Ausdrucksfähigkeit. Die Schlüsselkompetenzen werden alle als gleich bedeutend betrachtet, da jede von ihnen zu einem erfolgreichen Leben in einer Wissensgesellschaft beitragen kann. Viele der Kompetenzen überschneiden sich bzw. greifen ineinander." (Amtsblatt der Europäischen Union 2006, 5)

Conceptual Foundations«, vgl. Rychen/Salganik 2001) erstellte Analyse zurückgeht. Diese von der OECD entwickelte „Arbeitsfassung des Kompetenzbegriffes" hat im Rahmen einer vergleichenden Übersicht einschlägiger pädagogischer,
psychologischer und linguistischer Fassungen des Kompetenzbegriffes zwar
keine direkte Definition, aber immerhin die Beschreibung von notwendigen so
genannten „pragmatischen" Randbedingungen erarbeitet. Bei Klieme et al. indes
wird das bei Weinert (1999) noch vorsichtig als „Arbeitsfassung" beschriebene
und dann in dem ebenfalls von Weinert im Auftrag der KMK 2001 herausgege-
benen Band vertiefte Konzept als Definition übernommen, nach welcher Kompetenzen die „bei Individuen verfügbaren oder durch sie erreichbaren kognitiven
Fähigkeiten und Fertigkeiten" seien, „um bestimmte Probleme zu lösen, sowie
die damit verbundenen motivationalen, volitionalen und sozialen Bereitschaften
und Fähigkeiten, um die Problemlösungen in variablen Situationen erfolgreich
und verantwortungsvoll zu nutzen" (Weinert 2001, 27 sowie Klieme et al. 2003,
21).

Es geht bei diesem kognitionstheoretischen Ansatz also erstens ausschließlich um die Lösung komplexer Probleme, die kognitive und motivationale, ethi-
sche, volitionale oder soziale Voraussetzungen erfordern, zweitens – begründet
durch das Konzept der konkreten Aufgabenstellungen zur Kompetenzerfassung –
um das Ziel einer konsequenten Output- und Outcome-Orientierung und drittens
– im Sinne des Bildungsmonitorings und des Steuerungsaspektes – darum, die
Kompetenzmodelle „als empirische Konstrukte einer Zustandsbeschreibung"
(Sloane 2007) zu operationalisieren.

Aus Sicht der bundesdeutschen Berufs- und Wirtschaftspädagogik – deren
auf den deutschen Bildungsrat zurückgehender konzeptioneller Vierklang von
„Fach-, Methoden-, Sozial- und Personalkompetenz" durch Klieme et al. (2003,
22 Anm. 3) explizit Unbrauchbarkeit testiert wird – sind indes zentrale Dimensionen des oben genannten Kompetenzkonzeptes mit seinem umfassenden und
theoretisch begründeten Ansatz der Handlungskompetenz und der Handlungsorientierung (vgl. Bader 2000) bereits implizit wie explizit enthalten – und zwar im
Sinne eines „Konstrukt(s), das angemessenes Handeln auch in Situationen ermöglichen soll, in denen Routinen und einfache Fertigkeiten zu erfolgreichem
Handeln nicht ausreichen" (Pätzold, 2004, 99).

Insofern dieser genuin berufspädagogische Ansatz von Anfang an nicht nur
als Modell der Kompetenzerfassung, sondern als Konzept zur Kompetenzentwicklung verstanden wurde, reicht der berufs- und wirtschaftspädagogische
Ansatz deutlich über den Stand der Klieme-Expertise zu Bildungsstandards hinaus (vgl. Meyer 2006, 53), auch wenn Klieme et al. (2003, 64) explizit davon
ausgehen, dass durch das Stufungsprinzip der Kompetenzmodelle zugleich auch
der Prozess des Kompetenzerwerbs berücksichtigt werden kann.

Die zentrale Bedeutung dieses theoretisch „unterbestimmten" europäischen Kompetenzkonzepts – welches ebenfalls bei der Konstruktion des EQR zu Grunde gelegt wird – bewirkt im Gegensatz zu dem überwiegend inputorientierten bundesdeutschen Modell die starke Fokussierung auf das Prinzip der Outcomeorientierung von Lern- und Qualifizierungsprozessen. In der Struktur des Bildungssystems bedeutet es einen wesentlichen Unterschied, ob Zertifikate den „Input" zertifizieren, den sich eine Person in einer bestimmten Institution für den Erwerb einer Kompetenz angeeignet hat oder ob sie – sozusagen „lediglich" – das Vorhandensein der Kompetenz selbst, also den Outcome eines Lernprozesses, bescheinigen. Outcomeorientierte Zertifikate wie etwa der Toefl-Test bescheinigen, dass eine Person über eine bestimmte Kompetenz real verfügt – und zwar weitgehend unabhängig davon, auf welchem Wege, in welchen Zeiträumen und in welcher Institution diese Fähigkeit erworben wurde.

Ganz zweifelsohne bietet dieser outcomeorientierte Ansatz der Berücksichtigung von Lernergebnissen gerade für die Erfassung informell und non formal erworbener Kompetenzen erhebliche Vorteile, weil sich diese mit einem primär inputorientierten, auf Zertifizierung basierenden System nur schwer, vielleicht sogar gar nicht messen und in der Folge anerkennen sowie in individuelle Kompetenzportfolios integrieren lassen. Insoweit basiert das bundesdeutsche Modell prinzipiell auf einer entgegengesetzten Logik, nämlich der (inputorientierten) Zertifizierung vorangegangener Lernleistungen. Eine konsequente Umkehr dieser Logik hätte auf allen Ebenen der beruflichen Bildung (institutionell wie curricular) ganz erhebliche Auswirkungen bis hin zur Frage der Gestaltung des Prüfungswesens in Schule und Betrieb. Nicht zuletzt ist dieses Kompetenzkonzept und die damit verbundene Outputorientierung auch die Basis für die Entwicklung des EQR und – sozusagen als dessen institutionalisierter Währungseinheit – des Leistungspunktesystems im Rahmen von ECVET.

### 3.4 Kompetenzbasierung und Outcomeorientierung: EQR und ECVET als europäischer Metarahmen

Der EQR verfolgt einerseits die sozusagen klassischen Ziele des europäischen Integrationsprozesses mit neuem Ansatz (Mobilität, Transparenz, Vergleichbarkeit und/oder Anerkennung von formalen, informellen und non-formalen Fähigkeiten, Fertigkeiten, Qualifikationen und Kompetenzen). Andererseits sorgt er aber als ‚politisches Programm′ durch seinen prinzipiell verpflichtenden Charakter in den Mitgliedstaaten und insbesondere auch in Deutschland dafür, dass die nationalen Binnendiskussionen durch den Umsetzungszwang wesentlich stärker an den europäischen Diskurs und damit an das Postulat der Europakompatibilität´ angebunden wurden (vgl. Kommission der Europäischen Gemeinschaft 2005, 40 f.).

Zwar kann angesichts der aktuellen europapolitischen Debatte der Eindruck entstehen, die Entwicklung von nationalen Qualifikationsrahmen sei eine europäische Erfindung. Indes existiert eine große Zahl von OECD-Mitgliedstaaten (z.b. Australien, vgl. Keating 2003, Neuseeland, vgl. Mikuta 2002, Südafrika, vgl. Cosser 2001), die zum Teil bereits seit längerem über praktische Erfahrungen mit derartigen kompetenzbasierten Konzepten der Strukturierung von Qualifikationen verfügen (vgl. im Überblick Young 2003 und 2006).

Seit 2005 liegt zudem eine OECD-Studie (2005) vor, die eben diese sehr heterogenen Modelle in einer vergleichenden Untersuchung darstellen. Vor dem Hintergrund dieser Analyse resümieren Deane und Watters (2004, 43) die Ergebnisse wie folgt:

> „A conceptual framework may include a philosophical rationale underpinning the approach to qualifications, core principles and operating guidelines. ... A technical framework usually includes a classification of qualifications according to a set of criteria for levels of learning achieved. ... While all countries have a qualifications system and many have at least a conceptual qualifications framework, not all have developed technical frameworks."

Obwohl das europäische Modell im internationalen Vergleich zu den bestehenden und implementierten Qualifikationsrahmen relativ kompatibel ist – jedenfalls bezogen auf die Ziele wie learning-outcomes, Klassifizierungsmuster für Beschäftigungsfelder, Kriterien etc.) –, konstatiert Bohlinger (2007, 44), dass es sich hierbei zwar „um ein globales Phänomen handelt", dass dieses aber bisher „kaum wissenschaftlich diskutiert" werde und dass ferner in allen Staaten Widerstände unterschiedlichster Art bei den Versuchen der Implementation zu verzeichnen seien. Young (2004) weist in diesem Zusammenhang ebenfalls darauf hin, dass in allen von ihm analysierten Modellen politische, verwaltungstechnische und/oder inhaltlich bzw. bildungsbezogene Probleme in unterschiedlichem Umfang zu verzeichnen seien. Letztere resultierten, so etwa Bohlinger (2006, 50), nicht zuletzt auch aus „den unterschiedlichen Anforderungen, die sich aus pädagogischen Ansprüchen einerseits und der Frage nach der Zertifizierung und Standardisierung von Lernprozessen und ihren Ergebnissen" ergeben.

Gerade das im Auftrag der Kommission der Europäischen Gemeinschaften entwickelte Strukturraster des „EQR" erweist sich in der Rezeption der Mitgliedstaaten und insbesondere auch im Zuge der Umsetzung in nationale Qualifikationsrahmen (NQR) zunächst als „implizites Modell für Standards beruflicher Bildung" (Sloane 2007, 75). Damit gewinnt die EQR-Initiative der Europäischen Kommission eine doppelte Bedeutung, insofern hier zum formalen Zweck der

Erstellung eines Meta-Rasters zur Herstellung von Kompatibilität zugleich auch das „politische Programm der Annäherung nationaler Systeme im europäischen Kontext" formuliert wurde (Sloane 2007, 75).

Indes zeigt bereits ein oberflächlicher Blick auf die nationalstaatliche Vielfalt sehr deutlich, dass die Unterschiede der „curricularen Standards in verschiedenen Ländern beträchtlich" sind, und zwar nicht nur im Hinblick auf Qualifikationsstrukturen, sondern auch hinsichtlich der berufsfachlichen Orientierung, den erwartbaren Kompetenzen sowie „der Konzeptionen und Modelle zur Gestaltung der Ausbildungsprofile bzw. Angebotsstruktur der Aus- und Weiterbildung in den verschiedenen Ländern" (Frommberger 2006).

Die trotz dieser deutlichen konzeptionellen und (bildungs-)theoretischen Divergenzen erhebliche realpolitische „Durchschlagskraft" des europäischen Ansatzes dürfte dabei im wesentlichen mit zwei Ursachen zu erklären sein: Erstens steht der Ansatz in vollständiger politisch-programmatischer (europäische Integration) und inhaltlicher Kontinuität der Integrationspolitik der Europäischen Organe seit deren Abkehr von der Harmonisierungsdoktrin in den frühen 70er-Jahren. Und zweitens bildet der EQR nicht nur einen potenziellen „Meta-Rahmen" für nationale Bildungsabschlüsse, sondern er ist konzeptionell zugleich auch ein Metarahmen, der alle wesentlichen neueren Reformansätze der Kommission implizit oder explizit in sich vereinigt:

- Er basiert auf einem spezifisch definierten Kompetenzmodell, das sich, anders als von Hanf und Rein diagnostiziert (vgl. Hanf/Rein 2006, 2), erkennbar und elementar von dem bundesdeutschen Kompetenzmodell der beruflichen Handlungsorientierung unterscheidet (vgl. Sloane 2007, 72 der in diesem Zusammenhang eher „alltagssprachliche Ähnlichkeiten" attestiert).
- Als ein solches Kompetenzmodell erlaubt das Konzept nicht nur die Strukturierung von Kompetenzen (und damit auch deren modulare Zerlegung), sondern es erlaubt auch deren weitere Ausdifferenzierung bzw. Skalierung in (modularisierbare) Teilkompetenzen.
- Damit ist auch eine direkte Brücke zur Forderung nach übergreifenden (europäischen) und nationalen Bildungsstandards geschlagen, denn eine sinnvolle Strukturierung ist ohne klare Standards gar nicht möglich (vgl. etwa Frommberger 2004a).
- Ferner erzwingt das Konzept von Qualifikationsrahmen modulare Strukturen, ist an diese geradezu „gekoppelt" (Pilz 2006) und hängt systematisch eng mit den gängigen Ansätzen von „competence based approaches" zusammen (vgl. Frommberger 2004b und 2006, ebenso Deißinger/Hellwig 2005). Ohne ein modulares Konzept ist eine Zuschneidung nach benennba-

ren Kriterien und eine Niveau-Zuordnung mit benennbaren Dimensionen kaum möglich.

- Ein Qualifikationsrahmen ist – zumindest potenziell – als Instrument der Qualitätssicherung einsetzbar. Severing (2006) hat diesen Aspekt der Beziehung von Qualität bzw. Qualitätssicherung und europäischen Zertifizierungsstandards deutlich herausgearbeitet.

- Auch wenn das EQR-Konzept der Europäischen Kommission explizit auf Freiwilligkeit beruht und ausdrücklich nicht als Präjudizierung für die Ausgestaltung der nationalen Qualifikationsrahmen fungieren soll, eröffnen sich Perspektiven nicht nur für die Wahrnehmung ‚weicher' Monitoring- und benchmarking-Funktionen, wie sie etwa von der Kommission als „softer policy tools" (Leney 2004) beschrieben werden, sondern sie erlauben eben auch bildungs- und ordnungspolitisch höchst relevante und konkrete ‚harte' Steuerungsfunktionen von Bildungs- und Berufsbildungssystemen – zumindest legt das Gesamtinstrumentarium eine solche Anwendung ausgesprochen nahe.

- Der EQR erfordert ferner gerade durch diese Kompetenzorientierung eine output- und outcomeorientierte Steuerungslogik, welche ein theoretisch begründetes Kernstück des Kompetenzansatzes repräsentiert;

- Der EQR ist – wenn auch in vermittelter Art und Weise – aufgrund all dieser vorgenannten Eigenschaften und Potenziale ein mögliches Modell zur Definition von Standards in der beruflichen Bildung. Sloane (2006, 76) verweist in diesem Zusammenhang auf die Umsetzung des Kuratoriums der Deutschen Wirtschaft (2005): Mit diesem Konzept sei durch die „Fokussierung auf Handlungssituationen und die Skalierung dieser Situationen" indirekt ein „Regelwerk zur Entwicklung von Lernsituationen" vorgelegt worden.

- Schließlich bietet der EQR auch einen sachlich-funktionalen sowie einen theoretisch begründbaren Anschluss an das europäische Leistungspunktesystem ECVET, weil dieses überhaupt erst auf der Basis eines gemeinsamen Rasters bzw. eines „Meta-Rahmens" formuliert werden kann.

- Und zuletzt, aber dennoch von ganz besonderer Bedeutung: Qualifikationsrahmen dienen überall dort, wo sie eingesetzt bzw. implementiert wurden, ganz zentral dem Ziel der Verwirklichung von Strategien des lebenslangen Lernens (vgl. Young 2002 sowie Europäische Kommission 2005), auch deshalb, weil an diese zentrale Strategie erheblich Hoffnungen geknüpft werden, ökonomische und soziale Krisensymptome der Gesellschaft wirksam bekämpfen zu können (vgl. OECD 2005).

Insgesamt bündelt der EQR als funktionales Konzept – jedoch keinesfalls als bildungstheoretisch auch nur einigermaßen befriedigend begründeter Ansatz – einen sehr großen Teil der zentralen Kernfragen und Probleme der Reformen zur Modernisierung von Bildungssystemen. Der EQR übernimmt dadurch eine „Rahmungsfunktion" im doppelten Sinn des Wortes, insofern er einerseits einen Rahmen im Sinne einer technischen Strukturierungshilfe von Qualifikationsmustern anbietet (sozusagen als „technical framework"), und insofern er andererseits aufgrund seines umfassenden und sehr viele unterschiedlichen Dimensionen beruflicher Bildung erfassenden Charakters auch als eine Art „Meta-Rahmen" für die gesamte Reform- und Modernisierungsdiskussion genutzt werden kann – und zwar einschließlich der Steuerungslogiken und -funktionen von Bildungssystemen (vgl. etwa Bohlinger 2008).

Die Tatsache, dass der EQR auch als sozusagen übergeordnetes Rahmenprogramm der europäischen Reformansätze in der Berufsbildung gelesen werden kann, ist vermutlich eine zentrale Ursache für den Umsetzungserfolg des EQR in den Nationalstaaten. Zwar verläuft der Umsetzungsprozess beispielsweise in der Bundesrepublik Deutschland bei weitem nicht reibungslos, aber der Hauptausschuss des BIBB hat erst im Dezember 2009 den Umsetzungswillen bekräftigt – freilich nicht ohne eine umfassende Liste von Monita, die sich allerdings stärker auf den Bereich der Allgemeinbildung bezogen (vgl. BIBB, Pressemitteilung Dezember 2009).

Hierzulande haben diese europäischen Ansätze – vermittelt durch die Diskussion um Bildungsstandards, Kompetenz- und Outcome-Orientierung, Handlungskompetenz sowie letztlich auch durch die Lernfelddiskussion – im disziplinären Forschungsstand der Berufs- und Wirtschaftspädagogik einen dominierenden Stellenwert erhalten. Im Sinne einer nicht nur europäisierten, sondern sogar internationalisierten Strategie zur Modernisierung der Bildungs- und Berufsbildungssysteme gilt dies cum grano salis ebenfalls für die meisten europäischen Mitgliedstaaten und darüber hinaus auch für den gesamten Bereich der internationalen Forschung in den OECD-Ländern.

Allerdings hängt der weitere Verlauf der „Erfolgsgeschichte" internationaler Konzepte von „Qualifications-Frameworks" ganz wesentlich davon ab, ob es gelingt, in den jeweiligen nationalstaatlichen Umsetzungen, d.h. in den „NQR´s" den inhaltlichen und konzeptionellen Anschluss an die jeweils sehr spezifischen bildungstheoretischen Grundaxiome der Systeme sowie an die ebenfalls jeweils sehr spezifischen Qualifizierungsmuster und Strukturen der Beschäftigungssysteme (einschließlich deren Organisationsform und Qualifikationsbedarfsstrukturen, und zwar in Deutschland insbesondere: an das Berufskonzept, vgl. Kremer 2006, 8 f.) herzustellen. Insofern ist die europäische Vorgabe, die konkrete Ausgestaltung der NQR´s der bildungspolitischen Souveränität der Mitgliedstaaten zu überlassen, eine conditio sine qua non für die Umsetzung.

## 4 Die europäische Herausforderung: Systemgrenzen, Chancen und Perspektiven für das bundesdeutsche Berufsbildungssystem

Zunächst bleibt resümierend festzuhalten: An Europa führt kein Weg vorbei. Der europäische Integrationsprozess und insbesondere der europäische Reformprozess auf dem Gebiet der beruflichen Bildung ist inzwischen so weit vorangeschritten, dass die eingangs entfaltete und die Debatte polarisierende Gretchenfrage nach der Europäisierung der bundesdeutschen Berufsbildung sich in dieser Form nicht (mehr) stellen kann. Gerade die in den 90er-Jahren heftigst geführten Kontroversen zur Modularisierung und ihren vermeintlich fatalen Folgen für das deutsche Modell belegen deutlich, dass das Denken in den bipolaren Kategorien von Sieg oder Untergang des deutschen Systems nicht zielführend sein kann. Dies ist einerseits der Tatsache geschuldet, dass dieses bundesdeutsche Modell auch nicht in jeder Hinsicht vorbildlich funktioniert, sondern durchaus in vielen Bereichen und Ebenen strukturelle Probleme aufweist. Zu diesen „Problemzonen" zählt nicht nur das so genannte „Übergangssystem" (vgl. Münk 2009), das auf ganz offenkundige Dysfunktionalitäten und Strukturbrüche im System verweist, dazu zählt auch das duale System, dessen Bedeutung zumindest unter quantitativen Aspekten zurückgeht und welches außer den vorstehend genannten Problemen noch weitere Schwierigkeiten zu bewältigen hat – unter anderem auch den Wandel zu einer „Wissensgesellschaft". Dass es seit der bildungspolitischen Reformära in den 60er- und 70er-Jahren nicht gelungen ist, die zentralen bildungspolitischen Ziele (Chancengleichheit, Durchlässigkeit, Gleichwertigkeit von Berufsbildung und Allgemeinbildung) auch nur annähernd durchzusetzen, ist sicherlich nicht den strukturellen Bedingungen des Berufsbildungssystems allein anzulasten; aber die beruflichen Bildungsgänge konnten an dieser von der OECD attestierten strukturellen Schieflage, die durch die hohe soziale Selektivität des Bildungssystems mit verursacht wurde (PISA lässt grüßen) eben auch nichts wesentliches ändern. Zudem ist der Reform- und Modernisierungsbedarf des Bildungs- insbesondere aber auch des Berufsbildungssystems weithin unbestritten, was sich deutlich an der inzwischen unübersehbaren Zahl von Publikationen ablesen lässt, in denen Begriffe wie „Modernisierung", „Reform" und „Krise" enthalten sind.

Andererseits zeigt die politische Entwicklung des Integrationsprozesses, dass die kategorische Ablehnung des „europäischen Arguments" auf Dauer wirkungslos bleibt – der aktuelle Stand der Umsetzung des DQR beispielsweise belegt, dass der Prozess zwar insgesamt von erheblichen Schwierigkeiten begleitet ist, der aktuelle Stand belegt aber auch, dass zwischenzeitlich weitgehende Schritte eingeleitet worden sind (vgl. Pressemitteilung BIBB 2009).

Blickt man auf den vermeintlichen Kern der bundesdeutschen Berufsbildung, nämlich die Facharbeiterqualifikation und damit auf das duale System, spricht nur wenig dagegen, dass der weiter oben dargestellte Befund Fürstenbergs von der historisch erwiesenen Reformfähigkeit des dualen Systems auch für die Zukunft Geltung behalten dürfte – wenn auch unter anderen Vorzeichen. Anzeichen für die Belastbarkeit dieser These finden sich inzwischen in vielen, zuweilen auch unvermuteten Diskussionskontexten. So ist etwa darauf zu verweisen, dass das u.a. von Rauner und Spöttl erarbeitete Konzept von „europäischen Kernberufen" als „Perspektive für eine europäisierte Berufsbildung" von der erwähnten polarisierten Debatte zur Europäisierung Abstand sucht und die Debatte gleichsam systemimmanent, d.h. im Rahmen der europapolitischen Diskussion weiter verfolgt – und dabei zu umsetzbaren Ergebnissen gelangt, ohne dass das Berufsprinzip zu Grabe getragen werden müsste.

Auch die offeneren – und zugegebenermaßen umstrittenen – Gestaltungsansätze mit expliziter Modularisierungsoption, wie sie seit 2006 vor allem von Euler und Severing vorgelegt wurden (s.o.), belegen, dass europäisch inspirierte Reformen möglich sind, ohne dass gleich die Systemfrage gestellt werden müsste. Dies hängt vermutlich in hohem Maße damit zusammen, dass im Berufsbildungssystem aktuell und teilweise schon seit längerer Zeit Elemente enthalten sind, die eine gleichsam europäische Anmutung haben. Erwähnt seien in diesem Zusammenhang pars pro toto Instrumente wie die Qualifizierungs- und Ausbildungsbausteine, erwähnt sei das Instrument der „Externenprüfung", die nichts anderes als eine kompetenz- und outcomeorientierte Prüfungsform ist.

Erwähnt sei schließlich auch die Modularisierung, die inzwischen im Bereich des Übergangssystems durchaus mit Erfolg – wenn auch nicht flächendeckend – eingesetzt wird (vgl. Münk 2009). Gerade im Übergangssystem mit seiner im Durchschnitt deutlich weniger leistungsfähigen Klientel könnte eine Modularisierung in kleinteiligere Leistungsabschnitte und eine gestreckte Dauer der Ausbildungsphase – verbunden mit einer entsprechenden Möglichkeit zur „Kreditierung" dieser Teilqualifikationen durch ECVET – die Chance eröffnen, auch das untere Drittel der in diesem Segment beschulten Jugendlichen in qualifizierte Ausbildungsverhältnisse zu bringen. Gerade in diesem Bereich wäre zudem auch über den Kompetenzansatz und die Outcomeorientierung die Anerkennung informeller Kompetenzen wesentlich erleichtert (vgl. Geldermann/Seidel/Severing 2009); allerdings müssen hierfür noch die notwendigen Rahmenbedingungen angepasst und die Verfahren zur Kompetenzfeststellung deutlich weiter entwickelt werden (vgl. hierzu Münk/Weiß 2010).

Zu verweisen ist in diesem Zusammenhang ferner auf die zahlreichen Öffnungsoptionen, welche die Reform des BBiG aus dem Jahre 2005 anbieten und die sich in Teilen auch auf das Schulberufssystem beziehen (vgl. hierzu den Beitrag von Dobischat im vorliegenden Band); dass von diesen Öffnungsmöglichkeiten eher zögerlich Gebrauch gemacht wird, wie der Berufsbildungsbericht des Jahres 2008 ausweist, zeugt dabei nur von der Beharrungskraft bestehender institutioneller Strukturen sowie von den offenbar nach wie vor funktionierenden standespolitischen Interessenvertretungen im System.

Bezogen auf die europäische Kompetenzdebatte schließlich ist darauf zu verweisen, dass wir in der bundesdeutschen Berufsbildung bereits seit langem über die Zielkategorie der handlungsorientierten Berufsausbildung verfügen, seit 2005 ist dies sogar in §1, Abs. 3 des BBiG fixiert.[47]

Und, letztens und bezogen auf den Metarahmen EQF, kann dieser als systemübergreifender europäischer „technical framework" erstens durch die Orientierung beruflicher Zertifikate in den Mitgliedstaaten die Transparenz beruflicher Bildungsabschlüsse verbessern, zweitens kann er – zusammen mit dem C-QUAF-Prozess – dazu beitragen, die Ausbildungsqualität zu sichern und drittens schließlich bietet er die Chance, durch die Ausdifferenzierung beruflicher Bildungsangebote – nicht nur, aber vor allem im Übergangssystem – das Angebotsspektrum aktiv zu gestalten und damit für die betroffenen Jugendlichen produktiv zu machen (vgl. Clement/Le Mouillour/Walter 2006).

Aus dieser Perspektive betrachtet, sind die Ansätze der Europäischen Union auf dem Gebiet der Berufsbildungspolitik eine echte Chance für die Flexibilisierung und damit auch für die Modernisierung des bundesdeutschen Berufsbildungssystems – und zwar explizit inklusive der im Rahmen des dualen Systems angebotenen Ausbildungsberufe. Allerdings ist die Umsetzung dieser Chance nicht voraussetzungslos: Die erste Grundbedingung ist eine flexible und klug umgesetzte Adaption der europäischen Ansätze an die bundesdeutschen Rahmenbedingungen – und zwar, ohne deren Systemgrenzen im ordnungspolitischen Sinne zu überschreiten. Und die zweite Voraussetzung ist eine konsequente Entideologisierung der wissenschaftlichen, der öffentlichen und der Diskussion zwischen den Sozialpartnern und sonstigen Akteuren. Denn die einleitend dargestellte Debatte über die „Europäisierung der bundesdeutschen Berufsbildung" muss nicht zwangsläufig als Untergangs- und Bedrohungsszenario geführt werden, sondern sie kann – die Berücksichtigung des Facettenreichtums und das Ziel der ‚Systemerhaltung' im Grundsatz vorausgesetzt – eine beträchtliche Menge

---

[47] Hier heißt es: „Die Berufsausbildung hat die für die Ausübung einer qualifizierten beruflichen Tätigkeit in einer sich wandelnden Arbeitswelt notwendigen beruflichen Fertigkeiten, Kenntnisse und Fähigkeiten (berufliche Handlungsfähigkeit) in einem geordneten Ausbildungsgang zu vermitteln".

der von der Wissenschaft zahlreich attestierten Krisensymptome des bundesdeutschen Berufsbildungssystems beseitigen.

## Literatur

Amtsblatt der Europäischen Union (30.12.2006): Empfehlung des Europäischen Parlaments und des Rates 18. Dezember 2006 zu Schlüsselkompetenzen für lebensbegleitendes Lernen. (2006/962/EG) L 394/10 DE.

Autorengruppe Bildungsberichterstattung im Auftrag der Ständigen Konferenz der Kultusminister der Länder in der Bundesrepublik Deutschland und des Bundesministeriums für Bildung und Forschung (Hrsg.) (2008): Bildung in Deutschland 2008. Ein indikatorengestützter Bericht mit einer Analyse zu Übergängen im Anschluss an den Sekundarbereich I. Bielefeld.

Bader, R. (2000): Konstruieren von Lernfeldern – eine Handreichung für Rahmenlehrplanausschüsse und Bildungsgangkonferenzen in technischen Berufsfeldern. In: Bader, R.; Sloane, P. (Hrsg.): Lernen in Lernfeldern. Theoretische Analysen und Gestaltungsansätze im Lernfeldkonzept. Beiträge aus den Modellversuchsverbünden NELE&SELUBA. Markt Schwaben. S. 39-65.

Baethge, M. (2001): Beruf – Ende oder Transformation eines erfolgreichen Ausbildungskonzepts? In: Kurtz , T. (Hrsg.): Aspekte des Berufs in der Moderne. Opladen. S. 39-68.

Baethge; M. (2006): Das deutsche Bildungs-Schisma: welche Probleme ein vorindustrielles Bildungssystem in einer nachindustriellen Gesellschaft hat. In: SOFI-Mitteilungen Nr. 34, S. 13-29.

Baethge, M. (2007): Das deutsche Bildungs-Schisma. Welche Probleme ein vorindustrielles Bildungssystem in einer nachindustriellen Gesellschaft hat. In: Wirtschaft und Erziehung, 59, H. 1, S. 3-11.

BIBB (2009): Pressemitteilung 45/2009 vom 22.12.2009: BIBB-Hauptausschuss verabschiedet Stellungnahme zum Entwurf eines Deutschen Qualifikationsrahmens. Bonn.

Bohlinger, S. (2006): Lernergebnisorientierung als Ziel beruflicher Qualifizierung? Absehbare und nicht absehbare Folgen der Einführung des Europäischen Qualifikationsrahmens. In: bwpat Nr. 11 2006); (http/bwpat.de/ausgabe 11).

Bohlinger, S. (2007): Steuerung beruflicher Bildung durch Qualifikationsrahmen: Anmerkungen zu ihren Zielen, Aufgaben und den Schwierigkeiten ihrer Einführung. In: Zeitschrift für Berufs- und Wirtschaftspädagogik, 23 Jg. Nr. 1, S. 41-59.

Bohlinger, S. (2008): Kompetenzentwicklung für Europa. Bielefeld.

Bohlinger, S.; Münk, D. (2008): Konvergenz oder Divergenz als Folge europäischer Integrationsbestrebungen? Zum Forschungsstand des Qualitätsbegriffs in der beruflichen Bildung im Kontext des CQAF. In: Münk, D.; Weiß, R. (Hrsg.): Qualität in der beruflichen Bildung. Schriftenreihe zur Berufsbildungsforschung der Arbeitsgemeinschaft Berufsbildungsforschungsnetzwerk (AGBFN) Band 6. Bielefeld. S. 18-35

Bosch, G. (2009): Herausforderungen für das deutsche Berufsbildungssystem. In: Zimmer, G; Dehnbostel, P. (2009). Bielefeld. S. 47-68

Bosch, G.; Weinkopf, C.; Kalina, Th. (2009): Mindestlöhne in Deutschland Expertise im Auftrag der Friedrich-Ebert-Stiftung (WISO-Diskurs: Expertisen und Dokumentationen zur Wirtschafts- und Sozialpolitik Bonn. Friedrich-Ebert-Stiftung.

Clement, U.; Le Mouillour, I.; Walter, M. (Hrsg.) (2006): Standardisierung und Zertifizierung beruflicher Qualifikationen in Europa. Bielefeld.

Commission of the European Communities (2005): Commission staff working document. Towards a European Qualification Framework for Lifelong Learning (SEC 2005, 957). Brussels.

Cosser, M. (2001): The implementation of the national Qualifications Framework and the transformation of education and training in South-Africa: a critique. In: Kraak, A.; Young, M. (eds.): Education in Retrospect. Policy and implementation since 1990. Pretoria. pp. 85-120.

Deane, C.; Watters, E. (2004): Towards 2010 – Common themes and approaches across Higher Education and Vocational Education and Training in Europe. Dublin.

Deißinger, T. (1994): The Evolution of the Modern Vocational Training Systems in England and Germany: A Comparative View. In: Compare. A Journal of Comparative Education, Vol. 24, No. 1, S. 17-36.

Deißinger, T. (1998): Beruflichkeit als „organisierendes Prinzip" der deutschen Berufsausbildung. Markt Schwaben.

Deißinger, T.; Hellwig, S. (2005): Structures and Functions of Competence Based Education and Training (CBET). A Comparative Perspective. Mannheim.

Deißinger, T. (2009): Berufliche Vollzeitschulen in Deutschland – eine kritische Perspektive im Kontext europäischer Gestaltungsnormen für die Berufsbildungspolitik. In: Diettrich, A.; Frommberger, D.; Klusmeyer, J. (Hrsg.): Akzentsetzungen in der Berufs- und Wirtschaftspädagogik. Holger Reinisch wird 60 und Wegbegleiter schreiben zu seinen Themen. Online erschienen in: Bwpat 2009 (ISSN 1618-8543).

Descy, P.; Tessaring, M. (2005): The Value of Learning. Evaluation and Impact of education and training. Third report on vocational training research in Europe. Synthesis report. Luxemburg.

Dobischat, R.; Milolaza, A.; Stender, A. (2009): Vollzeitschulische Berufsausbildung – eine gleichwertige Alternative zur dualen Ausbildung? Zimmer, G.; Dehnbostel, P. (Hrsg.): Berufsausbildung in der Entwicklung – Positionen und Leitlinien. Duales System – schulische Ausbildung – Übergangssystem – Modularisierung – Europäisierung. Bielefeld. S. 127-152.

Drexel, I. (2005): Das Duale System und Europa. Ein Gutachten im Auftrag von VER.DI und IG-Metall. Frankfurt.

Drexel, I. (2006): Europäische Berufsbildungspolitik: Deregulierung, neoliberale Regulierung und die Folgen – für Alternativen zu EQR und ECVET. In: Grollmann, P.; Spöttl, G.; Rauner, F. (Hrsg.) (2006): Europäisierung beruflicher Bildung – eine Gestaltungsaufgabe. Hamburg. S. 13-35.

Eckert, M.; Zöller, A. (Hrsg.) (2006): Der europäische Berufsbildungsraum – Beiträge der Berufsbildungsforschung. 6. Forum der Arbeitsgemeinschaft Berufsbildungsforschungsnetz (AG BFN) vom 19.-20. September an der Universität Erfurt. Bonn.

Euler, D.; Severing, E. (2006): Flexible Ausbildungswege in der Berufsbildung. Bielefeld.

Euler, D. (2009): Flexible Ausbildungswege in der dualen Berufsausbildung. In: Zimmer, G.; Dehnbostel, P. (Hrsg.): Berufsausbildung in der Entwicklung – Positionen und Leitlinien. Duales System – schulische Ausbildung – Übergangssystem – Modularisierung – Europäisierung. Bielefeld. S. 87-98.

Europäische Kommission (1991): Memorandum der Kommission über die Berufsausbildungspolitik der Gemeinschaft für die 90er Jahre (KOM 91 397 endg.). Luxemburg.

Europäische Kommission (Hrsg.) (1993): Wachstum, Wettbewerbsfähigkeit und Beschäftigung. Weißbuch. Brüssel.

Europäische Kommission (Hrsg.) (1995): Weißbuch zur allgemeinen und beruflichen Bildung. Lehren und Lernen. Auf dem Weg zur kognitiven Gesellschaft. Luxemburg.

Europäische Kommission, Generaldirektion Bildung und Kultur (2004): Kommuniqué von Maastricht zu den künftigen Prioritäten der verstärkten europäischen Zusammenarbeit in der Berufsbildung (Fortschreibung der Kopenhagener Erklärung vom 30. November 2002). Maastricht.

Flora, P. (1974): Modernisierungsforschung. Opladen.

Frommberger, D. (2004a): Zur Formierung nationaler Ausbildungsstandards im europäischen Vergleich (Jenaer Arbeiten zur Wirtschaftspädagogik, Reihe A, H. 25). Jena

Frommberger, D. (2004b): Zauberformel „competence-based-approach"? – Ein Beitrag zur Einordnung einer internationalen Strategie der Modernisierung der Berufsausbildung aus der Sicht der Berufs- und Wirtschaftspädagogik. In: Zeitschrift für Berufs- und Wirtschaftspädagogik, Bd. 100, (3), S. 413-423.

Frommberger, D. (2006): Merkmale und Funktionen von „Bildungsstandards" in der Berufsbildung: Eine Analyse der Tradition und Entwicklung in ausgewählten europäischen Ländern und in der Europäischen Berufsbildungspolitik. In: Bank, V.; Fischer, A. (Hrsg.): Journal für Sozialwissenschaften und ihre Didaktik, Heft 3-2006.

Foray, D.; Lundvall, B. (1996): The knowledge-based economy: From the economics of knowledge to the learning economy. In: OECD (Hrsg.): Unemployment and growth in the knowledge-based economy. Paris. S. 11-34.

Fürstenberg, F.: Berufsgesellschaft in der Krise? Auslaufmodell oder Zukunftspotential? Berlin.

Geldermann, B.; Seidel, S.; Severing, E. (Hrsg.) (2009): Rahmenbedingungen zur Anerkennung informell erworbener Kompetenzen. Bielefeld.

Greinert, W.-D. (1999): Berufsqualifizierung und dritte Industrielle Revolution. Eine historisch-vergleichende Studie zur Entwicklung der klassischen Ausbildungssysteme. (Studien zur Vergleichenden Berufspädagogik, Bd. 15). Baden-Baden.

Greinert, W.-D.(1999): Berufsqualifizierung und industrielle Revolution. Baden-Baden.

Greinert, W.-D. et al. (2004): Towards a history of vocational education and training (VET) in Europe in a comparative perspective. Proceedings of the first international conference, October 2002, Florence. 1. The rise of national VET systems in a comparative perspective. Luxembourg.

Grollmann, P.; Spöttl, G.; Rauner, F. (Hrsg.) (2006): Europäisierung beruflicher Bildung – eine Gestaltungsaufgabe. Hamburg.

Harris, R. (2001): Training Reform in Australia – Implications of a Shift from a Supply to a Demand-driven VET System. In: Deißinger, T. (Hrsg.): Berufliche Bildung zwischen nationaler Tradition und globaler Entwicklung. Beiträge zur vergleichenden Berufsbildungsforschung. Baden-Baden. S. 231-254.

Hamm, B. (1996): Struktur moderner Gesellschaften. Opladen.

Hanf, G. (1998): Das deutsche System der Berufsbildung auf dem Wege seiner Europäisierung. In: Schütte, F.; Uhe, E. (Hrsg.): Die Modernität des Unmodernen. Berlin. S. 147-163.

Hanf, G.; Rein, V. (2006): Nationaler Qualifikationsrahmen – Eine Quadratur des Kreises? Herausforderungen und Fragestellungen im Spannungsfeld von Politik, Berufsbildung und Wissenschaft. In: bwp@, Nr. 11. Hamburg.

Hartwich, H.-H. (1998): Die Europäisierung des deutschen Wirtschaftssystems. Alte Fundamente, neue Realitäten, Zukunftsperspektiven. Opladen.

Heinz, W. R. (1995): Arbeit, Beruf und Lebenslauf. Eine Einführung in die berufliche Sozialisation. München.

Hayward, G. (2004): Vocationalism and the Decline of Vocational Learning in England. In: bwp@at Berufs- und Wirtschaftspädagogik – online, No. 7. Online: http://www.bwpat.de/7eu/hayward_uk_bwpat7.pdf.

Hradil, S.; Immerfall, S. (1997): Modernisierung und Vielfalt in Europa. In: Hradil, S.; Immerfall, S. (Hrsg.): Die westeuropäischen Gesellschaften im Vergleich. Opladen. S. 11-27

Immerfall, S. (1995): Einführung in den europäischen Gesellschaftsvergleich. Ansätze, Problemstellungen, Befunde. Passau.

Kaelble, H. (1987): Auf dem Weg zu einer europäischen Gesellschaft. München.

Keating, J. (2003): Qualifications frameworks in Australia. In: Journal of Education Work, 16, 2003, pp. 271-288.

Kern, H.; Sabel, C. (1994): Verblasste Tugenden. Zur Krise des Deutschen Produktionsmodells. In: Beckenbach, N,; Treeck, W. van (Hrsg.). Umbrüche gesellschaftlicher Arbeit. In: Soziale Welt, Sonderband 9. Göttingen. S. 605-625.

Klieme, E.; Avenarius, H.; Döbrich, P. u.a. (2003): Zur Entwicklung nationaler Bildungsstandards. Eine Expertise. Berlin. (Hrsg. vom BMBF in der Reihe: Bildungsforschung Band 1); (see: http://www.bmbf.de/pub/zur_Entwicklung_nationaler_Bildungsstandards.pdf).

Koch, R. (1998): Harmonisierung oder Wettbewerb der Berufsbildungssysteme? Integrationskonzepte der Europäischen Gemeinschaft in der beruflichen Bildung. In: Zeitschrift für Berufs- und Wirtschaftspädagogik 95, 4, S. 505-518.

Kommission der Europäischen Gemeinschaft (2005): Auf dem Weg zu einem Europäischen Qualifikationsrahmen für Lebenslanges Lernen. Brüssel.

Konsortium Bildungsberichterstattung im Auftrag der Ständigen Konferenz der Kultusminister der Länder in der Bundesrepublik Deutschland und des Bundesministeriums für Bildung und Forschung (Hrsg.) (2006): Bildung in Deutschland. Ein indikatorengestützter Bericht mit einer Analyse zu Bildung und Migration". Bielefeld.

Kremer, H. (2006): Vom EQF zum NQF – Festhalten am alten Spielsystem in der beruflichen Bildung? In: bwp@at, Ausgabe Nr. 11/November 2006, S.1-11.

Kuratorium der Deutschen Wirtschaft für Berufsbildung (2005): Berufliche Bildung für Europa. Europäischer Qualifikationsrahmen (EQF) und Leistungspunktesystem (ECVET) (unv. Manuskript).

Kraus, K. (2006): Vom Beruf zur Employability? Zur Theorie einer Pädagogik des Erwerbs. Wiesbaden.

Lipsmeier, A.; Münk, D. (1994): Die Berufsausbildungspolitik der Gemeinschaft für die 90er Jahre. Analyse der Stellungnahmen der EU-Mitgliedstaaten zum Memorandum der Kommission – Ein Gutachten (hrsg. vom Bundesministerium für Bildung und Wissenschaft). Bonn.

Leney, T. et al. (2004): Achieving the Lisbon goal: The contribution of VET. Final Report for the European Commission. London.

Lutz, B. (2003): Employability – Wortblase oder neue Herausforderung für die Berufsausbildung? In: Clement, U.; Lipsmeier, A. (Hrsg.): Berufsbildung zwischen Struktur und Innovation. Zeitschrift für Berufs- und Wirtschaftspädagogik, Beih. 17, 2003, S. 29-38.

Meyer, R. (2006): Bildungsstandards im Berufsbildungssystem – Ihre Relevanz für das berufliche Lernen zwischen Anspruch und Wirklichkeit. In: Zeitschrift für Berufs- und Wirtschaftspädagogik, 102, (1), 2006, S. 49-63.

Mikuta, J. (2002): The educational qualifications Framework of New Zealand. 1990-1996. Oxford.

Münk, D. (1995): Kein Grund zur Eu(ro)phorie – Anmerkungen zu zentralen bildungspolitischen Kontroversen des «Memorandums der Kommission über die Berufsbildungspolitik der Gemeinschaft für die 90er Jahre». In: Zeitschrift für Berufs- und Wirtschaftspädagogik, 91, Heft 1, 1995, S. 28-45.

Münk, D. (1997): Deutsche Berufsbildung im europäischen Kontext: Nationalstaatliche Steuerungskompetenzen in der Berufsbildungspolitik und die deregulierende Sogwirkung des europäischen Integrationsprozesses. In: Krüger, H.-H.; Olbertz, J.-H. (Hrsg.): Bildung zwischen Staat und Markt. Opladen. S. 91-108.

Münk, D. (2002): Beruf und Kompetenz. In: Clement, U.; Arnold, R.. (Hrsg.): Kompetenzentwicklung in der beruflichen Bildung. Opladen. S. 203-228.

Münk, D. (2005): Europäische Bildungsräume – Deutsche Bildungsträume? In: „Berufsbildung." Zeitschrift für Praxis und Theorie in Betrieb und Schule. Nr. 96, Dezember 2005, 59. Jahrgang, S. 2-6.

Münk, D. (2008): Berufliche Bildung im Labyrinth des pädagogischen Zwischenraums: Von Eingängen, Ausgängen, Abgängen – und von Übergängen, die keine sind. In: Münk, D.; Schmidt, C; Rützel, J. (Hrsg.): Labyrinth Übergangssystem. Forschungserträge und Entwicklungsperspektiven der Benachteiligtenförderung zwischen Schule, Ausbildung, Arbeit und Beruf. Bonn. S. 31-52.

Münk, D.; Weiß, R. (Hrsg.) (2008): Qualität in der beruflichen Bildung. Schriftenreihe zur Berufsbildungsforschung der Arbeitsgemeinschaft Berufsbildungsforschungsnetzwerk (AGBFN) Band 6. Bielefeld. S. 18-35.

Münk, D.; Weiß, R. (Hrsg.) (2010): „Kompetenzermittlung für die Berufsbildung". AG BFN-Veröffentlichung. Band 8. Bielefeld.

OECD (2005): The role of national Qualifications Systems in promoting lifelong learning. First draft. Paris.

OECD (2007): Education at a Glance. Paris.

Pätzold, G. (2004): Lernfeldcurricula und Lernfeldsituationen – Entwicklung und Erprobung. In: Rauner, F. (Hrsg.): Qualifikationsforschung und Curriculum. Analysieren und Gestalten beruflicher Arbeit und Bildung. Bielefeld. S. 99-114.

Pilz, M. (2006): Bildungsstandards für die Berufsbildung aus europäischer Perspektive am Beispiel Großbritannien: Darstellung, Einordnung und Konsequenzen für die deutsche Debatte. In: Journal für Sozialwissenschaften und ihre Didaktik. Nr. 3/2006.

Pilz, M. (2009): Einführung: Modularisierung, ein facettenreiches Konstrukt als Heilsbringer oder Teufelszeug. In: Pilz, M, (Hrsg.) (2009): Modularisierungsansätze in der Berufsbildung. Deutschland, Österreich, Schweiz sowie Großbritannien im Vergleich. Bielefeld, S. 7-21.

Pilz, M. (Hrsg.) (2009): Modularisierungsansätze in der Berufsbildung. Deutschland, Österreich, Schweiz sowie Großbritannien im Vergleich. Bielefeld.

Rauner, F. (Hrsg.) (2004): Qualifikationsforschung und Curriculum. Analysieren und Gestalten beruflicher Arbeit und Bildung. Bielefeld.

Rauner, F. (2006): Berufliche Bildung – die europäische Perspektive. In: Grollmann, P.; Spöttl, G.; Rauner, F. (Hrsg.): Europäisierung Berufliche Bildung – eine Gestaltungsaufgabe. Hamburg. S. 127-156.

Rauner, F.; Grollmann, P.; Spöttl. G. (2006): Den Kopenhagen-Prozess vom Kopf auf die Füße stellen. In: Grollmann, P.; Spöttl, G.; Rauner, F. (Hrsg.): Europäisierung Berufliche Bildung – eine Gestaltungsaufgabe. Hamburg. S. 321-332.

Rokkan, S. (1977): Vergleichende Sozialwissenschaft. Frankfurt.

Rychen, D. S.; Salganik, L. (ed. on behalf of the OECD) (2001): Defining and Selecting Key Competencies:Theoretical and Conceptual Foundations. Paris.

Schäfers, B. (1999): Komparative und nicht-komparative Ansätze zur Analyse der Europäisierung der Sozialstrukturen. Veröffentlichungen der Abteilung Sozialstruktur und Sozialberichterstattung des Forschungsschwerpunktes Sozialer Wandel, Institutionen und Vermittlungsprozesse des Wissenschaftszentrums Berlin für Sozialforschung FS III 99-407. Berlin.

Severing, E. (2006): Europäische Zertifizierungsstandards in der Berufsbildung. In: Zeitschrift für Berufs- und Wirtschaftspädagogik, 1, 2006, S. 15-29.

Schmoch, U.; Rammer Chr.; Legler, H. (2006): National Systems of Innovation in Comparison. Structure and Performance Indicators for Knowledge Societies. Amsterdam.

Schumann, M.; Baethge-Kinsky, V. u.a. (1994): Trendreport Rationalisierung – Automobilindustrie, Werkzeugmaschinenbau, Chemische Industrie. Berlin 1994

Schütte, F.; Uhe, E. (Hrsg.) (1998): Die Modernität des Unmodernen. Berlin.

Sloane, F. E. (2007): Bildungsstandards in der beruflichen Bildung. Wirkungssteuerung beruflicher Bildung. Paderborn.

Spöttl, G.: Europäische Kernberufe – nach wie vor eine Perspektive für eine europäisierte Berufsbildung? In: Grollmann, P.; Spöttl, G.; Rauner, F. (Hrsg.): Europäisierung Berufliche Bildung – eine Gestaltungsaufgabe. Hamburg. S. 157-172

Tessaring, M.; Wannan, J. (2004): Berufsbildung – der Schlüssel zur Zukunft. Synthesebericht des CEDEFOP zur Maastricht-Studie. Luxemburg.

Weinert, F. E. (1999): Concepts of competence: A conceptual clarification (Contribution within the OECD project Definition and selection of competencies (DeSeCo): Theoretical and conceptual foundations. Neuchatel: DeSeCo.

Weinert, F. E. (Hrsg.) (2001): Leistungsmessungen in Schulen. Weinheim.

Winch, C.; Hyland, T. (2007): A Guide to Vocational Education and Training. London.

Young, M. (2002): Contrasting approaches to the role of qualifications in the promotion of lifelong learning. In: Evans, K.; Hodkinson, P.; Unwin, L. (eds.): Working to learn: Transforming learning in the workplace. London. Pp. 44-62.

Young, M. (2003): National Qualifications Frameworks as a Global Phenomenon: A Comparative Perspective. In: Journal of Education and Work, 16, 2003, pp. 223-237.

Young, M. (2004): Towards a European Qualifications Framework: Some cautionary observations. (Paper presented at Strasbourg 30.9.-1.10.2004).

Young, M. (2006): Auf dem Weg zu einem europäischen Qualifikationsrahmen. In: Grollmann, P.; Spöttl, G.; Rauner, F. (Hrsg.): Europäisierung Beruflicher Bildung. Eine Gestaltungsaufgabe. Hamburg. S. 81-94.

Zabeck, J. (1999): Die Berufsbildungsidee im Zeitalter der Globalisierung der Märkte und des Shareholder Value. In: Hoffmann, D. (Hrsg.): Rekonstruktion und Revision des Bildungsbegriffs. Weinheim. S. 277-300.

Zapf, W. (1994): Modernisierung, Wohlfahrtsentwicklung und Transformation. Soziologische Aufsätze 1987 bis 1994. Berlin.

Zimmer, G.; Dehnbostel, P. (Hrsg.) (2009): Berufsausbildung in der Entwicklung – Positionen und Leitlinien. Duales System – schulische Ausbildung – Übergangssystem – Modularisierung – Europäisierung. Bielefeld.

# Die Entwicklung der Bildungsbeteiligung und des Ausbildungsmarktes im Ruhrgebiet

*Dirk Langer*

Mit dem Förderprogramm zur „Bekämpfung der Jugendarbeitslosigkeit" unterstützt die Alfried Krupp von Bohlen und Halbach-Stiftung seit 1998 innovative und vor allem praxisorientierte Projekte, die dazu beitragen, die Jugendarbeitslosigkeit zu vermeiden. Neben Qualifizierungs- und Beratungsprojekten für arbeitslose Jugendliche und Initiativen zur Bereitstellung zusätzlicher Ausbildungsplätze, lag das Augenmerk der Stiftung in den zurückliegenden Jahren vor allem auf der Prävention. In den Fördermittelpunkt rückten insbesondere Konzepte und Ideen, die Schüler und Absolventen der allgemeinbildenden Schulen darin unterstützten, einen direkten und reibungsarmen Übergang in den Beruf zu vollziehen. Den regionalen Handlungsrahmen bieten dafür die strukturellen Wandlungsprozesse auf dem Ausbildungs- und Arbeitsmarkt des Ruhrgebiets.

Der vorliegende Beitrag beleuchtet, anknüpfend an den Regionalbezug des Förderprogramms der Alfried Krupp von Bohlen und Halbach-Stiftung, die Ausgangslagen sowohl zum Abschluss der allgemeinbildenden Schule, als auch hinsichtlich der Arbeitsmarktintegration der Jugendlichen im Ruhrgebiet.[48] Vorangestellt wird ein Ausblick auf die demografische Entwicklung der Schulabsolventen[49] der allgemeinbildenden Schulen unter Rückgriff auf Prognosen des Schulministeriums. In einem zweiten Schritt werden die allgemeinbildenden Schulabschlüsse des Ruhrgebiets einem Vergleich mit dem Land Nordrhein-Westfalen und dem Bundesgebiet unterzogen, um im Anschluss eine differenzierte Betrachtung nach Kommunen und Kreisen innerhalb des Ruhrgebiets vorzunehmen. Diese Befunde werden in einem nächsten Schritt mit den Chancen und Möglichkeiten der Schulabgänger auf dem dualen Ausbildungsmarkt des Ruhrgebiets, als einem zentralen System der beruflichen Bildung – neben dem Übergangssystem, dem Schulberufssystem und dem Hochschulsystem – in Beziehung gebracht. Abschließend werden aus den Ergebnissen Handlungsempfehlungen für die Gestaltung von Verbesserungsinitiativen vor dem Übergang in die Berufswelt abgeleitet. Der im Folgenden verwendeten Datenbasis liegen keine

---

[48] Das Ruhrgebiet wird hier in den Grenzen des Regionalverbandes Ruhrgebiet (RVR) definiert. Hierzu gehören die 11 Kommunen Bochum, Bottrop, Dortmund, Duisburg, Essen, Gelsenkirchen, Hagen, Hamm, Herne, Mülheim an der Ruhr, Oberhausen und die vier Landkreise Ennepe-Ruhr, Recklinghausen, Unna sowie Wesel.

[49] Zur besseren Lesbarkeit wird im nachfolgenden Text das jeweils grammatikalisch richtige Geschlecht benutzt. Ohne gesonderte Hinweise sollen an allen anderen Textstellen sowohl Schülerinnen als auch Schüler angesprochen sein.

Eigenerhebungen zugrunde, sondern sie stützt sich auf die Auswertung veröffentlichter Sekundärdaten des Ministeriums für Schule und Weiterbildung, des Landesbetriebs für Information und Technik NRW, sowie regionalisiert zugängliche Daten der Bundesagentur für Arbeit.

## 1 Die demografische Entwicklung der Schulabsolventen

Die demografische Entwicklung bei den Schulabsolventen aus den allgemeinbildenden Schulen deutet im Ruhrgebiet derzeit noch keine Entlastung im Hinblick auf die beruflichen Übergänge an (vgl. Abb. 1). Mit mehr als insgesamt 62.000 Schulabsolventen im Schuljahr 2007/08 befindet sich die Anzahl der Jugendlichen am Übergang von der Schule in die berufliche Bildung noch auf einem unverändert hohen Niveau. Der Anteil ausländischer Schulabsolventen beträgt dabei für das Ruhrgebiet rd. 14,2 %, das sind im Jahr 2008 8.850 Jugendliche.

Abbildung 1: Schulabsolventen an allgemeinbildenden Schulen im Ruhrgebiet von 1999 - 2008

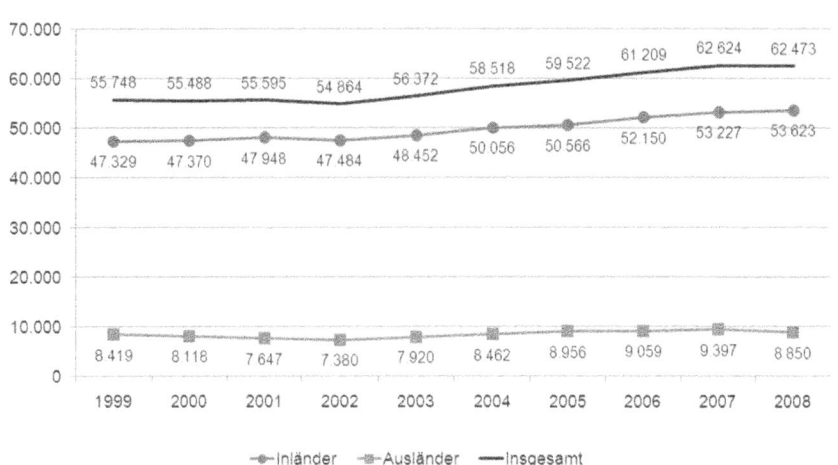

Quelle: IT.NRW; eigene Darstellung Institut Arbeit und Qualifikation (IAQ)

Gegenüber dem Jahr 2002 hat sich die Zahl der Schulabsolventen um rd. 7.500 junge Menschen bis 2008 erhöht. Dennoch zeigen Prognosen für das Land Nordrhein-Westfalen, dass mit den Entlassjahrgängen 2007 und 2008 eine nachhaltige Entwicklung sinkender Schulabsolventenzahlen beginnt, die allein durch den doppelten Abiturjahrgang – infolge der Schulzeitverkürzung von 9 auf 8 Jahre an den Gymnasien des Landes – im Jahr 2013 einmalig unterbrochen wird und die Absolventenzahlen landesweit noch einmal auf ein historisches Hoch von rd. 269.000 Jugendliche ansteigen lässt (vgl. Abb. 2). Durch den Zustrom von rd. 135.000 Fachabiturienten- bzw. Abiturienten wird es nicht nur kurzfristig zu einer verstärkten Nachfrage nach Studienplätzen kommen, sondern auch zu einer größeren Nachfrage nach dualen Ausbildungsplätzen und berufsqualifizierenden Bildungsgängen bzw. vollzeitschulischen Ausbildungen an den Berufskollegs des Landes.

Abbildung 2: Entwicklung und Prognose der Schulabgängerzahlen von allgemeinbildenden Schulen nach Abschlussarten in Nordrhein-Westfalen von 1998 - 2030

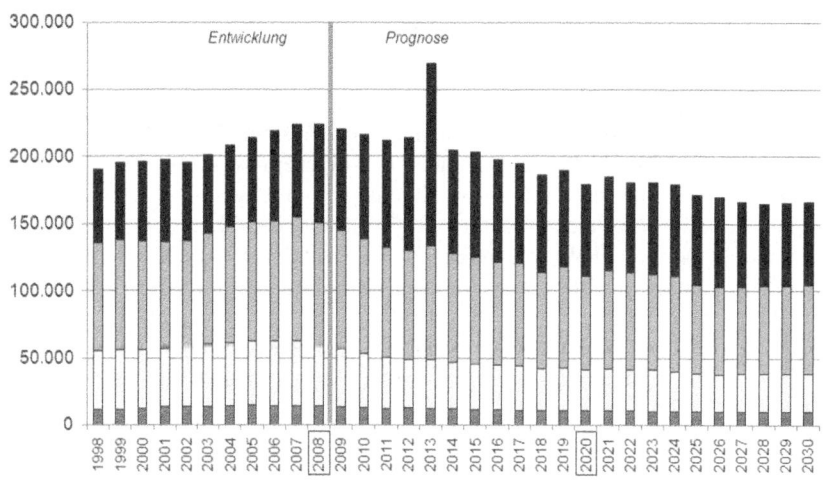

■ ohne Abschluss □ Hauptschulabschluss ▨ Fachoberschulreife ■ Fach- Hochschulreife

Quelle: Ministerium für Schule und Weiterbildung NRW, 2009

Durch diese verstärkte Wettbewerbssituation werden Haupt- und Realschulabsolventen auch in den Folgejahren nach 2013 voraussichtlich Probleme haben, ihre betrieblichen Ausbildungswünsche zu realisieren (vgl. Lander 2008). Weiterhin wird durch diese Prognose deutlich, dass bis ins Jahr 2020 der Rückgang der allgemeinbildenden Schulabsolventen im Vergleich zu 2008 rd. 20 % beträgt, was rd. 44.000 Absolventen entspricht, und dieser Rückgang vor allem bei Jugendlichen mit einem Hauptschulabschluss und der mittleren Schulqualifikation, der Fachoberschulreife, stattfindet. So werden im Jahr 2020 rd. 15.000 Jugendliche weniger mit einem Hauptschulabschluss und rd. 21.000 Jugendliche weniger mit der Fachoberschulreife dem Arbeits- und Ausbildungsmarkt zur Verfügung stehen. Bei den Fachabiturienten bzw. Abiturienten sinken die Zahlen landesweit lediglich um rd. 5.000 Personen, bei den Absolventen ohne Schulabschluss um rd. 3.000 Personen. Somit wird vor allem der Anteil der Jugendlichen, die bisher primär eine duale Ausbildung als Berufsperspektive ergreifen wollen, zum Ende dieser Dekade deutlich abnehmen und die Zahl derer, die nicht auf eine duale Ausbildung aufgrund des Fachabiturs bzw. Abiturs angewiesen sind, wird dagegen nur geringfügig sinken und in Relation zur insgesamt geringer werdenden Absolventenzahl sogar prozentual ansteigen. Diese Entwicklung wird in gleichem Maße auch auf das Ruhrgebiet zutreffen, so dass davon auszugehen ist, dass der Wettbewerb um ausbildungsfähige Jugendliche sich ab Mitte der aktuellen Dekade nicht nur allein im Ruhrgebiet intensivieren wird.

## 2    Die Entwicklung der Schulabschlüsse im Ruhrgebiet

In der mittelfristigen Betrachtungsperspektive der Jahre 2000, 2005 und 2008 zeigt sich sowohl im Ruhrgebiet als auch in Nordrhein-Westfalen und dem Bundesgebiet ein Trend zur Fach- bzw. allgemeinen Hochschulreife. Insbesondere im Jahr 2008 im Vergleich zu 2005 (17.350 Absolventen) beendeten im Ruhrgebiet und in Nordrhein-Westfalen knapp ein Drittel der Schulabsolventen ihre allgemeinbildende Schulkarriere mit dem Fachabitur bzw. Abitur – das waren 20.230 Fachabiturienten bzw. Abiturienten – so viele wie niemals zuvor! In dieser Hinsicht ist ein eindeutiger Schub zu beobachten. Diese Entwicklung zu höherwertigen Schulabschlüssen gilt ebenso für das Bundesgebiet: Zwischen 2005 und 2008 ist der Anteil der Abiturienten um 5 Prozentpunkte gestiegen. Dennoch können Nordrhein-Westfalen und das Ruhrgebiet ein positiveres Ergebnis beim hochwertigsten allgemeinbildenden Schulabschluss mit 32,8 % und 32,4 % vorweisen (vgl. Abb. 3). Der Trend zum Abitur wurde durch einen Rückgang des Hauptschulabschlusses begleitet. Insbesondere im Land ging der Anteil der Hauptschulabsolventen von fast 27 % im Jahr 2000 auf 20 % im Jahr 2008 deutlich zurück. Im Ruhrgebiet reduzierte sich der Anteil der Hauptschulabsolventen zwar auch von 22 auf 20,3 Prozentpunkte, so dass 2008 die Zahl der Hauptschulabsolventen 12.670 ehemalige Schülerinnen und Schüler betrug. Im Vergleich der Absolventen mit der mittleren Schulqualifikation – der Fachoberschulreife bzw. dem Realschulabschluss – weisen das Ruhrgebiet und das Land ebenso eine hohe Deckungsgleichheit auf. Dabei erzielten im Ruhrgebiet, wie auch im Land Nordrhein-Westfalen, mit rd. 40 % der größte Anteil der Schulsolventen nach wie vor die Fachoberschulreife (Ruhrgebiet: 24.989 Absolventen). Allein bei den Schulabgängern ohne Schulabschluss hinkt das Ruhrgebiet mit 7,3 Prozentpunkten (4.584 Absolventen) gegenüber 6,4 % dem Land (14.296 Absolventen) und 7 % dem Bundesgebiet hinterher. Insgesamt betrachtet, verfügen das Ruhrgebiet und Nordrhein-Westfalen über ein besseres Schulabschlussportfolio als der Bund. Auf den Punkt gebracht, erzielen hier anteilig weniger Schulabsolventen einen Hauptschulabschluss und mehr Jugendliche beenden ihre allgemeinbildende Schulkarriere mit der fachgebundenen bzw. allgemeinen Hochschulreife.

Abbildung 3:    Allgemeinbildende Schulabschlüsse im Ruhrgebiet, Nordrhein-Westfalen und dem Bundesgebiet in den Jahren 2000, 2005 und 2008 (in Prozent)

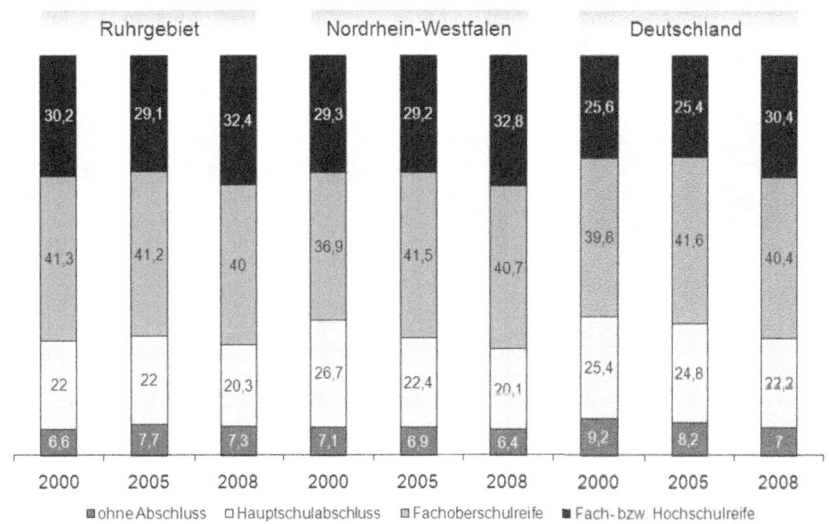

Quelle: IT.NRW, Statistisches Bundesamt; eigene Berechnungen

Erhebliche Unterschiede im Bildungserfolg offenbaren sich in der Differenzierung zwischen inländischen und ausländischen Schulabsolventen in der mittelfristigen Betrachtungsperspektive. Im Zeitvergleich von 2000 bis 2008 erzielen rd. 48 % der ausländischen Schulabsolventen im Ruhrgebiet maximal einen Hauptschulabschluss. Bei den inländischen Schulabsolventen beträgt die Quote derjenigen, die maximal einen Hauptschulabschluss erzielen mit rd. 25 % annähernd die Hälfte (vgl. Abb. 4). Ein vergleichbares Verhältnis zeigt sich bei den Absolventen ohne Schulabschluss. In 2008 verließen 15,1 % der ausländischen

Schulabsolventen die allgemeinbildende Schule ohne Abschluss, gegenüber 6,1 % deutscher Jugendlicher. Insgesamt verbargen sich hinter beiden Anteilen zusammen 4.584 Jugendliche, die im Jahr 2008 im Ruhrgebiet ihre allgemeinbildende Schulkarriere ohne einen Schulabschluss beendeten und somit auf den Arbeits- und Ausbildungsmarkt strömten. Dabei zeigt sich für das Ruhrgebiet bei den ausländischen Absolventen ohne Schulabschluss eine beunruhigende Entwicklung über alle drei Betrachtungsjahre hinweg, denn hier ist ein kontinuierlicher prozentualer Anstieg zu beobachten. Demgegenüber ist bei den deutschen Absolventen ohne Abschluss zwischen 2005 und 2008 der Anteil von 6,5 auf 6,1 % leicht gesunken.

Abbildung 4:    Allgemeinbildende Schulabschlüsse im Ruhrgebiet differenziert nach inländischen und ausländischen Jugendlichen in den Jahren 2000, 2005 und 2008 (in Prozent)

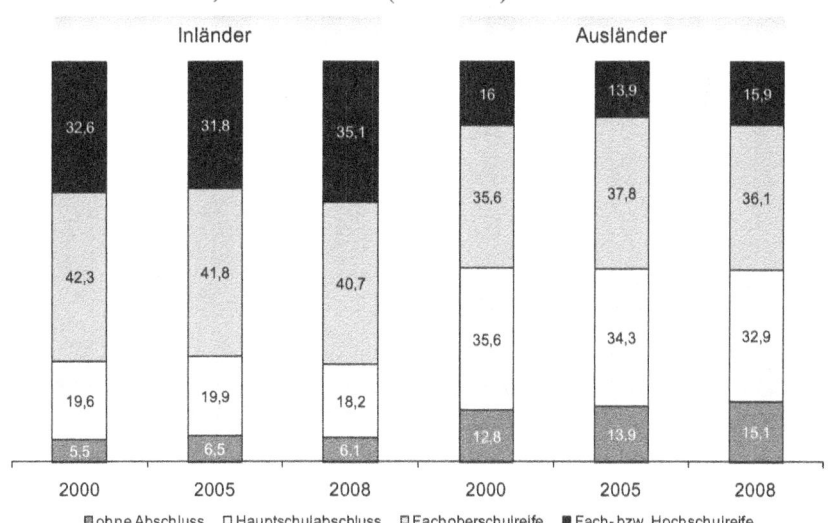

Quelle: IT.NRW; eigene Berechnungen

Umgekehrt ist das Verhältnis zwischen inländischen und ausländischen Schulabgängern bei der Fach- bzw. Hochschulreife. Hier erzielten 35 % der deutschen Jugendlichen das Fach- bzw. Abitur im Jahr 2008 gegenüber 16 % der ausländischen Mitschüler. Im Vergleich der Jahre 2005 und 2008 stiegen hier die Abiturientenzahlen bei beiden Absolventenpopulationen, allerdings ohne sich dabei anzunähern. Insgesamt beendeten in 2008 20.230 Jugendliche ihre Schulkarriere

schaft als die Deutsche. Die größte Annäherung bei den Schulabschlüssen zeigt sich zwischen den einheimischen und ausländischen Schülern beim mittleren Schulabschluss, der Fachoberschulreife. Bei der Fachoberschulreife liegen die Anteile bis auf wenige Prozentpunkte beieinander. Grundsätzlich lässt sich zwischen den Jahren 2005 und 2008 sowohl bei inländischen als auch ausländischen Schulabsolventen ein ansteigender Trend zur Erzielung der Fach- bzw. Hochschulqualifikation im Ruhrgebiet erkennen. Am unteren Ende, der Abgänger ohne Schulabschluss, sind ebenfalls bei beiden Gruppen im Ruhrgebiet leichte Anteilszunahmen über die Jahre zu beobachten. Die Schulabschlussentwicklung im Ruhrgebiet scheint – gemessen an den Anteilswerten – an den oberen und unteren Enden auseinanderzudriften, da sowohl Abiturienten als auch die Absolventen ohne Schulabschluss zulegen. Diese Entwicklung vollzieht sich zeitgleich, ohne die vorhandenen Ungleichheiten in der Bildungsbeteiligung zwischen inländischen und ausländischen Schulabsolventen zu reduzieren.

Abbildung 5:  Allgemeinbildende Schulabschlüsse im Ruhrgebiet differenziert nach Geschlecht in den Jahren 2000, 2005 und 2008 (in Prozent)

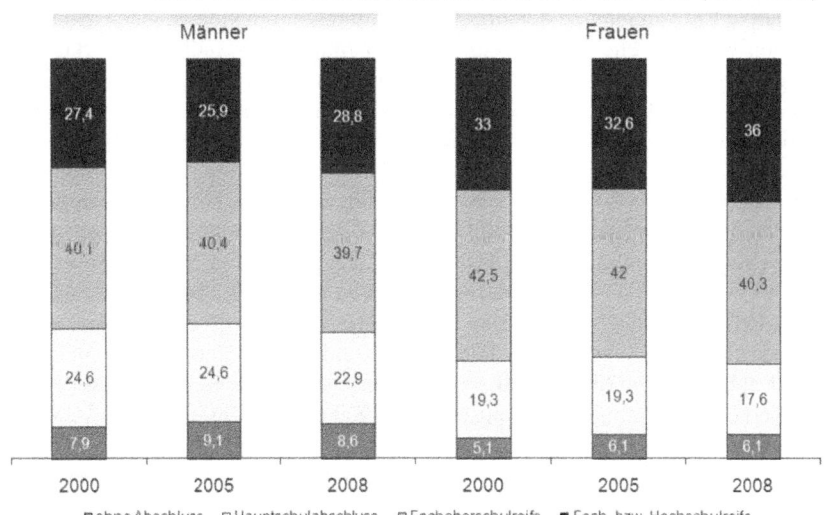

Quelle: IT.NRW; eigene Berechnungen

Betrachtet man die Verteilung der Schulabschlüsse nach den Geschlechtern, so wird deutlich, dass junge Frauen über die Jahrgänge hinweg die besseren Schulabschlüsse im Vergleich zu den jungen Männern erzielen (vgl. Abb. 5). Besonders zwischen den Jahren 2005 und 2008 stieg der Anteil der Abiturientinnen im Ruhrgebiet von 32,6 um 3,4 Prozentpunkte auf 36 %. Auch bei den jungen Männern vollzog sich ein Zuwachs beim Abitur im selben Zeitraum, jedoch auf einem niedrigeren Niveau. So lag die Abiturientenquote der Schulabgängerinnen im Schuljahr 2008 mit 7,5 Prozentpunkten über der der jungen Männer mit 28,8 %. Andererseits ist weiterhin auffällig, dass bei den Schulabsolventen ohne Schulabschluss bei beiden Geschlechtern ein unveränderter Sockel mit einer geringen Dynamik verbleibt, der – wie bei den Hauptschulabschlüssen – bei den jungen Männern deutlicher ausgeprägt ist. Insgesamt, so muss hier festgehalten werden, sind die jungen Frauen auch im Ruhrgebiet wesentlich erfolgreicher in ihrer allgemeinbildenden Schulkarriere als ihre gleichaltrigen Mitschüler.

Eine weitere Aufgliederung des Datenmaterials nach Geschlecht und Nationalität zeigt für das Ruhrgebiet eine besonders nachteilige Entwicklung der Schulabschlüsse bei den jungen Männern ausländischer Staatsangehörigkeit (vgl. Abb. 6). Im Zeitverlauf sind zum einen die Anteile der Absolventen ohne Schulabschluss im Jahr 2000 gegenüber dem Jahr 2008 von 15,2 % auf 18,1 % gewachsen und zum anderen hat es beim Fach- bzw. Abitur eine rückläufige bzw. stagnative Entwicklung zu den drei Beobachtungszeitpunkten gegeben. So ist der am häufigsten erzielte Schulabschluss junger Männer ausländischer Herkunft im Jahre 2008 der Hauptschulabschluss mit 35,3 % und der Anteil der Absolventen ohne Schulabschluss ist mit 18,1 % um 5 Prozentpunkte deutlicher ausgeprägt, als der Anteil der Abiturienten in dieser Personengruppe mit 13 %. Somit verließ fast ein Fünftel der ausländischen jungen Männer im Ruhrgebiet die allgemeinbildende Schule in 2008 ohne einen Abschlusserfolg (vgl. Autorengruppe Bildungsberichterstattung 2008, 160). Auch bei den jungen Frauen mit einer ausländischen Nationalität lässt sich bei den Kategorien ohne Schulabschluss und Hauptschulabschluss eine stagnative Entwicklung über die drei Betrachtungsjahre im Ruhrgebiet beobachten. Der Anteil derjenigen Absolventinnen mit einem Hauptschulabschluss geht zwar leicht zurück auf zuletzt 30,6 %, aber gleichzeitig ist ebenfalls ein Anstieg der Anteile ohne Abschluss von 10,3 auf 12 % in 2008 erkennbar. Dennoch sind ausländische Schulabsolventinnen in ihrer Schulkarriere etwas erfolgreicher als ihre ausländischen Mitschüler. So erzielt der Großteil von ihnen die Fachoberschulreife und mit 18,8 % beschließen sie deutlich häufiger ihre allgemeinbildende Schulkarriere mit dem Fach- bzw. Abitur. Allerdings verdeutlicht der Vergleich mit den Abschlüssen einheimischer Schulabsolventen, eine erhebliche Diskrepanz in der Schulabschlussentwicklung ausländischer Jugendlicher beiderlei Geschlechts, die auf ein erhebliches Potenzial an Bildungsreserven bei ausländischen Schülerinnen und Schülern im Ruhrgebiet verweisen.

Abbildung 6: Allgemeinbildende Schulabschlüsse im Ruhrgebiet differenziert nach Inländern / Ausländern und Geschlecht in den Jahren 2000, 2005 und 2008 (in Prozent)

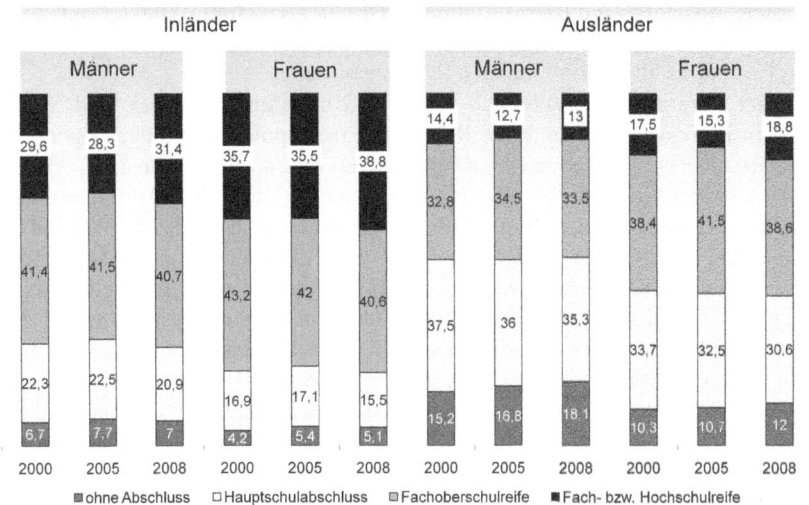

■ ohne Abschluss  □ Hauptschulabschluss  ▣ Fachoberschulreife  ■ Fach- bzw. Hochschulreife

Quelle: IT.NRW; eigene Berechnungen

Gewinner der Schulabschlussentwicklung sind im Ruhrgebiet die jungen Frauen einheimischer Herkunft. Nahezu zu gleichen Anteilen von rd. 40 % erwerben sie das Fachabitur/Abitur oder die Fachoberschulreife am Ende der allgemeinbildenden Schulkarriere. Im Hinblick auf den Übergang in die beruflichen Bildungssysteme der Wirtschaft, der berufsbildenden Schulen und der Hochschulen sollten sich für sie die größten Chancen und Perspektiven innerhalb und außerhalb der Region ergeben.

## 2.1 Die Schulabschlüsse in den Kommunen und Landkreisen des Ruhrgebiets

Der Vergleich zwischen den Absolventenjahrgängen 2005 und 2008 ist im Ruhrgebiet durch einen allgemeinen Trend der Höherqualifizierung gekennzeichnet. Die Abiturientenquote ist um mehr als 3 % im gesamten Ruhrgebiet angestiegen, von 29,1 auf 32,4 % bzw. von 17.350 auf 20.230 Abiturienten, so dass nahezu ein Drittel der Schulabsolventen 2008 die Schulkarriere mit dem hochwertigsten allgemeinbildenden Schulabschluss beendete. Mit anderen Worten: Die Spitze ist breiter geworden! Zugleich sanken die Anteile der Absolventen mit der Fachoberschulreife (FOR) und des Hauptschulabschlusses um 1,2 %

bzw. 1,7 % Prozentpunkte. In 2008 verließen im Ruhrgebiet 24.989 Schüler mit der Fachoberschulreife (40 %) und 12.670 Schüler mit einem Hauptschulabschluss (20,3 %) die allgemeinbildenden Schulen. Der Anteil der Schulabsolventen ohne Abschluss reduzierte sich dagegen nur geringfügig von 7,7 auf 7,3 % und verweist damit auf einen soliden Sockel des Scheiterns von 4.584 Schülern zum Ende ihrer allgemeinbildenden Schulausbildung.

Der intraregionale Vergleich zeigt, dass mit Ausnahme der Stadt Hagen (HA) insbesondere die zentralen Ruhrgebietsmetropolen und langjährigen Universitätsstandorte wie Essen (E), Bochum (BO) und noch ganz knapp Dortmund (DO) überdurchschnittliche Abiturientenquoten in ihrer Schulabschlussbilanz des Jahres 2008 aufweisen (vgl. Abb. 7). Besonders die Stadt Mülheim an der Ruhr (MH) ist mit rd. 170.000 Einwohnern unter den hier genannten Metropolen mit Abstand die Kleinste, allerdings im Hinblick auf die anteilig erzielten Schulabschlüsse die „Bildungshochburg" des Ruhrgebiets. Hier beenden mit 41,1 % der Großteil der Schüler ihre Schulkarriere mit dem Abitur. In Mülheim an der Ruhr erzielen 2008 anteilig so viele Absolventen das Abitur, wie bspw. in der Stadt Herne (HER) die Fachoberschulreife. Darüber hinaus verzeichnet Mülheim an der Ruhr die niedrigsten Anteile an Hauptschulabsolventen (16,5 %) und Schüler ohne Schulabschluss (4,8 %) im Ruhrgebiet. Zwar mit etwas Abstand in den Abiturientenquoten folgen auf den nächsten Rängen die Städte Essen, Hagen und Bochum, die jeweils aber auch deutlich über dem Ruhrgebietswert in ihren Bildungsergebnissen einzuordnen sind. Ebenso ist in Essen, der Nachbarstadt Mülheims und zweitgrößten Ruhrgebietsmetropole, der häufigste allgemeinbildende Schulabschluss das Abitur mit 38 %. Das sind 5 Prozentpunkte mehr als im gesamten Ruhrgebiet. Die 2.455 Schüler die in Essen ihr Abitur erzielten, stellten die größte Anzahl dar, die in einer Kommune oder einem Ruhrgebietslandkreis im Jahr 2008 erreicht wurden. Bei der Fachoberschulreife und dem Hauptschulabschluss unterschreitet Essen deutlich die Ruhrgebietswerte. Allein der ausgeprägte Anteil an Absolventen ohne Schulabschluss mit fast 8 % bzw. 510 Schülern liegt über dem Ruhrgebietswert. Nominell mehr Schulabgänger ohne Schulabschluss verzeichneten 2008 nur noch die Stadt Dortmund und der Kreis Recklinghausen (RE). Hierin wird die gespaltene Bildungsbeteiligung der Bevölkerung im Stadtgebiet Essens sichtbar. Die Stadt Hagen im süd-östlichen Ruhrgebiet und die Stadt Bochum im mittleren Ruhrgebiet weisen ein fast identisches Schulabschlussportfolio auf und zählen zu den Kommunen des Ruhrgebiets, die ein positives Gesamtergebnis im intraregionalen Vergleich erzielen. Mit bereits einigem Abstand bei der Ausprägung der Abiturientenquote mit 32,8 % rangiert die Stadt Dortmund äußerst knapp über dem Ruhrgebietswert von 32,4 %.

Abbildung 7:   Allgemeinbildende Schulabschlüsse im Ruhrgebiet[50] im Jahr
2008 differenziert nach Kommunen und Kreisen (in Prozent)

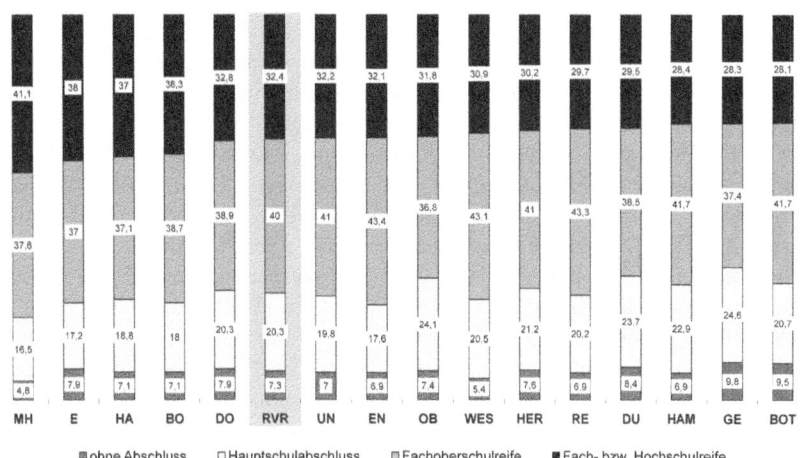

Quelle: IT.NRW; eigene Berechnungen

Das Dortmunder Bildungsergebnis unterscheidet sich von den vorgelagerten Kommunen durch einen niedrigeren Abiturientenanteil und größeren Anteilen bei den Hauptschulabschlüssen und den Schulabgängern ohne Schulabschluss. Unter den Kommunen mit einer überdurchschnittlichen Abiturientenquote im Ruhrgebiet verzeichnet außer der Stadt Essen, ebenfalls Dortmund, ein besonderes Integrationshandicap zum Ende der allgemeinbildenden Schulkarriere. Mit 518 Absolventen ohne Schulabschluss verließen hier annähernd so viele Schüler wie in Essen die allgemeinbildende Schule. Darüber hinaus ist das Schulabschlussportfolio der Stadt Dortmund als nahezu identisch mit dem Ergebnis des gesamten Ruhrgebiets, hier in den Grenzen des Regionalverbandes Ruhrgebiet (RVR), einzustufen.

Knapp unterhalb des Ruhrgebietsniveaus finden sich im Ranking der Abiturientenquote im Abschlussjahrgang 2008 die erfolgreichsten Landkreise wieder. Die Landkreise Unna (UN) und Ennepe-Ruhr (EN) erreichen zusammen mit der Stadt Oberhausen (OB) bei den Abiturwerten nahezu das Ruhrgebietsniveau, aber im Vergleich der Landkreise mit der Stadt Oberhausen wird deutlich, dass die Landkreise im Ruhrgebiet über einen ausgeprägten Anteil an Fachoberschul-

---

[50] Das Ruhrgebiet umfasst die Kommunen und Kreise im Geltungsbereich des Regionalverbandes Ruhrgebiet (RVR) und wird daher in der Grafik mit dem Kürzel des RVR wiedergegeben.

absolventen verfügen und somit noch eine nennenswerte Bildungsreserve auf dem Weg zum Abitur vorhalten. Annähernd die Hälfte der FOR-Absolventen in den vier Ruhrgebietslandkreisen verfügt zum Ende ihrer allgemeinbildenden Schulkarriere über eine gymnasiale Qualifikation. In den Landkreisen an den Rändern des Ruhrgebiets scheint es darüber hinaus tendenziell besser zu gelingen, Schulabbrüche zu vermeiden. In Oberhausen sind dagegen besonders die Hauptschulabsolventen mit 24,1 % überrepräsentiert, während Oberhausen mit 36,8 % den geringsten Anteil an FOR-Absolventen im Ruhrgebiet besitzt. Was bereits oben zu den Bildungsabschlüssen der Landkreise Unna und Ennepe-Ruhr gesagt wurde, trifft ebenso auf den Kreis Wesel (WES) und den Kreis Recklinghausen (RE) zu. Der Abiturientenanteil liegt hier allerdings deutlich unter dem Ruhrgebietsmittelwert mit 30,9 bzw. 29,7 %, sozusagen um die „30 %-Marke", dabei verfügen beide Kreise über einen erheblichen „FOR-Bauch" von mehr als 43 %. Hervorzuheben bleibt, dass es im Kreis Wesel 2008 effektiver gelungen ist, die Zahl der Schüler ohne Schulabschluss mit 5,4 Prozentpunkten zu begrenzen. Mit zu dieser Gruppe von Kreisen und Kommunen, die 2008 einen Anteil von rd. 30 % Abiturienten im Absolventenjahrgang aufwies, zählen die Städte Herne und Duisburg (DU). Trotz vergleichbarer Abiturientenquoten, ist die Bildungsabschlussentwicklung in Duisburg mit einem ausgeprägten Anteil an Hauptschulabsolventen (23,7 %) und Schülern ohne Schulabschluss (8,4 %) jedoch eine andere und als besonders schwierig zu bezeichnen. In der Stadt Herne versprüht der höhere Anteil an FOR-Absolventen (41 %) einen gewissen Optimismus für eine verbesserte künftige Bildungsbeteiligung. Jedoch bestehen auch hier bei Hauptschulabsolventen und Absolventen ohne Abschluss überdurchschnittliche Ausprägungen am unteren Ende des Schulabschlusserfolges, gemessen an den Ruhrgebietswerten.

Die Schlusslichter im Hinblick auf die Anteilswerte der Abiturienten an den allgemeinbildenden Schulabschlüssen im Ruhrgebiet bilden 2008 die Städte Hamm (HAM), Gelsenkirchen (GE) und Bottrop (BOT). Mit den Städten Gelsenkirchen und Bottrop sind das vor allem zwei Kommunen des nördlichen Ruhrgebiets, der Emscher-Lippe Region, zu der noch der Kreis Recklinghausen gehört. Die Städte Gelsenkirchen und Bottrop teilen nicht nur die geringsten Abiturientenanteile im Abschlussjahrgang 2008 innerhalb des Ruhrgebiets, sondern hier erzielt jeder 10. Schulabsolvent auch keinen Schulabschluss! Darüber hinaus weist Gelsenkirchen mit 24,6 % im Ruhrgebiet den größten Anteil an Hauptschulabsolventen auf. Beide Kommunen verzeichnen somit nicht nur ein prekäres Schulabschlussportfolio beim hochwertigsten Schulabschluss, sondern zeigen ebenfalls am unteren Ende der allgemeinbildenden Schulabschlüsse ein besorgniserregendes Szenario. Angesichts der mittelfristigen Schulabschlussentwicklung in der Stadt Gelsenkirchen, so zeigen frühere Untersuchungen, überrascht dieses Ergebnis allein nicht, allerdings vielmehr der Umstand, dass im zurückliegenden mittelfristigen Zeitraum offenbar nicht in ausreichendem Maße gegen diese Entwicklung seitens des Landes und des Schulträgers interveniert werden konnte (vgl. Esch/Langer 2004, vgl. Projekt Ruhr 2003).

Im intraregionalen Absolventenvergleich zeichnen sich im Ruhrgebiet erhebliche Unterschiede ab. So gibt es eine Spitzengruppe bei den Abiturientenanteilen zu denen die Städte Mülheim an der Ruhr, Essen, Hagen, Bochum und mit deutlichen Einschränkungen noch Dortmund zählen. Wobei insbesondere für Essen und Dortmund die vergleichsweise hohen Anteile an Schulabgängern ohne Schulabschluss das Gesamtbild trüben. Es handelt sich hierbei insgesamt um Kommunen des mittleren bis südlichen Ruhrgebiets, entlang der so genannten „Hellwegzone". Auffällig ist dabei, dass sich kein Landkreis im Ruhrgebiet in dieser Spitzengruppe befindet. In den Landkreisen dominiert dagegen die Fachoberschulreife bei den Schulabschlüssen. Besonders schwierige Bildungsmilieus befinden sich im Ruhrgebiet in den Randkommunen Duisburg und Hamm sowie dem nördlichen Ruhrgebiet, in den Städten Bottrop und Gelsenkirchen. Diese Kommunen sind gekennzeichnet durch unterdurchschnittliche Abiturquoten, überdurchschnittliche Hauptschulabschlussquoten bzw. Ausprägungen von Schulabgängern ohne Schulabschluss. Die Bildungschancen im Ruhrgebiet sind aufgrund der vorliegenden Analysen somit nicht gleichverteilt; das Ruhrgebiet ist weiterhin keine homogene Bildungsregion in Nordrhein-Westfalen, trotz eines auch hier unübersehbaren Trends der Höherqualifizierung zwischen den Jahren 2005 und 2008. Im Weiteren soll danach geschaut werden, auf welche lokalen Ausbildungs- und Arbeitsmärkte die Absolventen mit ihren erzielten allgemeinbildenden Schulabschlüssen in den Teilregionen des Ruhrgebiets treffen.

## 3    Die Ausbildungs- und Arbeitsmarktchancen im Ruhrgebiet

### 3.1  Das Angebot an dualen Ausbildungsplätzen

Das deutsche Modell der dualen Berufsausbildung, mit seinen in der Regel drei- bis dreieinhalbjährigen Ausbildungsgängen, umfasst rd. 350 Ausbildungsberufe. Dabei wurden allein in den zurückliegenden Jahren zwischen 1996 und 2005 rd. 64 neue Berufe eingeführt und 189 bestehende Berufsbilder modernisiert und den aktuellen Anforderungen der Wirtschaftsprozesse im Hinblick auf die Integration neuer Technologien sowie innovativer Formen der Arbeitsorganisation angepasst (vgl. Bosch 2009). Der Stellenwert der dualen Ausbildung ist bei vielen jungen Menschen nach wie vor sehr hoch, bietet eine Berufsausbildung doch weiterhin gute Chancen für eine erfolgreiche Einmündung in die Arbeitswelt und darüber hinaus weitere Aufstiegschancen über betriebliche Weiterbildungsmaßnahmen. Zudem verknüpft die duale Ausbildung fachtheoretische Inhalte am Lernort Berufsschule mit den praxisorientierten Umsetzungen von Arbeitsprozessen im Kundengeschäft der Betriebe. Das Lernen in der dualen Berufsausbildung findet sozusagen doppelt statt, vor dem Hintergrund zweier bzw. dreier Lernorte, wenn ein Teil der betrieblichen Ausbildung durch eine überbetriebliche Ausbildungsstätte abgedeckt wird. Zudem darf der Motivationsaspekt bei Jugendlichen, einen formal qualifizierenden Schulabschluss zu erreichen, durch die Perspektive auf einen Ausbildungsplatz nicht unterschätzt werden (vgl. Bosch 2009). 2007 betrug die betriebliche Ausbildungsbetriebsquote, d.h. die Anzahl der Betriebe die ausbilden an allen Betrieben, bundesweit 24,1 % (vgl. Bundesinstitut für Berufsbildung 2009/1).

Die Abb. 8 zeigt die Entwicklung der neu abgeschlossenen Ausbildungsverträge nach Zuständigkeitsbereichen im Ruhrgebiet.[51] Im mittelfristigen Zeitvergleich zwischen 1997 und 2007 gelang es allein Industrie und Handel, entgegen dem Strukturwandel, die Zahl der Ausbildungsverträge zu erhöhen. Insbesondere zwischen den Jahren 2005 und 2007 nahmen die Ausbildungsverträge im Bereich der Industrie- und Handelskammern des Ruhrgebiets von 16.452 auf 20.044 zu. Industrie und Handel gehören daher zu den zentralen Pfeilern der dualen Berufsausbildung der Region zwischen Duisburg und Hamm. Weiterer zentraler Akteur in der dualen Berufsausbildung im Ruhrgebiet ist das Handwerk. Der Strukturwandel und die gesamtwirtschaftliche Entwicklung zwischen den Jahren 2000 und 2005 haben dazu geführt, dass im Handwerk des Ruhrgebiets die Zahl der neu abgeschlossenen Ausbildungsverträge von 9.539 auf rd. 7.000 deutlich zurückgegangen ist. Jedoch konnte auch das Handwerk diesen Rückgang in den darauffolgenden Jahren wieder umkehren und 2007 bereits rd. 2.000 neue Ausbildungsverträge gegenüber dem Jahr 2005 ausweisen. Ebenso in den Betrieben des Handwerks trug die wirtschaftliche Erholung der Jahre 2006 und 2007 wieder zu einer positiven Entwicklung bei den Ausbildungsverträgen bei. Eine leicht positive Entwicklung verzeichneten von 2006 bis 2007 ebenfalls die Freien Berufe im Ruhrgebiet. Hier nahmen die neuen Ausbildungsverträge von 2.794 auf 3.138 zu. Dennoch liegt die Zahl von rd. 3.100 neuen Ausbildungsverträgen weit unterhalb des Spitzenwertes von knapp 4.000 neu abgeschlossenen Ausbildungsverträgen aus dem Jahr 2001. Eine Erholung der Aus-

---

[51] Die nachfolgenden Daten basieren auf regionalisierten Veröffentlichungen der Bundesagentur für Arbeit. Das Ruhrgebiet umfasst demnach die Arbeitsagenturbezirke Bochum, Dortmund, Duisburg, Essen, Gelsenkirchen, Hagen, Hamm, Oberhausen und Recklinghausen. Die Daten für das Ruhrgebiet wurden aus den Teilsummen gebildet. Die Agenturbezirke sind nicht deckungsgleich mit den Grenzen der Kommunen und Landkreise; sie können mehrere Kommunen umfassen.

bildungskapazitäten im Zuständigkeitsbereich der Freien Berufe hat damit im Ruhrgebiet jedenfalls nicht in einem nennenswerten Umfang stattgefunden.

Abbildung 8: Entwicklung der neu abgeschlossenen Ausbildungsverträge im Ruhrgebiet nach Zuständigkeitsbereichen 1997–2007

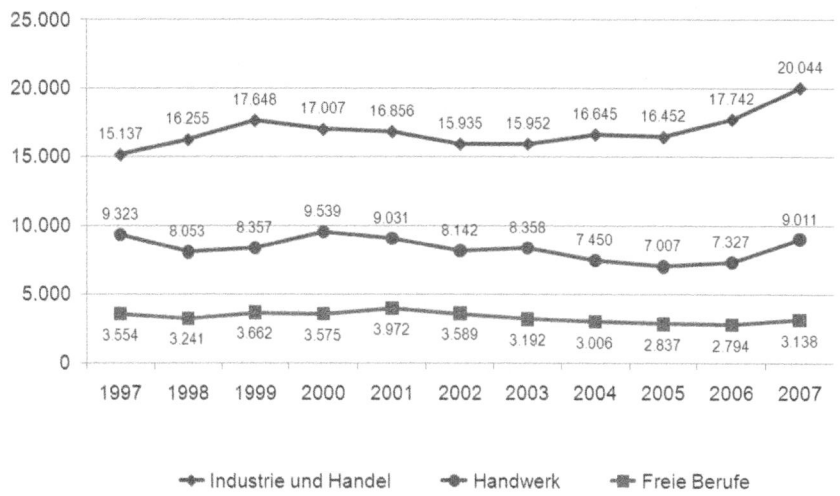

Quelle: Bundesagentur für Arbeit / Bundesinstitut für Berufsbildung (BiBB); eigene Berechnungen

## 3.2 Die Nachfrage nach dualen Ausbildungsplätzen

Die duale Berufsausbildung erfreut sich bei Schulabsolventen im Ruhrgebiet einer ungebrochenen Beliebtheit, dies zeigt die Anzahl der gemeldeten Bewerber in den hier zusammengefassten Arbeitsagenturbezirken des Ruhrgebiets im Verlauf der Jahre 1997 bis 2007. Von 1997 bis 2000 lässt sich ein Anstieg der Bewerber von 41.478 auf 45.576 Personen beobachten, bevor die Zahlen bis 2002 im Ruhrgebiet auf 42.395 Bewerber zurückgehen. Von 2002 steigen die Bewerberzahlen wiederum kontinuierlich bis ins Jahr 2006 auf den Höchststand von knapp 48.000 Personen an, um im Jahre 2007 geringfügig auf 47.417 abzusinken (vgl. Abb. 9). Der Wunsch der Jugendlichen im Ruhrgebiet nach einer dualen Ausbildung als Berufsziel ist weiterhin ungebrochen. Für die Mehrzahl der ausbildungsfähigen Jugendlichen im Ruhrgebiet wird dieser Wunsch auch Realität, auch wenn es nicht immer der Wunschberuf ist, in dem eine duale Berufsausbildung absolviert werden kann. Dabei unterliegen sowohl das Angebot an als auch die Nachfrage nach Ausbildungsplätzen gewissen Schwankungen. Das Angebot der Wirtschaft an Ausbildungsplätzen ist geknüpft an den mittelfristigen Fachkräftebedarf und die wirtschaftliche Perspektive der Betriebe. Die Nachfrage nach Ausbildungsplätzen hängt zum einen ab von der demographischen Entwicklung der Schulabschlussjahrgänge und zum anderen sicherlich auch von der Qualität der erzielten Schulabschlüsse.

Abbildung 9: Entwicklung des Ausbildungsmarktes im Ruhrgebiet 1997 - 2007

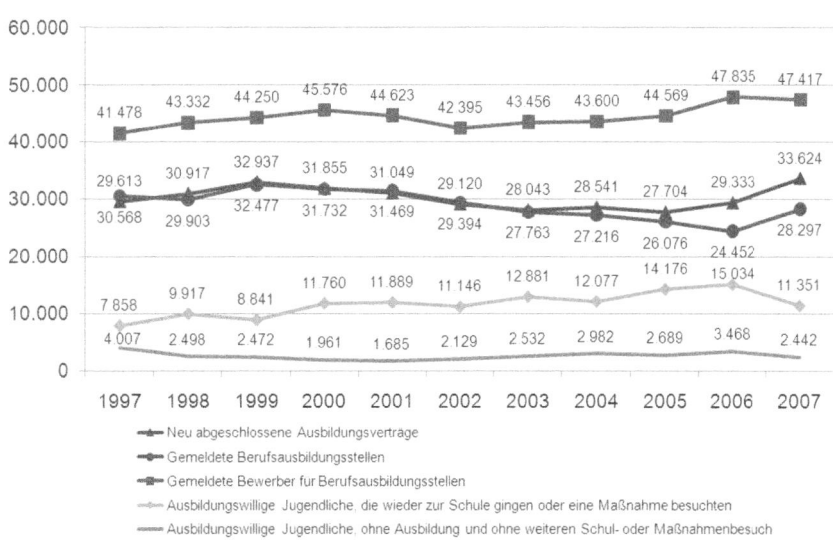

Quelle: Bundesagentur für Arbeit / Bundesinstitut für Berufsbildung (BiBB); eigene Berechnungen

In Regionen mit einem hohen Anteil an Hauptschulabsolventen oder Schülern mit einer mittleren Schulqualifikation, wie der Fachoberschulreife, beabsichtigen mehr Absolventen eine duale Berufsausbildung als Karriereziel zu ergreifen, weil für sie das Hochschulsystem als weiteres Teilsystem der Berufsbildung zunächst nicht zugänglich ist. Somit ist es für den hier betrachteten zehnjährigen Zeitverlauf keine zu große Überraschung, dass der Anteil der als ausbildungsfähig eingestuften Bewerber, die im Ruhrgebiet einen Ausbildungsplatz erhielten, zwischen 76,6 % im Jahr 1999 und 62,4 % im Jahr 2006 um rd. 14 Prozentpunkte schwankt. Andererseits konnte gerade zwischen den Jahren 2006 und 2007 durch erhebliche Anstrengungen der Wirtschaft der Anteil der ausbildungswilligen Jugendlichen, die auch einen Ausbildungsplatz erhielten, von 62,4 % auf

72,1 % wiederum gesteigert werden. Im Jahr 2007 hat die Ruhrgebietswirtschaft mit 33.624 Ausbildungsplätzen daher deutlich mehr Ausbildungsplätze als in den Vorjahren angeboten. Interessanterweise wurde ein bedeutender Anteil von weit mehr als 5.000 neu besetzten Ausbildungsplätzen der Bundesagentur für Arbeit 2007 nicht gemeldet. Ebenso deutlich wird aber an dieser Stelle auch, dass alle Anstrengungen der Wirtschaft oder die Bereitstellung zusätzlicher außerbetrieblicher Ausbildungsplätze durch die Arbeitsagenturen, bzw. Landes- oder Bundesprogramme, nachhaltig nicht ausreichen, um der Ausbildungsplatznachfrage der jungen Menschen im Ruhrgebiet auch nur annähernd quantitativ zu entsprechen.

Als eine Folge dieser Entwicklung müssen in jedem Jahr eine erhebliche Anzahl junger Menschen ihre Berufsperspektiven neu ausrichten und anpassen, indem sie einen weiteren Schulbesuch, einen berufsqualifizierenden Bildungsgang an einem Berufskolleg oder den Besuch einer Fördermaßnahme anschließen. In den zurückliegenden Jahren ist diese Zahl von 7.858 (1997) auf 15.034 Jugendliche in 2006 im Ruhrgebiet kontinuierlich angestiegen. Erst durch das erheblich ausgeweitete Ausbildungsplatzangebot in 2007 ist es in diesem Jahr wieder gelungen, die Zahl derjenigen Ausbildungsplatzbewerber, die keine Berufsausbildung absolvieren konnten und daher auf eine Schule bzw. Berufskolleg oder eine Maßnahme ausgewichen sind, auf 11.351 Jugendliche im Ruhrgebiet zu begrenzen. Dass bedeutet, die berufsbildenden Schulen (vgl. Harney/Hartkopf 2008, Kreis Recklinghausen 2006), die Träger der beruflichen Bildung und eine vielfältige Förderlandschaft aus Initiativen und Stiftungen nehmen an der Schnittstelle von der allgemeinbildenden Schule in den Beruf im Ruhrgebiet eine inzwischen bedeutende Funktion mit ihren differenzierten Bildungsgängen, Beratungsangeboten und Qualifizierungsbausteinen wahr, indem sie sich darum bemühen, Jugendlichen eine nachträgliche Brücke in eine spätere Berufsausbildung zu bauen. Sollten sich in der Zukunft demografische Entlastungen in dieser Altersgruppe für das Ruhrgebiet ergeben, so würden zunächst die Maßnahmen und Angebote aus dem breiten Akteursfeld des Übergangssystems davon betroffen sein und weit weniger die Ausbildungsangebote der Wirtschaft (vgl. Autorengruppe Bildungsberichterstattung 2008).

Andererseits beschreiben die vorgestellten Zahlen allein noch nicht die vollständige Entwicklung auf dem Ausbildungsmarkt. Zu den Jugendlichen, die alternativ zu ihrer Berufsausbildung ihre Schulkarriere fortsetzten oder eine Maßnahme besuchten, kommen noch diejenigen Jugendlichen, die als „noch unversorgte / nicht vermittelte Bewerber" eingestuft wurden, weil sie weder in eine Ausbildung, noch einen weiteren Schulbesuch oder eine Maßnahme einmündeten (vgl. Bundesagentur für Arbeit 2009). Addieren wir diese Jugendlichen zu denen, die notgedrungen wieder zur Schule gehen oder eine Bildungsmaßnahme besuchen, so ergibt sich für das Jahr 2007 – trotz aller Anstrengungen auf dem Ausbildungsmarkt – eine Zahl von 13.793 jungen Menschen oder rd. 30 %, die im Ruhrgebiet keinen dualen Ausbildungsplatz erhielten, obwohl sie durch die Arbeitsagentur als ausbildungsfähig eingestuft wurden. Ein Jahr zuvor betrug diese Zahl noch 18.502 Jugendliche, was in dem hier betrachteten Zehnjahreszeitraum zwischen 1997 und 2007 den Höchstwert darstellt. Der direkte Übergang von der Schule in den Beruf ist daher für eine erhebliche Anzahl von Jugendlichen im Ruhrgebiet nicht der Normalfall. Viele von ihnen halten ihren Ausbildungswunsch auch im nächsten Bewerbungsjahr aufrecht, trotz kurzfristig gewählter Alternativen, und vergrößern somit im Ruhrgebiet die Zahl der so genannten „Altbewerber" in jedem Jahr.

### 3.3 Das ungleiche Risiko der Jugendarbeitslosigkeit bzw. Gesamtarbeitslosigkeit

Mit Blick auf die Arbeitslosenquoten der Jugendlichen unter 25 Jahren im Ruhrgebiet fällt auf, dass in allen Arbeitsagenturbezirken die Jugendarbeitslosenquoten über den Werten des Bundes (6,4 %) und des Landes Nordrhein-Westfalen (6,8 %) für den hier betrachteten Zeitpunkt im Oktober 2008 liegen, mit Ausnahme der Stadt Mülheim an der Ruhr (vgl. Abb. 10).[52] Das Ruhrgebiet selbst lag mit einer Jugendarbeitslosenquote von 9,4 % drei Prozentpunkte über der Quote des Bundesgebiets und 2,8 Prozentpunkte über dem Landeswert. Dabei folgt die Jugendarbeitslosigkeit im Trend der Gesamtarbeitslosigkeit. Dennoch ist die Jugendarbeitslosigkeit unterschiedlich eng an die Gesamtarbeitslosigkeit gekoppelt, wie ein Blick auf die Agenturbezirke Duisburg und Recklinghausen zeigt. Ein möglicher Grund ist offenbar darin zu sehen, dass die Ausbildungsbedarfe von Nachbararbeitsmärkten zu einer gewissen Entkoppelung von Jugend- und Gesamtarbeitslosigkeit in einzelnen Agenturbezirken beitragen. Diese Chance bestünde für Schulabsolventen des Agenturbezirks Duisburg offenbar in der angrenzenden niederrheinischen Randregion. Ein weiterer Begründungszusammenhang für die Entkoppelung von Jugendarbeitslosen- und Gesamtarbeitslosenquote ergibt sich sicherlich, wenn ein bedeutender Anteil von Schulabsolventen in einer Kommune bzw. einem Agenturbezirk das Fachabitur bzw. Abitur realisiert, mit diesem hochwertigen Schulabschluss neben dem dualen Ausbildungssystem oder dem Schulberufssystem in eine Hochschulausbildung einmün-

---

[52] Die Darstellung der Städte Oberhausen und Mülheim an der Ruhr in der Abbildung 10 ist vor allem der getrennten Datenauswertung der veröffentlichten Arbeitsmarktberichte des Arbeitsagenturbezirks Oberhausen nach den Geschäftsstellen der Stadt Oberhausen und der Stadt Mülheim an der Ruhr geschuldet.

den kann und somit nicht auf das konjunkturell schwankende Ausbildungsplatz-angebot „vor Ort" angewiesen ist.

Abbildung 10:  Arbeitslosenquoten in den Agenturbezirken des Ruhrgebiets im Oktober 2008 (in Prozent)

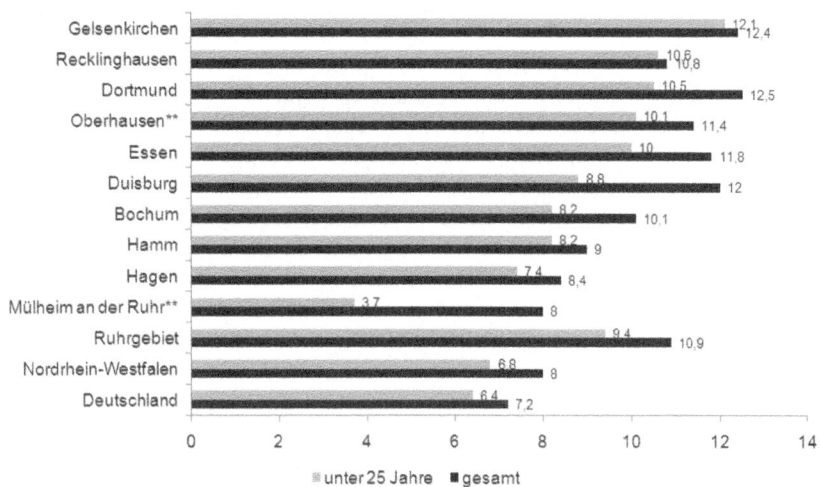

(** Vergleiche zu Oberhausen und Mülheim an der Ruhr die Erläuterungen in der Fußnote 52!)
Quelle: Regionale Arbeitsmarktberichte der Bundesagentur für Arbeit (Internetdokumente)

Von dieser Entlastungsfunktion ist bspw. für die Stadt Mülheim an der Ruhr auszugehen, da dort im Jahr 2008 mehr als 40 % der Schulabsolventen die Fach- bzw. Hochschulreife erzielten. Wahrscheinlich treffen aber in der Übergangsrea-lität von der Schule in die berufliche Bildung beide Integrationsvermutungen zu, da sehr gut qualifizierte Schulabsolventen über die größten Chancen sowohl bei der lokalen und überregionalen Ausbildungsplatzsuche als auch bei der Auswahl der Studienplätze verfügen. Darüber hinaus ist es auch immer fraglich, inwieweit die jeweiligen Arbeitsagenturen mit eigenen berufsbildenden Angeboten und Maßnahmen in die regionalen Arbeitsmärkte für die Zielgruppe der unter 25-Jährigen intervenieren. Jedenfalls weisen die geringsten Jugendarbeitslosenquo-ten – neben der Stadt Mülheim an der Ruhr mit 3,7 % - die Arbeitsagenturbezir-ke Hagen, Hamm und Bochum im Oktober 2008 mit 7,4 bis 8,2 % im Ruhrgebiet aus. Auch der Arbeitsagenturbezirk Duisburg liegt mit einer Quote von knapp 8,8 % noch unter der Jugendarbeitslosenquote des Ruhrgebiets von 9,4 %. Die größten Chancen für Jugendliche einen Ausbildungs- oder Arbeitsplatz zu finden, bieten sich vor allem in den südlichen und östlichen Randzonen. Über dem Ruhrgebietswert liegen die Arbeitsagenturbezirke Essen, Dortmund, Recklinghausen und die Stadt Oberhausen mit mehr als 10 %. Besonders deutlich ausgeprägt ist jedoch die Jugendarbeitslosenquote im Agenturbezirk Gelsenkirchen – zu dem neben der Stadt Gelsenkirchen auch die Städte Bottrop und Gladbeck (Kreis Recklinghausen) gehören – mit 12,1 %. Für das Ruhrgebiet ist das der Spitzenwert im Oktober 2008. Das Risiko der Jugendarbeitslosigkeit ist im Agenturbezirk Gelsenkirchen damit fast doppelt so groß wie im Bundesgebiet oder dem Land Nordrhein-Westfalen und noch immer um 4 Prozentpunkte größer, als im benachbarten Agenturbezirk Bochum. Auffällig ist darüber hinaus, dass im nördlichen Ruhrgebiet – hier der Emscher-Lippe Region, gebildet aus den Arbeitsagenturbezirken Gelsenkirchen und Recklinghausen – die Jugendarbeitslosenquote in etwa der Gesamtarbeitslosenquote entspricht. Hier sind somit die Chancen von Schulabgängern bzw. Jugendlichen einen Arbeits- oder Ausbildungsplatz im Anschluss an die Schulkarriere zu erhalten, als deutlich schwieriger als im übrigen Ruhrgebiet und dem Land Nordrhein-Westfalen einzustufen (vgl. Recklinghäuser Zeitung vom 18.11.2009).

## 4    Fazit und Ausblick

Gleich einmal die guten Nachrichten vorweg: Im Ruhrgebiet erzielten im Jahr 2008 die Schulabsolventen insgesamt mehr höherwertige Schulabschlüsse als im Bundesgebiet und das Ruhrgebiet unterscheidet sich im Vergleich mit dem Land Nordrhein-Westfalen nur geringfügig. Dabei ließ sich im Ruhrgebiet zwischen den Absolventenjahren 2005 und 2008 ebenso wie in Land und Bund eine Verschiebung der Anteilswerte von den unteren bis mittleren Schulabschlüssen zur Fach- bzw. Hochschulreife beobachten. Die „Bildungshochburgen" des Ruhrgebiets sind die Städte Mülheim an der Ruhr, Essen, Bochum und Hagen, somit das mittlere bis südliche Ruhrgebiet. Im Hinblick auf die Schülerpopulation können besonders junge, inländische Frauen im Ruhrgebiet auf eine erfolgreiche allgemeinbildende Schulkarriere zurückblicken. Hiermit enden dann aber auch zunächst einmal die guten Nachrichten. Verlierer in der Bildungsbeteiligung des Ruhrgebiets sind auf der anderen Seite ausländische Jugendliche. Vor allem gelingt es ausländischen jungen Männern am wenigsten, einen mittleren oder gehobenen Schulabschlusserfolg zu erzielen. Der größte Teil von ihnen erreicht im Ruhrgebiet maximal den Hauptschulabschluss und fast ein Fünftel von ihnen scheitert in der Schule, was zu erheblichen Problemen bei der erfolgreichen Einmündung in ein Ausbildungsverhältnis beiträgt (vgl. Autorengruppe Bildungsberichterstattung 2008). Aus der intraregionalen Perspektive betrachtet, bilden der Kreis Recklinghausen sowie die Städte Duisburg, Hamm, Gelsenkirchen und Bottrop im Ruhrgebiet die Schlusslichter einer erfolgreichen Beschulung. Die Botschaft lautet hier: Zu wenig Fachabiturienten bzw. Abiturienten und zu viele Schulabgänger ohne Abschluss bzw. mit einem Hauptschulabschluss, was einen reibungslosen Übergang von der Schule in die berufliche Bildung deutlich beeinträchtigt (vgl. Autorengruppe Bildungsberichterstattung 2008, 164). Die Problemzonen der Schulbildung im Ruhrgebiet liegen an den Rändern und vor allem dem nördlichen Ruhrgebiet, der Emscher-Lippe Region, bestehend aus dem Kreis Recklinghausen sowie den Städten Bottrop und Gelsenkirchen. Für das nördliche Ruhrgebiet insgesamt lässt sich diese unterdurchschnittlich erfolgreiche Bildungsbeteiligung bereits mit dem Beginn der 1980er Jahre beobachten. Hier ist es Land und Schulträgern nicht gelungen, eine positive Veränderung in der Bildungsbeteiligung zu erzielen (vgl. Esch/Langer 2004, vgl. Projekt Ruhr 2003).

Vor dem Hintergrund eines vergleichsweise hohen Niveaus der Schulabgänger im Ruhrgebiet bis 2008, den erheblichen Zahlen an „Altbewerbern" und den darüber hinausgehenden Prognosen für Nordrhein-Westfalen ist der begründete Rückschluss zulässig, dass die Anzahl der allgemeinbildenden Schulabsolventen im Ruhrgebiet – sehr wahrscheinlich auch infolge des doppelten Abiturientenjahrgangs in 2013 – in den nächsten 5-6 Jahren auf einem unverändert hohen Niveau verbleiben wird. Demografische Entlastungseffekte im Übergang von der Schule in den Beruf werden sich somit im Ruhrgebiet kurzfristig nicht im erforderlichen Maße einstellen, um den vorhandenen Nachfrageüberhang nach Ausbildungsplätzen spürbar zu reduzieren. Das bedeutet insbesondere für die Teilregionen des Ruhrgebiets, in denen die Jugendarbeitslosigkeit heute besonders ausgeprägt ist, einen weiterhin großen Handlungsbedarf und ein besonderes Engagement aller am Übergang beteiligten Akteure in der mittelfristigen Perspektive (vgl. Krupp 2009). In besonderer Weise – um es am Beispiel der Emscher-Lippe Region im nördlichen Ruhrgebiet zu verdeutlichen – erzielen hier überdurchschnittlich viele Schulabsolventen keinen Abschluss bzw. den Hauptschulabschluss oder die Fachoberschulreife, die vor allem auf eine Einmündung in eine duale Berufsausbildung abzielen. Diese sind jedoch infolge der anhaltenden Deindustrialisierung der Region begrenzt. Rechnerisch bewerben sich zum Beispiel im Kreis Recklinghausen 2,5 Bewerber auf einen angebotenen Ausbildungsplatz (vgl. Langer/Neu 2008). Die Anteile der Abiturienten in den Städten Gelsenkirchen, Bottrop und dem Kreis Recklinghausen zählen zu den niedrigsten im Ruhrgebiet und somit bleiben einem erheblichen Teil der Schulabsolventen des nördlichen Ruhrgebiets die Hochschulen als alternatives berufliches Bildungssystem aufgrund der fehlenden Zugangsberechtigung zunächst verschlossen. Zudem erhalten auch die Jugendlichen mit niedrigschwelligen oder keinen Schulabschlüssen kaum Chancen auf weniger wettbewerbszentrierten Arbeitsmärkten, außerhalb des nördlichen Ruhrgebiets. Daher kommen im nördlichen Ruhrgebiet den Berufskollegs und den vielfältigen Trägern der beruflichen Bildung eine besondere Bedeutung im Übergang von der Schule in den Beruf zu, indem sie mit ihren berufsvorbereitenden und berufsbildenden Qualifizierungsangeboten sowie dem nachträglichen Erwerb allgemeinbildender Schulabschlüsse, vielen Jugendlichen eine zweite Chance auf dem Ausbildungs- und Arbeitsmarkt eröffnen (vgl. Recklinghäuser Zeitung vom 18.11.2009). Diese zweite Chance korreliert um so mehr mit einem Integrationserfolg in den Arbeitsmarkt, je deutlicher es gelingt, die beruflichen Angebote und Maßnahmen zu „dualisieren" (vgl. Beicht 2009, vgl. Müller 2009). Darüber hinaus bedarf es eines besser vernetzten regionalen Übergangsmanagements, um den zukünftigen Fachkräftebedarf in einer Region für die Prozesse einer zielführenden und frühzeitigen Bildungs- und Karriereberatung zu nutzen (vgl. Böckler et al. 2008, vgl. Granato 2008).

Um unter den Rahmenbedingungen der Bildungsbeteiligung im Ruhrgebiet eine mittelfristig positive Entwicklung im Übergang von der Schule in den Beruf zu initiieren ist es notwendig, möglichst frühzeitig ansetzende, präventive Bildungskonzepte umzusetzen, um zu einem verbesserten Schulabschlusserfolg zu gelangen. Hierzu zählt vor allem die Einführung einer inhärenten jahrgangsstufenbegleitenden Sprachförderung vom Elementarbereich über die Primarstufe, die Sekundarstufe bis zur beruflichen Ausbildung (vgl. Granato 2008). Hiermit würde Kindern und Jugendlichen mit Migrationshintergrund, sowie auch zunehmend einheimischen Kindern und Jugendlichen, eine notwendige Bildungsdienstleistung geboten, die derzeit noch eine immense Hürde im Übergang von der Schule in den Beruf reduzieren könnte. Hier wird an den Schulen – und nicht allein an den Schulen des Ruhrgebiets – nicht genügend unternommen (vgl. DIE ZEIT vom 25.06.2009). Darüber hinaus sollte das Bildungsniveau in Mathematik und den naturwissenschaftlichen Schulfächern durch zusätzliche Lernangebote verbessert werden (vgl. Landesausschuss für Berufsbildung NRW 2009). Zudem bilden Schulkooperationen mit der regionalen Wirtschaft einen wichtigen Pfeiler im Hinblick auf die Lernmotivation Jugendlicher und tragen zu einer frühzeitigen Berufsorientierung bei (vgl. Bley/Rullmann 2006). Sowohl Unterstützungs- und Kompensationsangebote benachteiligter Schüler, als auch die Schwerpunktförderung leistungsstärkerer Schüler benötigen ein Mehr an gemeinsamen Lernzeiten. Ganztagsschulen, die mehr Raum, Zeit und Gelegenheit für das gemeinsame Lernen bieten, stellen hier einen Lösungsweg dar, um Benachteiligungen zu kompensieren und vorhandene Stärken auszubauen. Hiermit besteht vor allem eine Chance, familienbedingte Unterschiede in den Bildungsvoraussetzungen und der Bildungsbeteiligung der Schülerinnen und Schüler im Ruhrgebiet auszugleichen bzw. zu reduzieren (vgl. Solga 2008).

Dieses gilt um so mehr, als wir es auf der kleinräumigen kommunalen Ebene – vorzugsweise im nördlichen Ruhrgebiet – mit Stadtquartieren zu tun haben in denen besondere Problemlagen der dort lebenden Bevölkerung kumulieren, wie eine hohe Arbeitslosigkeit, Armut, hohe Anteile an Lohnersatzeinkommen, Ein-Eltern-Familien, bildungsferne Familienmilieus, fehlende Vorbilder für die Bildung, Migration und eine sozial benachteiligte einheimische Bevölkerung (vgl. Friedrichs/Triemer 2009, vgl. Projekt Ruhr 2003). Insgesamt entsteht hier ein für die Bildungsbeteiligung und das Lernen der Kinder und Jugendlichen wenig förderliches Lernumfeld, ohne sichtbare Anreize und Vorbilder für eine erfolgreiche Bildungsbeteiligung an der Schwelle von der Schule in die berufliche Bildung (vgl. Bosch 2009). In diesen Stadtquartieren vollziehen sich in einem unverändert hohem Maße Bildungsabwärtsspiralen bei Kindern und Jugendlichen, mit dem Erwerb niedriger Schulabschlüsse, die zu einer niedrigen beruflichen Qualifikation führen, die wiederum von einem größeren Risiko der Arbeitslosigkeit begleitet wird, was zu längerer Arbeitslosigkeit beiträgt und schließlich den Bezug langfristiger Lohnersatzleistungen erfordert (vgl. Friedrichs/Triemer 2009, vgl. Esch/Langer 2004). Angesichts der zunehmend heterogenen Lernvoraussetzungen der Schüler in diesen Stadtquartieren müssen insbesondere hier die Lerngruppengrößen verringert und ganztägige Schulangebote verankert werden, um nachhaltige Bildungserfolge erzielen und damit eine Ausbildungsfähigkeit der Schulabsolventen sicherstellen zu können. Es besteht kein Mangel an Konzepten und erprobten Ideen, aber sehr wohl ein Mangel in der Umsetzung adäquater Bildungsangebote über die kommunalen Grenzen im Ruhrgebiet hinweg. Angesichts der demographischen Herausforderungen und des zu erwartenden Fachkräftemangels noch in dieser Dekade, muss es besser im Ruhrgebiet gelingen, Kinder und Jugendliche bereits in den Bildungssegmenten Elementarbereich und allgemeinbildende Schule bedarfsorientiert zu fördern. Jeder Euro der dabei in die Prävention und die frühzeitige Unterstützung individueller Stärken fließt, ist besser investiert, als kompensatorische Maßnahmen am Ende defizitärer Schulkarrieren mit häufig ungewissen Erfolgsaussichten (vgl. Bertelsmann Stiftung 2009). Ein in dieser Hinsicht ganzheitlich gedachtes Bildungsverständnis, was auch die Übergänge von der Elementarbildung, der Allgemeinbildung und schließlich in die Berufsbildung integrierend denkt, wäre auch ein nachhaltiger Beitrag dazu, Bildungsinvestitionen wieder verstärkt als eine investive und präventive Sozialpolitik zu betrachten. In vielen Kommunen und Landkreisen des Ruhrgebiets besteht für ein solch nachhaltiges Bildungsverständnis ein erheblicher Bedarf.

# Literatur

Agentur für Arbeit (2009): Verschiedene Arbeitsmarktberichte aus den Arbeitsagenturbezirken der Ruhrgebietskommunen und -landkreise. Internetdokumente

Alfried Krupp von Bohlen und Halbach-Stiftung (2009): „Das bringt richtig was!" – Rückblick auf zehn Jahre Förderprogramm „Bekämpfung der Jugendarbeitslosigkeit". Essen

Autorengruppe Bildungsberichterstattung (Hrsg.) (2008): Bildung in Deutschland 2008. Ein indikatorengestützter Bericht mit einer Analyse zu Übergängen im Anschluss an den Sekundarbereich I. Bielefeld

Beicht, U. (2009): Verbesserung der Ausbildungschancen oder sinnlose Warteschleife? BIBB-Report, 3. Jahrgang, Heft 11. Bielefeld

Bertelsmann Stiftung (Hrsg.) (2009): Berufsausbildung 2015 – Ein Leitbild. Bielefeld

Bley, N.; Rullmann, M. (Hrsg.) (2006): Übergang Schule und Beruf. Aus der Praxis für die Praxis – Region Emscher-Lippe. FIAB. Recklinghausen

Böckler, M.; Brandel, R.; Langer, D.; Stöbe-Blossey, S. (2008): Fachkräftemangel – Fachkräfteausbildung – Zentrale Ergebnisse der Recherchen zu Konzepten, Aktivitäten und Initiativen im Ruhrgebiet. Studie im Auftrag der Wirtschaftsförderung metropoleruhr GmbH. Unv. Ms. Gelsenkirchen

Bosch, G. (2009): Herausforderungen für das deutsche Berufsbildungssystem. In: Zimmer, G.; Dehnbostel, P. (Hrsg.): Berufsausbildung in der Entwicklung – Positionen und Leitlinien. S. 47 – 67, Bielefeld

Bundesinstitut für Berufsbildung (Hrsg.) (2009/1): Datenreport zum Berufsbildungsbericht 2009 – Informationen und Analysen zur Entwicklung der beruflichen Bildung. Bonn

Bundesministerium für Bildung und Forschung (Hrsg.) (2009/2): Berufsbildungsbericht 2009. Bonn, Berlin

DIE ZEIT vom 25.06.2009: Bildung bleibt für Migranten Glückssache. Ausgabe Nr. 27. Internet-Dokument: http://www.zeit.de/2009/27/Migranten

Esch, K.; Langer, D. (2004): Das Ruhrgebiet: eine ganz normale Bildungsregion?! Zähflüssiger Bildungsverkehr entlang der A 42. Internet-Dokument. Gelsenkirchen: Institut Arbeit und Technik. IAT-Report, Nr. 2004-02

Friedrichs, J.; Triemer, S. (2009): Gespaltene Städte? Soziale und ethnische Segregation in deutschen Großstädten. Wiesbaden

Granato, M. (2008): Nachhaltigkeit durch Bildungsgerechtigkeit am Beispiel des Übergangs Schule – Ausbildung. In: Rat für Nachhaltige Entwicklung (Hrsg.): Forum „Aufstieg durch Bildung: Chancen und Hemmnisse im Rahmen der 8. Jahreskonferenz. Berlin

Harney, K.; Hartkopf, E. (2008): Gruppierungsmerkmale und Einflussgrößen der Segmentation im beruflichen Schulsystem. FIAB-Arbeitspapier 12. Recklinghausen

Kreis Recklinghausen (Hrsg.) (2006): Schulentwicklungsplan des Kreises Recklinghausen 2006-2010. Recklinghausen

Landesausschuss für Berufsbildung Nordrhein-Westfalen (2009): Empfehlungen zum „Doppelten Abiturjahrgang 2013 in NRW" vom 5. März 2009. Internetdokument: http://www.arbeit.nrw.de/pdf/ausbildung/landesausschuss/landesausschuss_maerz_2 009.pdf

Lander, B. (2008): Bildungsreport Nordrhein-Westfalen 2008 – Informationen zu ausgewählten Bildungsbereichen. Landesamt für Datenverarbeitung und Statistik (Hrsg.), Band 54. Düsseldorf

Langer, D.; Neu, M. (2008): Ausbildungsplatzpotenzialanalyse des Kreises Recklinghausen. Im Auftrag des Vereins Jugend-in-Arbeit e.V. (Recklinghausen). Gelsenkirchen

Müller, W. (2009): Die Einbindung von Auszubildenden in die betriebliche Expertenkultur als ein Element einer qualifizierenden Berufsausbildung. In: Münk, H. D.; Weiß, R. (Hrsg.): Qualität in der beruflichen Bildung. Schriftenreihe des Bundesinstituts für Berufsbildung, Bonn. S. 115 – 128

Projekt Ruhr GmbH (Hrsg.) (2003): Bildungsbeteiligung im Ruhrgebiet – Auf der Suche nach einer „neuen Kompensatorik". Essen

Recklinghäuser Zeitung vom 18.11.2009: Überdurchschnittlich viel Geld – Für Landesarbeitsminister Laumann ist Emscher-Lippe die „schwierigste Arbeitsmarktregion". Ausgabe Nr. 270, S. 15

Solga, H. (2008): Wie das deutsche Schulsystem Bildungsungleichheiten verursacht. WZB-Brief Bildung, 01.10.2008. Wissenschaftszentrum Berlin für Sozialforschung. Berlin

# Das Förderprogramm der Alfried Krupp von Bohlen und Halbach-Stiftung „Bekämpfung der Jugendarbeitslosigkeit" – zwei „Beispiele guter Praxis"

*Monique Ratermann*

Auf dem Symposium „Entwicklung des Berufsbildungssystems in Deutschland – Neue Anforderungen an den Übergang Schule – Beruf" im Juni 2009, welches dieser Veröffentlichung zugrunde liegt, diskutierten ausgewiesene Experten aus Wissenschaft und Praxis über die Veränderungen im deutschen Berufsbildungssystem und den zum Teil problematischen Übergang von der Schule in die Berufsbildung für viele Jugendliche. Dieser Problematik hat sich die Alfried Krupp von Bohlen und Halbach-Stiftung mit dem Förderprogramm „Bekämpfung der Jugendarbeitslosigkeit" angenommen. Im Folgenden wird das Programm im Hinblick auf seine Entwicklungen, Ziele und die Umsetzung vorgestellt. Die eingefügten Tabellen bzw. Diagramme beinhalten einige zentrale Daten sowohl zu Projekten, die bereits abgeschlossen sind als auch zu solchen, deren Laufzeit noch nicht beendet ist. Anschließend werden zwei durch das Programm geförderte Projekte, die eine erfolgreiche Praxis beim Übergang aus der Schule in den Beruf exemplarisch zeigen, veranschaulicht.

## 1    Entwicklungen, Ziele und Umsetzung des Programms

Seit dem die Alfried Krupp von Bohlen und Halbach-Stiftung mit Sitz in Essen ihre Tätigkeit im Jahr 1968 aufnahm, setzt sie sich sowohl für nationale als auch internationale Projekte in den Bereichen Wissenschaft, Erziehungs-, Bildungs- und Gesundheitswesen, Sport und Kultur ein. In dem Bereich Erziehungs- und Bildungswesen hat sie sich das Ziel gesetzt, die Perspektiven für benachteiligte Jugendliche in Schule und Ausbildung deutlich zu verbessern. Ende der 90er-Jahre hatten sich die Zugangsmöglichkeiten zu dem deutschen Ausbildungs- und Arbeitsmarkt für viele Jugendliche entscheidend verschlechtert. In Nordrhein-Westfalen erlangte die Jugendarbeitslosigkeit im Jahr 1997 mit ca. 104.500 arbeitslos gemeldeten Jugendlichen ihren Höchststand (vgl. Krone/Muth 2004). Um diesen negativen Entwicklungen entgegenzuwirken, hat die Alfried Krupp von Bohlen und Halbach- Stiftung anlässlich ihres 30-jährigen Bestehens im Jahr 1998 ein Förderprogramm zur „Bekämpfung der Jugendarbeitslosigkeit" ins

Leben gerufen. Ein Landesprogramm, das sich explizit mit der Problematik der Jugendarbeitslosigkeit auseinandergesetzt hätte, bestand zu diesem Zeitpunkt nicht. Daher ist die Stiftung schwerpunktmäßig an Initiativen zur Schaffung von Arbeitsplätzen beteiligt und unterstützt Maßnahmen, die den Übergang Schule-Beruf für die Jugendlichen erleichtern. Insbesondere an allgemeinbildenden Schulen und Berufsschulen soll eine verbesserte Vorbereitung auf das Berufsleben erzielt werden. Mit der Bereitstellung eines Fördervolumens von insgesamt 15,3 Mio. €, ist es ihr bisher größtes Programm.

Anders als bei öffentlichen Förderprogrammen, wurde die Umsetzung nicht durch strenge Richtlinien und Vorgaben geregelt, sondern umfasst Leitlinien, die von dem Kuratorium der Stiftung festgelegt wurden und den Orientierungsrahmen für die Bewilligung von Projekten bilden. Diese Vorgehensweise bei der Vergabe von Fördermitteln ermöglicht es der Stiftung, sehr flexibel ein breites Spektrum von Initiativen zur Bekämpfung der Jugendarbeitslosigkeit zu unterstützen (vgl. Krupp 2009).

*Umsetzung des Programms*

Mit einem Fördervolumen von bisher 12,3 Mio. € wurden seit 1998 insgesamt 54 Maßnahmen auf den Weg gebracht. Die Fördermöglichkeiten beschränkten sich im Wesentlichen regional auf das Ruhrgebiet: Während 42 Projekte im Ruhrgebiet unterstützt wurden, waren es außerhalb dieser Region nur 11. Bisher stellte die Stiftung ca. 11,2 Mio. € für Vorhaben in insgesamt 29 Städten des Ruhrgebiets für die Bekämpfung von Jugendarbeitslosigkeit zur Verfügung, dabei hat sie sich überwiegend auf Vorhaben in der Stadt Essen konzentriert. Die Stiftung stellte für die bewilligten Projekte der Stadt Essen von den insgesamt 11,2 Mio. € für das gesamte Ruhrgebiet rund 8 Mio. € bereit, aber auch Städte, wie Bochum, Dortmund, Duisburg, Gelsenkirchen, Mülheim a. d. Ruhr, Oberhausen und Recklinghausen erhielten Fördermittel. Außerhalb des Ruhrgebiets wurden vergleichsweise weniger Initiativen unterstützt (vgl. Krupp 2009).

In den letzten Jahren wurden bei der Förderung drei Arten von Initiativen berücksichtigt (vgl. Tabelle 1): Sowohl Präventivprojekte in der Schule als auch Qualifizierungs- und Beratungsprojekte und Projekte zur Schaffung neuer Arbeitsplätze wurden durch das Programm finanziell unterstützt. Bei schulbezogenen Projekten handelte es sich um Maßnahmen, die eine Zusammenarbeit zwischen allgemeinbildenden Schulen bzw. Berufsschulen und Ausbildungsbetrieben verbesserten oder eine verstärkte Einbindung von Betriebspraktika in der Schulzeit beinhalteten. Zudem beteiligte die Stiftung sich finanziell an Initiativen, die auf den Ausbau der Berufswahlorientierung an Schulen abzielten. Die zielgruppenspezifischen Projekte bestanden aus Maßnahmen, die arbeitslosen

Jugendlichen ohne Schulabschluss den Einstieg in die Berufswelt oder Jugendlichen mit abgebrochener Berufsausbildung die Wiedereingliederung in eine Ausbildung ermöglichten. So konnte die Stiftung mit ihrem Programm auf die sehr unterschiedlichen Problemlagen der Jugendlichen bedarfsgerecht reagieren.

*Tabelle 1:* Projekte nach inhaltlichen Schwerpunkten

| Art der Projekte | Anzahl der Projekte | Förder-volumen | Anzahl der Teil-nehmer | durch-schnittliche Kosten je Teilnehmer | durch-schnittliche Kosten je Projekt |
|---|---|---|---|---|---|
| Präventiv-projekte in der Schule | 29 | 6,7 Mio. € (54 %) | 7.100 (83 %) | 950 € | 231.000 € |
| Qualifi-zierungs- und Be-ratungs-projekte | 19 | 3,8 Mio. € (31 %) | 1.100 (13 %) | 3.500 € | 200.000 € |
| Neue Aus-bildungs-plätze | 6 | 1,8 Mio. € (15 %) | 352 (4 %) | 5.100 € | 300.000 € |
| Gesamt | 54 | 12,3 Mio. € (100 %) | 8.552 (100 %) | 1.500 € | 228.000 € |

Quelle: Krupp 2009, eigene Darstellung

Mit insgesamt 29 Maßnahmen sind Präventivprojekte in der Schule am häufigsten und mit dem größten Fördervolumen (6,7 Mio. €) bewilligt worden. Zusätzlich wurden 19 Qualifizierungs- und Beratungsprojekte mit einem Fördervolumen von 3,8 Mio. € und 6 Projekte, die neue Ausbildungsplätze schaffen, mit einem Anteil von 1,8 Mio. € unterstützt. Die durchschnittlichen Kosten je Teilnehmer unterschieden sich nach Art der Initiative erheblich: In Projekten zur Schaffung neuer Ausbildungsplätze entstanden mit 5.100 € pro Teilnehmer die umfangreichsten Kosten und auch die durchschnittlichen Ausgaben je Projekt waren deutlich höher als bei den anderen beiden Projektarten. Insgesamt 83 % und damit ein sehr hoher Anteil der rund 8.550 Jugendlichen waren an Präventivprojekten in Schulen beteiligt (vgl. Krupp 2009, 42). Und auch die einzelnen

Projekte wiesen sehr unterschiedliche Teilnehmerzahlen auf, wie die folgende Tabelle zeigt:

*Tabelle 2:* Projekte nach Anzahl der Teilnehmer

| Teilnehmer | Anzahl der Projekte | Anteil |
|---|---|---|
| bis 25 | 13 | 24 % |
| 26-50 | 4 | 7 % |
| 51-100 | 15 | 29 % |
| 101-500 | 11 | 20 % |
| über 500 | 4 | 7 % |
| keine Angabe | 7 | 13 % |
| gesamt | 54 | 100 % |

Quelle: Krupp 2009, eigene Darstellung

Bei etwa einem Viertel der Projekte nahmen bis zu 25 Personen teil. Fast 30 % der Initiativen haben eine Teilnehmerzahl von 51–100 Personen. Jeweils 7 % der bewilligten Projekte hatten entweder 26–50 oder über 500 Teilnehmer. 20 % der Maßnahmen wurden von 101-500 Personen in Anspruch genommen.

Aufgrund der unterschiedlichen Teilnehmerzahlen und der verschiedenen Inhalte der Projekte, variierten die Initiativen in der Höhe ihrer Finanzierung ebenfalls deutlich (vgl. Abbildung 1). 19 Projekte und damit ein sehr hoher Anteil von 35 % wurden in einer Höhe zwischen 10.000 € und 100.000 € von der Alfried Krupp von Bohlen und Halbach-Stiftung unterstützt. Insgesamt 11 Projekte (20 %) bekamen für die Finanzierung zwischen 300.000 € und 1.000.000 €. Das Stipendienprogramm „Alfried Krupp – Schülerstipendien für Betriebspraktika im Ausland", welches seit 1998 stetig ausgeschrieben wird, wurde sogar mit über einer Million Euro gefördert (vgl. Krupp 2009, 47). Zum einen wurden die Fördermittel für aufkommende Personalkosten eingesetzt, zum anderen wurden sie für Sachmittel genutzt. Bei zahlreichen Projekten wurden die finanziellen Mittel in beiden Bereichen eingesetzt; dabei fielen die Personalkosten immer deutlich höher aus. Das anschließende Säulendiagramm (Abbildung 1) zeigt die Klassifizierung der Projekte nach der Höhe der bewilligten Fördermittel.

Abbildung 1:    Projekte nach Fördervolumen

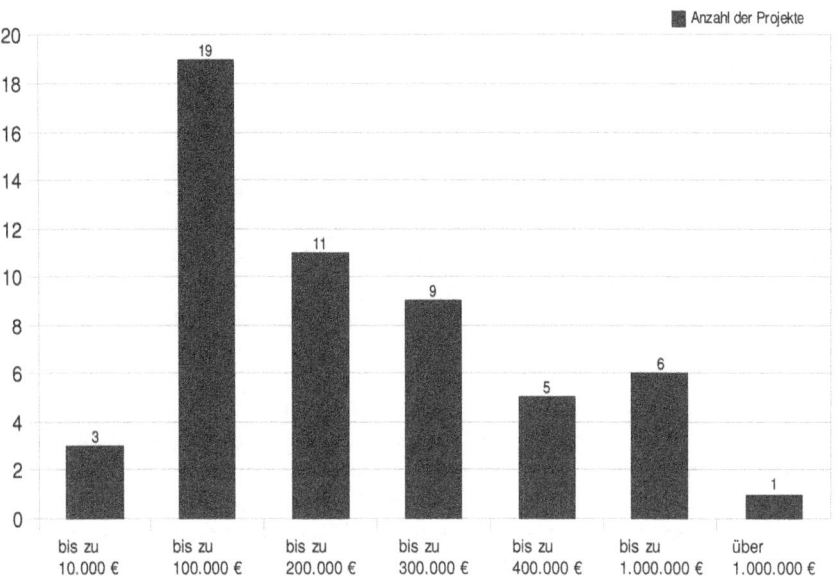

Quelle: Krupp 2009, eigene Darstellung

Bei der Laufzeit der Projekte sind erhebliche zeitliche Unterschiede zu beobachten. Es wurden sowohl Projekte befürwortet, die eine Zeitpanne von bis zu einem Jahr umfassten als auch Initiativen, die mit bis zu sieben Jahren eine deutlich längere Laufzeit hatten.

Die Projekte sprachen Teilnehmer in sehr verschiedenen Entwicklungsphasen an, und beinhalteten Konzepte, die sehr voneinander abweichende Ziele verfolgten. Bei der Auswahl der Projekte wurde besonders darauf geachtet, dass die inhaltlichen Schwerpunkte der bereits angesprochenen Projektformen erfüllt wurden.

# 2    Zwei Beispielprojekte des Förderprogramms

Im Rahmen des wissenschaftlichen Symposiums „Entwicklung des Berufsbildungssystems in Deutschland – Neue Anforderungen an den Übergang Schule-Beruf" wurden dem Publikum zwei Projekte vorgestellt, die im Zuge des Förderprogramms „Bekämpfung der Jugendarbeitslosigkeit" finanziell unterstützt wurden. In beiden Fällen handelte es sich um Präventivprojekte, die in Kooperation mit Schulen durchgeführt wurden bzw. werden. Inhaltlich unterschieden sie sich im Wesentlichen in ihren Schwerpunkten. Während das eine Projekt sich überwiegend mit der Berufswahlorientierung und Betreuung der Jugendlichen beschäftigte, entwickelte die andere Maßnahme ein pädagogisches Konzept, welches im Schwerpunkt auf die Verbesserung der Sprachkompetenz abzielte.

## 2.1 Das Projekt „Verbesserung der Startchancen für jugendliche Migranten und Spätaussiedler zur Vermeidung der Jugendarbeitslosigkeit"

Die Initiative „Verbesserung der Startchancen für jugendliche Migranten und Spätaussiedler zur Vermeidung der Jugendarbeitslosigkeit" war ein Präventivprojekt an Schulen, das ausschließlich in der Stadt Essen durchgeführt wurde. An dem Projekt beteiligt waren die „Neue Arbeit" der Diakonie Essen gGmbH, die Agentur für Arbeit Essen/Jobcenter Essen, die Gustav-Heinemann Gesamtschule in Essen-Schonnebeck und die städtische Gemeinschaftshauptschule Eiberg in Essen-Steele. Zusätzlich wurde das Projekt vom BQN (Berufliches Qualifizierungsnetzwerk für Migrant/inn/en) und anderen Partnern begleitet. Die Alfried Krupp von Bohlen und Halbach-Stiftung stellte finanzielle Mittel in Höhe von ca. 690.000 € zur Verfügung, um den Projektträgern die Möglichkeit zu geben, jugendlichen Spätaussiedlern und Migranten eine systematische Förderung bei der Integration in die Berufswelt zu bieten (vgl. Krupp 2009); denn gerade diese Personengruppen sind nach der Schule wesentlich häufiger von Arbeitslosigkeit betroffen als deutsche Jugendliche und haben große Schwierigkeiten bei der Suche nach einem Ausbildungsplatz, wie die Ausbildungsbeteiligungsquote des gesamten Bundesgebietes deutlich macht. Sie betrug im Jahr 2005 nur 23,7% und ist damit weniger als halb so groß wie die der deutschen Jugendlichen (vgl. BMBF 2007). Der Anteil der ausländischen Schulabgänger ohne Abschluss lag im Schuljahr 2005/2006 in Nordrhein-Westfalen mit 14,1 % deutlich über dem der deutschen Schulabgänger mit 5,9 % (vgl. Boeckh/Kunz 2008). Insbesondere im Ruhrgebiet besteht aufgrund des hohen Ausländeranteils ein besonderer Bedarf bei der Integration von Jugendlichen mit Migrationshintergrund in den Arbeitsmarkt. Das Bildungsniveau der Jugendlichen mit Migrationshintergrund ist in der Stadt Essen, wie in vielen anderen Großstädten, deutlich niedriger als bei

Menschen ohne Migrationshintergrund. Die geringere Qualifikation führt zu wesentlich schlechteren Chancen auf dem Arbeitsmarkt und endet immer häufiger in der Arbeitslosigkeit. Bei einer Einwohnerzahl von 586.750 Personen lebten in der Ruhrgebietsmetropole zu Beginn des Projekts im Schuljahr 2004/2005 ca. 57.000 Personen, die nicht die deutsche Staatsangehörigkeit aufwiesen. Rund 32.800 der Personen mit deutschem Pass besaßen eine zweite Staatsangehörigkeit und waren sogenannte „Doppelstaatler". Während der Anteil der deutschen Jugendlichen unter 25 Jahren nur ca. 22 % – mit eher rückläufiger Tendenz – betrug, stieg die Anzahl von Ausländern in diesem Alter insbesondere im Norden Essens stetig an (vgl. Agentur für Arbeit Essen 2004). Die Zugangsmöglichkeiten zu weiterführenden Schulen für Jugendliche mit Migrationshintergrund waren in den einzelnen Stadtteilen ebenfalls sehr unterschiedlich. Im Essener Süden schafften ca. 90 % der Jugendlichen mit Migrationshintergrund den Übergang auf ein Gymnasium, wohingegen im Essener Norden nur ca. 10–20 % dieser Personengruppe auf einem Gymnasium vertreten waren, große Anteile befanden sich aufgrund mangelnder Sprachkenntnisse auf Sonder- oder Hauptschulen. Insbesondere im Essener Norden bestand daher besonderer Handlungsbedarf, da die demographische Entwicklung deutlich machte, dass die Schüleranzahl in den nächsten Jahren insgesamt zwar abnimmt, im Verhältnis dazu der Anteil an jugendlichen Spätaussiedlern und Migranten an den Schulen jedoch ansteigt (vgl. Agentur für Arbeit Essen 2004). Die Initiatoren des Projekts „Verbesserung der Startchancen für jugendliche Migranten und Spätaussiedler zur Vermeidung der Jugendarbeitslosigkeit" entschlossen sich dazu, die Maßnahme sowohl an einer Schule aus dem nördlichen Teil als auch an einer Schule aus dem südöstlichen Teil Essens durchzuführen, weil an diesen beiden Standorten ein besonderer Bedarf im Hinblick auf die Integration der genannten Zielgruppen in die Berufswelt bestand und es in den Jahren zuvor nicht gelungen war, Jugendlichen mit Migrationshintergrund den Übergang von der Schule in den Ausbildungs- bzw. Arbeitsmarkt zu erleichtern.

Das Projekt startete im Januar 2005 mit 108 Jugendlichen. Innerhalb einer Gesamtlaufzeit von viereinhalb Jahren beteiligten sich 78 Schülerinnen/Schüler der Jahrgangsstufen 7–10 der Gustav-Heinemann Gesamtschule und der Eibergschule an den Angeboten. Die Teilnahme basierte auf Freiwilligkeit und die Angebote konnten zusätzlich zum normalen Unterricht wahrgenommen werden. Die Förderung war regressiv, das heißt, wenn eine Klasse wegbrach, hat man sich auf die übrigen Klassen konzentriert und keine neue hinzugezogen. Um das Förderungskonzept genau auf die Probleme der Jugendlichen anpassen zu können, war eine Trennung in zwei Gruppen notwendig. Es handelte sich hierbei zum einen um jugendliche Spätaussiedler, die häufig erst mit 14 bis 15 Jahren nach Deutschland kamen, und zum anderen um die Jugendlichen mit Migrationshintergrund, die zum Teil schon seit ihrer Geburt in Deutschland lebten. Die Schulbildung und der Zugang zu einer Ausbildung waren bei beiden Gruppen eher schwierig und die deutschen Sprachkenntnisse für den Übergang in ein Arbeitsverhältnis häufig nicht ausreichend. Die sozialen und kulturellen Rahmenbedingungen, in denen die Jugendlichen aufwuchsen, wurden auch bei der Auswahl der Mitarbeiter des Projekts besonders berücksichtigt, so dass für die Betreuung der Teilnehmenden ein multikulturelles Team zusammengestellt wurde. Primäre Ziele der Maßnahme waren eine gezielte Förderung der Sprachkompetenz, der Berufswahlorientierung und die Integration in eine Ausbildung. Außerdem sollten die Jugendlichen bei dem erfolgreichen Bestehen einer Ausbildung oder dem Erlangen eines höherwertigen Schulabschlusses unterstützt werden. Für die Arbeit mit ihnen wurde ein pädagogisches Konzept angewandt, das sechs Kernaspekte beinhaltete, wobei die Sprachförderung den Schwerpunkt bildete (vgl. Boeckh/Kunz 2008). An den unterschiedlichen Schulen wurde zusätzlicher Sprachunterricht in Deutsch angeboten, da man im Vorfeld feststellte, dass die Jugendlichen sowohl mangelnde Sprachkenntnisse im mündlichen und schriftlichen Bereich als auch Schwierigkeiten in der Fachsprache hatten. Zwei Unterrichtsstunden, die die allgemeinen Deutschkenntnisse verbessern sollten, wurden von den Lehrern übernommen und zwei Unterrichtsstunden, die das Deutsch für die Ausbildung und den Beruf festigen sollten, wurden von der „Neuen Arbeit" der Diakonie Essen durchgeführt. An den Powerblöcken haben 12 Schüler pro Gruppe auch während ihrer Freizeit an Seminaren und Workshops zur Berufswahlorientierung teilgenommen. Der Praxisteil als weiterer wichtiger Bestandteil des Konzepts beinhaltete die Teilnahme an Praktika, Probearbeiten, Betriebsbesichtigungen, Exkursionen und Projekten. Das offene Angebot beinhaltete hauptsächlich Bewerbungstrainings und Ausbildungsplatzrecherchen. Bei der Nachbetreuung wurden die Jugendlichen bis zu einem Jahr nach dem Projekt begleitet. Die Betreuer halfen den Jugendlichen beispielsweise bei Problemen in der Ausbildung und der Vermittlung in andere Ausbildungsverhältnisse, was zu einer Stabilisierung der Berufskarrieren beitrug. Die Elternarbeit erwies sich ebenfalls als wichtiger Baustein, da viele Eltern sich häufig aufgrund von Sprachbarrieren nicht trauten, die schulische Beratung wahrzunehmen. Kernelement war hierbei die aufsuchende Elternarbeit durch Mitarbeiterinnen/Mitarbeiter mit Migrationshintergrund, was sich als besonders hilfreich in der Praxis erwies. Insgesamt wurde das Projekt von den Teilnehmerinnen/Teilnehmern sehr gut angenommen.

Die Ergebnisse des Projekts wurden durch die Fachhochschule Braunschweig/Wolfenbüttel ausgewertet. Die Evaluation bezog sich bei der Datenauswertung zum einen auf die umfangreichen empirischen Daten und Sachberichte, welche die Projektleitung seit 2006 regelmäßig angefertigt hat. Zum anderen wurde ein vom psychologischen Dienst der Agentur für Arbeit (Essen) angefertigter Bericht berücksichtigt, der die erfolgreichen Ergebnisse über die sprachliche Entwicklung der Teilnehmerinnen/Teilnehmer im Projektverlauf beinhaltete (vgl. Boeckh/Kunz 2008). Das Projekt erwies sich bei der Vermittlung der Jugendlichen in einen Ausbildungsplatz oder bei der Erlangung höherwertiger Schulabschlüsse als besonders erfolgreich (vgl. Tabelle 3). Zum Zeitpunkt der Erhebung im August 2008 hatten von den insgesamt 78 Teilnehmerinnen/Teilnehmern 69 Jugendliche ihre Schullaufbahn mit dem Ende des Schuljahres 2007/2008 in den Projektschulen abgeschlossen und konnten zu ihrem schulischen Erfolg oder ihrer Integration in den Ausbildungs- bzw. Arbeitsmarkt befragt werden. 9 Jugendliche befanden sich noch in schulischer Ausbildung. Insgesamt 41,7 % der teilnehmenden Jugendlichen von der Gustav-Heinemann Gesamtschule und 39,4 % der Teilnehmerinnen/Teilnehmer von der Eibergschule sind nach Abschluss des Projekts in eine Ausbildung vermittelt worden. 50 % bzw. 51,5 % streben inzwischen sogar einen höherwertigen Abschluss an, um ihre Chancen auf dem Weg ins Berufsleben erheblich zu verbessern; nur 8,3 % bzw. 9,1 % befanden sich nach dem Projekt in einer berufsvorbereitenden Maßnahme.

*Tabelle 3:* Vermittlung der Jugendlichen in einen Ausbildungsplatz oder höherwertige Abschlüsse

| Stand 8/2008 | G.-Heinemann Gesamtschule, n=36 | | Eibergschule n=33 | |
|---|---|---|---|---|
| | Absolut | in % | Absolut | in % |
| in Ausbildung | 15 | 41,7 | 13 | 39,4 |
| in höherwertige Abschlüsse | 18 | 50 | 17 | 51,5 |
| vorbereitende Maßnahme | 3 | 8,3 | 3 | 9,1 |
| **in höherwertige Abschlüsse** | **n=18** | | **n=17** | |
| FOR (angestrebt) | 10 | 55,6 | 5 | 29,4 |
| FOR Q (angestrebt) | 1 | 5,6 | - | - |
| Fachabitur (angestrebt) | 5 | 27,8 | 3 | 17,6 |
| Abitur (angestrebt) | 2 | 11,1 | 4 | 23,5 |
| Hauptschulabschluss (angestrebt) | - | - | 5 | 29,4 |

Quelle: Boeckh/Kunz 2008, eigene Darstellung

Im Vergleich zu den Übergängen von der Schule in den Beruf bei den Schülerinnen/Schülern der Stadt Essen insgesamt, haben die Projektteilnehmer zu einem deutlich höheren Anteil einen Ausbildungsplatz bekommen. Dies wird in der folgenden Vergleichstabelle sehr deutlich. Während 35,9 % der Projektteilnehmer sich inzwischen in einem Ausbildungsverhältnis befinden, haben dies nur ca. 9,3 % der Schülerschaft in Essen insgesamt geschafft. Auch der Übergang in höherwertige Abschlüsse ist fast doppelt so hoch.

*Tabelle 4:* Vergleich der Schülerinnen/Schüler insgesamt mit den Schülerinnen/Schülern des Projekts beim Übergang Schule – Ausbildung

| Schülerschaft ohne und mit Migrationshintergrund in Essen insgesamt (Schuljahr 2005/06) | | Schülerschaft des Projekts[2] (zum Ende des Projektes August 2008) | |
|---|---|---|---|
| in Ausbildung | | in Ausbildung | |
| (von 682 = 64) | **9,3 %** | (von 78 = 28) | **35,9 %** |
| in höherwertige Abschlüsse | | in höherwertige Abschlüsse | |
| (von 139 = 34) | **24 %** | (von 78 = 35) | **44,9 %** |

Quelle: Boeckh/Kunz 2008, eigene Darstellung

Bei der Arbeit mit den Jugendlichen hat sich herauskristallisiert, dass insbesondere die mangelnde Sprachkompetenz ausschlaggebend für fehlende Bildungs- und Ausbildungsperspektiven war, aber auch die anderen Aspekte des Konzepts erwiesen sich als nützlich, um die Jugendlichen in Ausbildungen vermitteln zu können. Anhand der Ergebnisse des Sprachstandtests, welcher vom psychologischen Dienst der Agentur für Arbeit (Essen) durchgeführt wurde, ist deutlich zu erkennen „… dass nach Beginn der Sprachförderung der Anteil der Schülerinnen/Schüler mit einem zufriedenstellenden und sicheren Sprachverständnis im Verhältnis zur Gesamtgruppe steigt" (Boeckh/Kunz 2008, 35). Es wurden sogar noch Verbesserungen der sprachlichen Fähigkeiten bei den Jugendlichen zwischen dem dritten und vierten Testtermin konstatiert. Auch eine besondere Betreuung unter Einbeziehung der Eltern bot den Jugendlichen die Möglichkeit, Bildungsbenachteiligungen zu kompensieren und ihren Lebensverlauf positiv zu gestalten. Daher bietet das Modellprojekt Lösungsansätze zur Verbesserung ihrer Situation und empfiehlt sich nachhaltig für eine Übernahme in den schulischen Unterricht.

## 2.2 Das Projekt „Gladbecker Anstoß"

Das zweite Projekt mit dem Titel „Anstoß – Gladbecker Ausbildungscoaching", das die Mitarbeiterinnen und ein Jugendlicher auf der Fachtagung vorstellten, wird für den Zeitraum vom Januar 2008 bis Dezember 2010 mit 210.000 € von der Alfried Krupp von Bohlen und Halbach-Stiftung sowie von der Stadt Gladbeck mit Sachmitteln in Höhe von 39.000 € und einer zeitlich befristeten Abordnung der im Projekt eingesetzten Verwaltungsfachkraft unterstützt. Dadurch hat die Initiative eine direkte Anbindung an das Amt für Schule, Sport und Integration der Stadt. Auch bei dieser Maßnahme ist das Ziel, die Jugendlichen auf ihrem Weg in die Berufswelt zu begleiten und sie bei der Suche nach einem Ausbildungsplatz zu unterstützen. Allerdings unterscheidet sich das Konzept in wesentlichen Punkten von der Maßnahme in Essen, da es sich nicht ausschließlich auf Jugendliche mit Migrationshintergrund bezieht, sondern alle Schülerinnen/Schüler anspricht, die im Anschluss an ihre Schullaufbahn einen Ausbildungsplatz suchen.

Gladbeck zählt eher zu den Kleinstädten des Ruhrgebiets und hatte zu Beginn des Projekts eine Einwohnerzahl von ca. 76.950 Personen. Davon betrug der ausländische Anteil der Bevölkerung ca. 8.700 Personen und ca. 21.440 Einwohner waren in einem Alter von 0–26 Jahren (vgl. Bevölkerungsstatistik der Stadt Gladbeck). Im gesamten Kreis Recklinghausen betrug der Anteil der arbeitslosen Jugendlichen unter 25 Jahren im Jahr 2000 11,2 % (vgl. Arbeitsmarkt NRW – 3. Quartal 2008) und lag damit über der Arbeitslosenquote von NRW insgesamt. Bei einer Umfrage des Jugendrats Gladbeck im Jahr 2006 fand man heraus, dass von 1.260 befragten Jugendlichen ein deutlicher Anteil sehr unzufrieden mit der Ausbildungssituation war und über mangelnde Perspektiven klagte. Daraufhin entstand die Idee eines Projekts, welches genau bei dieser Problematik ansetzt und die Möglichkeiten der Jugendlichen auf dem Arbeitsmarkt nachhaltig verbessern soll.

Zur Zielgruppe des Projekts zählen alle Schülerinnen/Schüler ab der 8. Klasse, die eine der vier Hauptschulen oder die Gesamtschule in Gladbeck besuchen. Die Mitarbeiter des Projekts machen mittels Informationsveranstaltungen in den Schulen auf das Angebot aufmerksam. Grundvoraussetzungen für die Teilnahme sind auch bei dieser Maßnahme Eigeninitiative, Motivation und eine langfristige bzw. regelmäßige Teilnahme. Die Angebote gestalten sich in den Jahrgangsstufen 8, 9 und 10 unterschiedlich: In der Klasse 8 nehmen die Schülerinnen/Schüler an Berufswahl-AGs teil, die einmal pro Woche anderthalb Stunden nach der Schule stattfinden. Es werden unterschiedliche Spiele und Methoden angewandt, um auf die Ausbildung vorzubereiten. Zum einen wird anhand einer Traumreise der eigene Lebensweg geplant, zum anderen sollen die Schülerinnen/Schüler ihre eigenen Stärke und Schwächen herausfinden und verschiedene Berufe kennen lernen. In der Klasse 9 werden zusätzlich zu den Berufswahl-AGs ein Einzelcoaching, die Gladbecker Berufspalette, Workshops und Betriebsbesuche angeboten. Beim Einzelcoaching recherchieren die Sozialpädagoginnen mit den Jugendlichen gezielt nach Stellen, erstellen mit ihnen individuelle Bewerbungen und trainieren Vorstellungsgespräche. Des Weiteren bereiten sie die Schülerinnen/Schüler auf Praktika vor und unterstützen sie bei Ämtergängen. Auch die Elternarbeit fällt in diesen Angebotsbereich. Hierfür werden Elternabende an den Schulen organisiert und die Mitarbeiter des Projekts können an den Öffnungszeiten im Anstoß-Büro aufgesucht werden. Bei den Workshops werden beispielsweise Einstellungstests mit den Schülerinnen/Schülern geübt oder aber die Entwicklung der sozialen Kompetenzen gefördert. Im Schuljahr 2008/09 führten die Mitarbeiter des Projekts in Kooperation mit der RAG Deutsche Steinkohle AG ein zweitägiges Projekt zur Praktikumsvorbereitung mit den 9. Klassen durch. Die Gladbecker Berufspalette als weiterer Bestandteil der Angebote in der 9. Klasse soll den Schülerinnen/Schülern auch alternative Berufe näher bringen, da die Sozialpädagoginnen der Initiative relativ schnell bemerkten, dass häufig nur bestimmte Berufsbilder, wie Friseur/in oder Einzelhandelskaufmann/frau, bekannt sind. Inzwischen arbeitet das Team Gladbeck immer mehr mit unterschiedlichen Unternehmen in und um Gladbeck zusammen, um den Jugendlichen verschiedene, eher unbekannte Berufsmöglichkeiten praxisnah vermitteln zu können. Dabei bietet das angemietete Büro in der Innenstadt den Jugendlichen und ihren Angehörigen eine Anlaufstelle für Fragen und Probleme zur Berufswahlorientierung und Ausbildungsplatzsuche. Organisatorische Unterstützung bekommen die zwei sozialpädagogischen Mitarbeiterinnen durch eine Verwaltungsfachkraft der Stadt Gladbeck. Das Büro ist von Montag bis Freitag geöffnet und dient im Wesentlichen zur Einzelberatung von Eltern und Jugendlichen. Zusätzlich wird es auch als Kontakt- und Informationsstelle und für Treffen mit Kooperationspartnern aus der Wirtschaft genutzt.

Bei der ersten statistischen Auswertung des Projekts vom 30.11.2008 stellte man fest, dass bereits 254 Personen das Beratungsangebot nutzten und somit ein großer Bedarf bei den Jugendlichen und ihren Familien für ein solches Angebot besteht. Die folgende Tabelle umfasst die Kontakte der Mitarbeiterinnen des Projekts mit Jugendlichen und ihren Angehörigen von April bis November 2009.

*Tabelle 5:* Beratungen des Projekts „Gladbecker Anstoß"

| Monat | Kontakt | Vermittlung/Info | | | | | | |
|---|---|---|---|---|---|---|---|---|
| | | An-stoß | RAA | JBH | AA | VA | BIZ | Info |
| April | 43 | 2 | 11 | 1 | | 8 | 2 | 24 |
| Mai | 34 | 1 | 19 | 6 | | 1 | | 16 |
| Juni | 30 | 8 | 5 | 10 | | | | 10 |
| Juli | 28 | | 19 | 19 | | 1 | | 7 |
| Aug. | 36 | 7 | 13 | 23 | | 3 | | 6 |
| Sept. | 27 | 4 | 11 | 3 | | | | 12 |
| Okt. | 35 | 5 | 4 | 13 | | | | 15 |
| Nov. | 21 | 2 | 7 | 6 | | | | 8 |
| Gesamt | 254 | 29 | 89 | 81 | | 13 | 2 | 98 |

Quelle: Projekt Anstoß – Gladbecker Ausbildungscoaching 2008, eigene Darstellung

Anhand der Zahlen wird deutlich, dass viele Jugendliche und ihre Angehörigen persönlichen Kontakt zu geschultem Personal suchen und bei der Berufsfindung auf aktive Unterstützung angewiesen sind, zumal sich die Arbeitswelt im nördlichen Ruhrgebiet durch den Strukturwandel in der jüngeren Vergangenheit erheblich verändert hat. Besonders aufschlussreich sind die Daten über die Vermittlung in verschiedene Maßnahmen in der rechten Spalte der Tabelle. Insgesamt 29 Jugendliche sind in diesen acht Monaten in das Projekt Anstoß integriert worden. 98 Aufsuchende haben sich über unterschiedliche Möglichkeiten von Ausbildungen informiert, was ebenfalls auf eine positive Resonanz gegenüber der Anlaufstelle „Büro Anstoß" hinweist. 89 der Jugendlichen sind von den Mitarbeitern des Projekts an die Regionalen Arbeitsstellen für Kinder und Jugendliche aus Zuwandererfamilien (RAA) vermittelt worden, was aufzeigt, dass ähnlich wie in Essen auch in Gladbeck ein besonderer Bedarf bei Jugendlichen mit Migrationshintergrund im Hinblick auf eine qualifizierte Unterstützung bei der Ausbildungsplatzsuche besteht. Da das Anstoß-Team sehr eng mit der Stadt Gladbeck zusammenarbeitet, ist ein ebenfalls sehr hoher Anteil der Jugendlichen an die Jugendberufshilfe (JBH) des Jugendamts weitergeleitet worden. Eher wenig Vermittlungsbedarf bestand bei den Einrichtungen der Agentur für Arbeit. Nur zwei Jugendliche nahmen das Berufsinformationszentrum (BIZ) als Anlaufstelle für die Berufswahlorientierung in Anspruch, weil viele Jugendliche das BIZ bereits in der allgemeinbildenden Schule besucht haben.

Das Projekt „Anstoß – Gladbecker Ausbildungscoaching" hat sich inzwischen etabliert. Nach einjähriger Projektlaufzeit haben bereits 324 Schülerinnen/Schüler an den unterschiedlichen Aktivitäten – beispielsweise zur Berufswahlorientierung oder zur Weiterentwicklung von sozialen Kompetenzen – teilgenommen und insgesamt 153 Schülerinnen/Schüler haben die Möglichkeit des Einzelcoachings zur Vorbereitung auf Vorstellungsgespräche in Anspruch genommen. 93 % der Jugendlichen haben inzwischen nach Beendigung der 10. Klasse eine Ausbildung begonnen oder streben einen höherwertigen Schulabschluss an (vgl. Krupp 2009). Die Mitarbeiterinnen/Mitarbeiter haben seit Beginn des Projekts zahlreiche Kontakte zu regionalen Unternehmen geknüpft, um den Jugendlichen die unterschiedlichen Praxisfelder für eine Berufsausbildung näher zu bringen.

## 3   Fazit

Abschließend bleibt festzuhalten, dass das Förderprogramm „Bekämpfung der Jugendarbeitslosigkeit" der Alfried Krupp von Bohlen-Stiftung viele Projekte finanziell unterstützt hat, die Ansätze für eine nachhaltige Verbesserung des Übergangs Schule-Beruf beinhalten. Insbesondere die Konzepte der zwei vorgestellten Projekte verdeutlichen, dass sich bei einer qualifizierten Unterstützung der Jugendlichen bei der Ausbildungsplatzsuche sehr positive Entwicklungen herauskristallisieren. Für die Arbeit mit Jugendlichen mit Migrationshintergrund ist eine Sprachförderung unabdingbar, aber auch die aufsuchende Elternarbeit unter Einbindung von Mitarbeitern mit Migrationshintergrund und die Betreuung in der Ausbildung erwiesen sich als besonders erfolgreich. Zudem hat sich die Einrichtung eines Beratungsbüros an zentraler Stelle in der Innenstadt bei dem Projekt Anstoß als Informationsplattform für die Jugendlichen und ihre Eltern bei Fragen zur Berufswahlorientierung als besonders hilfreich erwiesen, was ein deutlicher Hinweis darauf ist, dass ein starker Informations- bzw. Orientierungsbedarf bei vielen Jugendlichen und ihren Familien in Gladbeck besteht. Voraussetzung für den Erfolg der bisher durchgeführten Projekte waren sowohl ein starkes Engagement der Projektinitiatoren als auch die Motivation und das Durchhaltevermögen der Jugendlichen. Seit der Einführung des Programms hat die Alfried Krupp von Bohlen und Halbach-Stiftung ca. 8.500 Jugendliche erreicht, die sich in sehr unterschiedlichen Lebenslagen befanden. Um auf die Probleme der Jugendlichen bedarfsgerecht reagieren zu können, hat die Stiftung sehr vielfältige Projekte unterstützt. Einige von ihnen haben gezeigt, dass durch eine professionelle Begleitung der Jugendlichen auf ihrem Weg in die Ausbildung, nachhaltige Verbesserungen bei dem Übergang Schule-Beruf erzielt werden können.

## Literatur

Agentur für Arbeit Essen (Hrsg.) (2004): Projektbeschreibung „Verbesserung der Starchancen für jugendliche Aussiedler und Migranten zur Vermeidung von Jugendarbeitslosigkeit". Stand: 03.08.2004. Essen

BMBF (Hrsg.) (2007): Berufsbildungsbericht 2007. Bonn, Berlin

Boeckh, J..; Kunz, T. (2008): Sprachförderung allein genügt nicht! Abschlussbericht zur Evaluation des Projekts „Verbesserung der Startchancen für jugendliche Aussiedler und Migranten zur Vermeidung von Jugendarbeitslosigkeit". Internetdokument: http://www.fh-wolfenbuettel.de/cms/de/fbs/not_in_menu/Boeckh/personenboeck. Bochum/Frankfurt a.M.

Granato, M. (2007): Berufliche Ausbildung und Lehrstellenmarkt: Chancengerechtigkeit für Jugendliche mit Migrationshintergrund. In: Friedrich Ebert Stiftung (Hrsg.): WISO direkt – Analysen und Konzepte zur Wirtschafts- und Sozialpolitik. http://library.fes.de/pdf-files/wiso/04813.pdf

Krone, S.; Muth J. (2004): Wissenschaftliche Begleitung des Förderprogramms „Bekämpfung der Jugendarbeitslosigkeit" der Alfried Krupp von Bohlen und Halbach-Stiftung. Projektbericht des Instituts Arbeit und Technik. Gelsenkirchen

Alfried Krupp von Bohlen und Halbach-Stiftung (Hrsg.) (2009): „Das bringt richtig was" – Rückblick auf zehn Jahre Förderprogramm „Bekämpfung der Jugendarbeitslosigkeit". Kierspe

Ministerium für Arbeit, Gesundheit und Soziales NRW (Hrsg.) (2008): Arbeitsmarktreport NRW, 3. Quartalsbericht 2008 http://www.arbeit.nrw.de/service/publikationen/arbeitsmarktreport/index.php

Projekt Anstoß – Gladbecker Ausbildungscoaching (Hrsg.) (2008): Statistische Auswertungen mit Stand vom 30.11.2008 http://www.anstoss-in-gladbeck.de/fileadmin/anstoss/downloads/Statistische_Auswertung_-_Stichtag_30.11.08

Stadt Gladbeck (2008): Bevölkerungsstatistik der Stadt Gladbeck. Stand: 31.12.2007. http://gladbeck.gkd-re.de/gkd_apps/bso/daten/14010647.pdf

# Grundlagen Erziehungswissenschaft

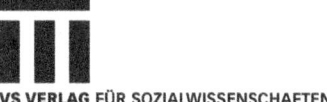

# Handbücher Erziehungswissenschaft

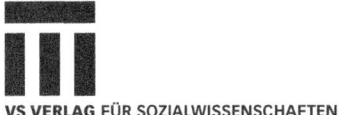

The manufacturer's authorised representative in the EU is Springer
Nature Customer Service Centre GmbH, Europaplatz 3, 69115 Heidelberg,
Germany. If you have any concerns regarding our products, please
contact ProductSafety@springernature.com

Printed and bound by CPI Group (UK) Ltd, Croydon, CR0 4YY

27/04/2026

02097639-0004